bmanuel.org glottologica et philologica.
http://www.bmanuel.org/edocs/Cryptopsaras-HOME.htm

Collana diretta da Manuel Barbera.
Comitato scientifico: Marco Carmello (Madrid), Franco Crevatin (Trieste), Ludwig Fesenmeier (Erlangen), Mauro Giorgieri (Pavia), Alessandro Panunzi (Firenze), Giulia Raboni (Parma), Alfredo Rizza (Verona), Salvatore Claudio Sgroi (Catania)

Series maior 1.

bmanuel.org glottologica et philologica. Series maior 1.

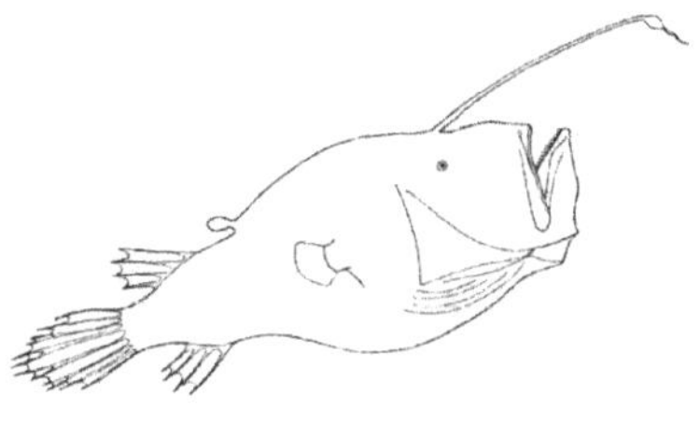

Manuel Barbera

Quanto più la relazione è bella:
Saggi di storia della lingua italiana 1999-2014

TORINO
bmanuel.org
2015

Titolo | Quanto più la relazione è bella: saggi di storia della lingua italiana 1999-2014
Autore | Manuel Barbera

ISBN | 978-88-91196-13-2

Youcanprint Self-Publishing
Via Roma, 73 - 73039 Tricase (LE) - Italy
www.youcanprint.it
info@youcanprint.it
Facebook: facebook.com/youcanprint.it
Twitter: twitter.com/youcanprintit

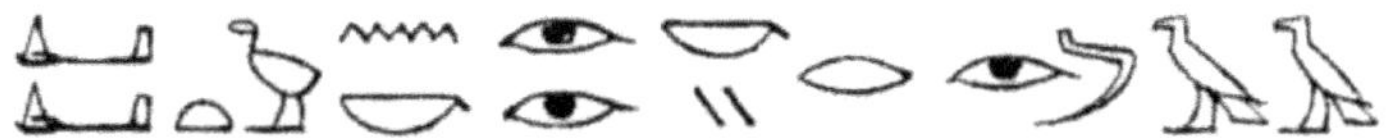

didi.tw n.k irty.kw r mꜣꜣ
'ti vengono dati gli occhi per vedere'

Stele di Pꜣḥrj (Elkab), in Sethe, *Urkunden* IV, 114.10.

E queste due proprietadi sono nella musica: la quale è tutta relativa, sì come si vede nelle parole armonizzate e nelli canti, de' quali tanto più dolce armonia resulta quanto più la relazione è bella: la quale in essa scienza massimamente è bella, perché massimamente in essa s'intende.

Dante, *Convivio*, II.XIII.23

Presentazione.

Manuel Barbera raccoglie una serie di densi saggi di linguistica e vi appone in epigrafe una citazione tratta dal *Concerto alla maniera italiana* (BWV 971) di J. S. Bach, nel quale c'è molto più Bach che Italia: Barbera invece è molto "italiano", forte di una solida documentazione e di pazienza filologica. Si aggiunge che Barbera ha un'invidiabile competenza nella gestione informatica di corpora. L'autore ama essere discorsivo e colloquiale anche quando la strada è impervia ed il tema non è proprio un avvincente romanzo. Le mie competenze – di per se stesse limitate – sono state spesso a dura prova, ho appreso e non oso discutere.

C'è tuttavia un saggio che elicita qualche commento, quello dedicato a *begolardo* e voci (possibilmente) connesse. Siamo davanti ad un mare procelloso, come sempre avviene per le parole considerate di origine espressiva e opportunamente Barbera ricorda e discute la monumentale trattazione del LEI. Prima però dobbiamo chiarire a noi stessi quello che possiamo chiedere a un vocabolario etimologico ed a mio avviso il requisito primo è l'onestà intellettuale, perché, fermo restando il diritto al dissenso, altro è proporre l'etimo di una parola («la parola *X* deriva probabilmente da *Y*»), altro l'etimo di una famiglia, perché nel primo caso abbiamo a che fare con un fatto / una fattispecie, nel secondo con un'etichetta. L'etichetta nasce per includere, sperabilmente per dare ordine, e se include più del necessario, pazienza!, quanto meno molto materiale non andrà perduto e altri in futuro potrà, all'occasione, far meglio. Personalmente nutro delle riserve sul mettere assieme insetti, piante, azioni e quant'altro, poiché le connessioni semantiche, quando non siano delle ovvietà, sono mera *divinatio* libresca, una personale ipotesi di possibilità, per cui preferirei la brutale concretezza referenziale. Orbene, nelle famiglie espressive la Storia, quando c'è, è in maschera, non si rivela per quello che essa è, e l'incrocio, la creazione, lo stesso fonosimbolismo la fanno da padroni. Per questo motivo è inutile od addirittura fuorviante applicare a forme espressive la logica della fonetica storica. Eppure, e concordo con Barbera, la Storia può far capolino: se, ad esempio, si può con fiducia stabilire una forma **begare* 'il vociare senza senso di persone o animali', ecco che usciamo dalla logica di una delle famiglie ed entriamo in quella di un segno linguistico preciso, storico; non che il problema sia più facile, è semplicemente diverso. Lo stesso laico buon senso va applicato al valore della data delle forme attestate: ricordo il mio compianto amico Paolo Zolli, esperto cacciatore di forme vocabolaristiche inventate che praticava la caccia grossa per stanare prime attestazioni – stava lavorando, con il comune amico Manlio Cortelazzo, al *DELI* – e ricordo le nostre discussioni in stretto dialetto veneziano, per lui una prima attestazione era sempre e comunque un fatto, cosa che non negavo ovviamente, ma al quale premettevo dei *caveat*: in quale sfera semantica ci muoviamo?, perché scrivere *pane* od una parolaccia non è proprio la stessa cosa; ed inoltre in quale universo testuale ci muoviamo?, perché, se non erro, la parola per 'rene' manca in Omero, ma i Greci avevano sicuramente quella per 'viscera'.

Non oso addentrarmi oltre, se non per notare che le "begole" settentrionali hanno dubbia consistenza, perché nel veneziano di Boerio la parola non esiste ed è semplicemente un toscanismo definitorio, ben nota prassi di alcuni vocabolaristi dell'epoca (per tutti cito il *Vocabolario vernacolo-italiano pei distretti roveretano e trentino* di Giambattista Azzolini, che si spinge sino al ridicolo), e ragioni di metrica impongono per il padovano antico la lettura *Begòlo*. Ma il mare del *LEI* è molto pescoso, per cui varrà la pena gettare l'amo.

Ciò che va ammirata in Barbera è la pazienza operosa, perché i lavori che qui ci regala costano molta fatica e dunque elicitano rispetto: l'autore ha ritenuto opportuno rinviare la comprensione dei suoi saggi a Bach, questa breve ed affettuosa presentazione si ispira a Vivaldi (RV 151), *alla rustica*.

Franco Crevatin

Introduzione.

I sette saggi che qui si presentano coprono quindici anni di attività scientifica (anche se a volte
con radici anteriori) ed hanno una storia redazionale variamente complessa, per cui sono stati tutti
nella sostanza già editi, in alcuni casi però non nella loro interezza (anzi, il sesto è quasi nuovo) e
comunque mai in questa veste.

La silloge è pensata come gemella a BARBERA 2013 (*Molti occhi sono meglio di uno: saggi di
linguistica generale 2008-12*, [Milano], Qu.A.S.A.R., 2013), pur con fondamentali differenze: là
prevaleva l'inedito e qui l'edito; là tutto era concentrato in uno spicchio cronologico ristretto, qui è
dilatato su tre lustri; là gli orizzonti erano molteplici, qui prevale la monotematicità (ma non, spero,
la monomaniacalità: l'orizzonte sarà anche costante, ma i punti di vista sono variegati), documen-
tando quella che, per fare i continiani («qual son, qual sempre fui, tal esser voglio»), potremmo
chiamare "una lunga fedeltà" o, più psichiatricamente, "una lunga ossessione".

Il volume si articola in due chiare sezioni: all'inizio si collocano tre saggi sull'italiano antico, ed
alla fine tre sull'italiano moderno; al centro, a mo' di cerniera, quasi a mediare tra i due gruppi, si
colloca un lavoro di estensione cospicua il cui cuore è antico, ma le cui estremità sono moderne. Intorno ad esso (in cui pure molto v'è di lessicografico, come, diversamente, nei lavori secondo e sesto, nonché di etimologico) si collocano simmetricamente i due contributi (terzo e quinto) in cui la
linguistica dei corpora ha il sopravvento.

Come nel caso della precedente, gemella, raccolta (BARBERA 2013 cit.), la presentazione «è,
quindi, chiasticamente arrangiata come nello schema musicale cosiddetto "a ponte" del quarto e del
quinto quartetto di Bartók, o della decima sinfonia di Mahler» (p. 7); inoltre il volume è aperto e
chiuso dagli unici due lavori a più mani, posti anche a testimonianza di una naturale inclinazione
dell'autore alla collaborazione ed alla ricerca cooperativa, che pure non è sempre stato agevole
perseguire. Questa disposizione si interseca qui anche con l'ordine cronologico: in posizione di a-
pertura è non a caso collocato il pezzo più arcaico.

Come in BARBERA 2013 «tutti i lavori sono presentati con le norme (specie bibliografiche) care
all'autore, perlopiù disattese in base ai capricci redazionali degli editori: [...] norme e bibliografia
sono state ricorrette ed uniformate» (*ibidem*, p. 7), costantemente ed in ogni caso.

Il testo, però, che là non era stato davvero aggiornato, qui lo è stato in modo più consistente, specie nei pezzi più vecchi e soprattutto in quelli più recenti, come il *Begolardo* (in cui, peraltro, ho
anche rifuso parte dell'originaria plaquette allestita per la Contrada della Civetta) e la *Linguistica
dei corpora italiana*, in quanto percepiti come ancora "aperti": infatti, pur cercando di contenere gli
interventi al minimo, non si è talora esitato, quando necessario, di fronte al rifacimento ed
all'interpolazione.

Torino, 13 giugno 2014.

Storia bibliografica dei singoli saggi.

(1)
Costrutti concessivi fattuali in italiano antico: primi risultati

Manuel Barbera - Marco Mazzoleni - Massimo Pantiglioni, *Primi cenni sui costrutti concessivi fattuali in italiano antico*, relazione al convegno *Italiano antico e corpora elettronici*, Padova, 19-20 febbraio 1999; poi rifuso in Iidem, *Costrutti concessivi fattuali in italiano antico*, in «Lingua e stile» XXXV (2000)[4] [= *Linguistica e italiano antico* a cura di Lorenzo Renzi e Antonietta Bisetto] pp. 573-603. Donde i *I costrutti concessivi fattuali*, [2001], ora in *Grammatica dell'italiano antico* [*ItalAnt*], a cura di Lorenzo Renzi e Giampaolo Salvi, Bologna, il Mulino, 2010, vol. II, § V.XVII.4.1, pp. 1043-1065.

(2)
Tra 'avegna che' e 'benché': appunti di italiano antico

Tra 'avegna che' e 'benché': appunti di italiano antico, in *La parola al testo. Scritti per Bice Mortara Garavelli*, a cura di Gian Luigi Beccaria e Carla Marello, Alessandria, Edizioni dell'Orso, 2001, t. II pp. 501-528.

(3)
Per una grammatica testuale del "libro di conti": il clitico *ne* nel *Libro Riccomanni*

Per una grammatica testuale del libro di conti medioevale: il clitico 'ne' nel 'Libro Riccomanni', intervento al convegno *Ricerche di sintassi italoromanza. Per Bice Mortara. Torino, 5 maggio 2006*, poi rielaborato come *Per una grammatica testuale del Libro di conti: il clitico* ne *nel* Libro Riccomanni, in *Sintassi storica e sincronica dell'italiano: subordinazione, coordinazione, giustapposizione. Atti del X Congresso della Società internazionale di linguistica e filologia italiana, (Basilea, 30 giugno - 3 luglio 2008)*, a cura di Angela Ferrari, Firenze, Franco Cesati Editore, 2009, volume 2, pp. 205-25.

(4)
"Begolardo". Una nota tra Cecco, Dante, ed oltre

Begolardo. *Considerazioni tra Cecco, Dante, ed oltre*, in «Cuadernos de filología italiana» XX (2013) 101-38.
L'epiteto "begolardo" e i rapporti tra Cecco e Dante, Siena, Contrada Priora della Civetta, 2013.

(5)
La linguistica dei corpora in Italia all'alba del terzo millennio

Linguistica dei corpora, in *La linguistica italiana all'alba del terzo millennio (1997-2010)*, a cura di Gabriele Iannaccaro, Roma, Bulzoni, 2013 "Pubblicazioni della Società di linguistica italiana [SLI]" 58, tomo 2, pp. 581-98.

(6)
Anglicismi e lingua italiana: teoria e prassi

La resa dei forestierismi in italiano. Breve nota ortografica, in *Corpora e linguistica in rete*, a cura di Manuel Barbera, Elisa Corino e Cristina Onesti, Perugia, Guerra Edizioni, 2007, pp. xxj-xxij.
Schema e storia del "Corpus Taurinense". Linguistica dei corpora dell'italiano antico, Alessandria, Edizioni dell'Orso, 2009, pp. 7-13 § 1.4. Nuova versione completamente rifatta ed ampliata di

Linguistica dei «corpora» per l'italiano antico. Annotazione morfosintattica di testi fiorentini del Duecento, a cura di Manuel Barbera e Carla Marello, Alessandria, Edizioni dell'Orso, 2001.

Linguistica dei corpora e linguistica dei corpora italiana. Un'introduzione, Milano, Qu.A.-S.A.R., 2013, pp. 6-10 § 0.2 e p. 65 § 4.1.0.2. Ebook disponibile a `http://www.bmanuel.org/man/cl-HOME.htm`.

Review to Manfred Görlach, *A Dictionary of European Anglicisms. A Usage Dictionary of Anglicisms in Sixteen European Languages*, in «International Journal of Lexicography» XVI (2003)[2] 208-216.

(7)

Tra scritto-parlato, *Umgangssprache* e comunicazione in rete: i corpora NUNC

Manuel Barbera - Carla Marello, *Tra scritto-parlato*, Umgangssprache *e comunicazione in rete: i corpora NUNC*, in «Studi di Grammatica Italiana» XXVII (2008, *recte* 2011) = *Per Giovanni Nencioni. Convegno Internazionale di Studi*. Pisa - Firenze, 4-5 Maggio 2009, a cura di Anna Antonini e Stefania Stefanelli, Firenze, Le Lettere, 2011, pp. 157-86.

Costrutti concessivi fattuali in italiano antico:
primi risultati[*].

(Manuel BARBERA, Marco MAZZOLENI, Massimo PANTIGLIONI)

Qui comincia l'avventura
del signor Bonaventura ...
Sergio Toffano (alias Sto), strisce post 1917, *passim.*

What was the beginning? Not always an easy question to answer offhand; [...].
Richard Austin Freeman, *Mr Pottermack's Oversight*, 1930, I.

0. INTRODUZIONE. Come nell'italiano contemporaneo anche nell'italiano antico i costrutti concessivi coprono una famiglia di rapporti semantici (cfr. MAZZOLENI 1991b), ove si possono comunque distinguere tre tipi fondamentali: i) i costrutti concessivi fattuali, ii) i costrutti condizionali concessivi, e iii) i costrutti a-condizionali – cfr. rispettivamente gli ess. (1abc); in questo articolo, però, presenteremo i risultati del nostro lavoro sul fiorentino del Duecento per quanto riguarda in particolare i soli costrutti concessivi fattuali, premettendo alla descrizione delle strategie morfosintattiche un sintetico quadro semantico.

(1a) E *avegna che* questo luogo del mondo sia molto tormentoso e rio, e sie valle di lagrime appellato, perché dato è all'uomo acciò che possa qui piangere e purgarsi de le sue peccata, io

---

[*] «Questa è la versione scritta della relazione presentata a Padova nell'incontro *ItalAnt* del 19 e 20 febbraio 1999, che apporta alcune ulteriori lievi modifiche a quanto pubblicato in RENZI 1988 [allora in stampa]. I risultati qui esposti, frutto di una stretta collaborazione tra gli autori, sono da essi pienamente condivisi; in particolare, tuttavia, a MM si devono l'impalcatura teorica ed il conseguente inquadramento descrittivo [...], a MB il controllo dei corpora ed il trattamento della documentazione e della bibliografia filologica di riferimento [...], ed a MP lo screening sintattico [...]», dichiaravamo all'inizio dell'originale articolo del 1998 su «Lingua e stile» del 2000, aggiungendo, secondo prescrizione di legge vuole, le dichiarate pagine di pertinenza per ognuno (corrispondenti ora ai §§ 0-1.1.1 MM, 1.1.2-2.1 MB e 2.2-3 MP).

E proseguivamo spiegando che «si tratta di un lavoro preliminare al capitolo per la prevista grammatica dell'italiano antico», poi uscita come RENZI - SALVI *et alii* (il presente contributo è alla base del § 5.27.4.1, pp. 1043-65, a firma completamente mia). Pur con questi limiti, il lavoro, di poco mutato nella sostanza (salvo l'eliminazione delle note, la rimozione delle discussioni in genere e la semplificazione degli esempi), mi pare mantenere la sua validità ed autonomia, ed è qui riproposto non fosse che per segnare il punto di partenza dei miei studi sull'italiano antico.

Inizialmente dei testi fiorentini duecenteschi disponibili all'OVI erano stati completamente escussi solo quelli del cosiddetto Padua Corpus (poi confluiti nel Corpus Taurinense); agli altri, relegati in corpus secondario era stata «accordata un'attenzione più desultoria, ma pur sempre – come là dicevamo – significativa: il quadro che emerge[va] appar[iva] comunque sufficientemente armonico da non essere considerato del tutto inaffidabile». Comunque se «l'eccessiva ristrettezza della selezione dei ventun testi di partenza del Padua Corpus prima e quindi del CT dopo è un problema che ho avvertito e criticato fin da subito», come dirò in BARBERA 2011, p. 22, pure l'ho visto «alla fine riconosciuto anche dagli autori medesimi di quella scelta», cfr. RENZI - SALVI 2010b, pp. 9-10 «Sullo spirito e sul senso globale del progetto ITALANT – ad es. tipo di grammatica, confini diacronici e diatopici, tipi di testo e considerazioni diamesiche» quindici anni fa si doveva rimandare a RENZI 1998b e 2000; ora utilmente si può direttamente consultare RENZI - SALVI 2010b.

E concludevamo: «la numerazione degli esempi è posta tra parentesi tonde per i frammenti testuali tratti dal corpus primario (Padua Corpus, interrogabile in GATTO), tra quadre per quelli del corpus secondario (rintracciabili nel *TLIO*), e tra graffe per quelli post-duecenteschi (anche contemporanei); [...] negli esempi il corsivo è utilizzato per sottolineare i segmenti o le strutture morfosintattiche in discussione, tranne negli ess. (5b) e (35c) dove era presente nei frammenti testuali citati»; il sistema mi pare tutt'ora avere la sua efficacia visiva ed è stato in questa riedizione mantenuto.

vi dico che dopo la vostra morte io il vi darò vie peggiore, perché vi metterò in podestà del Nimico, il qual vi metterà nello inferno e vi tormenterà mai sempre di molte pene eternali.

Bono, Libro Vizi, vj.15, p. 17, r. 23

(1b) Pianger di doglia e sospirar d'angoscia / mi strugge 'l core ovunque sol mi trovo, / sì che ne 'ncrescerebbe a chi m'audesse: / quale è stata la mia vita, poscia / che la mia donna andò nel secol novo, / lingua non è che dicer lo sapesse: / e però, donne mie, *pur ch*'io volesse, / non vi saprei io dir ben quel ch'io sono, / sì mi fa travagliar l'acerba vita; [...].

Dante, Vita nuova, xxxj.16, canz. Li occhi dolenti, p. 132 [=OM 205], r. 14, v. 63

(1c) Neuna cosa è più amabole che la virtude e' belli regimenti, per le quali l'uomo è amato, tra *qualunque* gente elli dimora.

Fiori filosafì, xx, p. 166, r. 5

Un rapporto semantico di tipo concessivo (cfr. MAZZOLENI 1996) viene instaurato tra due proposizioni quando una possibile relazione causale viene "frustrata", quando cioè ci si trova di fronte ad un contenuto proposizionale che rappresenta una causa dalla quale è legittimo attendersi un determinato effetto, ed invece compare un altro contenuto proposizionale – che può (ma non necessariamente deve) esserne la negazione – il quale costituisce un effetto "inatteso" e non previsto; in un costrutto concessivo fattuale le due proposizioni sono inoltre "implicitate"[1], ovvero prese in carico dalla responsabilità enunciativa del parlante e presentate come vere. I tre fondamentali tipi semantici di causa possono essere tutti frustrati in un costrutto concessivo fattuale, come si può vedere dagli esempi seguenti, la cui traduzione in italiano contemporaneo è stata completata con la parafrasi integrativa (cfr. PRANDI 1996c e PREVITERA 1996) che permette di chiarire e rendere esplicito il tipo di causa soggiacente – rispettivamente causa materiale (2a), motivo di fare (2b) e motivo di dire (2c):

(2a) Questo Currado, poi tornò d'oltremare, si morì; il quale, advegnia che regiesse xv anni lo imperio, non ebbe alcuna volta la benedictione imperiale.

Cronica fiorentina, mcxlvj, p. 101, r. 11

≅ 'Corrado non ebbe mai la benedizione imperiale, e *ciò accadde* nonostante abbia retto l'impero per 25 anni'

(2b) Chi sarà quelli di sì duro cuore, che udendo lo mio dire non si muova a pietade e dirottamente non pianga? Ma dirolloti, avegna che mal volentieri, sol per la volontade ch'i' ho di guerire.

Bono, Libro Vizi, iv.4, p. 8, r. 19

≅ 'Chi avrà un cuore così insensibile da non essere mosso a pietà e costretto a piangere dal mio discorso? Ma io te lo dirò lo stesso – e *lo farò* anche se malvolentieri –, solo perché desidero guarire'

[2c] Più soferir no·m posso ch'io non dica / lo mïo greve e perilglioso stato, / avengna im parte n'ò già dimostrato / in vista ed im parlare, a dritta prova.

Monte, Rime, canz. vj, Più soferir, p. 68, r. 6, v. 3

≅ 'Non posso più sopportare di non parlare della mia situazione pesante e pericolosa, e *lo dico* anche se in parte ne ho già dato prova sia nei comportamenti sia nei discorsi'

Il rapporto semantico può essere costruito linguisticamente grazie a morfemi specifici che lo instaurano come "implicatura convenzionale" (GRICE 1967 e LEVINSON 1979, p. 214) anche tra contenuti proposizionali inadatti e/o resistenti, oppure può emergere da strutture o morfemi non specifici come inferenza discorsiva elaborata dal destinatario a partire dal contrasto fra le proposizioni (cfr. ancora MAZZOLENI 1996, p. 50) – cfr. rispettivamente i §§ 1 e 2.

1. LA COSTRUZIONE LINGUISTICA DEL RAPPORTO SEMANTICO. Dal punto di vista morfosintattico le proposizioni collegate possono essere inserite in costrutti ipotattici (§ 1.1), costituiti dalla connessione di due frasi di diverso livello gerarchico (una subordinata, normalmente introdotta da

---

[1] Come già in MAZZOLENI 1996, p. 61, nota 1, usiamo *implicitare* e la sua famiglia derivazionale come traducenti italiani di *to entail* etc., secondo la tradizione inaugurata da Amedeo G. Conte nella premessa alla trad. it. di KNEALE - KNEALE 1962.

una congiunzione subordinante, ed una sovraordinata), oppure in costrutti paratattici (§1.2), costituiti dalla sequenza di due frasi dello stesso livello gerarchico connesse da congiunzioni coordinanti o da elementi di tipo avverbiale.

1.1 COSTRUTTI IPOTATTICI. Mentre in italiano antico alcune congiunzioni subordinanti concessive fattuali sono assolutamente dominanti o comunque ampiamente testimoniate, altre (che pure diverranno fondamentali in periodi successivi della storia della lingua) appaiono invece minoritarie, più rare e scarsamente documentate: presenteremo le prime nel § 1.1.1 e le seconde nel § 1.1.2.

1.1.1 *AVEGNA CHE* E *TUTTO CHE*. Come introduttore per le subordinate concessive fattuali con verbo a modo finito la congiunzione subordinante fondamentale è *avvegna che* (3a), con una serie di varianti ortografiche fra le quali *avegna che* (3b) risulta addirittura più frequente della forma base; è inoltre testimoniata in maniera non episodica (4ab) anche la forma *(con) tutto che*[2]:

(3a)   E *avvegna che* io fossi altro che prima, molto mi dolea di questi spiritelli, che si lamentavano forte e diceano: «Se questi non ci infolgorasse così fuori del nostro luogo, noi potremmo stare a vedere la maraviglia di questa donna così come stanno li altri nostri pari».

Dante, *Vita nuova*, xiv.6, p. 57 [=*OM* 91], r. 16

(3b)   E io, veggendo la detta figura cosí bella e lucente, *avegna che* avesse dal cominciamento paura, m'asicurai tostamente, pensando che cosa ria non potea cosí chiara luce generare; [...].

Bono, *Libro Vizi e Virtudi*, iij.6, p. 6, r. 13

(4a)   E *con tutto che* io chiamasse questo nome, la mia voce era sì rotta dal singulto del piangere, che queste donne non mi pottero intendere, secondo il mio parere; [...].

Dante, *Vita nuova*, xxiij.13, p. 98 [=*OM* 157], r. 16

(4b)   E *tutto ch'*io fosse a la compagnia di molti quanto a la vista, l'andare mi dispiacea sì, che quasi li sospiri non poteano disfogare l'angoscia che lo cuore sentia, però ch'io mi dilungava de la mia beatitudine.   Dante, *Vita nuova*, ix.2, p. 33 [=*OM* 62], r. 5

Queste forme sono piuttosto rare senza complementatore – c'è un caso di *avengna* (2c), mentre due *tutto* e tre *con tutto* (6ab) si trovano solo nel *Fiore*[33] – e, per quanto non frequentemente, si trovano anche rinforzate, la prima con *dio* o *ben* (7ab) e la seconda con *ancora* (7c):

---

[2] Con il termine di *congiunzione subordinante* intendiamo qui comprendere anche l'idea di "locuzione congiuntiva", da una parte perché l'unitarietà o meno del connettore – il fatto che sia composto da una o più parole – non incide sulle sue caratteristiche semantiche, morfosintattiche e funzionali, e dall'altra perché comunque la grafia del periodo, per quanto filologicamente controllata, non permette di distinguere ad es. *ben che* da *benché*.

[3] Specifici del *Fiore* e risaputamente ascrivibili ad influsso francese – «per il gallicismo sintattico *ja tant* + negazione» già CONTINI 1984, pp. 575, 635, 645 ecc., rimandava agli aurei *Vermischte Beiträge* del Tobler (TOBLER 1902/886, pp. 131-134, § 19) – sono alcuni costrutti con *tanto* per cui cfr. AGOSTINI 1978, p. 390, che si fonda invece su BRAMBILLA AGENO 1954. Tali strutture sono interpretabili come condizionali concessive (5a) e (5b), al limite articolate (5c) su un elemento della frase come alcuni costrutti concessivi fattuali dell'italiano contemporaneo (cfr. MAZZOLENI 1991b, pp. 789 sgg., § 2.4.1.2.2).

Non è certo qui il luogo di fornirne una presentazione completa, basti tuttavia accennare che si possono secondo noi distinguerne almeno tre tipi: i) la negazione di un rapporto consecutivo con "*(già) tanto non* + condizionale / indicativo, *che* + congiuntivo", ii) l'inversione di questa struttura in "sovraordinata, *(già) tanto (non)* + subordinata al congiuntivo / indicativo", e iii) una sua variante in cui *tanto* opera direttamente su elementi di tipo nominale e la negazione della subordinata (all'indicativo) è necessaria:

[5a]   L'uom' apella il camin Troppo-Donare; / e' fu fondato per Folle-Larghez[z]a; / l'entrata guarda madonna Ric-[c]hez[z]a, / che non i lascia nessun uon passare, / s'e' nonn-è su' parente o su' compare: / *già tanto nonn-avreb[b]e* in sé bellez[z]a, / cortesia né saver né gentilez[z]a, / *ched* ella gli degnasse pur parlare.

Dante, *Fiore*, p. 1284, son. lxxj, p. 144 [=*OM* 635], rr. 8 e 10, vv. 6 e 8

[5b]   Sì non dea nessun don, che guari vaglia, / a null' amante, *tanto* l'*apregiasse*: / doni borsa, guanciale o tovaglia, / o cinturetta che poco costasse, / covricef[f]o o aguglier di bella taglia, / o gumitol di fil, s'egli 'l degnasse.

Dante, *Fiore*, p. 1284, son. cxc, p. 382 [=*OM* 756], r. 11, v. 9

[5c]   Vedi l'uccel del bosco quand' è 'n gab[b]ia: / e' canterà di cuor, ciò vi fi' aviso, / ma no·gli piace vivanda ch'egli ab[b]ia; / ché Natur' a franchez[z]a l'à sì miso / che giorno e notte de l'uscirne arrab[b]ia, / *nonn-avrà tanto* miglio o grano o riso.   Dante, *Fiore*, son. clxxxiij, p. 368 [=*OM* 749], r. 16, v. 14

[2c]   Più soferir no·m posso ch'io non dica / lo mïo greve e perilglioso stato, / *avengna* im parte
n'ò già dimostrato / in vista ed im parlare, a dritta prova.

Monte Andrea, Rime, canz. vj, Più soferir, p. 68, r. 6, v. 3

[6a]   Così vo io mi' abito divisando / ched i' per lupo non sia conosciuto, / *tutto* vad' io le genti
divorando; / e Dio merzé, i' son sì proveduto / ched i' vo tutto 'l mondo og[g]i truffando, / e
sì son santo e produomo tenuto.   Dante, *Fiore*, son. xcvij, p. 196 [=*OM* 662], r. 12, v. 11[4]

[6b]   Il marinaio che tuttor navicando / va per lo mar, cercando terra istrana, / *con tutto* si guid' e'
per tramontana, / sì va e' ben le sue vele cambiando / e per fug[g]ire da terra *e* appressando
[ms. *capressando*], / in quella guisa c[h]'allor gli è più sana: [...].

Dante, Fiore, son. lvj, p. 114 [=OM 620], r. 5, v. 3

(7a)   Poi dissero i Guelfi: – Appellianci parte di Chiesa; – e' Ghibellini s'apellarono Parte
d'Inperio, *avengnadio che* ' Ghibellini fossero publici paterini.

Cronica fiorentina, mcciiij, p. 119, r. 18

[7b]   Amor, per Deo, più non posso sofrire / tanto gravoso istato, / ch'almen non muti lato / in
dimostrar mia grave pena e dire / (*avegna ben che* con sì poco fiato / com'io mi sento ardire), / dovesse indi scovrire / ciò donde molto più seria 'ngombrato.

Amico di Dante, Rime, canz. ij, Amor per Deo, p. 702, r. 6, v. 5

(7c)   E però, là ov' elli teneano corte, aveano fatta una panca da tre, e più non ve ne capevano: e
niuno era ardito che su vi sedesse, temendo la loro leggiadria; e, tuttoché messere Polo fosse
loro maggiore – et ellino nell'altre cose l'ubbidiano –, ma pure in quello luogo leggiadro
non ardia sedere, *tutto ancora che* confessavano bene ch'elli era lo migliore uomo di Romagna e 'l più presso da dover essere il quarto che niuno altro.   *Novellino*, nov. xlj, p. 221, r. 2

Per entrambe le forme è testimoniato un esempio in un costrutto condizionale concessivo (8ab),
nel quale il contenuto proposizionale della subordinata è presentato in modo ipotetico invece che
fattuale, con il verbo al congiuntivo presente,

(8a)   E se ti pentessi per alcun tempo, e tornassi a loro con buono intendimento per cagione d'aver
paradiso, *avegna che sien* tanto cortesi che il loro aiuto non ti negassero al postutto, molto si
farebbero pregare anzi che palesemente t'acompagnassero o di servire ti promettessero.

Bono, Libro Vizi, xij.6, p. 29, r. 12

[8b]   Ché·ttu non pregi nulla cosa mai / se nonn-è quel che·ttu n'avrà' pagato: / se poco costa, poco il pregerai; / e quel che·tti sarà as[s]ai costato, / a l'avenante caro il ti terrai, / *con tutto
n'ag[g]ie* tu ben mal mercato.   Dante, *Fiore*, son. clxxiv, p. 350 [=*OM* 740], r. 16, v. 14

mentre nei costrutti concessivi fattuali la subordinata ha il verbo al congiuntivo presente (9ab) od
imperfetto (10ab), sebbene si trovi sporadicamente anche l'indicativo: perfetto semplice in un solo
esempio di subordinata preposta (11), e presente, imperfetto e perfetto composto nelle subordinate
posposte (12ab) e (2c); *avvegna che* compare in un caso con un non innaturale condizionale semplice (13a) ed in un altro con un congiuntivo imperfetto che trasmette però appunto uno dei valori tipici del condizionale semplice (13b):

(9a)   Avegna che la doglia i' *porti* grave / per lo sospiro, ché di me fa lume / lo core ardendo in la
disfatta nave, / mand'io a la Pinella un grande fiume / pieno di lammie, servito da schiave /
bell' e adorn' e di gentil costume.

Cavalcanti, Rime, xliv[b], son. Ciascuna fresca, p. 553, r. 9, v. 9

[9b]   Richiè', c[h]'almen n'avrà' su' ben volere, / *con tutto* ti *vad'* ella folleg[g]iando, / ché·ttu
no·le puo' far mag[g]ior piacere.   Dante, *Fiore*, son. lix, p. 120 [=*OM* 623], r. 12, v. 10

(10a)   Nel decto tempo, poi che papa Pasquale co' suoi fratelli cardinali fu diliberato della carcere
dello Imperadore, contro a llui si levarono iij papi in diversi tempi e condictioni; ciò fue Al-

---

[4] Qui ed in tutti i saggi raccolti in questo volume accetto senza ulteriori riserve l'attribuzione a Dante del *Fiore* e del
Detto d'amore.

14

berto Angnulfo e Teodorico: i quali, advegnia che ne' loro conminciamenti catuno a decto Papa *desse* molta briga, l'uno dal'altro erano svariati.   *Cronica fiorentina*, mcvij, p. 94, r. 4

(10b)   Donde costrinse e raunò in uno luogo quelli uomini che allora erano sparti per le campora e partiti per le nascosaglie silvestre; et inducendo loro a ssapere le cose utili et oneste, tutto che alla prima *paresse* loro gravi per loro disusanza, poi l'udiro studiosamente per la ragione e per bel dire; e ssì lli arecò umili e mansueti dalla fierezza e dalla crudeltà che aveano.

Brunetto, *Rettorica*, v.0, p. 21, r. 18

(11)   Conciò sia cosa che 'l Marchese avea facto molta cavalleria e popolo, vennero per difendere il castello, e fue in sul canpo e domandò la battalgla; ed al castello sarebe venuto, se non fosse per la molta pioggia ch'era venuta, ed avea a passare uno fiume; sì che Maghinardo da Susinana, ch'era in sua conpangnia, sì consilgò che 'l fiume non si passasse; e la battalgla per questo modo rimase: avengnadio che 'l Marchese da' Fiorentini forte si *tenne* gravato, i quali erano all'aiuto del Bolongnese, e' Bolongnesi ischifaro la battalgla quanto poterono.

Cronica fiorentina, mcclxxxxvj, p. 147, r. 13

(12a)   E ttutta volta è lo 'ntendimento dello sponitore che queste parole sopra 'l dittare altressì come sopra 'l dire siano, advegna che tal *puote* sapere bene dittare che non àe ardimento o scienzia di profferere le sue parole davanti alle genti; [...].

Brunetto, *Rettorica*, j.4, p. 5, r. 14

(12b)   Domandò chi e' fosse, tuttoché bene lo *conoscea*. Quelli li racontò suo nome.

Novellino, nov. xxix, p. 197, r. 1

[2c]   Più soferir no·m posso ch'io non dica / lo mïo greve e perilglioso stato, / avengna im parte n'ò già *dimostrato* / in vista ed im parlare, a dritta prova.

Monte, *Rime*, canz. vj, *Più soferir*, p. 68, r. 6, v. 3

(13a)   Io era nel proponimento ancora di questa canzone, e compiuta n'avea questa soprascritta stanzia, quando lo segnore de la giustizia chiamoe questa gentilissima a gloriare sotto la insegna di quella regina benedetta virgo Maria, lo cui nome fue in grandissima reverenzia ne le parole di questa Beatrice beata. E avvegna che forse *piacerebbe* a presente trattare alquanto de la sua partita da noi, non è lo mio intendimento di trattarne qui per tre ragioni: […].

Dante, *Vita nuova*, xxviij.2, p. 122 [=*OM* 191], r. 11

(13b)   Da ch'è volontà delle Virtudi che sono qui raunate che io dica queste parole, dirolle per loro comandamento, avegna che per ciascuna di loro *fossero* me' dette e piú saviamente che per me.   Bono, *Libro Vizi*, xxxviij.1, p. 66, r. 5

Avvegna che introduce anche frasi subordinate ridotte (14), che si trovano sempre dopo la sovraordinata:

(14)   Questo sonetto ha tre parti: ne la prima parte dico sì com'io trovai Amore, e quale mi parea; ne la seconda dico quello ch'elli mi disse, *avvegna che non compiutamente* per tema ch'avea di discovrire lo mio secreto; ne la terza dico com'elli mi disparve.

Dante, *Vita nuova*, ix.13, p. 37 [=*OM* 66], r. 15

Come è normale per i costrutti ipotattici, si trovano sia esempi con la subordinata in posizione tematica che precede la sovraordinata (15ab) sia casi nei quali viceversa la segue (16ab) in posizione rematica[5]: le due congiunzioni subordinanti risultano quindi diaforiche, cioè potenzialmente sia anaforiche sia cataforiche.

(15a)   E *avegna che voglia gran forza e richieggia gran pugna*, non si dé l'uomo anighiettire, ma francamente pugnare, perché dice il Savio: «Sanza grave fatica le gran cose non si possono avere».   Bono, *Libro Vizi*, x.5, p. 23, r. 11

(15b)   Et *tutto che, dalla prima, a questi che viveano bestialmente paresser gravi amonimenti di vivere a ragione et ad ordine*, acciò ch'elli erano liberi e franchinaturalmente e non si voleano mettere a signoraggio, poi, udendo il bel dire del savio uomo e considerando per ragione che

---

[5] Per la prospettiva funzionale di frase applicata alla sintassi del periodo cfr. MAZZOLENI 1991a.

larga e libera licenzia di mal fare ritornava in lor grave destruzione et in periglio de l'umana generazione, udiro e miser cura a intendere lui.   Brunetto, *Rettorica*, v.4, p. 23, r. 11

(16a)   E però, anzi ch'io li dessi questo soprascritto sonetto, sì dissi due stanzie d'una canzone, l'una per costui veracemente, e l'altra per me, *avvegna che paia l'una e l'altra per una persona detta, a chi non guarda sottilmente*; […].

Dante, *Vita nuova*, xxxiij.2, p. 137 [=*OM* 209], r. 6

[16b]   E' sì vanno lodando la poverta, / e le ric[c]hez[z]e pescan co' tramagli, / ed ivi mettor tutti lor travagli, / *tutto si cuoprar e' d'altra coverta*.

Dante, *Fiore*, p. 1284, son. xc, p. 182 [=*OM* 654], r. 6, v. 4

Sono anche testimoniati costrutti con la subordinata in posizione incidentale che interrompe la sovraordinata, isolando il SN soggetto dal SV: ciò avviene sia quando il soggetto è lessicale (17ab) sia quando è realizzato da un pronome relativo (2a).

(17a)   E questa cena, *avegna che per bisogno si pigli*, non dee esser grande, acciò che si mangi di soperchio; anzi dee esser piccola e temperata, perché quello omor desiccato per poco cibo si ristora: […].   Bono, *Libro Vizi*, xx.6, p. 40, r. 24

(17b)   Questi si scosta molto / da la verace fede: / forse che non s'avede / che 'l Misericordioso, / *tutto che sia pietoso*, / sentenza per giustizia / intra 'l bene e le vizia, / e dà merito e pene / secondo che s'aviene?   Brunetto, *Tesoretto*, p. 269, r. 30, v. 2724

(2a)   Questo Currado, poi tornò d'oltremare, si morì; il quale, *advegnia che regiesse xv anni lo imperio*, non ebbe alcuna volta la benedictione imperiale.

Cronica fiorentina, mcxlvj, p. 101, r. 11

Quando la subordinata precede la sovraordinata quest'ultima può essere accompagnata da un elemento di tipo avverbiale come *tuttavia*, che riprende anaforicamente la congiunzione subordinante diaforica iniziale (18) e forma in questo modo una struttura correlativa: i tre casi testimoniati sono con *avvegna che*, mentre nessuno risulta attestato per *tutto che*.

(18)   E con tutto che io chiamasse questo nome, la mia voce era sì rotta dal singulto del piangere, che queste donne non mi pottero intendere, secondo il mio parere; e *avvegna che* io vergognasse molto, *tuttavia* per alcuno ammonimento d'Amore mi rivolsi a loro.

Dante, *Vita nuova*, c. 1292-93, xxiij.13, p. 98 [*OM* 157], r. 18

Se invece la sovraordinata viene introdotta da una congiunzione coordinante come *ma*, il profilo comunicativo e la combinazione di "anticipatore cataforico + ripresa anaforica" sono identici, ma il risultato è la struttura tradizionalmente chiamata *paraipotassi*, testimoniata in due casi per *avvegna che* (20) ed in uno solo per *tutto che* (6c), dove tra l'altro il *ma* è accompagnato anche da *pure*[6]:

---

[6] *Pure* si trova come elemento avverbiale di rinforzo e ripresa anche in un esempio isolato di Brunetto, ed è raddoppiato in una struttura correlativa nel *Convivio*:

(19a)   E ho visto persone / ch'a comperar capone, / pernice e grosso pesce, / lo spender no·lli 'ncresce: / ché, *come vol* sien cari, / *pur* trovansi i danari, / sì pagan mantenente, / e credon che la gente / lili ponga i·llarghezza; […].   Brunetto, *Tesoretto*, p. 227, r. 22s., v. 1475s

{19b}   E non è contra quello che pare dire Aristotile nel decimo de l'Etica, che alle sustanze separate convegna pure la speculativa vita. *Come pure* la speculativa convegna loro, *pure* alla speculazione di certe segue la circulazione del cielo, che è del mondo governo; lo quale è quasi una ordinata civilitade, intesa ne la speculazione delli motori.   Dante, *Convivio*, II.iv.13 , p. 83 [=*OM* 154], r. 10

Il passo del *Convivio*, segnalato da AGOSTINI 1978, p. 389, era da lui chiosato ambiguamente: «il secondo *pure* potrebbe avere, come il primo, il significato di "soltanto" o potrebbe essere correlativo rafforzativo del *come*». I residui dubbi sembrano comunque revocati da VASOLI 1988, p. 154: «Dante intende dire che benché (= come che [*sic*!]) alle "sostanze separate" convenga soltanto la vita speculativa, "tuttavia" (così mi pare si debba interpretare il secondo "pure", come osserva il Nardi, [NARDI 1960], p. 59) all'attività speculativa di alcune di esse consegue il moto circolare del cielo nel quale consiste il *governo del mondo*».

(20)   In questa parte divisa Tulio come divennero quelli due mali, cioè turbare il buono stato delle cittadi e corrompere la buona vita e costumanza delli uomini; et *avegna che* 'l suo testo sia recato in sìe piane parole che molto fae da intendere tutti, *ma* tutta volta lo sponitore dirae alcune parole per più chiarezza.   Brunetto, *Rettorica*, xiij.1, p. 31, r. 16

(6c)   E però, là ov' elli teneano corte, aveano fatta una panca da tre, e più non ve ne capevano: e niuno era ardito che su vi sedesse, temendo la loro leggiadria; e, *tuttoché* messere Polo fosse loro maggiore – et ellino nell'altre cose l'ubbidiano –, *ma pure* in quello luogo leggiadro non ardia sedere, tutto ancora che confessavano bene ch'elli era lo migliore uomo di Romagna e 'l più presso da dover essere il quarto che niuno altro.

Novellino, nov. xlj, p. 220, r. 12

Infine alcuni casi di *avegna(dio che)* compaiono in frasi che possono essere considerate esempi di concessive restrittive, con la subordinata che segue la sovraordinata in posizione rematica e di massimo rilievo comunicativo, e si trova isolata da una pausa: in questi casi la "subordinata" sembra divenire una principale – il verbo è al presente o al perfetto semplice indicativo (21ab), o addirittura al condizionale come nel più tardo esempio petrarchesco (21c) –, o per lo meno tende ad assumerne lo statuto pragmatico, indebolendo la sua "sovraordinata" invece di rinforzarla sia pur retoricamente; e come in italiano contemporaneo (21d) il costrutto può essere parafrasato utilizzando sia una corrispondente congiunzione subordinante sia una congiunzione coordinante come *ma*, sempre nella stessa posizione anaforica interfrasale[7].

[21a]   *avegna* ≅ 'anche se / ma'?
   Madonna, io temo tanto a voi venire / pensando, tant'è forte la minacc⟨i⟩a, / ché mi vi par veder sempre ferire / co li mi' oc⟨c⟩hi avanti de la facc⟨i⟩a; // e non credo mi vaglia lo schermire, / tanto vostra ferezza mi discacc⟨i⟩a: / de la venuta è 'l meglio soferire, / ché quelli falla che lo suo mal s'avacc⟨i⟩a. / Avegna se la scusa m'*ascoltate* / e *volete* la scusa ricepere, / io la vi fo, se voi mi sicurate; […].

Chiaro, *Rime*, XIII, son. xxxix, *Madonna io temo*, p. 256, r. 5, v. 9

(21b)   *advegnadio che* ≅ 'anche se / ma'
   Et in costoro si cominciò il primo consolato della città. E questi fu per força; advegnadio che poi *cominciarono* a governare la cittade per modo di ragione e di giustitia, conservando ciascuno in suo stato, tanto che da' consoli cittadini feciono electione di chiamare podestà gentili huomini possenti forestieri; sì ccome, legiendo inançi, scritto troverrete.

Cronica fiorentina, mclviiij, p. 105, r. 10

{21c}   *avegna ch'* ≅ 'anche se / ma'?
   Per consiglio di lui, donna, m'avete / scacciato del mio dolce albergo fora: / misero exilio, avegna ch' i' non *fôra* / d'abitar degno ove voi sola siete.

Petrarca, *RVF*, xlv, son. *Il mio adversario*, 1336 [?], p. 62 [=*SA* 236], r. 8, v. 7

{21d}   *sebbene* ≅ 'anche se / ma'?
   – Beh, signorina… sarei contento di avere una figlia come te… sebbene… no, non ne sono proprio sicuro. – È più o meno quello che pensa il mio papà – disse Priscilla.

Benni, *Priscilla*, p. 146, r. 10

1.1.2   *BENCHÉ* ED *ANCORA CHE*. Sono anche presenti – ma appaiono decisamente più rare – le congiunzioni subordinanti *benché* ed *ancora che*, rispettivamente con 5 e 4 esempi (nel più vasto corpus fiorentino duecentesco del *TLIO*). *Benché*[8], per quanto piuttosto comune nell'italiano succes-

---

[7] Sulle concessive restrittive cfr. MAZZOLENI 1991ab e 1992 (p. 55, nota 9), SABATINI 1999 (§ 3.3, specialmente pp. 159 e 166, nota 29 per il rinvio al frammento di Chiaro Davanzati) e *DISC* (s.v. *benché* per altri interessanti ma più tardi esempi, per cui cfr. anche, più diffusamente ma meno selettivamente, *GDLI* s.v.). Riguardo al condizionale di (21c) – di nuovo segnalatoci da SABATINI, c.p. – si noti però che tale modo compariva anche nell'es. dantesco (13a), che rappresenta invece un caso del tutto normale di costrutto concessivo fattuale con la subordinata tematica preposta alla sovraordinata.

[8] Per una trattazione diacronica sulla nascita di *benché* in italiano antico cfr. ora il contributo seguente.

sivo, dal Trecento fino al periodo contemporaneo, ed in particolare in un registro non particolarmente basso, si trova solo[97] in Brunetto Latini e nel cosiddetto "Amico di Dante" (23ab), e la sua unica variante *bene che* – tra l'altro in una subordinata con il verbo al presente indicativo – è attestata in un esempio di Bono Giamboni (23c), che è la traduzione di un frammento latino («Quodcumque potest manus tua facere, instanter operare ...», *Ecclesiaste* ix.10, p. 163) il cui valore semantico è chiaramente a-condizionale e che va quindi tenuto a parte poiché si tratta evidentemente di un'altra cosa; *ancora che*, con la sola variante *ancor che* (24b), ha una sua versione priva di complementatore (24c) testimoniata solo dopo la fine del Duecento:

[23a] Ma se tu questa loda ti volessi porre, che tu avresti renduta la provincia a Cesare, *benché* P. Varo o altri t'avesse contradiato, io confesserò che Ligario abbia la colpa, poi ch'elli v'ha tolta cagione di tanta lode.   Brunetto, *Pro Ligario*, p. 180, r. 4

[23b] Nessuna cosa tengo sia sì grave, / in verità, né di sì gran molesta, / come l'attender, che lo cor tempesta / più forte che nel mar turbato nave; / e, quanto al mi' parer, sì mal nonn-ave / chi ismarruto truovasi 'n foresta, / *benché* veggia venir la notte presta / e senta fiere cose onde tem' ave.   Amico di Dante, *Rime*, son. xxxix, *Nessuna cosa tengo*, p. 757, r. 8, v. 7

(23c) Eleggere e far lo bene c'ha conosciuto si è un altro modo di prudenzia del quale favella Salamone quando dice: «Ciò *bene che puo'* fare co le mani tue, sanza dimora il fa».
                                                      Bono, *Libro Vizi*, xxxiij.21, p. 59, r. 6

(24a) E quando ei pensato alquanto di lei, ed io ritornai pensando a la mia debilitata vita; e veggendo come leggiero era lo suo durare, *ancora che* sana fosse, sì cominciai a piangere fra me stesso di tanta miseria.   Dante, *Vita nuova*, xxiij.3, p. 95 [=*OM* 152], r. 1

(24b) Dell'anima dell'uomo / io ti diraggio como / è tanto degna e cara / e nobile e preclara / che pote a compimento / aver conoscimento / di ciò ch' è ordinato / (sol se·nno fue servato / in divina potenza): / però sanza fallenza / fue l'anima locata / e messa e consolata / ne lo più degno loco, / *ancor che* sïa poco, / ched è chiamato core.
                                                      Brunetto, *Tesoretto*, p. 200, r. 21, v. 710

{24c} Rispuose: «Vedi che son un che piango». / E io a lui: «Con piangere e con lutto, / spirito maladetto, ti rimani; / ch'i' ti conosco, *ancor* sie lordo tutto».
                                                      Dante, *Inferno*, viij, p. 131 [=*CS* 96], r. 4, v. 39

Il verbo della subordinata è sempre al congiuntivo, presente (25a), imperfetto (25b), o piuccheperfetto (23a):

(25a) « [...]. Trovai questi sergenti dimandandomi in fe' di cavaleria ch'io dicesse qual'era miglior cavaliere tra 'l buon re Meliadus o 'l Cavaliere Sanza Paura; et io, per mettere il vero avante, dissi che 'l re Meliadus era migliore: e no 'l dissi più che per verità dire, ancora che 'l re Meliadus *sia* mio mortale nemico in campo, e mortalmente il disamo. [...]»
                                                      Novellino, nov. lxiij, p. 268, r. 8

---

[9] Sulla rarità di questa congiunzione appare interessante un passo del *Convivio*, in cui «l'uso di *tutto che* [in prosa] in sostituzione di *benché* [presente nella poesia] potrebbe far supporre che quest'ultima cong[iun]z[ione] fosse meno perspicua» (AGOSTINI 1978, p. 388); dal punto di vista diacronico nel Trecento l'uso di *benché* era evidentemente ancora così "fresco" da meritare una glossa, ed il connettore era avvertito in qualche modo come non del tutto comprensibile:

{22a} Dico dunque che questa ultima oppinione nel vulgo è tanto durata, che sanza altro respetto, sanza inquisizione d'alcuna ragione, gentile è chiamato ciascuno che figlio sia o nepote d'alcuno valente uomo, *tutto che* esso sia da niente. E questo è quello che dice: [«]ed è tanto durata / la così falsa oppinïon tra nui, / che l'uom chiama colui / omo gentil che può dicere: 'Io fui / nepote' o 'figlio di cotal valente', / *benché* sia da nïente[»].
                                                      Dante, *Convivio*, 1304-1307, IV.vij.2 , p. 300 [=*OM* 597], rr. 7 e 13
                                                      [N. I caporali sono inserzione mia: nell'ed. a segnalare i piani dialogici basta lo stacco prosa/verso]

E questo fu il punto di partenza per il lavoro che qui si riproduce come capitolo secondo.

(25b)   Ma ben ci son persone / d'altra condizïone, / che si chiaman gentili: / tutt' altri tegnon vili / per cotal gentilezza; / e a questa baldezza / tal chiaman mercennaio / che più tosto uno staio / spenderia di fiorini / ch'essi di picciolini, / benché li lor podere / *fosseron* d'un valere.

Brunetto, Tesoretto, p. 235, r. 22, v. 1712

[23a]   Ma se tu questa loda ti volessi porre, che tu avresti renduta la provincia a Cesare, benché P. Varo o altri t'*avesse contradiato*, io confesserò che Ligario abbia la colpa, poi ch'elli v'ha tolta cagione di tanta lode.   Brunetto, *Pro Ligario*, p. 180, r. 4

La subordinata si trova sempre posposta (26ab) tranne in un solo esempio con *benché* (27), dove l'intera frase concessiva precede il complementatore *che* della sua sovraordinata: ciò potrebbe far pensare ad una natura principalmente anaforica delle due congiunzioni subordinanti, ma la scarsità degli esempi ed il fatto che in fasi cronologicamente successive le stesse forme compaiano anche preposte (28ab), dimostrandosi così normalmente diaforiche, non permettono di sostenere tale ipotesi.

(26a)   Al tempo che Fiorenza / froria, e fece frutto, / sì ch'ell'era del tutto / la donna di Toscana / (*ancora che lontana / ne fosse l'una parte*, / rimossa in altra parte, / quella d'i ghibellini, / per guerra d'i vicini), / esso Comune saggio / mi fece suo messaggio / all'alto re di Spagna, / ch'or è re de la Magna / e la corona atende, / se Dio no·llil contende: [...].

Brunetto, Tesoretto, p. 179, r. 21, v. 118

[26b]   Dappoi ch'è certo che la tua bieltate, / gentil pulzella, mi ti face amare, / e·cch'io altro non posso, *benché fare / i' lo volesse*, de'ne aver pietate: / ché·cchi ha colpa dé tutte fïate, / secondo la ragion, pena portare / di ciò che indi nasce; [...].

Amico di Dante, Rime, son. xxij, Dappoi ch'è certo, p. 745, r. 4, v. 3

(27)   E guarda non errassi / se tu stessi o andassi / con donna o con segnore / o con altro maggiore; / e *benché sie tuo pare*, / che lo sappie innorare, / ciascun per lo su' stato.

Brunetto, Tesoretto, p. 238, r. 16, v. 1791

{28a}   Italia mia, *benché 'l parlar sia indarno / a le piaghe mortali / che nel bel corpo tuo sì spesse veggio*, / piacemi almen che' miei sospir' sian quali / spera 'l Tevero et l'Arno, / e 'l Po, dove doglioso et grave or seggio.

Petrarca, RVF, cxxviij, canz. Italia mia, 1350 c., p. 174 [=SA 610], r. 2, v. 1

{28b}   *Ancor che ciel con cielo in punto sia / che leggiadria / disvia – cotanto, e più che quant'io conto*, / io, che le sono conto, / merzé d'una gentile / che la mostrava in tutti gli atti sui, / non tacerò di lei, [...].   Dante, *Rime*, xxx, canz. *Poscia ch'Amor*, 1300-1305 c., p. 387, r. 1, v. 58

1.2   Costrutti paratattici. In un costrutto paratattico la sequenza di due frasi dello stesso livello gerarchico può essere connessa da un elemento avverbiale (§ 1.2.1) o da una congiunzione coordinante (§ 1.2.2): in entrambi i casi vedremo come la connessione instaurata appaia costruita con meccanismi linguistici non solo strettamente morfosintattici ma anche discorsivo-testuali.

1.2.1   I materiali. A parte *avvegna che*, i materiali che compongono le principali congiunzioni subordinanti viste sopra si ritrovano anche nella costituzione degli elementi avverbiali che instaurano un rapporto concessivo fattuale in una struttura paratattica: in *bene* (29a), che sottolinea pragmaticamente il valore del contenuto proposizionale della frase che accompagna, è chiaramente riconoscibile la componente lessicale di *benché*, come a *(con) tutto che* risulta evidentemente collegato *con tucto ciò*, dove *ciò* rappresenta la componente anaforica che riprende la proposizione espressa dalla coordinata precedente (29b); inoltre la combinabilità con la congiunzione coordinante *e* conferma lo statuto avverbiale di *con tucto ciò*, che sarà conservato anche successivamente come testimonia ad es. la sua presenza davanti alla sovraordinata in un costrutto ipotattico correlativo (29c):

19

(29a)[10]   Uno cavaliere di Lombardia era molto amico dello 'mperadore Federigo, et avea nome messer G., il quale non avea reda nulla che suo figliolo fosse: *bene* avea gente di suo legnaggio.

Novellino, nov. xxix, p. 196, r. 5

(29b)   Onde i Romani crudelmente, con armata mano, dalla parte di Sant'Agnolo manomissero la
famiglia dello Imperadore; e uccidendogli e cacciandogli insino al padiglione dello Imperadore, levato il rumore per la città, i Tedeschi si ragunarono insieme, e crudelmente uccidiano
e menavano a morte i Romani, e infino // che 'l Papa e lo Imperadore trassono a dividere; e
con tucto ciò i Tedeschi non si potevano raffrenare.   *Cronica fiorentina*, mcliiij, p. 103, r. 1

{29c}   *Quantunque* il concorso maggiore non fosse dalla parte per cui i nostri tre fuggitivi s'avvicinavano alla valle, ma all'imboccatura opposta, *con tutto ciò*, cominciarono a trovar compagni di viaggio e di sventura, che da traverse e viottole erano sboccati o sboccavano nella
strada.   Manzoni, *I promessi sposi* quarantana, cap. xxx, p. 512[11]

Sempre in un costrutto paratattico e preceduto di nuovo da una *e* compare anche *non ostante
questo* (30a), forma esemplata sull'ablativo assoluto latino nella quale *questo* costituisce la componente anaforica che riprende il contenuto proposizionale della coordinata precedente; la corrispondente congiunzione subordinante *non ostante che* – seguita dal congiuntivo – è attestata però solo
dopo la fine del Duecento: (30b) ne costituisce un esempio dantesco ripreso da AGENO 1978, p.
250.

(30a)   In quello tempo, uno gentile e potente huomo, sedendo intra cavalieri in uno nobile convito,
fu assalito da' topi, che decti sono racti; per la qual cosa essendo i topi raunati sança numero, niuno tocchavano se non solamente lui: onde per questa cagione, fu portato in mare e
messo in uno bactello e pinto infra l'acqua, e *non ostante questo*, tucti i topi del paese vi
trassono notando per mare, e tucta la nave rodeano; e finalmente riposto in terra, da' topi fue
tucto mangiato.   *Cronica fiorentina*, mlv, p. 85, r. 2

{30b}   Dico dunque: «Tale imperò», cioè tale usò l'ufficio imperiale: dove è da sapere che Federigo
di Soave, ultimo imperadore delli Romani – ultimo dico per rispetto al tempo presente, *non
ostante che* Ridolfo e Andolfo e Alberto poi *eletti siano*, appresso la sua morte e delli suoi
discendenti –, domandato che fosse gentilezza, rispuose ch'era antica ricchezza e belli co-
stumi.   Dante, *Convivio*, IV.iij.6, p. 273 [=*OM* 545], r. 8

1.2.2   *MA* E DINTORNI. La congiunzione coordinante *ma* è l'elemento che più facilmente può in-
staurare un rapporto concessivo fattuale tra le proposizioni espresse da due frasi connesse allo stesso livello gerarchico. Va però in primo luogo ricordato che *ma* può avere almeno due interpretazioni
semantiche diverse (cfr. MARCONI - BERTINETTO 1984 e MAZZOLENI 1996): i) quella avversativa di
(31a) con un valore vicino anche se non identico a quello concessivo fattuale, e ii) quella sostitutiva
di (31b) – esplicitabile in italiano contemporaneo tramite *bensì* –, che ha un significato decisamente
diverso poiché segnala che il costituente precedente, focalizzato e "cancellato" da una negazione
"polemica", viene appunto sostituito da quello successivo introdotto dal connettore. In secondo luogo, il *ma* avversativo può esprimere un rapporto di causa frustrata e quindi permettere la parafrasi di
un costrutto concessivo fattuale ipotattico, ma con un valore di base più debole, di semplice contrasto, non per forza collegato alla frustrazione di un rapporto causale di qualche tipo, come in (31c):

---

[10] Ma cfr. quanto si dirà commentando l'es. 25a (nota 31) nel lavoro sul *benché*.

[11] Oltre alle altre varianti, crediamo valga la pena di notare come nella ventisettana fosse presente *pure* invece di *con
tutto ciò*, forma che il Manzoni ha evidentemente considerato più opportuna della precedente:

{29c}*bis*   Quantunque il concorso maggiore non fosse dalla parte per cui i nostri tre fuggitivi si avvicinavano alla valle,
ma all'imboccatura opposta, *pure*, nella seconda andata, cominciarono essi a trovar compagni di viaggio e di
sventura, che da traverse e viottoli erano sboccati o sboccavano nella strada.

Manzoni, *I promessi sposi* ventisettana, cap. xxx, p. 515

(31a)   Questo Imperadore, ricordandosi per adietro del primo anno del suo imperiato, fece disfare
        la città di Spuleto, perché lli fu facto noia quando passava a corte. Elli fu molto savio *ma*
        troppo ontoso ad vendecta; et fu largo e gratioso, gentile e bontadioso in tucti suoi facti.
                                                        Cronica fiorentina, mcliiij, p. 103, r. 5
(31b)   Un giorno avenne che, cavalcando, Davit vide l'angelo di Dio con una spada ignuda,
        c'andava uccidendo il popolo; e, comunque elli volle colpire uno, e Davit smontoe subita-
        mente e disse: «Messere, mercé: *non* uccidete l'innocenti, *ma* [≅ 'bensì'] uccidi me, cui è la
        colpa».   *Novellino*, nov. v, p. 137, r. 9
(31c)   Ma sacce che 'n due guise / lo Fattor lo devise: / ché l'*une* veramente / son fatte di *neente*, /
        ciò son l'anim' e 'l mondo / e li angeli secondo; / ma tutte l'*altre* cose, / quantunque dicere
        ose, / son d'alcuna *matera* / fatte per lor manera.   Brunetto, *Tesoretto*, p. 193, r. 11, v. 499

L'elemento avverbiale *però*, che attualmente può parafrasare il valore concessivo di *ma*, in italiano antico ha invece ancora solo valore causale, sia nella sua versione paratattica (1b) sia in quella
ipotattica in combinazione con il complementatore *che* (4b):

(1b)   Pianger di doglia e sospirar d'angoscia / mi strugge 'l core ovunque sol mi trovo, / sì che ne
        'ncrescerebbe a chi m'audesse: / quale è stata la mia vita, poscia / che la mia donna andò nel
        secol novo, / lingua non è che dicer lo sapesse: / e *però* [≅ 'perciò'], donne mie, pur ch'io
        volesse, / non vi saprei io dir ben quel ch'io sono, / sì mi fa travagliar l'acerba vita; [...].
                        Dante, *Vita nuova*, xxxj.16, canz. *Li occhi dolenti*, p. 132 [=*OM* 205], r. 14, v. 63
(4b)   E tutto ch'io fosse a la compagnia di molti quanto a la vista, l'andare mi dispiacea sì, che
        quasi li sospiri non poteano disfogare l'angoscia che lo cuore sentia, *però ch'* [≅ 'perché'] io
        mi dilungava de la mia beatitudine.   Dante, *Vita nuova*, ix.2, p. 34 [=*OM* 62], r. 2

In un costrutto parattattico oltre al *ma* nella seconda coordinata può comparire un elemento avverbiale di rinforzo come *pur* (32a) o *tuttavia* (32b); ed anche la prima coordinata può essere accompagnata da un segmento come *bene* e/o *vero* che in qualche modo anticipa cataforicamente la
ripresa anaforica costituita da *ma*, creando in tal modo (32bc) una correlazione parallela a quella vista sopra in (18) con *avvegna che... tuttavia...*, realizzata però questa volta in un costrutto paratattico e non ipotattico[12]:

(32a)   S'afeso t'è di fatto, / dicoti a ogne patto / che tu non sie musorno, / ma di notte e di giorno /
        pensa de la vendetta, / e non aver tal fretta / che tu ne peggior' onta, / ché 'l maestro ne conta
        / che fretta porta inganno, / e 'ndugio è par di danno; / e tu così digrada: / *ma pur*, come che
        vada / la cosa, lenta o ratta, / sia la vendetta fatta.   Brunetto *Tesoretto*, p. 249, r. 28, v. 2132
(32b)   Dico *bene* che, a più aprire lo intendimento di questa canzone, si converrebbe usare di più
        minute divisioni; *ma tuttavia* chi non è di tanto ingegno che per queste che sono fatte la pos-
        sa intendere, a me non dispiace se la mi lascia stare, chè certo io temo d'avere a troppi co-
        municato lo suo intendimento pur per queste divisioni che fatte sono, s'elli avvenisse che
        molti le potessero audire.   Dante, *Vita nuova*, xix.22, p. 82 [=*OM* 132], r. 4
[32c]   «E' convien al postutto, Falsembiante, / c[h]'ogne tua tradigion sì·cci cante, / sì che non vi
        rimanga nulla a dire, / ché·ttu mi pari un uon di Gesocristo / e 'l portamento fai di santo er-
        mito». / «Egli è *ben vero*, *ma* i' sono ipocristo». / «Predicar astinenza i' t'ho udito». / «*Ver* è,
        ma, per ch'i' faccia il viso tristo, / i' son di buon' morsei dentro farsito».
                        Dante, *Fiore*, son. civ, p. 210 [=*OM* 669], rr. 13 e 15, vv. 11 e 13

---

[12] Si tratta delle cosiddette "preconcessive" (cfr. BERRETTA 1998, cit. in SABATINI 1999, p. 164, nota 14), tipi di frase
già affrontati – pur senza questa etichetta – in MAZZOLENI 1988, p. 129, 1992, p. 44 e sg., e 1996, p. 56 e sg., § 2.1.2:
vogliamo però sottolineare che, almeno nel nostro corpus, tali costrutti paratattici correlativi non paiono affatto "prece-
dere" diacronicamente quelli concessivi fattuali ipotattici, né in modo diretto a livello morfologico né in modo indiretto
a livello sintattico, ma costituiscono semplicemente una possibile diversa strategia comunicativa.

2.   LA RICOSTRUZIONE INFERENZIALE DEL RAPPORTO SEMANTICO. Anche in questo caso i contenuti proposizionali in gioco – il cui contrasto porta il destinatario ad inferire e quindi a ricostruire una relazione concessiva non esplicitamente espressa a livello morfosintattico – possono essere inseriti in costrutti paratattici, costituiti da frasi coordinate (§ 2.1), oppure in costrutti ipotattici, costituiti da una frase subordinata legata alla sovraordinata (§ 2.2).

2.1   COSTRUTTI PARATATTICI. La coordinazione di due frasi tramite una *e* può assumere valore concessivo fattuale purché le proposizioni espresse appaiano in contrasto (5a), ma risulta evidentemente insostenibile l'idea che la congiunzione coordinante *e* abbia in sé valore concessivo fattuale ed esprima un rapporto semantico di causa frustrata: basta osservare l'ultima *e* dello stesso esempio[13]; se però la seconda frase (che può essere anche enunciata da un secondo parlante all'interno di una stessa sequenza dialogica) oltre ad essere introdotta dalla *e* coordinante viene accompagnata da un elemento avverbiale che segnala esplicitamente il contrasto, come *pur* in (33ab), il valore concessivo viene di nuovo costruito linguisticamente a livello morfosintattico:

[5a]   Così vo io mi' abito divisando / ched i' per lupo non sia conosciuto, / tutto vad' io le genti divorando; / e Dio merzé, i' son sì proveduto / ched i' vo tutto 'l mondo og[g]i truffando, / *e* sì son santo e produomo tenuto.   Dante, *Fiore*, son. xcvij, p. 196 [=*OM* 662], r. 15, v. 14

[33a]   Di pic‹c›iolo alber grande frutto atendo, / ed in bona speranza mi riposa / ch'io sono in guerra *e pur* pace contendo / e guerra far neiente m'è noiosa; [...].
                    Chiaro, *Rime*, son. civ, *Di picciolo alber*, p. 326, r. 4, v. 3

(33b)   «Ciò non può essere» disse lo 'mperadore, «che uomo vecchio dicesse così grande villania, così ignuda di senno». «Messer, *e pur* fue». «Ditemi» disse lo 'mperadore: «di che fazione era, e di che guisa vestito?". «Messere, elli era canuto e vestito di vergato». «Ben può essere» disse lo 'mperadore: «dacché egli è vestito di vergato, esser può: ch'egli è uno matto».
                    Novellino, xx, p. 178, r. 4

Allo stesso modo, pur non avendo a disposizione esempi specifici da mostrare, crediamo di poter tranquillamente sostenere che anche una mera coordinazione asindetica ha la possibilità di essere interpretativamente arricchita col valore concessivo, se e solo se i contenuti proposizionali espressi spingono in quella direzione; ma di nuovo un rapporto concessivo può venir instaurato in modo esplicito fra due frasi coordinate asindeticamente grazie all'inserimento nella seconda di *tuttavia* (34a), eventualmente rinforzato come *or tuttavia* (34b), in posizione di avverbiale di frase:

(34a)   Sopra 'l fatto del fornimento che v'è stato bisongnio o che ssia ancora per uguanno, non fa mistiere di sscrivere qui, però che credemo che n'avrete tratto e trarrete quello avantaggio che potrete e che crederete che buon sia. *Tuttavia* com'altra volta v'avemo ricordato così vi ricordiamo per questa che da le nostre magioni traiate quello avantagio che potete, isspezialmente di sostenere di loro d. c'avere dovessero da nnoi, che pocho sostenimento che voi ne facieste potrebbe avanzare a nnoi una fiera.   Cerchi, *Lettere* I, p. 602, r. 1

(34b)   Nostro intendimento sì è di volere che ssi faccia CC sacca di lana coglietta tra inn I[n]ghilterra e inn Isscozia in quelle luogora che più uttulitade credete che ssi ne possa fare, e questo vi diciamo avisando noi che questa mercatantia dovrebbe essere i· migliore stato quest'anno che nnonn è issuta di due anni passati, sì per la morina de le berbici, e sì per la guerra ch'è cominciata tra gl'i[n]ghilesi e ' fiaminghi, come scritto n'avete per più lettere; *ortuttavia* in ciò noi non potemo così avisare come quelle persone che fossero presente in sul fatto, e però sì la rimetteremo in voi e nelgli altri nostri che di costà verranno, che nne facciate come crederete che ben sia e più avanzamento di noi, [...].   Cerchi, *Lettere* I, p. 595, r. 20

Si tenga però presente che quando compare invece come avverbio di predicato *tuttavia* ha il valore temporale di 'sempre, continuamente' (35a), testimoniato peraltro in parallelo a quello concessivo almeno sino al Sannazaro (35b):

---

[13] Si noti tra l'altro che il *sì* dell'ultima coordinata pare rafforzarne il contenuto proposizionale, in modo non troppo dissimile da quanto accade nei costrutti moderni del tipo "e sì che te l'avevo detto...".

(35a) Chi vuole portare la vita sua saviamente, scelga un buono uomo nell'animo suo, el quale egli abbia *tuttavia* inanzi li occhi e viva sì com'egli *tuttavia* lo risguardasse e faccia ciò che fae sì come elli li fosse *tuttavia* presente. *Fiori filosafi*, xj, p. 132, rr. 6-8

{35b} E già in questo la vermiglia Aurora alzandosi sovra la terra significava a' mortali la venuta del sole, quando di lontano a suon di sampogna sentimmo la brigata venire, e dopo alquanto spazio, rischiarandosi *tuttavia* il cielo, gli cominciammo a scoprire nel piano; [...].

Sannazaro, *Arcadia* summontina, xj.14, p. 97, r. 17

2.2 COSTRUTTI IPOTATTICI. Fra le combinazioni "subordinata + sovraordinata" che ammettono il meccanismo di arricchimento interpretativo di cui stiamo parlando, distingueremo quelle con la subordinata a modo verbale finito – indicativo, congiuntivo (§ 2.2.1) – da quelle con la subordinata a modo verbale non finito – gerundio, participio, infinito (§ 2.2.2).

2.2.1. CONDIZIONALI, CAUSALI ED ECCETTUATIVI. Fra i costrutti ipotattici con la subordinata a modo verbale finito, quelli che possono esprimere una relazione concessiva fattuale sotto la pressione dei contenuti proposizionali espressi sono i) i periodi ipotetici introdotti da *se*, ii) i costrutti causali con alcune congiunzioni subordinanti, e iii) le subordinate locativo-relative e relative; un problema a parte è costituito da alcuni esempi di *salvo (che)*, congiunzione subordinante normalmente eccettuativa ma sporadicamente concessiva fattuale e/o concessiva restrittiva.

Un periodo ipotetico o costrutto condizionale è passibile di interpretazione concessiva fattuale se, oltre ad essere in evidente contrasto, le proposizioni sono implicitate, cioè presentate come fattuali invece che solo ipotizzate, come avviene ad es. in (36a)[14]; se c'è contrasto ma le proposizioni non vengono implicitate, il risultato è un costrutto condizionale concessivo (36b). In mancanza dei due fattori la struttura conserva il suo valore di base, appunto ipotetico-condizionale (36c); se però nell'apodosi si trova un elemento come *tuttavia*, viene a costituirsi una struttura correlativa, paragonabile a quella dell'es. (18) ma con una "divisione del lavoro" diversa, poiché nella sequenza testuale oltre alla valenza cataforica di pre-orientamento il *se* iniziale ha il suo valore semantico condizionale ma non quello concessivo, che è invece affidato all'avverbiale anaforico di ripresa: il risultato è di nuovo un costrutto condizionale concessivo (36d)[15].

(36a) Merzede!, ag[g]iate, donna, provedenza / di me che non perisca disperando, / ca, *s'io feci* fallire, a la sentenza, / bella, di voi ritorno lagrimando; / e poi che del fallo ò penitenza, / lo vostro amor, c'avea, vi radomando: già mai non averag[g]io 'n altra 'ntenza, / ma sempre fermo sarò voi amando. Rinuccino, *Rime*, son. ij, *Merzede aggiate*, p. 38, r. 3, v. 3

(36b) Anche ordiniamo che in kalen di maggio siano tenuti li capitani di far sì che quelli dela Compagnia mangino insieme cho' frati di San Gilio. [...] Et tutti quelli che si faranno scrivere dea ciascuno per arra danari xviij, li quali danari non riabbia, *se* non fosse al detto manicare. *Capitoli S.Gilio*, II.xviij, p. 49, r. 10

(36c) Anche, *se* alcuno vedesse l'altro fallare, debbialo egli stesso amorevolemente correggere, *se* 'l fallo fosse occulto; [...]. *Capitoli S.Gilio*, II.vij, p. 47, r. 4

(36d) Et sappie che diffinizione d'una cosa è dicere ciò che quella cosa è, per tali parole che non si convegnano ad un'altra cosa, e che *se* tu le rivolvi *tuttavia* signiffichino quella cosa.

Brunetto, *Rettorica*, xvij.7, p. 42, r. 9

Lo stesso tipo di rapporto che lega due proposizioni ipotizzate in un costrutto condizionale è presente anche fra quelle che vengono implicitate e presentate come vere in un costrutto causale, ed anche in questo caso dalla connessione può emergere un valore concessivo se i contenuti proposizionali spingono il destinatario a costruire un contrasto: *perché* e *con ciò sia cosa che* sono le con-

---

[14] Che è un costrutto bi-affermativo (cfr. MAZZOLENI 1991c e PRANDI - MAZZOLENI 1997) la cui protasi ha un inusuale perfetto semplice dell'indicativo.

[15] Questo contesto può anche illustrare il possibile passaggio dal valore temporale a quello concessivo di *tuttavia*, poiché "le parole della definizione *continuano* a conservare il loro significato" anche se "rivoltate".

giunzioni subordinanti causali utilizzate in questo senso[16]; l'uso del modo verbale (indicativo *vs* congiuntivo) sembra distinguere il valore causale di *perché* (31a) da quello concessivo (37a), più tardi testimoniato anche in Petrarca (37b), ma non discrimina i casi di *con ciò sia cosa che* – cfr. (38a) *vs* (38b) –, forma che in periodi successivi è stata una delle congiunzioni subordinanti concessive dominanti anche se il suo valore causale è comunque testimoniato almeno fino al Bembo (38c):

(31a) Questo Imperadore, ricordandosi per adietro del primo anno del suo imperiato, fece disfare la città di Spuleto, perché lli *fu facto* noia quando passava a corte. Elli fu molto savio ma troppo ontoso ad vendecta; et fu largo e gratioso, gentile e bontadioso in tucti suoi facti.

> *Cronica fiorentina*, mcliiij, p. 103, r. 4

(37a) E questo dico, acciò che altri non si maravigli perché [≅ 'sebbene'?] io l'*abbia allegato* di sopra, quasi come entrata de la nuova materia che appresso vene.

> Dante, *Vita nuova*, xxx.1, p. 125 [=*OM* 196], r. 7

{37b} L'amoroso pensero / ch'alberga dentro, in voi mi si discopre / tal che mi trâ del cor ogni altra gioia; / onde parole et opre / escon di me sì fatte allor ch'i' spero / farmi immortal, perché [≅ 'benché'] la carne *moia*.

> Petrarca, *RVF*, lxxj, canz. *Perché la vita*, 1350 c., p. 98 [=*SA* 358 + 368], r. 10, v. 96

(38a) Or non ti ricorda di quello che disse Boezio: «Con ciò sia cosa che [≅ 'sebbene / mentre'?] tutti gli altri animali *guardino* la terra e *seguitino* le cose terrene per natura, solo all'uomo è dato a guardar lo cielo, e le celestiali cose contemplare e vedere"»?

> Bono, *Libro Vizi*, ij.3, p. 5, r. 7

(38b) Anche ord[i]niamo e fermiamo che cu(m) ciò sia cosa che [≅ 'visto che'] per cagione del mercato del grano e per altre cose che si fanno ne la detta piaçça sotto la loggia, la tavola di meser Santo Michele s'*inpolveri* e si *guasti*, li capitani siano tenuti di farla stare coperta a ciò che si conservi ne la sua bellèçça e non si guasti.

> *Capitoli Orsammichele*, sez. 1294, xiv.82, p. 661, r. 23

{38c} Detto s'era del verbo, in quanto con lui semplicemente e senza condizione si ragiona. Ora si dica di lui in quella parte, nella quale si parla condizionalmente: *Io vorrei che tu m'amassi* e *Tu ameresti me, se io volessi* e, come disse il Boccaccio, *Che ciò che tu facessi faresti a forza* il che è tanto a dire quanto *Se tu facessi cosa niuna, tu la faresti a forza*. Ne' quali modi di ragionari, più ricca mostra che sia la nostra volgar lingua che la latina; con ciò sia cosa, che [≅ 'considerato che'] ella una sola guisa di proferimento ha in questa parte, e noi n'abbiam due. Perciò che *Vorrei* e *Volessi* non è una medesima guisa di dire, ma due [...].

> Bembo, *Prose*, III.xliij, p. 252

Anche gli elementi che normalmente hanno funzione locativo-relativa possono assumere un valore concessivo, sempre a patto che i contenuti proposizionali espressi impongano un'interpretazione che rende necessario un rapporto di causa frustrata (39a): il modo verbale preferito in questo

---

[16] Degli ess. (37b) e (38a) sono però possibili anche interpretazioni dalle quali il valore propriamente concessivo scompare, poiché nel primo caso il poeta dice qualcosa al fine di evitare meraviglia dovuta ad un suo comportamento precedente, e nel secondo all'uomo che *solo* può guardare il cielo il filosofo oppone *tutti gli altri* animali che guardano per terra:

(37b)*bis* 'E questo dico, acciò che altri non si maravigli *a causa del fatto / per il motivo che* io l'abbia allegato di sopra, quasi come entrata de la nuova materia che appresso vene'

(38a)*bis* 'Or non ti ricorda di quello che disse Boezio: "*Visto / Considerato che / Mentre* tutti gli altri animali guard*a*no la terra e seguit*a*no le cose terrene per natura, solo all'uomo è dato a guardar lo cielo, e le celestiali cose contemplare e vedere"?'

Nel primo caso l'interpretazione causale potrebbe sembrare favorita, ma così non è nel secondo esempio: nel ricostruirne infatti il senso, si deve tenere conto che Bono parafrasa sì Boezio, *Consolatio*, V, metr. v, p. 100, vv. 8-11, «Quae [animalia] uariis uideat licet omnia discrepare formis, / prona tamen facies hebetes ualet ingrauare sensus. / Unica gens hominum celsum leuat altius cacumen / atque leuis recto stat corpore despicitque terras», ma lo incrocia (come peraltro notato da SEGRE 1968: 5) con Ovidio, *Metamorphoses*, I, p. 4, vv. 84-86, «pronaque *cum spectent* animalia cetera terram, / os homini sublime [satus Iapeto] dedit, caelumque uideri / iussit, et erectos ad sidera tollere uultus».

caso è il congiuntivo, mentre per l'espressione della relazione di base locativo-relativa compare l'indicativo (39b); la stessa interpretazione è possibile per le relative a prescindere dal modo verbale della subordinata, sempre all'indicativo (40ab):

(39a)   Ma tuttavolta, o tencione o no tencione che sia, Tullio medesimo, luogo innanzi, isforza i suoi insegnamenti in parlare et in dittare secondo la rettorica; e là dove [≅ 'sebbene'?] Tullio sine *pasasse* o *paresse* che dica pur insegnamenti sopra dire tencionando, lo sponitore isforzerà lo suo poco ingegno in dire tanto e sì intendevolemente che 'l suo amico potrà bene intendere l'una materia e l'altra.   Brunetto, *Rettorica*, lxxvj.17, p. 148, r. 18

(39b)   Ne la quinta dico che, avvegna che io non possa intendere là ove lo pensero mi *trae*, cioè a la sua mirabile qualitade, almeno questo intendo, cioè che tutto è lo cotale pensare de la mia donna, però ch'io sento lo suo nome spesso nel mio pensero: [...].
        Dante, *Vita nuova*, xlj.7, p. 161 [=*OM* 244], r. 2

(40a)   Amor, che lo tuo grande valor sente, / dice: «E' mi duol che ti convien morire / per questa fiera donna, che [≅ 'sebbene'?] nïente / *par* che pietate di te voglia udire».
        Cavalcanti, *Rime*, viij, son. *Tu m'hai sì piena*, p. 499, r. 8, v. 7

[40b]   A Giuda ben la posso asumigliare / che baciando ingannò Nostro Signore; / mai nessuno omo non si può guardare / da quei che vuole ingannar con amore. / Vergilio, ch' [≅ 'sebbene'?] *era* tanto sapïente, / per falso amore si trovò ingannato: / così fosse ogne amante vendicato / com'e' si vendicò della fallente!
        Chiaro, *Rime*, canz. xxix, *Or tornate in usanza*, p. 109, r. 13, v. 21

Un problema particolare è posto da alcuni casi di *salvo (che)*, congiunzione subordinante che normalmente introduce costrutti eccettuativi come in (41) ma che in tre casi compare in esempi interpretabili in modi diversi: nel primo (42a) come eccettuativo, concessivo fattuale o concessivo restrittivo / avversativo, nel secondo (42b) come concessivo fattuale o concessivo restrittivo / avversativo, e nel terzo (42c) solo come avversativo.

(41)   Ne le sue braccia mi parea vedere una persona dormire nuda, *salvo che* involta mi parea in uno drappo sanguigno leggeramente; la quale io riguardando molto intentivamente, conobbi ch'era la donna de la salute, la quale m'avea lo giorno dinanzi degnato di salutare.
        Dante, *Vita nuova*, iij.4, p. 12 [=*OM* 38], r. 16

(42a)   Di questo Giano della Bella si puote con veritate dire, ch'elli fosse diritto padre del popolo di Firenze, e llo più leale huomo che giamai fosse a popolo: *salvo che* [≅ 'tranne che / anche se / ma'?] tutte le sue vendette facea sotto la singnoria del popolo etc. [*sic*].
        Cronica fiorentina, mcclxxxxiiij, p. 141, r. 32

(42b)   Nel decto tempo il principe Carlo secondo venne a corte, ed innorevolmente dall'Apostolico e da' suoi frati cardinali fu receputo; e llo giorno della Pentacosta proxima venente il decto papa Niccolao il coronò re di Pulgla e di Cecilia, *salvo ke* [≅ 'anche se / ma'?] 'n Cicilia no salio elli.   *Cronica fiorentina*, mcclxxxviiij, p. 134, r. 21s.

(42c)   E ciascheduno dica per la sua anima xij pater n[o]stri con ave maria o vero co· requiem eterna; *salvo* [≅ 'ma'] se alchuno li fallasse di dire o non andasse al morto, no· li sia inputato a colpa d'anima.   *Capitoli Orsammichele*, sez. 1294, v.37, p. 655, r. 9

2.2.2   SUBORDINATE A MODO NON FINITO. Fra le subordinate a modo verbale non finito, il gerundio di frase, il participio e la negazione dell'infinito tramite *senza* possono esprimere una relazione concessiva, sempre che i contenuti proposizionali indirizzino l'interpretazione in questo senso (sulla sintassi del gerundio in generale non possiamo che rimandare alla futura specifica parte di *ItalAnt*, di Verner Egerland[17]).

Che il problema sia di carattere interpretativo rispetto al valore semantico assunto dal gerundio – che oltre che concessivo può anche essere causale, temporale, ipotetico, ecc. – si può vedere abba-

---

[17] Ora EGERLAND 2010, *ItalAnt* § V.24.

stanza bene analizzando l'es. (43), il cui senso può risultare ambiguo: significa che 'i Grandi sono stati sconfitti dal popolo *nonostante* il popolo non avesse un capo (indispensabile per vincere)' oppure che 'i Grandi sono stati sconfitti dal popolo per la grazia di Dio, (e dico che è stata la grazia di Dio a farli vincere) *proprio perché* il popolo non aveva nessun capo'?

(43)   Concordati li Grandi insieme, e facto intra lloro giura, pensatamente // con serralgli e con saettamenti, e co molta gente e fortezze armati, lo die di Sancto Romolo, die vj di lulglo, con parola e volontade di singnori Sanatori che reggevano la cittade di Firenze, manomisero il popolo per tutta la cittade: e conbattendo quasi tutto il giorno a cavallo ed a piede in tutte parti, i Grandi da' popolari per la grazia di Dio fuorono isconfitti, non *avendo* il popolo alkuno capo di suo aiuto.   *Cronica fiorentina*, mcclxxxxv, p. 144, r. 7.

Poiché si tratta comunque di una forma ipotattica e quindi basicamente diaforica, il gerundio con valore concessivo è attestato sia anteposto (44a) che posposto (44b) alla sovraordinata, come anche in posizione incidentale (44c), dove separa il SN soggetto dal SV:

(44a)   Diligentemente in concesstoro fue fermato vecepapa paziaro nella città di Firenze frate Matteo cardinale d'Acquassparte. Giunto in Firenze, honnorevolemente fue ricevuto; *predicando* pace e *volendo* dar pace, non lli fue creduto.

Cronica fiorentina, mccxxxxvij, p. 150, r. 32

(44b)   Et se intervenisse che alcuno morisse, che non lasciasse le dette candele ala Compagnia, o altri no le desse per lui, *essendo* agiato di poterle dare, non si faccia spesa per lui.

Capitoli S.Gilio, I.xxj, p. 38, r. 24

(44c)   In questo tenpo Guido conte di Montefeltro, *esendo* riconciliato colla Chiesa e andato a' confini in Piamonte, e dati ij suoi filgluoli per istadichi al Papa, sanza parola si partio da' confini e venne in Pisa; e fatto fue del tucto singnore.   *Cronica fiorentina*, mcclxxxvij, p. 133, r. 15

Il gerundio può essere accompagnato da qualche elemento avverbiale con la funzione di esplicitare il rapporto semantico (come ad es. *anche* o *pur* in italiano contemporaneo): nel periodo considerato non si trovano però esempi chiari, mentre passata la soglia del Trecento si hanno casi di *eziandio* con gerundio posposto (45a), forse paralleli a quello dantesco di "*eziandio che* + congiuntivo presente" con valore incerto fra concessivo fattuale e condizionale concessivo (45b) segnalato da AGOSTINI 1978, p. 388.

{45a}   Questi sono da chiamare pecore, e non uomini; ché se una pecora si gittasse da una ripa di mille passi, tutte l'altre l'anderebbero dietro; e se una pecora per alcuna cagione al passare d'una strada salta, tutte l'altre saltano, *eziandio* nulla *veggendo* da saltare.

Dante, *Convivio*, I.xj.9, p. 47 [=*OM* 73], r. 5

{45b}   Né questo cotale prudente non attende [che altri] li dimandi 'Consigliami', ma provvegendo per lui, sanza richesta colui consiglia; sì come la rosa, che non pur a quelli che va a lei per lo suo odore rende quello, ma eziandio [a] qualunque appresso lei va. Potrebbe qui dire alcuno medico o legista: 'Dunque porterò io lo mio consiglio e darollo *eziandio che* non mi sia chesto, e della mia arte non averò frutto?'.   Dante, *Convivio*, IV.xxvij.8, p. 437 [=*OM* 854], r. 9

Esiste poi anche un caso di struttura "paraipotattica"[18], con la sovraordinata che segue il gerundio introdotta dalla congiunzione coordinante *e*:

(46)   Po' si partio da lLeone e venne a Perugia; e quivi calloniççò il beato Santo Pietro martire, nato di Verona, dell'Ordine di frati predicatori; il quale, *esendo* filgluolo d'uno eretico e d'ereticha, *e* dalli eretici fu fatto uccidere; [...].   *Cronica fiorentina*, mccxlj, p. 129, r. 11

Quando i contenuti proposizionali espressi si prestano a formare un rapporto semantico di questo tipo anche una costruzione participiale assoluta (cfr. EGERLAND 2000, pp. 606-7 § 1.1.2, anche per

---

[18] Sulla *paraipotassi*, altro filone che si è dipartito da questo iniziale torso, cfr. ora MAZZOLENI 2002 e 2010.

gli esempi) può svolgere funzione concessiva (47a), per quanto il suo valore di base sia prevalentemente temporale e/o causale, come si vede in (47bc):

(47a)   *Di poca cosa tormentati*, in molte cose sarem ben disposti.

Bono, *Libro Vizi*, viij.8, p. 21 r. 7

(47b)   Questo imperadore Arrigo stando in Italia, e' principi della Magna vennero e ellessero re Ridolfo, il quale era duca di Sansognia. Et perché il Papa, at petitione dello Imperadore, non volle fare scomunicatione, se prima nol conoscesse per ragione, il decto Imperadore, *auta victoria di bactaglia combactuta contra Ridolfo predecto*, sì raunò la corte sua nella città di Brescia, e quanto per lui si poté fare, anullò e cessò il decto Papa, e dispuose ogni suo ordinamento; et a xxiiij vescovi fece eleggiere papa Guberto, il quale era arcivescovo di Ravenna, e fu chiamato Clemente terço.   *Cronica fiorentina*, mlxxiiij, p. 88, r. 16

(47c)   *Cacciata e spenta la Fede dell'idoli del mondo*, come di sopra avete inteso, crebbe l'oste della Fede Cristiana ismisuratamente per molte genti ch'a quel tempo si convertirono a la Fede.   Bono, *Libro Vizi*, xlj.1, p. 72, r. 9

La negazione di un infinito tramite *senza* non instaura di per sé con la sovraordinata un rapporto concessivo di causa frustrata (48a), ma se i due contenuti proposizionali espressi forzano il parlante ad inferire questo tipo di relazione semantica, la forma verbale implicita si interpreta senz'altro in modo concessivo (48b)[19]:

(48a)   Nonn-è larghezza dare, – al mio parvente, / né nonn-è detto largo l'om per dare; / ma quelli che 'n donare – è canoscente, / co largo core [e] *senza indugiare*, / è da chiamare – largo degnamente, / però che 'l don si vende – per tardare; / chi dona e pente – in tutto n'è perdente / e se medesmo ofende – in suo donare.

Rinuccino, *Rime*, son. iij, *Nonn-è larghezza*, p. 42, r. 4, v. 4

(48b)   E però mi venne volontade di dire anche parole, parlando a lei, e dissi questo sonetto, lo quale comincia: *Color d'amore*; ed è piano *senza dividerlo*, per la sua precedente ragione.

Dante, *Vita nuova*, xxxvj.3, p. 143 [=*OM* 222], r. 16

Poiché la struttura è di nuovo ipotattica e la forma fondamentalmente diaforica, la sequenza "*senza + infinito*" si trova al solito nelle tre posizioni teoricamente possibili: posposto (50a), in posizione incidentale con l'effetto di separare il SV dal SN soggetto postverbale (50b), e preposto (50c); in quest'ultimo caso il contenuto della subordinata porterebbe a "non dire" la sovraordinata e quindi ne modula l'enunciazione piuttosto che entrare in contrasto con il suo contenuto, configurandosi così nel senso di Prandi 1996bc come margine enunciativo e non come vera avverbiale circostanziale.

(50a)   Vinta e cacciata la Fede Pagana, e morta e traffelata la maggior parte della gente sua, la Fede Cristiana la venne poi seguitando di terra in terra e di provincia in provincia, e d'ogni luogo cacciando *sanza regger* battaglia in neuna parte: sicché in picciol tempo l'ebbe rivinte tutte le province e' reami che di qua da mare avia conquistati, [...].

Bono, *Libro Vizi*, lij.1, p. 89, r. 2

---

[19] Allo stesso modo una subordinata col verbo al congiuntivo presente o imperfetto introdotta da *senza che* può lasciar emergere un rapporto concessivo fattuale con la sovraordinata sotto la pressione dei contenuti proposizionali espressi (49a), per quanto il valore concessivo non appartenga sistematicamente alla forma in sé (49b):

[49a]   Ma tutor ti ricorde: / se ma' meco t'acorde, / oro e argento aporta; / i' t'aprirò la porta, / *sanza che·ttu facci'o*-ste.   Dante, *Detto*, p. 503 [*OM* 817], r. 4, v. 311

[49b]   «[...]; ma una lingua fiera, / che quaentr'è, mi fa molto dottare, / e cciò è Mala-Bocca maldicente, / che [con]-truova ogne dì nuovi misfatti, / né non riguarda amico né parente». / «No'l ridottate più giamai a fatti, / ché noi sì l'ab[b]iàn morto, quel dolente, / *sanza che* 'n noi trovasse trieva o patti».

Dante, *Fiore*, son. cxxxix, p. 280, r. 16, v. 14)

(50b) Allora messere Imberal temeo l'agura e disse a sua compagnia: «Coveng a Dieu que ie[u] non cavalgarai ni [h]ui ni dema [e]n aquest'agura»; e molto si contò poi la novella in Proenza, per novissima risposta ch'avea fatta, *sanza pensare*, quella femina.

Novellino, nov. xxxij, p. 204, r. 7

(50c) Apresso esta parola / voltò 'l viso e la gola, / e fecemi sembianza / che sanza dimoranza / volesse visitare / e li fiumi e lo mare. / E, *sanza dir* fallenza, / ben ha grande potenza, / ché, s'io vo' dir lo vero, / lo suo alto mistero / è una maraviglia: / ché 'n un'ora compiglia / e cielo e terra e mare / compiendo suo affare, / [...].   Brunetto, *Tesoretto*, p. 208, r. 13, v. 933

3. RIFLESSIONI CONCLUSIVE. Da questo primo esame delle strategie linguistiche e comunicative disponibili in italiano antico (fiorentino del Duecento) per l'espressione di un rapporto semantico concessivo fattuale appare che le strutture morfosintattiche corrispondono sostanzialmente a quelle presenti nell'italiano contemporaneo; l'unica eccezione sembrerebbe costituita dalla "paraipotassi", etichetta tradizionalmente usata per classificare le sequenze di "subordinata + sovraordinata" in cui quest'ultima frase è introdotta da una congiunzione coordinante come *e* o *ma*: in questo modo si viene a formare una struttura correlativa parallela a quella che si trova nelle sequenze "subordinata + sovraordinata" in cui la sovraordinata è invece accompagnata da un elemento di tipo avverbiale anaforico (ma non coordinante). Ci sono invece importanti differenze dal punto di vista del materiale morfolessicale utilizzato soprattutto nei costrutti ipotattici: *avvegna che* (scomparsa nell'italiano contemporaneo) emerge come forma fondamentale, mentre meno numerosi appaiono *tutto che* ed *ancor ché* e soprattutto l'oggi basilare *benché*, e sembrano inoltre ancora sconosciute le altre congiunzioni subordinanti "moderne" come *sebbene, quantunque* ecc.; maggiore anche se non perfetta corrispondenza si trova invece nelle strutture paratattiche con le congiunzioni coordinanti (*e, ma*) e con gli elementi avverbiali anaforici di rinforzo come *non ostante questo, con tutto ciò, tuttavia* e *pur*, dove però il tipo di connessione che viene instaurato appare non tanto o non solo realizzato con meccanismi strettamente morfosintattici quanto messo in forma grazie a strategie di carattere più testuale e discorsivo.

4. BIBLIOGRAFIA. Suddivido[20] la bibliografia in testi di normale riferimento scientifico (per cui il sistema autore-data ha di solito senso) e testi di autori letterari o di lingua (per i quali il sistema non avrebbe senso alcuno), cui aggiungo una sezione di sitografia. Per le opere lessicografiche e simili si useranno anche le sigle usuali.

Le edizioni dei testi antico italiani utilizzate sono in genere quelle scelte dal *TLIO*, salvo che fosse diversamente consigliabile (e possibile). Tra parentesi quadre segnalo con CT l'appartenenza di un testo al Padua Corpus, e quindi al CT (che nel 2000 era in piena officina, e di fatto ancora non esisteva) e riporto (nel suo sistema abbreviativo ed eventualmente con precisazioni) gli estremi cronici, tòpici e di genere forniti dal *TLIO*.

4.1 BIBLIOGRAFIA GENERALE.

AA. VV.
1970-8 vedi Bosco *et alii* 1970-8

AGENO
1954 Franca Brambilla Ageno, *Un antico tipo di proposizione concessiva*, in «Lingua Nostra» XV (1954) 6-8.
1978 Franca Brambilla Ageno, *Verbo. Congiuntivo*, in *ED*, [Vol. VI] *Appendice*, pp. 233-261.

AGOSTINI
1978 Francesco Agostini, *Proposizioni subordinate. [6] Proposizioni concessive*, in *ED*, [Vol. VI] *Appendice*, pp. 386-390.

---

[20] In genere, raccogliendo e rieditando i testi per questo volume, sono stato molto parco, negli aggiornamenti bibliografici, che ho sempre contenuto al minimo indispensabile, sfiorando spesso l'assenza completa; in questo caso, trattandosi del pezzo più arcaico, ho abbondato di più, pur rifuggendo da ogni pretesa di sistematicità.

BARBERA

2001   *Tra "avegna che" e "benché": appunti di italiano antico*: vedi qui capitolo 2.

2011   *Il neo-Corpus Taurinense e l'arte della query*, comunicazione al *Seminario: sintassi dell'italiano antico e sintassi di Dante. Pisa 14-15 ottobre 2011*, ora in *Sintassi dell'Italiano antico e sintassi di Dante*, a cura di Mirko Tavoni, Pisa, Felici Editore, 2012, pp. 19-31.

BATTAGLIA *et alii*

1971-2009   Salvatore Battaglia [† 1971 - Giorgio Bàrberi Squarotti dal vol. IV], *Grande dizionario della lingua italiana*, Torino, U.T.E.T., 1961-.... ¶ **I.** *A-Balb*, 1961; **II.** *Balc-Cerr*, 1962; **III.** *Cert-Dag*, 1964; **IV.** *Dah-Duu*, 1966; **V.** *E-Fin*, 1968; **VI.** *Fio-Grau*, 1970; **VII.** *Grav-Ing*, 1972; **VIII.** *Ini-Libb*, 1975; **IX.** *Libe-Med*, 1975; **X.** *Mee-Moti*, 1978; **XI.** *Mo-to-Orac*, 1981; **XII.** *Orad-Pere*, 1984; **XIII.** *Perf-Po*, 1986; **XIV.** *Pra-Py*, 1988; **XV.** *Q-Ria*, 1990; **XVI.** *Rib-Roba*, 1992; **XVII.** *Robb-Schi*, 1994; **XVIII.** *Scho-Sik*, 1996; **XIX.** *Sil-Sque*, 1998; **XX.** *Squi-Tog*, 2000; **XXI.** *Toi-Z*, 2002; *Supplemento* a cura di Edoardo Sanguineti, 2004; *Supplemento* a cura di Edoardo Sanguineti, 2009; *Indice degli autori citati* a cura di Giovanni Ronco, 2004.   (*GDLI*)

BELTRAMI

1998-...   *Tesoro della lingua italiana delle origini*, diretto da Pietro Beltrami, Firenze, CNR - Centro di studi Opera del Vocabolario Italiano, 1998-..., disponibile su `http://tlio.ovi.cnr.it/TLIO/`.   (*TLIO*)

BERRETTA

1998   Monica Berretta, *Il continuum fra coordinazione e subordinazione: il caso delle preconcessive*, in BERNINI - CUZZOLIN - MOLINELLI 1998, pp. 79-93.

BERNINI - CUZZOLIN - MOLINELLI

1998   Ars linguistica. *Studi offerti da colleghi ed allievi a Paolo Ramat in occasione del suo 60° compleanno*, a cura di Giuliano Bernini, Pierluigi Cuzzolin e Piera Molinelli Roma, Bulzoni, 1998.

BOSCO *et alii*

1970-78   *Enciclopedia dantesca*, direttore Umberto Bosco, comitato direttivo Giorgio Petrocchi e Ignazio Baldelli, Roma, Istituto della Enciclopedia Italiana. ¶ **I.** *a - cigno*, 1970; **II.** *cima - Foscolo*, 1970; **III.** *fra - Muzio*, 1971; **IV.** *Nabuccodonosor - Samuele*; 1973; **V.** *san - zuffa*, 1976; **VI.** *Appendice: Biografia, Lingua e stile, Opere*, 1978.   (*ED*)

BUSSI - BONDI - GATTA

1997   Understanding Argument: *la logica informale del discorso. Atti del Convegno internazionale (Forlì, 5-6 dicembre 1995)*, a cura di G. Elisa Bussi, Marina Bondi, e Francesca Gatta, Bologna, CLUEB, 1997 "Biblioteca della Scuola Superiore di Lingue Moderne per Interpreti e Traduttori – Forlì" 11.

COLE - MORGAN

1967   *Speech Acts*, edited by Peter Cole and Jerry L. Morgan, New York, Academic Press, 1967 "Syntax and Semantics" 3.

CONTINI

1960   *Poeti del Duecento*, a cura di Gianfranco Contini, Milano - Napoli, Riccardo Ricciardi Editore, 1960 "La letteratura italiana. Storia e testi" 2.i-ij.

1984   Gianfranco Contini, [*Commento* a] *Il Fiore e Il detto d'amore attribuibili a Dante Alighieri*: cfr. estremi completi sotto *Testi*.

DISC vedi SABATINI 1997.

DOMOKOS - SALVI
2002 Atti del convegno *Lingue Romanze nel medioevo*, Pilicsaba, 22-23 marzo 2002, a cura di
    Domokos Györgyi e Giampaolo Salvi, in «Verbum. Analecta neolatina» IV (2002)[2] 267-
    526.

ED vedi Bosco *et alii* 1970-8.

EGERLAND
2000 Verner Egerland, *Frasi subordinate al participio*, in «Lingua e stile», XXXV(2000)[1] 605-
    28 [Nel medesimo fascicolo in cui fu originariamente pubblicato questo articolo]
2010 Verner Egerland, *Frasi subordinate al gerundio*, in *ItalAnt*, II., pp. 903-20 (§ V.24).

GDLI vedi BATTAGLIA *et alii* 1961-2009

GGIC I-III vedi RENZI - SALVI *et alii* 1988-95

GRICE
1967 Henry Paul Grice, *Logic and Conversation*, in COLE - MORGAN 1967, pp. 41-58; trad. it.
    Logica e conversazione, in SBISÀ 1978, pp. 199-219.

ItalAnt vedi RENZI - SALVI 2010a.

KNEALE - KNEALE
1962 William Calvert Kneale - Martha Kneale, *The Development of Logic*, London, Oxford
    University Press; trad. it. *Storia della logica*, Torino, Einaudi, 1972.

LEVINSON
1979 Steven C. Levinson, *Pragmatics and Social Deixis: Reclaiming the Notion of Conven-
    tional Implicature*, in *Proceedings of the Fifth Annual Meeting of the Berkeley Linguis-
    tics Society (17-19 February, 1979)*, edited by Christine Chiarello *et alii*, Berkeley (CA,
    Berkeley Linguistics Society, 1979, pp. 206-23.

MARCONI - BERTINETTO
1984 Diego Marconi - Pier Marco Bertinetto, *Analisi di* ma. Parte I: *Semantica e pragmatica*;
    Parte II: *Proiezioni diacroniche*, in «Lingua e stile» XIX (1984)[2] 223-58 e [3] 475-509.

MAZZOLENI
1988 Marco Mazzoleni, *Le virtù discorsive del concedere e dell'avversare*, in «Italiano e ol-
    tre» III (1988)[3] 128-31.
1991a Marco Mazzoleni, *Prospettiva funzionale di frase e rilievo informativo nei costrutti ipo-
    tattici: due diversi livelli di analisi*, in «Lingua e stile» XXVI (1991)[2] 151-65.
1991b Marco Mazzoleni, *Le frasi concessive*, in *GGIC* II, pp. 784-817.
1991c Marco Mazzoleni, *Le frasi ipotetiche*, in *GGIC* II, pp. 751-84.
1992 Marco Mazzoleni, *Grammatica e competenza della lingua scritta: i costrutti concessivi
    ed avversativi*, in «Quaderni Patavini di Linguistica» 11 (1992) 37-58.
1996 Marco Mazzoleni, *I costrutti concessivi*, in PRANDI 1996a, pp. 47-65.
2002 Marco Mazzoleni, *La "paraipotassi" con* ma *in italiano antico: verso una tipologia sin-
    tattica della coordinazione*, in DOMOKOS - SALVI 2002, pp. 399-427.
2010 Marco Mazzoleni, *Paraipotassi e strutture correlative*, in *ItalAnt*, II., pp. 782-9 § V.20.4.

NARDI
1960 Bruno Nardi, *Dal "Convivio" alla "Commedia" (sei saggi danteschi)*, Roma, Istituto
    storico italiano per il Medio Evo, 1960.

PRANDI
1996a *La subordinazione non completiva. Un frammento di grammatica filosofica*, a cura di
    Michele Prandi, numero monografico di «Studi Italiani di Linguistica Teorica e Applica-
    ta» n.s. XXVI (1996)[1].

1996b   Michele Prandi, *Introduzione. Grammatica filosofica e analisi del periodo*, in PRANDI 1996a, pp. 1-27.

1996c   Michele Prandi, *I costrutti finali*, in PRANDI 1996a, pp. 67-101.

PRANDI - MAZZOLENI
1997   Michele Prandi - Marco Mazzoleni, *Sintassi dell'ipoteticità dialogica*, in BUSSI - BONDI - GATTA 1997, pp. 37-47.

PREVITERA
1996   Luisa Previtera, *I costrutti causali*, in PRANDI 1996a, pp. 29-46.

RENZI
1998a   *ITALANT: per una Grammatica dell'italiano antico*, a cura di Lorenzo Renzi, Padova, Centro Stampa di Palazzo Maldura, 1998.

1998b   Lorenzo Renzi, *Perché una grammatica dell'italiano antico: una presentazione*, in RENZI 1988a, pp. 21-32.

2000   Lorenzo Renzi, *"ItalAnt": come e perché una grammatica dell'italiano antico*, in «Lingua e stile» XXXV(2000)[1] 717-29. [Ripropone «con alcune integrazioni il testo» di RENZI 1998b]

RENZI - SALVI
2010a   *Grammatica dell'italiano antico*, a cura di Giampaolo Salvi e Lorenzo Renzi, 2 voll., Bologna, il Mulino, 2010[21].   (*ItalAnt*)

2010b   Giampaolo Salvi - Lorenzo Renzi, *Prefazione*, in RENZI - SALVI 2010a, pp. 7-19.

RENZI - SALVI *et alii*
1988   *Grande grammatica italiana di consultazione*. Volume I, *La frase. I sintagmi nominale e preposizionale*, a cura di Lorenzo Renzi, Bologna, il Mulino, 1988.   (*GGIC* I)

1991   *Grande grammatica italiana di consultazione*. Volume II, *I sintagmi verbale, aggettivale, avverbiale. La subordinazione*, a cura di Lorenzo Renzi e Giampaolo Salvi. Bologna, il Mulino, 1991.   (*GGIC* II)

1995   *Grande grammatica italiana di consultazione*. Volume III, *Tipi di frase, deissi, formazione delle parole*, a cura di Lorenzo Renzi, Giampaolo Salvi e Anna Cardinaletti. Bologna, il Mulino, 1995.   (*GGIC* III)

SABATINI
1996   Francesco Sabatini, *DISC: dizionario italiano Sabatini Coletti*, diretto da Francesco Sabatini e Vittorio Coletti, Firenze, Giunti, 1997[22], 1 vol. + 1 CD-ROM.   (*DISC*)

1999   Francesco Sabatini (1999), *"Rigidità-esplicitezza" vs "elasticità-implicitezza": possibili parametri massimi per una tipologia dei testi*, in SKYTTE - SABATINI 1999, pp. 141-172. Ora in SABATINI 2011, tomo II, pp. 183-216.

2011   Francesco Sabatini, *L'italiano nel mondo moderno. Saggi scelti dal 1968 al 2009*, a cura di Vittorio Coletti, Rosario Coluccia, Paolo d'Achille, Nicola de Blasi e Domenico Proietti, con *Bibliografia degli scritti*, a cura di Riccardo Cimaglia, Napoli, Liguori editore, 2011, tomi I-III.

SALVI - RENZI vedi RENZI - SALVI

SBISÀ
1978   *Gli atti linguistici. Aspetti e problemi di filosofia del linguaggio*, a cura di Marina Sbisà, Milano, Feltrinelli, 1978.

---

[21] Nel 1988, all'epoca della redazione dell'articolo, naturalmente *ItalAnt* era ancora in fase a dir poco aurorale.
[22] Ovviamente ora ne esistono edizioni più recenti, ma, per quel che ci concerne, non mi risultano mutate.

SEGRE

1952/63   Cesare Segre, *La sintassi del periodo nei primi prosatori italiani (Guittone, Brunetto, Dante)*, già in «Memorie dell'Accademia dei Lincei. Classe di scienze morali storiche e filologiche», serie VIII, IV $(1952)^2$ 39-193; poi in SEGRE 1963/74, pp. 79-270.

1963   Cesare Segre, *Lingua, stile e società. Studi sulla storia della prosa italiana*, Milano, Feltrinelli, 1974_2 $[1963_1]$.

1968   Cesare Segre, [*Commento* a] Bono Giamboni, *Il Libro de' Vizî e delle Virtudi*: cfr. estremi completi sotto *Testi*.

SKYTTE - SABATINI

1999   *Linguistica testuale comparativa. In memoriam Maria-Elizabeth Conte*. Atti del Convegno interannuale della Società di Linguistica Italiana - Copenhagen 5-7 febbraio 1998, a cura di Gunver Skytte e Francesco Sabatini con la collaborazione di Marina Chini e Erling Strudsholm, København, Museum Tusculanums Forlag, 1999 "Etudes romanes" 42

TLIO vedi BELTRAMI 199-...

TOBLER

1902/886   Adolf Tobler, *Vermischte Beiträge zur französischen Grammatik* gesammelt, durchgesehen und vermehrt von Adolf Tobler, *erste Reihe*, zweite vermehrte Auflage, Leipzig, Hirzel, 1902^2 $[1886^1]$; anche ristampa anastatica: Amsterdam, Rodopi, 1971.

VASOLI

1988   Cesare Vasoli, [*Commento* a] Dante Alighieri, *Convivio*: cfr. estremi completi sotto *Testi*.

4.2   TESTI.

Amico di Dante, *Rime* = "Amico di Dante" [Lippo Pasci de' Bardi], *Rime*, in *Poeti del Duecento*, a cura di Gianfranco Contini, Milano - Napoli, Ricciardi, 1960 "La Letteratura italiana. Storia e testi" 2.ij, t. II, pp. 693-779 [testo a pp. 698-713, 718-779]. [XIII ex., fior., lir.]

Capitoli S. Gilio = [Anonimi], *Capitoli della Compagnia di San Gilio*, in *Testi fiorentini del Dugento e dei primi del Trecento*, a cura di Arrigo Schiaffini, Firenze, Sansoni, 1926, pp. 34-54. [CT; a. 1284, fior., stat.]

Capitoli Orsammichele = [Anonimi], *Capitoli della Compagnia della Madonna d'Orsammichele*, in *Nuovi testi fiorentini del Dugento*, a cura di Arrigo Castellani, Firenze, Sansoni, 1952, pp. 650-73. [CT; 1294-1297, fior., stat.]

Cronica fiorentina = [Anonimo], *Cronica fiorentina*, in *Testi fiorentini del Dugento e dei primi del Trecento*, a cura di Alfredo Schiaffini, Firenze, Sansoni, 1926, pp. 82-150. [CT; 1291-1300, fior., cron. st.]

Ecclesiaste = [Anonimo], *Ecclesiastes*, in *Biblia sacra iuxta latinam vulgatam versionem* ad codicum fidem, iussu Pii Pp. XII, cura et studio monachorum Abbatiae Pontificiae Sancti Hieronymi in Urbe ordinis Sancti Benedicti edita, Volumen XI, *Libri Salomonis* id est *Proverbia, Ecclesiastes, Canticum canticorum* ex interpretatione Sancti Hieronymi cum praefationibus et variis capitulorum seriebus, Romae, Typis Polyglottis Vaticani, 1957, pp. 135-171.

Fiori filosafi = [Anonimo], *Fiori e vita di filosafi e d'altri savi e d'imperadori*, edizione critica a cura di Alfonso D'Agostino, Firenze, La Nuova Italia, 1979. [CT; p. 1264, fior., vite]

Novellino = [Anonimo], *Il novellino*, a cura di Guido Favati, Genova, Bozzi, 1970. Cfr. ora anche *Il novellino*, a cura di Alberto Conte, prefazione di Cesare Segre, Roma, Salerno Editrice, 2001 "I novellieri italiani" 1 [testo a pp. 1-162]. [CT; 1281-1300 ma XIV in., tosc., fior., narr.]

Bembo, *Prose* = Pietro Bembo, *Prose della volgar lingua*, in Pietro Bembo, *Prose e Rime*, a cura di Carlo Dionisotti, Torino, UTET, 1966² [1960¹] "Classici Italiani", pp. 71-309. [1525, it., did.]

Benni, *Priscilla* = Stefano Benni, *Priscilla Mapple e il delitto della II C*, in Stefano Benni, *Il bar sotto il mare*, Milano, Feltrinelli, 1988⁷ [1987¹], pp. 131-146. [1987, it., narr.]

Boezio, *Consolatio* = Anicii Manlii Severini Boethii *Philosophiae consolatio*, edidit Ludovicus Biehler, Turnholti, Typographi Brepols Editores Pontificii, 1957 "Corpus Christianorum. Series Latina" 94, "Anicii Manlii Severini Boethii opera" 1.

Bono, *Libro Vizi* = Bono Giamboni, *Il Libro de' Vizî e delle Virtudi*, in *Il Libro de' Vizî e delle Virtudi e Il Trattato di Virtù e Vizî*, a cura di Cesare Segre, Torino, Einaudi, 1968 "Nuova raccolta di classici italiani annotati" 7, pp. 3-120. [CT; a. 1292, fior., did. rel.]

Brunetto, *Rettorica* = Brunetto Latini, *La Rettorica*, a cura di Francesco Maggini, Firenze, Le Monnier 1968. [CT; c. 1260-61, fior., ret.]

Brunetto, *Tesoretto* = Brunetto Latini, *Il Tesoretto*, in *Poeti del Duecento*, a cura di Gianfranco Contini, Milano - Napoli, Ricciardi, 1960 "La Letteratura italiana. Storia e testi" 2.ij, tomo II, pp. 175-277. [CT; a. 1274, fior., did. rel.]

Brunetto, *Pro Ligario* = Brunetto Latini, *Volgarizzamento dell'orazione Pro Ligario*, a cura di Cesare Segre, in *La Prosa del Duecento*, a cura di Cesare Segre e Mario Marti, Milano-Napoli, Ricciardi, 1959 "La Letteratura italiana. Storia e testi" 3, pp. 171-84. [a. 1294, fior., oraz.]

Cavalcanti, *Rime* = Guido Cavalcanti, *Rime*, in *Poeti del Duecento*, a cura di Gianfranco Contini, Milano - Napoli, Ricciardi, 1960 "La Letteratura italiana. Storia e testi" 2.ij, t. II, pp. 491-558, 561, 563-4, 566-7. [CT; 1270-1300, fior., lir.]

Cerchi, *Lettere* I = [Consiglio de' Cerchi et alii], *Lettera di messer Consiglio de' Cerchi, e compagni in Firenze, a Giachetto Rinucci, e compagni, in Inghilterra*, in *Nuovi testi florentini del Dugento*, a cura di Arrigo Castellani, Firenze, Sansoni, 1952, pp. 593-99. [CT; 1291, fior., lett.]

Cerchi, *Lettere* II = [Consiglio e Lapo de' Cerchi et alii], *Lettera di messer Consiglio de' Cerchi e messer Lapo de' Cerchi, e compagni, in Firenze, a Giachetto Rinucci, ed a Ghino ed agli altri compagni*, in *Nuovi testi fiorentini del Dugento*, a cura di Arrigo Castellani, Sansoni, Firenze, 1952, pp. 600-03. [CT; 1291, fior., lett.]

Dante, *Convivio* = Dante Alighieri, *Convivio*, a cura di Franca Brambilla Ageno, Vol. I* e I** *Introduzione*, Vol. II *Testo*, Firenze, Le Lettere, 1995 "Edizione nazionale a cura della Società dantesca italiana" 3. Cfr. ed. comm.: *Convivio*, a cura di Cesare Vasoli, in Dante Alighieri, *Opere minori*. Tomo I - Parte II, a cura di Cesare Vasoli e Domenico De Robertis, Milano - Napoli, Ricciardi, 1988 "La Letteratura italiana. Storia e testi" 5.I.ij [testo pp. 1-885] (abbr.: *OM* p.); e Dante, *Convivio*, a cura di Gianfranco Fioravanti, canzoni a cura di Claudio Giunta, in Dante Alighieri, *Opere*, edizione diretta da Marco Santagata, Volume secondo *Convivio, Monarchia, Epistole, Egloge*, a cura di Gianfranco Fioravanti, Claudio Giunta, Diego Quaglioni, Claudia Villa, Gabriella Albanese, Milano, Mondadori, 2004 "I Meridiani", pp. 3-805 [testo pp. 89-805]. [1304-1307, tosc., fior., fil.]

Dante, *Detto* = Dante Alighieri, *Detto d'Amore*, in *Il Fiore e il Detto d'Amore attribuibili a Dante Alighieri*, a cura di Gianfranco Contini, Milano, Mondadori, 1984 "Edizione nazionale a cura della Società dantesca italiana" 8, pp. 485-512; cfr. ed. parafrasata: *Detto d'amore* a cura di Gianfranco Contini, in Dante Alighieri, *Opere minori*. Tomo I – Parte I, a cura di

Domenico de Robertis e Gianfranco Contini, Milano – Napoli, Ricciardi, 1984 "La Letteratura italiana. Storia e testi" 5.I.i, pp. 799-823 [testo pp. 815-823] (abbr.: *OM* p.). [1285-90 c., fior., did. rel.]

Dante, *Fiore* = Dante Alighieri, *Fiore*, in *Il Fiore e il Detto d'Amore attribuibili a Dante Alighieri*, a cura di Gianfranco Contini, Milano, Mondadori, 1984 "Edizione nazionale a cura della Società dantesca italiana" 8, pp. 2-467; cfr. ed. comm.: *Il Fiore e Il detto d'amore* a cura di Gianfranco Contini, in Dante Alighieri, *Opere minori*. Tomo I – Parte I, a cura di Domenico de Robertis e Gianfranco Contini, Milano – Napoli, Ricciardi, 1984 "La Letteratura italiana. Storia e testi" 5.I.i, pp. 553-827 [testo pp. 565-798] (abbr.: *OM* p.). [1276-1300, fior., lir.]

Dante, *Rime* = Dante Alighieri, *Rime*, a cura di Gianfranco Contini, in Dante Alighieri, *Opere minori*. Tomo I – Parte I, a cura di Domenico de Robertis e Gianfranco Contini, Milano – Napoli, Ricciardi, 1984 "La Letteratura italiana. Storia e testi" 5.I.i, pp. 249-552 [testo pp. 295-548]. [1276-1300, fior., lir.]

Dante, *Vita nuova* = Dante Alighieri, *Vita nuova*, edizione critica a cura di Michele Barbi, Firenze, Bemporad, 1932; cfr. ed. comm.: *Vita nuova* a cura di Domenico De Robertis, in Dante Alighieri, *Opere minori*. Tomo I - Parte I, a cura di Domenico de Robertis e Gianfranco Contini, Milano - Napoli, Ricciardi, 1984 "La Letteratura italiana. Storia e testi" 5.I.i, pp. 1-247 (abbr.: *OM* p.). [CT; c. 1292-93, fior., lir.]

Dante, *Inferno* = Dante Alighieri, *Inferno*, in *La commedia secondo l'antica vulgata*, a cura di Giorgio Petrocchi, Vol. II *Inferno*, Milano, Mondadori, 1966 "Edizione nazionale a cura della Società dantesca italiana". Cfr. ora anche *Dantis Alagherii Comedia*, edizione critica per cura di Federico Sanguineti, Firenze, Edizioni del Galluzzo, 2001 "Archivio Romanzo" 2 [testo a pp. 1-186]. Cfr. inoltre l'ed. comm. in Dante Alighieri, *La divina commedia*, a cura di Natalino Sapegno, Milano – Napoli, Ricciardi, 1957 "La Letteratura italiana. Storia e testi" 4, pp. 1-391 (abbr: CS *pagina*.). [a. 1314, tosc., fior., did. rel.]

Chiaro, *Rime* = Chiaro Davanzati, *Rime*, edizione critica con commento e glossario a cura di Aldo Menichetti, Bologna, Commissione per i testi di lingua, 1965 "Collezione di opere inedite o rare" 126. [sec. XIII sm., fior., lir.]

Manzoni, *Promessi Sposi* quarantana = Alessandro Manzoni, *I promessi sposi* [red. quarantana]. Testo critico della edizione definitiva del 1840, in *Tutte le opere di Alessandro Manzoni*, a cura di Alberto Chiari e Fausto Ghisalberti, vol. II.3, Milano, Mondadori, 1963³ [1954¹] "I classici Mondadori" [testo a pp. 1-673]. [1840, it., narr.]

Manzoni, *Promessi Sposi* ventisettana = Alessandro Manzoni, *I promessi sposi* [red. ventisettana]. Testo critico della prima edizione stampata nel 1825-27, in *Tutte le opere di Alessandro Manzoni*, a cura di Alberto Chiari e Fausto Ghisalberti, vol. II.2, Milano, Mondadori, 1964³ [1954¹] "I classici Mondadori" [testo a pp. 1-675]. [1827, it., narr.]

Monte, *Rime* = Monte Andrea, *Le Rime*, edizione critica a cura di Francesco Filippo Minetti, Accademia della Crusca, Firenze 1979 "Quaderni dell'Istituto di filologia italiana" 5. [XIII s.m.., fior., lir.]

Ovidio, *Metamorphoses* = P[ublii] Ovidii Nasonis *Metamorphoses*, edidit William S. Anderson, Stutgardiae et Lipsiae, in aedibus B. G. Teubneri, 1993⁵ "Bibliotheca scriptorum Graecorum et Romanorum Teubneriana".

Petrarca, *RVF* = Francesco Petrarca, *Rerum Vulgarium Fragmenta* = Idem, *Canzoniere*, testo critico e introduzione di Gianfranco Contini, annotazioni di Daniele Ponchiroli, Torino, Einaudi, 1982₉ [1964₁] "Nuova Universale Einaudi" 41; cfr. ed. comm.: Idem, *Canzoniere*, edizione commentata a cura di Marco Santagata, Milano, Mondadori, 1996 "I meridiani" (abbr.: *SA* p.). [a. 1374, tosc., lir.]

Rinuccino, *Rime* = Maestro Rinuccino, *Rime*, in *I sonetti di maestro Rinuccino*, a cura di Stefano Carrai, Firenze, Accademia della Crusca, 1981. [CT; sec. XIII m., fior., lir.]

Sannazaro, *Arcadia* summontina = Iacopo Sannazaro, *Arcadia* [red. summontina], in Iacopo Sannazaro, *Opere volgari*, a cura di Alfredo Mauro, Bari, Laterza, 1961 "Scrittori d'Italia" 222 [testo a pp. 1-132]. [1504, it., lir.]

4.3   SITI WEB DI RIFERIMENTO.

Corpus Taurinense `http://www.bmanuel.org/projects/ct-HOME.html`
(libero a disponibilità completa)

OVI `http://www.ovi.cnr.it/`

OVI db testuale *Gattoweb* `http://gattoweb.ovi.cnr.it/`
(libero a disponibilità parziale)

PhiloLogic3 `http://www.lib.uchicago.edu/efts/ARTFL/projects/OVI/`

TLIO `http://tlio.ovi.cnr.it/TLIO/`
(libero a disponibilità completa)

Tra 'avegna che' e 'benché':
appunti di italiano antico[*].

> *Dico dunque che questa ultima oppinione nel vulgo è tanto*
> *durata, che sanza altro respetto, sanza inquisizione d'alcuna*
> *ragione, gentile è chiamato ciascuno che figlio sia o nepote*
> *d'alcuno valente uomo, tutto che esso sia da niente. E questo*
> *è quello che dice:* ed è tanto durata / la così falsa oppinïon tra
> nui, / che l'uom chiama colui / omo gentil che può dicere: 'Io
> fui / nepote' o 'figlio di cotal valente', / benché sia da nïente.
> Dante, Convivio, IV.vij.2.

0.　　INTRODUZIONE. Questi pochi appunti vorrebbero contribuire alla conoscenza delle congiunzioni subordinanti[1] concessive *avegna che* e *benché* in italiano antico e, in particolare, al problema dell'origine di *benché*. Càpita, infatti, che le informazioni fornite dagli usuali strumenti storici ed etimologici disponibili per l'italiano siano piuttosto evasive quando non affatto inesatte, cfr:

[1a]　　**benché** (*ben che, abbenché, beneché*) cong. (Dante); sebbene, quantunque.　　　*DEI*, I.484a

[1b]　　**benché** cong. 'sebbene, quantunque' (a.v. 1321, Dante; *abenché* a Napoli nel 1465: *Testi quattr.*). [...]. • Comp di *ben(e)* e *che*.　　　*DELI*, I.130b

[1c]　　**benché** (ant. e letter. *ben che*) congiunz. concessiva. Sebbene, quantunque, ancorché (e preferisce il modo congiuntivo; a volte con l'ellissi del verbo). *Dante, Par.*, 2.103: ben che nel quanto tanto non si stenda / la vista più lontana, lì vedrai / come convien ch'igualmente risplenda. [...].　　　*GDLI*, II.159c-160d

[2a]　　**avvegnaché** (*avvegna ché, avvengaché, avvegnadioché*) avv., ant., XIV sec.; benché, quantunque; poiché; da *avvègna* (*avvènga*) cong. di 'avvenire', ('Dio') e 'che'.　　　*DEI*, I.381a

[2b]　　**avvegnaché** e **avvegnadioché** (*avvengaché* e *avvegnadioché*; anche separatamente: *avvegna che* o *avvenga che* e talvolta con una o più parole inserite tra i due membri), cong. Disus.

---

[*] Questi appunti, che non erano altro che modesti *parerga* diacronici al lavoro sulle proposizioni concessive da me messo in cantiere insieme a Marco Mazzoleni e Massimo Pantiglioni per *ItalAnt*, di cui la prima e più ricca versione si può qui leggere come capitolo 1, furono offerti a Bice Mortara Garavelli e pubblicati nella *Festschrift* a lei dedicata; in quella circostanza mi auguravo anche che la piccolezza del dono fosse in parte compensata dal raddoppiamento delle voci dei miei due compagni d'avventura linguistica che, da dietro le quinte, si univano a rinforzare il coro per la festeggiata.

ItalAnt, come si spiegava nel primo capitolo di questo volume, è la grammatica dell'italiano antico progettata da Lorenzo Renzi e Giampaolo Salvi come ideale completamento della *Grande grammatica italiana di consultazione*, e si basava su un ristretto *corpus* di testi (il cosiddetto *Padua corpus*, messo generosamente a disposizione dall'OVI con il programma di interrogazione GATTO) esclusivamente fiorentini e datati tra il 1250 ed il 1300. Per la presente ricerca, pur mantenendo il fiorentino duecentesco come varietà centrale, si è ritenuto però necessario allargare l'indagine a tutti i testi disponibili, anche quelli in volgari di sì non fiorentini e non toscani (altre lingue, se vogliamo, ma pur sempre tra loro fittamente interconnesse, come diverse parti di un mottetto politestuale dell'*Ars Nova*), e risospingere il limite temporale superiore al 1350; i testi presenti nel Padua Corpus e quindi nel Corpus Taurinense si trovano comunque segnalati in bibliografia. Per gli spogli, pur guidati prima e (quando necessario) corroborati poi dalla diretta lettura dei testi, sono state inestimabili le risorse telematiche dell'OVI.

[1] Come nel precedente saggio (cfr. nota 2) con il termine *congiunzione subordinante* intendiamo qui comprendere anche la nozione di "locuzione congiuntiva", perché comunque la grafia dell'italiano antico, anche quando il filtro delle soluzioni grafiche adottate dai diversi editori fosse sempre coerente – il che non è –, non permetterebbe di distinguere con sicurezza, ad es., un *ben che* da un *benché*. L'unitarietà o meno del connettore non incide, d'altra parte, sulle sue caratteristiche semantiche, morfosintattiche e funzionali.

37

Benché, quantunque, sebbene (con il congiuntivo o l'indicativo). *Latini, Rett.*, 4-28: E tutta volta è lo 'ntendimento dello sponitore che queste parole sopra 'l dittare, altressì come sopra 'l dire, siano, advenga che tal puote sapere bene dittare che non àe ardimento o scienzia di profferere le sue parole davanti alle genti. [...]. – Con ellissi del *che*. *Petrarca*, 55-13: A-mor, avegna mi sia tardi acorto, / vòl che tra duo contrari mi distempre. **2.** Poiché, per il motivo che[2]. *Dante, Conv.*, I-x-7: Che in ciò io lo magnifico, per questa ragione vedere si può; avegna che per molte condizioni di grandezze le cose si possano magnificare, cioè fare grandi, e nulla fa tanto grande quanto la grandezza della propia bontade. [...]. *GDLI*, I.885ab

Nei lemmi che ho sopra riportato, infatti, oltre che venire sostanzialmente elusa la questione etimologica, anche la cronologia (assoluta e relativa) delle attestazioni è inesatta, di modo che non si coglie il problema della dinamica delle due forme.

0.1   LA QUESTIONE. I termini di questa vicenda, così come ci sono apparsi alla fine dello spoglio dei dati per *ItalAnt*, sono a grandi linee i seguenti.

A partire dalle Origini fino al primo quarto del Trecento l'introduttore fondamentale per le frasi dipendenti concessive fattuali con verbo a modo finito è senz'altro la congiunzione subordinante[3] *avegna che* (affiancata da *(con) tutto che* e da una costellazione di forme minori: cfr. qui il capo primo); solo nell'ultimo quarto del Duecento iniziano ad emergere, in un numero ristretto di autori, rare attestazioni di *benché*. Cruciale (e quando mai no?) è la testimonianza di Dante che, grazie al passo del *Convivio*[4] che già abbiamo visto in epigrafe e che qui ripeto

[3]   Dico dunque che questa ultima oppinione nel vulgo è tanto durata, che sanza altro respetto, sanza inquisizione d'alcuna ragione, gentile è chiamato ciascuno che figlio sia o nepote d'alcuno valente uomo, **tutto che** esso sia da niente. E questo è quello che dice: *ed è tanto durata / la così falsa oppinïon tra nui, / che l'uom chiama colui / omo gentil che può dicere: 'Io fui / nepote' o 'figlio di cotal valente', / **benché** sia da nïente.*

Dante, *Convivio*, IV.vij.2, p. 300 [=*OM* 597], rr. 7 e 13,

ci assicura che l'uso di *benché* era ancora così "fresco" da essere avvertito come potenzialmente non comprensibile, meritando così una glossa con l'allora più normale *tutto che*[5]. Nel corso del Trecento la situazione si ribalta: *benché* diviene la congiunzione fondamentale e relega *avegna che* ad un ruolo subalterno[6]: all'inizio del Cinquecento, sia pure in un'ottica di restaurazione imitativa, Bembo poteva ormai scrivere:

---

[2] Nel prosieguo soprassiederò sulle limitate applicazioni causali di *avegna che*, che considero casi speciali, dettati più dalla particolare interpretazione semantica cui talune situazioni \ frasi costringono, che non da ragioni propriamente grammaticali. Lo stesso passo del *Convivio* cit. dal *GDLI* ha in genere creato un certo imbarazzo nei commentatori (cfr. VASOLI 1988, p. 65, e cfr. il testo critico dell'Ageno, che segmenta il periodo diversamente) che, pur concordi nel ravvisarvi un "senso" causale, non sanno poi bene come giustificare quella "strana" frizione tra pragmatica e grammatica (ma in realtà una certa trasparenza semantica della congiunzione non è poi troppo problematica: si pensi che esistono persino casi di *perché* che lascia filtrare valore concessivo, cfr. gli ess. 37 ed in genere il § 2.2.1 qui addietro nel capo primo).

[3] Con tutta una serie di varianti ortografiche, dovute alla possibilità teorica di combinazione degli allografi *avegna | a-dvegna | avvegna | avenga | advenga | avvenga | avengna | advengna | avvengna | avegnia | advegna | avvegnia | aven-gnia | advengnia | avvengnia* con *che | ke | ch' | k' | ché | ké*; la forma più frequente, comunque, in tutto il Duecento fiorentino è *avegna che*, donde la nostra scelta di usarla come forma base, anche se lo scempiamento è verosimilmente da intendersi come fatto puramente grafico (<-v->, cioè, fiorentinamente varrebbe [-vv-]: cfr. ad es. la pratica editoriale dello stesso Contini nel *Fiore*).

[4] Questo passo del *Convivio*, in cui «l'uso di *tutto che* in sostituzione di *benché* potrebbe far supporre che quest'ultima con[giun]z[ione] fosse meno perspicua», era già stato notato da AGOSTINI 1978, p. 388.

[5] Quanto alla scelta di *tutto che* piuttosto che di *avegna che* come traducente, penso possa dipendere dal fatto che *avegna che* è più disponibile ad essere impiegato anche al di fuori dei costrutti fattuali, mentre *tutto che* è di norma solo fattuale (l'unica, parziale, eccezione che conosco è il *con tutto* + congiuntivo di Dante, *Fiore*, son. cliv, v. 14).

[6] Significativa la situazione del canzoniere del Petrarca (cfr. n. 24), dove *(con) tutto che* è scomparso, *avegna che* sopravvive con due esempi, e *benché* ha ormai ben diciassette occorrenze.

[4]   Dissesi oltre acciò [cioè a *Tuttoché*] in quello sentimento medesimo *Avegnadioché* dagli antichi, e *Avegnaché* ancora, e ultimamente *Avegna* dal Petrarca.

Bembo, Prose, III.lxiv, p. 285, rr. 15-16

Infine nell'italiano contemporaneo – come si sa (cfr. MAZZOLENI 1991) – *avegna che* è scomparso dall'uso mentre *benché*, pur affiancato da *anche se* e *sebbene* (entrambi sostanzialmente sconosciuti al fiorentino duecentesco), mantiene il suo ruolo primario.

1.   AVEGNA CHE. Iniziamo col dare un rapido sguardo alla situazione di *avegna che*.

1.1   LE PRIME ATTESTAZIONI. Le prime sette attestazioni[7] fiorentine, contenute nella *Rettorica* di Brunetto (databile tra il 1260 ed il 1261), sono precedute a Lucca da una testimonianza di Bonagiunta, e seguono di una sola ventina d'anni le tre occorrenze nelle formule bolognesi di Guido Faba del 1243, che sembrano essere le prime in assoluto:

[5a]   Eo, **avegna che** scia i(n)digno (e) i(n)merito, voglo mie assimblare al m(er)cata(n)te d(e)l quale dice la scriptura c'andò i(n) t(er)a luntanna (e) trovando una bo(n)a margarita vendeo om(n)e cosa e scì la (com)però.

Guido Faba, Parlamenti, viij (29) Responsivum parlamentum ellecti fratris, p. 236, r. 20

[5b]   **Avegna che** partensa / meo cor faccia sentire / e gravosi tormenti sopportare, / non lasserag[g]io sensa / dolse cantare e dire / una cusì gran gioia trapassare; / e rallegrare altrui così feraggio / del meo greve damaggio, / per pianto in allegressa convertire, / come fa la balena / che ['n] ciò che prende e mena, / la parte là u' dimora fa gioire.

Bonagiunta, Rime, j, Avegna che partensa, p. 261, v. 1

[5c]   In questa parte divisa Tulio come divennero quelli due mali, cioè turbare il buono stato delle cittadi e corrompere la buona vita e costumanza delli uomini; et **avegna che** 'l suo testo sia recato in siè piane parole che molto fae da intendere tutti, ma tutta volta lo sponitore dirae alcune parole per più chiarezza.   Brunetto, Rettorica, p. 31, r. 16

1.2   AL NORD ED AL SUD. Dopo gli anni Sessanta, poi, con il crescere della documentazione disponibile anche il numero delle occorrenze attestate di *avegna che* in toscano sale in proporzione simmetrica.

La forma resta invece estranea al Nord, dove in tutto il secolo 1250-1350 si può racimolare solo una manciata di occorrenze, ed al Sud (l'esempio più meridionale che soccorra è umbro, e perdipiù di un risaputo dantizzante). A parte le molte occorrenze nel commento dantesco del bolognese Jacopo della Lana[8] (la cui predisposizione al toscanismo non ha certo bisogno di spiegazioni) e nelle rime[9] dell'attardato stilnovista trevigiano Nicolò de' Rossi (i cui modelli toscani sono altrettanto scontati), la rassegna seguente[10] dovrebbe raccogliere tutto il materiale noto:

[6a]   Et **avegna** che 'l fante avria plu voluntera demandado l'oxello, amaistrado da l'emperador, ello demandà la mosca che era plu utelle.   Paolino, Regimen, p. 37, r. 13

---

[7] I dati completi dovrebbero essere i seguenti: *Rettorica*: j.4, p. 5, l. 14; xij.3, p. 31, l. 16; xx.2, p. 57, l. 16; xx.2, p. 57, l. 18; xxiij.6, p. 65, l. 22; lxxvj.3, p. 142, l. 17; lxxvj.14, p. 147, l. 1; *Parlamenti*: vj\21, p. 235; viij\29, p. 236; xxvj\88, p. 248.

[8] Datato al 1324-28. L'elenco completo dei sedici passi (ricavato da ItalNet che, purtroppo, attinge *faut de mieux* ad una edizione poco affidabile), limitato ai soli riferimenti di pagina, è il seguente: *Inferno*: p. 134a, 259a, 422b, 662a, 781a; *Purgatorio*, p. 54a, 278b, 405a; *Paradiso*: p. 33b, 73a, 80b, 88b, 91b, 430b, 458a, 643a.

[9] Databili ai primi decenni del XIV secolo; questa la lista complessiva delle dieci occorrenze: xxiij.6 (p. 36), lxxvij.7 (65), xcvj.4 (78), cxlj.11 (102), clx.8 (112), cclxxxiij.13 (185), ccxciv.5 (190), cccxxvij.7 (207), ccclxxv.12 (231), cdxxxvj.12 (261).

[10] Gli estremi cronotopici e le indicazioni di genere forniti dal *TLIO* (nel suo sistema di riferimenti abbreviati) sono rispettivamente: (6a) 1313\15, venez., fil.; (6b) 1324-28, bologn., comm.; (6c) sec. XIV p.i d, tosc.-ven., lir.; (6d) sec. XIV p.m, bologn., lett.; (6e) sec. XIV p.m., ven., did. rel.; (7) c. 1328, eugub., comm.

[6b] *Ma poi che foe.* Nota che Picarda dixe che, **avegna** che la ditta Costança fosse in privatione dello abito extrinseco, sempre lo so core fo toso e velado dalle preditte sacre bende, quasi a dire: sempre ave l'animo e la voglia e la vitta promessa per lo suo vodo ...
Jacopo della Lana, *Chiose, Paradiso* III.109-120, p. 80b, r. 20

[6c] Y' ni regracio la pyoça e 'l vento, / la nive, fango e l'ayre turbato, / che l'animo mio sïa consolato, / **avegna** che 'l corpo n'aça tormento, / ch'onni deleto, segondo ch'eo sento, / çuoco, solaço n'è abandeçato, / e fa che çascuno sta adirato, / tristo, dolente e di reo talento.
Nicolò de' Rossi, *Rime*, son. xcvj *Y' ni regracio*, p. 78, v. 4

[6d] Ora me di', frate corpo, perché desideri tu le richeçe e le vanità? Ora, serisi tu mai sì soco che tu credise de goderle sempre mai? Mo **avegna** che non vogli sapere quello che santo Agustino dica di ço, io pura lo te 'n derò.
Epistola bolognese, sec. XIV p.m. (bologn.), periodo 23, p. 55, r. 6

[6e] E díame gracia ch'eo no abia caxone d'offendere alcuno in auere o i*n* persona, **auegna ch'** el no se de' reputare offexa quel che se fa fazando iustixia. A Cristo plaxa che così sia e guardimi dal *contra*rio.
Dicerie volgari, i.23-4, p. 326, rr. 18-19

[6f] Et **avegna** che Dio abia metudo in essa tanti doni e vertude e meriti, per amor de çò Ela è tanto cortese e benigna, sì como dise san Bernardo, che tute le soe cose ella à voiudo participar cun nuy, sì como cun fioli carissimi.
Libro Cinquanta, p. 2[11], r. 19

[7] Tu non solamente hai potuto mettere a non calere le leggi e le costume di nostre corti; ma vincere e rompere, e tutte queste cose **avvegnia** chè e' non fossono da sofferire à [*sofferte*] Monsignor; ma ora che tutto ne conviene lo Re per carità e benignità ch'ae de' suoi sudditi istare in paura.
Bosone, *Avventuroso Ciciliano*, p. 231, r. 11

1.3   I*n* T*oscana*. L'ammasso di dati toscani (circa un migliaio nel database del *TLIO*) è invece tale da non rendere pratico, né tantomeno interessante, farne una prospezione storica come quella sopra abbozzata. Tentiamone, piuttosto, una piccola rassegna analitica.

1.3.1   I *fattuali*. L'uso più consueto di *avegna che* è quello nei costrutti concessivi fattuali con il verbo della dipendente al congiuntivo presente od imperfetto, come negli esempi seguenti:

[8a] **Avegna che** la doglia i' **porti** grave / per lo sospiro, ché di me fa lume / lo core ardendo in la disfatta nave, / mand'io a la Pinella un grande fiume / pieno di lammie, servito da schiave / bell'e adorn' e di gentil costume. Cavalcanti, *Rime*, xliv[b], son. *Ciascuna fresca*, p. 553, v. 9

[8a]b Nel decto tempo, poi che papa Pasquale co' suoi fratelli cardinali fu diliberato della carcere dello Imperadore, contro a·llui si levarono iij papi in diversi tempi e condictioni; ciò fue Alberto Angnulfo e Teodorico: i quali, **advegnia che** ne' loro conminciamenti catuno a decto Papa **desse** molta briga, l'uno dal'altro erano svariati.   *Cronica fiorentina*, mcvij, p. 94, r. 4

Sono noti anche saltuari casi di indicativo, specie con la dipendente posposta (9a-b, 14b):

[9a] Private sono quelle nelle quali si tratta il convenentre d'alcuna spiciale persona. E ttutta volta è lo 'ntendimento dello sponitore che queste parole sopra 'l dittare altressì come sopra 'l dire siano, **advegna che** tal **puote** sapere bene dittare che non àe ardimento o scienzia di profferere le sue parole davanti alle genti; ma chi bene sa dire puote bene sapere dittare.
Brunetto, *Rettorica*, j.4, p. 5, r. 14

[9b] Più soferir no·m posso ch'io non dica / lo mïo greve e perilglioso stato, / **avengna** im parte n'**ò** già dimostrato / in vista ed im parlare, a dritta prova.
Monte, *Rime*, canz. vj, *Più soferir*, p. 68, v. 3

[9c] Conciò sia cosa che 'l Marchese avea facto molta cavalleria e popolo, vennero per difendere il castello, e fue in sul canpo e domandò la battalgla; ed al castello sarebe venuto, se non

---

¹¹ Rappresento solo uno dei sei passi (pp. rispettivamente: 2, 19, 31, 62, 69 e 77) attestati negli anonimi *Cinquanta miracoli*.

40

fosse per la molta pioggia ch'era venuta, ed avea a passare uno fiume; sì che Maghinardo da Susinana, ch'era in sua conpangnia, sì consilgló che 'l fiume non si passasse; e la battalgla per questo modo rimase: **avengnadio che** 'l Marchese da' Fiorentini forte si **tenne** gravato, i quali erano all'aiuto del Bolongnese, e' Bolongnesi ischifaro la battalgla quanto poterono.

Cronica fiorentina, mcclxxxxvj, p. 147, r. 13

Avevamo inoltre rinvenuto (cfr. qui addietro, capo primo, ess. 13ab) almeno un caso di condizionale semplice, oltre ad un esempio nel quale un congiuntivo imperfetto trasmette appunto uno dei valori tipici del condizionale semplice:

[10a]   Io era nel proponimento ancora di questa canzone, e compiuta n'avea questa soprascritta stanzia, quando lo segnore de la giustizia chiamoe questa gentilissima a gloriare sotto la insegna di quella regina benedetta virgo Maria, lo cui nome fue in grandissima reverenzia ne le parole di questa Beatrice beata. E **avvegna che** forse **piacerebbe** a presente trattare alquanto de la sua partita da noi, non è lo mio intendimento di trattarne qui per tre ragioni: [...].

Dante, *Vita nuova*, xxviij.2, p. 122 [=*OM* 191], r. 11

[10b]   Da ch'è volontà delle Virtudi che sono qui raunate che io dica queste parole, dirolle per loro comandamento, **avegna che** per ciascuna di loro **fossero** me' dette e piú saviamente che per me.

Bono, *Libro Vizi*, xxxviij.1, p. 66, r. 5

1.3.2   GLI IPOTETICI. Più raro, ma comunque testimoniato, è anche l'uso di *avegna che* in un costrutto condizionale concessivo, nel quale, cioè, il contenuto proposizionale della dipendente è presentato in modo ipotetico anziché fattuale, con il verbo al congiuntivo presente:

[11]   E se ti pentessi per alcun tempo, e tornassi a loro con buono intendimento per cagione d'aver paradiso, **avegna che** sien tanto cortesi che il loro aiuto non ti negassero al postutto, molto si farebbero pregare anzi che palesemente t'acompagnassero o di servire ti promettessero.

Bono, *Libro Vizi*, xij.6, p. 29, r. 12

Sono, infine, attestati pure casi di subordinate ridotte, sempre posposte alla reggente:

[12]   Ed elle, dacché ebbero inteso quel che le Virtú voleano, non volendole crucciare, ma seguitare la loro volontà, il concedettero, e dissero di tornare, **avegna che** mal volontieri, perché, dacch'erano tutte e tre serocchie raunate con tutte lor genti, e sapeano che Dio era in mezzo di loro, tostamente crediano la loro guerra finire.   Bono, *Libro Vizi*, liv.4, p. 90, r. 22

1.3.3   ASSENZA DEL COMPLEMENTATORE. L'uso di *avegna che* – come, non diversamente, di *(con) tutto che* – senza complementatore è piuttosto raro, ma comunque presumibilmente stabile, se è ancora presente in Petrarca[12]:

[13a]   Più soferir no·m posso ch'io non dica / lo mïo greve e perilglioso stato, / **avengna** im parte n'ò già dimostrato / in vista ed im parlare, a dritta prova.

Monte, *Rime*, canz. vj, *Più soferir*, p. 68, v. 3

[13b]   Qual fuoco non avrian già spento et morto / l'onde che gli occhi tristi versan sempre? / Amor, **avegna** mi sia tardi accorto, / vòl che tra duo contrari mi distempre; / et tende lacci in sì diverse tempre, / che quand'ò più speranza che 'l cor n'esca, / allor più nel bel viso mi rinvesca.   Petrarca, *RVF*, lv, ball. *Quel fuoco ch'i' pensai*, 1339-40?, p. 77 [=*SA* 292], v. 13

---

[12] L'esempio petrarchesco, comunque, ha un *exemplar* provenzale nel *si tot* di Folquet de Marselha, come ha rilevato il Santagata in n. al v. 13 «avegna ... accorto: 'benchè': cf. Folchetto di Marsiglia "Si tot me soi a tart aperceubutz" (v. 1) (Casu, p. 95) [...]» (SANTAGATA 1996, 294).

Molto interessante (cfr. oltre, § 3.3) è che *avegna che* si trovi anche rinforzato con *dio* o, sia pur meno frequentemente, con *ben*; vedi gli ess. sgg. (ristretti ai soli fiorentini duecenteschi):

[14a]   E acciocchè la detta parola neuno uomo offenda, perchè si potrebbe cavillare in ciò che disse la Sibilla, che fuoro i Dei adirati, che paia che noi aviamo detto che fosse l'ira da cielo; oda e intenda che, **avvegna Dio che** le dette cose si facciano per li dimoni, non si fanno al postutto sanza l'arbitrio dell'onnipotente Iddio.   Bono, *Orosio*, p. 206, r. 2

[14b]   Et in costoro si cominciò il primo consolato della città. E questi fu per força; **advegnadio che** poi cominciarono a governare la cittade per modo di ragione e di giustitia, conservando ciascuno in suo stato, tanto che da' consoli cittadini feciono electione di chiamare podestà gentili huomini possenti forestieri; sì ccome, legiendo inançi, scritto troverrete.

Cronica fiorentina, mclviiij, p. 105, r. 10

[14c]   Conciò sia cosa che 'l Marchese avea facto molta cavalleria e popolo, vennero per difendere il castello, e fue in sul canpo e domandò la battalgla; ed al castello sarebe venuto, se non fosse per la molta pioggia ch'era venuta, ed avea a passare uno fiume; sì che Maghinardo da Susinana, ch'era in sua conpangnia, sì consilglò che 'l fiume non si passasse; e la battalgla per questo modo rimase: **avengnadio che** 'l Marchese da' Fiorentini forte si tenne gravato, i quali erano all'aiuto del Bolongnese, e' Bolongnesi ischifaro la battalgla quanto poterono.

Cronica fiorentina, mcclxxxxvj, p. 147, r. 13

[14d]   In quello giorno si cominciò la struzione di Firenze, che imprimamente si levò nuovo vocabile, cioè Parte guelfa e Parte ghibellina. Poi dissero i Guelfi: - Appellianci parte di Chiesa ;- e' Ghibellini s'apellarono Parte d'Inperio, **avengnadio che** ' Ghibellini fossero publici paterini. Per loro fu trovato lo 'nquisitore della resia. Onde per tutti i cristiani è sparta questa malattia.   *Cronica fiorentina*, mccviiij, p. 119, r. 18

[15]   Amor, per Deo, più non posso sofrire / tanto gravoso istato, / ch'almen non muti lato / in dimostrar mia grave pena e dire / (**avegna ben che** con sì poco fiato / com'io mi sento ardire), / dovesse indi scovrire / ciò donde molto più seria 'ngombrato.

Amico di Dante, *Rime*, canz. ij, *Amor per Deo*, p. 702, v. 5

2.   BENCHÉ. Diverse ma, in una certa misura simmetriche, sono le vicende di *benché*. Qui non è però solo la scarsità di occorrenze che colpisce, quanto le loro strette aree di provenienza.

2.1.1   IL DUECENTO IN TOSCANA. A parte la forma *bene che*, attestata (tra l'altro in una subordinata con il verbo al presente indicativo) in un esempio di Bono Giamboni,

[16a]   Eleggere e far lo bene c'ha conosciuto si è un altro modo di prudenzia del quale favella Salamone quando dice: «Ciò **bene che** puo' fare co le mani tue, sanza dimora il fa».

Bono, *Libro Vizi*, xxxiij.21, p. 59, r. 6

[16b]   **Quodcumque** facere potest manus tua, instanter operare: quia nec opus, nec ratio, nec sapientia, nec scientia erunt apud inferos, quo tu properas[13].   *Ecclesiaste*, IX.10, p. 109, r. 11

che è in realtà cosa affatto diversa dal *benché* concessivo fattuale che ci interessa – è la traduzione di un frammento latino (es. 16b) il cui valore semantico è chiaramente a-condizionale senza contrasto – e che pertanto non va qui tenuta in conto, nel *corpus* fiorentino duecentesco del *TLIO* vi sono infatti solo sei esempi, tutti di Brunetto o del cosiddetto "Amico di Dante" – cioè Lippo Pasci de' Bardi, come dopo GORNI 1981 (cfr. soprattutto *Lippo amico*, pp. 71-98) si crede –:

[17a]   E pensa ogne fïata, / se nella tua br.ta / ha omo al tu' parere / men potente d'avere, / per Dio no·llo sforzare / più che non posse fare: / che se per tu' conforto / il su' dispende a torto / e torna in basso stato, / tu ne sarai biasmato. / Ma ben ci son persone / d'altra condizïone, /

---

[13] Essendo questione più di tradizione che di esattezza di lezione, ho deliberatamente usato un testo "tradizionale"; comunque leggere, come l'edizione di Pio XII, *potest manus tua facere* (XI, p. 163), non sposterebbe minimamente le cose.

che si chiaman gentili: / tutt'altri tegnon vili / per cotal gentilezza; / e a questa baldezza / tal chiaman mercennaio / che più tosto uno staio / spenderia di fiorini / ch'essi di picciolini, / **benché** li lor podere / fosseron d'un valere.   Brunetto, *Tesoretto*, p. 235, v. 1712

[17b]   E sie bene apensato, / s'un om molto pesato / alcuna volta faccia / cosa che non s'aggiaccia / in piazza né in templo, / no 'nde pigliare asemplo, / perciò che non ha scusa / chi altrui mal s'ausa. / E guarda non errassi / se tu stessi o andassi / con donna o con segnore / o con altro maggiore; / e **benché** sie tuo pare, / che lo sappie innorare, / ciascun per lo su' stato. / Siene sì ampensato, / e del più e del meno, / che tu non perdi freno; / ma già a tuo minore / non render più onore / ch'a luï si convenga, / né ch'a vil te ne tenga: / però, s'egli è più basso, / va' sempre inanzi un passo.   Brunetto, *Tesoretto*, p. 238, v. 1791

[17c]   Dunque che accusa, che richiamo è questo, che voi fate a Cesare? Ché accusate colui, di cui voi dite che vi vietò la terra, per che voi non poteste fare guerra a Cesare. Ma se tu questa loda ti volessi porre, che tu avresti renduta la provincia a Cesare, **benché** P. Varo o altri t'avesse contradiato, io confesserò che Ligario abbia la colpa, poi ch'elli v'ha tolta cagione di tanta lode[14].   Brunetto, *Pro Ligario*, p. 180, r. 4

[17d]   Per tanto mi dovete / nel mi' dir sostenere, / che 'l forzato volere, / Amore, ha segnoria / in me, cui voi tenete / ne lo vostro podere, / **bench'** io unque assapere / no 'l vi facesse dia: / ché tuttavia – so' stato sofferente, / mirando l'atto e lo bellor sovente / di voi, ma·nnonn-in guisa ch'omo nato / potesse in ciò sapere di mio istato.
                           Amico di Dante, *Rime*, canz. iv *A voi gentile Amore*, p. 708, v. 19

[17e]   Dappoi ch'è certo che la tua bieltate, / gentil pulzella, mi ti face amare, / e·cch'io altro non posso, **benché** fare / i' lo volesse, de'ne aver pietate: / ché·cchi ha colpa dé tutte fïate, / se-condo la ragion, pena portare / di ciò che indi nasce; [...].
                           Amico di Dante, *Rime*, son. xxvij *Dappoi ch'è certo*, p. 745, v. 3

[17e]   Nessuna cosa tengo sia sì grave, / in verità, né di sì gran molesta, / come l'attender, che lo cor tempesta / più forte che nel mar turbato nave; / e, quanto al mi' parer, sì mal nonn-ave / chi ismarruto truovasi 'n foresta, / **benché** veggia venir la notte presta / e senta fiere cose onde tem' ave.   Amico di Dante, *Rime*, son. xxxix *Nessuna cosa tengo*, p. 757, v. 7

2.1.2   IL DUECENTO FUOR DI TOSCANA. Nel Duecento, fuor di Firenze non pare vi sia molta le-gna da ardere: né nelle altre varietà toscane, infatti, vi sono a questa altezza cronologica altre atte-stazioni, né ve ne sono in siciliano o nel Meridione in genere.

A parte due occorrenze isolate nel *Contrasto dei mesi* di Bonvesin,

[18a]   Grand brega e grand fatigha – Zené m'á sempre dao, / lo zer k'el fa venir – me strenze com un gato: / ni De ni questo mondo – me scampa dal so fagio / ke utiltá ni honor – de lu mai abia tragio. // Molben Zené consente – sol golzand al bon fogo, / maron e pom e pere – el mangia con so cogo, / dond e' port po desasio, – s'el á pur ben so logo: / de mi no á 'l za cu-ra, – **benké** sia press al zogo. // Oi De, quant mal me segue, – ke prov ie sont metudho: / lo mal partiss comego – e 'l ben á a si tenudho[15].
                           Bonvesin, *Volgari, Disputatio mensium*, p. 4, v. 28

[18b]   El va con grand furor – in lor k'eran insema, / con soa maza entre lor – el corre senza tema; / li mis fon tug tug stremidhi – e sí no stan insema, / de quest asalt terribele – zascun d'angustia trema. // Zené incontinente – i á fortement ruti: / a quest assalt k'el fé – se stan stremidhi e muti, / no's moven ni defendeno – com fossen ligai tugi, / e butan vïa l'arme,

---

[14] Cfr. il passo latino corrispondente: «[...]. Atque in hoc quidem vel cum mendacio, si voltis, gloriemini per me licet, vos provinciam fuisse Caesari traituros. **Etiam si** a Varo et a quibusdam aliis prohibiti estis, ego tamen confitebor cul-pam esse Ligari qui vos tantae laudis occasione privarit» (Ciceronis *Pro Ligario*, 8.25).

[15] L'esempio era già noto a MILTSCHINSKY-WIEN 1917, 42-43. Il passo corrispondente del *carmen* latino del ms. Vat. 3113 è in questa zona troppo compresso rispetto al contrasto volgare (che ne è un probabile rimaneggiamento) per esse-re di qualche aiuto: «[...] sed is ocia solum / solus amat, nostro fruitur sua vita labore, / et quia sum vicinus ei, quia par-vulus assum, / me premit, [...].» (Bonvesin, *De mensibus*, vv. 13-16, f. 123v, p. 37).

benk' el no i percuti. // Illora ser Zené, – vezand k'el á venzudho, / con grand ira sí dise: – «Qual è quel malastrudho / ke vol e ke fa forza – ke debia ess deponudho? / Ki vol, se faza inanze – ista ke sont venudho»[16].   Bonvesin, *Volgari, Disputatio mensium*, p. 19, v. 476

tutte le poche attestazioni (ed il *benché* dell'es. 19d è in realtà altra cosa) si concentrano in area (tosco)veneta:

[19a]   "Sappiate che in questa isola si à buone erbe, e cadeci la rugiada piena di manna, e l'aria sì c'è molto bene temperata onde c'è buono stare, e niuno non gli toglie el latte per forza, **benché** l'agnello le latti, non v'è niuno che / lle faci morire, né uomo né altro animale e così vivono andando istando bevendo mangiando come lor diletta, pascono per dì e per notte e perciò sono così grande e tante e così grasse, come voi vedete".

Navigatio S. Brendani T, vj (f. 7v), p. 71, r. 20

[19b]   "O frati, voi avete molto bene da vivere di qui alla Pasqua delle Pentecoste, onde non bevete di questa qui alla Pasqua delle Pentecoste, onde non bevete di questa fontana perciò ch'ell'è troppo forte da bere, che l'à questa natura che chi ne bee subito s'adormenta e dorme un dì e una notte, onde un lato di questa fontana à questa virtù entro la fontana, e / di fuori si è acqua inn-u llato, **benché** la paia così bianca". *Navigatio S. Brendani* V, xiij (f. 8va), p. 87, r. 1

[19c]   "[...]. Tu, santo padre, ci ài tolta la possa / e la forza, ché noi non abbiamo al presente forza / di fagli niuno tormento di quegli che noi siamo / usi di fagli, piacciavi di non l'aiutare in questa / notte **benché** ve n'abbia pregato".

Navigatio S. Brendani T, xxv (f. 27r), p. 177, r. 20

[19d]   [...]: e sì ne iera molto ben lavorado lo Inferno, / tuto quelo ch'è intro e como elo sta con ogni / cosa; e questa si è tal paura da veder, che s'elo / non fose altra cosa bruta e spaurosa, questa seria / sufiziente, e no è nì no fo nì serà algun sì rio, / che se elo la vedese **benché** senpre, elo averia / paura e temor de andar in Inferno.

Navigatio S. Brendani V, xxxv (f. 29ra), p. 218, r. 21

2.2   IL PRIMO TRECENTO. Se ci spostiamo all'inizio del Trecento, oltre alla citata (es. 3) doppia attestazione del *Convivio* di Dante, prima del *Filostrato* (1335, secondo l'ormai generalmente accettata datazione di Pier Giorgio Ricci e Vittore Branca) in Toscana non ci soccorrono validamente che tre passi fiorentini, oltre al noto luogo del *Paradiso*[17]:

[20a]   Sederai prossimo alla donna, non vietandolo alcuno; agiugni il tuo lato al suo da quella parte che tu puoi; e **benché** l'ordine della gente non volesse, isforzati d'acostare da quella parte dalla quale tu, secondo l'usanza, la dei toccare. / In questo luogo domanderai cominciamento di compagnevole parlare, e paroli volgari e comuni muovano le prime boci.

Ars Amandi Volg. B, p. 229, r. 19

[20b]   A questa voce l'infiammato giro / si quïetò con esso il dolce mischio / che si facea nel suon del trino spiro, / sì come, per cessar fatica o rischio, / li remi, pria ne l'acqua ripercossi, / tutti si posano al sonar d'un fischio./ Ahi quanto ne la mente mi commossi, / quando mi volsi per veder Beatrice, / per non poter veder, **benché** io fossi / presso di lei, e nel mondo felice!

Dante, *Paradiso*, xxv, p. 424, v. 138

[20c]   V. 1. *Contra miglior voler ec.* Però che l'Autore aveva affezione di domandare d'alcune cose utili il detto papa Adriano, e quelli li diede comiato, dicendo che la dimora, che l'Autore face con lui dimandandolo, impedìa la sua penitenzia, la quale è più utile ad Adriano, che non gli è a satisfare all'Autore (però che per quella satisfàe a Dio, e per questa dell'Autore alli uomini); però in questo principio dice l'Autore: io non volli col mio volere, **bench'** elli fosse buono, ripugnare al volere d'Adriano, il quale era migliore. Onde contra al piacere mio

---

[16] Anche qui il passo parallelo latino poco soccorre: «[...]; / ipse furens solo prostravit et agmina vultu. / Abiuncti menses magnoque pavore trementes / abiciunt gladios, exturbo turbine strati; / iam victi cessant, clamor silet atque tumultus.» (Bonvicini *Carmina de mensibus*, vv. 280-283, f. 127r, p. 51).

[17] Con il suo corrispondente nelle *Chiose* (1324-1328) del bolognese Jacopo della Lana, p. 52b.

meno degno, per satisfare al suo più giusto volere, la spugna del mio desiderio non saziai; ma partìmi da llui, ancora assetato di più sapere.   *Ottimo, Purg.*V. 1., p. 356, r. 9

[20d] Dice l'autore che **avegna che** non ha bisogno ora di femmine come allora, e **benché** non sia licito di rubare e pigliare femmine per forza e massimamente in così piuvico luogo come al teatro, in presenza di tanti e tali come vi si raunano, neentemeno vi si tendono molti lacciuoli, come in quello che compuose Romolo. *Ars Amandi* Comm. B Laur., p. 821, ¶ 41, rr. 30 e 31

A questa abbastanza scarna raccolta, secondo il database del *TLIO*, andrebbe aggiunta la testimonianza del 1312 di un volgarizzamento fiorentino delle lettere di Seneca stampato in una settecentina e privo di edizioni critiche moderne. Il numero di occorrenze di *benché* (tutte in forma apocopata) è qui talmente massiccio e fuori media (quarantasette) da fare sorgere qualche legittimo dubbio sulla natura di quel testo, visto peraltro il tipo di edizione disponibile ed una certa quale aria cruschevole che ne spira[18]. Riporto comunque un paio di esempi[19]:

[21a] Poi disse, che gran pena sostenea colui, che tanto era desideroso d'oro, e d'argento. Poi raccontò il martidio, e 'l tormento, che 'l cupido, e l'avaro sostiene, conciossiacosachè neuna avarizia può essere sanza pena, **bench'** ella da se sia somma delle pene, perocch' ella richiede molt' angoscia, e fatica, e sempre è a disagio. Ancora v'aggiugni le sollecitudini continue, che ciascuno tormentano secondo la qualità, e la misura del suo avere.
Pistole di Seneca, p. 382, r. 21

[21b] Dice l'altro: di' tu, che le bestie si muovono storditamente, e disordinatamente? Io direi, ch'elle si muovessero disordinatamente, se nella loro natura fosse ordine, ma elle si muovono secondo la loro natura, **bench'** elle si muovano sanz' ordine, conciossiacosachè quella cosa si turba, ch'alcuna volta può essere non turbata, e quella può essere spaventata, la quale alcuna volta può essere secura.   *Pistole di Seneca*, p. 417, r. 32

Una certa dovizia di dati sicuri si ha invece dall'area orientale in testi di dipendenza culturale oitanica: oltre alle testimonianze uniche del mantovano Vivaldo Belcalzer e del veneziano fra' Paolino Minorita, pesano soprattutto le quindici occorrenze nel *Tristano veneto*[20]:

[22a] E Gregoriy dis: Rinoceron è bestia crudel, indomita, et è de tanta forteza, che **benché** la fia presa, alcun no la pò tegnir, ma tant è impacient bestia, che danché la è presa, ella mor viaz.
Vivaldo, *De proprietatibus, Rinoceron*, 23, p. 172, r. 14

[22b] [...] sì qu'ello respose: «Io credo ben cognoser qui ello sia; ma dapuò che alo maitin ave lui questa batagia afermada, et io alo maitin me trovarò presto; e puo' qu'ello domanda la bataya, ello l'averà, perché a malvasitade e a vilitade me deverave li homini atornar se io li / falissi; et **benché** del tuto sia chussì qu'ello me vol mal et qu'ello per mio mal sia qua vignudo, io sì voyo che vui me lo salludé, perché io credo ben qu'ello sia deli megior cavalieri del mondo».   *Tristano veneto*, ccxxx.19 (45vb), p. 201, r. 1

[22c] «[...]. E li malvasi cavalieri de Cornovaia li qual questo argaito ha ordenado, per lo so tradimento serave stadi cazadi dela corte et ti seris stado signor. Et ti, re Marco, lo qual a questa morte te acordasti, anchora tu te poras repentir, inperziò, **benché** ora non as besogno, anchora sì averas tu senza dubio avanti che tu moris!». E chussì / diseva tuto lo puovolo de Cornovaia.   *Tristano veneto*, cccxvj.31 (76vb), p. 284, r. 37

---

[18] Putroppo non ho né il tempo né lo spazio per approfondire la questione; non ci si può comunque sottrarre all'impressione che almeno qualche ritocco cruscante vi sia certo stato e che, insomma, almeno la veste linguistica non sia proprio quella di un testo del 1312.

[19] La lista completa (riporto i soli numeri di pagina della settecentina) è la seguente: r43, 18, 24, 41, 46, 70, 90, 113, 119, 128, 149, 151, 155, 159, 167, 168, 169, 193, 194, 197, 199, 206, 214, 221, 227, 232, 233, 236, 239, 241, 241, 249, 264, 280, 288, 315, 327, 327, 333, 346, 360, 380, 382, 392, 398, 406, 417.

[20] Questo l'elenco totale (abbrevio i rinvii alle sole pagine): 146, 201, 213, 227, 279, 296, 333, 430, 440, 461, 499, 513, 541, 551.

[22d] [...] ello respose a Sadoc in questo modho digando: «Vasal, quando io vego che vu sé' sì vi-
lan che non me vollé lagar a pasar senza bataia, e **benché** io sia cusì vequio, io ve digo tuto
verasiamentre che vui non sé' qua tanti deli cavalieri che io non ve meta tuti a vergoncia a
questo zorno».   *Tristano veneto*, dl.46 (151vb), p. 513, r. 46

[22e] L'altra si è çugolaria, per la qual l'omo çeta en riso et befe ogna chosa, e questi compara A-
ristotele alli oxelli che vive de rapina ch'elli tole rapina de ogni logo ch'elli po, etiamdio
delli sacrificii de li templi, così per questo vicio l'omo vol trar ogna chosa, **benk'** ela sia dic-
ta saviamente o per alguna utilitade, a çogo et a schernie.   Paolino, *Regimen*, p. 32 r. 4

2.3   LA COMPARSA DEL BOCCACCIO. Il quadro cambia in modo improvviso dopo la metà degli
anni Trenta con la comparsa sulle scene del Boccaccio: già fin dal *Filostrato* (1335) l'uso di *benché*
appare corposo (dieci esempi) e si continuerà a consolidare negli scritti successivi[21]. Mi limito qui a
pochi campioni:

[23a] Or ne son fuor, mercé n'abbia colui / che fu di me più ch'io stesso pietoso, / io dico Giove,
dio vero, da cui / viene ogni grazia, e vivomi in riposo; / e **benché** di veder mi giovi altrui, /
io pur mi guardo dal corso ritroso, / e rido volentier degl'impacciati, / non so s'i'dica amanti
o smemorati.   Boccaccio, *Filostrato*, I.xxiv, p. 32, v. 5

[23b] A questo tutti i popoli lernei, / poscia che ' lor maggiori ebber lasciati, / sen venner, tanti che
dir nol potrei, / **benché** v'entrasser tutti disarmati; / e come avean li lor con li Dircei / vedu-
ti, così s'eran separati, / tenendo l'un la parte del ponente, / e l'altra incontro tenea l'oriente.
                                                       Boccaccio, *Teseida*, vij.112, p. 490, v. 4

[23c] Ma, già pervenuta all'età debita a' matrimonii, il mio padre, forse da Giunone infestato, e-
stimò la mia forma degna d'abracciamenti; e come pio padre, – **benché** in ciò non seguisse
pietoso l'effetto come l'avviso, in quanto la ricevente parte, ma non colei ch'era data, ne fu
contenta – egli ad uno, seguente Vertunno con sommo studio, mi congiunse con santa legge
a procrearli nipoti, me a ciò allegante per naturale debito a lui obligata.
                                                       Boccaccio, *Ameto*, xviii.8, p. 725 r. 7

[23c] Oh, se la mia mente fosse istata sana, quanto quel giorno a me nerissimo avrei conosciuto! E
sanza uscire di casa l'avrei trapassato! Ma l'iddii, a coloro verso i quali essi sono adirati,
bene che[22] della loro salute porgano ad essi segno, elli privano lui del conoscimento debito;
e così ad una ora mostrano di fare il loro dovere, e saziano l'ira loro.
                                                       Boccaccio, *Fiammetta*, I.iv.4, p. 29(20) rr. 1-2

Verso la metà del secolo, infine, molte altre voci minori[23] iniziano ad unirsi al coro delle crea-
zioni del Boccaccio, e quando il suo amico Petrarca sanzionerà definitivamente la "nuova" congiunzione in passi che resteranno memorabili nella storia della nostra lirica come l'*incipit* di *RVF*

---

[21] Un primo inventario fornisce i dati seguenti. *Filostrato* (1335), dieci esempi: I.xxiv.5, II.x.7, II.xcix.4, II.cxxij.2,
II.cxxij.7, III.viij.6, III.xiv.4, III.xxj.8, V.xj.4, VII.xij.1, VII.xxxviij.7. *Filocolo* (1339): zero. *Teseida* (1339-41):
VII.112.4. *Ameto* (1341-42), sette esempi: xv.22, xviij.8, xvj v. 34, xxiij.26, xxv.2, xxix.43, xlv.44. *Fiammetta* (1343-
44), diciotto esempi: I.iv.4, I.xv.2, I. xxv.2, II.ij.5, II.vj.7, II.vij.3, II.xj.1, III.j.1, III.iv.3, III.vij.7, III.xij.10, V.ix.4,
V.xxiv.2, V.xxx.30, VI.xviij.4, VI.xxij.6, VII.ij.14. *Ninfale* (1344\48), sei esempi: x.3, xxxvj.7, xlj.8, cxxv.3, cccj.3,
cccxlviij.5. E non proseguo con le opere scritte dopo la metà del secolo.

[22] Non credo si possano costruire ipotesi sulla scrizione divisa della forma: l'Ageno stampava *benché*, mentre il Delcorno (riproducendo l'uso del ms. Vaticano Barberiniano 4046) stampa *bene che*; l'uso autografo del Boccaccio nel ms.
Hamiltoniano del *Decameron* è di solito *benché* (epperò il Boccaccio, si sa, era creatore sommo ma copista oltremodo
pasticcione ...). L'intera questione è probabilmente, dal punto di vista linguistico, senza soverchia importanza.

[23] Ad es. Giovanni Villani (fior.), Sennuccio del Bene (fior.), Niccolò da Poggibonsi (tosc.), Guido da Pisa (pis.), Jacopo Alighieri (fior.), Enselmino da Montebelluna (trev.), fra' Stoppa de' Bostichi (fior.), Paolino Pieri (fior.), Enrico
Dandolo (venez.), Antonio Pucci (fior.), Buccio di Ranallo (aquil.), Fazio degli Uberti (pis.) e Brizio Visconti (tosc.),
per tacere dei molti anonimi – cfr. il database del *TLIO*.

128 o la sirma della prima stanza della canzone alla Vergine, si può ben dire che il giuoco fosse ormai fatto[24]:

[24a]   Italia mia, **benché** 'l parlar sia indarno / a le piaghe mortali / che nel bel corpo tuo sì spesse
        veggio, / piacemi almen che' miei sospir' sian quali / spera 'l Tevero et l'Arno, / e 'l Po, dove doglioso et grave or seggio.

        Petrarca, *RVF*, cxxviij, canz. *Italia mia* (1350 c.), p. 174 [=*SA* 610], v. 1

[24b]   [...]: / Vergine, s'a mercede / miseria extrema de l'humane cose / già mai ti volse, al mio
        prego t'inchina, / soccorri a la mia guerra, / **bench'** i' sia terra, – et tu del ciel regina.

        Petrarca, *RVF*, ccclxvj, canz. *Vergine bella* (1363 - a. 1374), p. 455 [=*SA* 1397], v. 13

3.   EZIOLOGIA. Nei due paragrafi precedenti ho presentato la documentazione disponibile
sulle due forme in esame, in chiave prevalentemente analitica per *avegna che* e prevalentemente
storica per *benché*, ristabilendo così i "fatti", cui gli strumenti di consultazione che ho prima citato
non rendevano troppo giustizia.

Sia pure sommariamente vorrei ora introdurre qualche osservazione esplicativa.

3.1   LE BASI DIALETTALI. Una prima considerazione è che entrambe le forme, sia pure con diversa cronologia, sembrerebbero prevalentemente legate al toscano o comunque alla lingua letteraria. In particolare nel Nord[25] il tipo dominante pare essere sempre stato *anche se*.

Avegna che è probabilmente creazione nativa toscana: sconosciuto (ovviamente) a tutti gli altri
dialetti parlati moderni, si ritrova in antico in contesti generalmente spiegabili con documentabili
influenze toscane[26]. Ne è stata più volte (cfr. ad es. AGOSTINI 1978, 387) sottolineata la diversità di
struttura dalla più parte delle analoghe congiunzioni romanze, trattandosi di «una voce verbale fossilizzata come *licet* latino, un cong[iuntivo] (originariamente esortativo) di v[er]b[o] di accadimento, cui segue una dichiarativa [soggettiva], normalmente anch'essa al cong[iuntivo]» (AGENO 1978,
249; la trafila semantica proposta non è però delle più perspicue).

Le cose sono meno semplici per *benché*, che non pare creazione spontanea di alcuna varietà italiana.

Anche se oggi in toscano ed issofatto in italiano (a partire, come abbiamo visto, dalla metà del
Trecento) *benché* è perfettamente inserito ed acclimatato, risulta pur sempre di regola estraneo a
tutte le parlate native dell'Italia settentrionale, laddove non vi sia stato introdotto per smaccato e recente italianismo. Forme meno recenti, ma pur sempre di origine "italiana", sono probabilmente le
varie formazioni, in genere percepite come desuete, del tipo *abbenché*[27] che appaiono qua e là in
tutto il Nord, da Milano (*amben che* 'ancor che' citato da ROHLFS 1969, III.783, p. 187) al Friuli (*abenché* è attestato nel *DESF*, I.4a, che lo dà come voce letteraria dall'italiano, risalente ad Ermes di
Colloredo – 1622-1692 –) fino all'Istria (*abenchè* in MANZINI - ROCCHI 1995, 1a, che lo denuncia
esplicitamente come «adattamento di it. *abbenché*»). Non solo, anche al Sud si conoscono analoghe
epifanie: un «*abenché* a Napoli nel 1465» è, ad esempio, segnalato dal *DELI*, I.130b.

---

[24] Nei *RVF*, complessivamente, *benché*, forte di diciassette occorrenze (xxij.23, xxiij.10, xxiij.71, xlv.14, lxxxiij.3,
xcv.8, cxx.12, cxxviij.1, clix.8, clxxxj.4, ccvij.20, ccxlj.5, ccxliv.9, cclxxxvij.1, cccxxxiij.4, ccclx.100, ccclxvj.13), è
ormai la congiunzione portante, mentre *(con) tutto che* è scomparsa ed *avegna che* sopravvive con due soli esempi
(xlv.7 e – a complementatore zero – lv.13).

[25] Piemonte a parte, dove la forma base è del tipo *con tutto che*.

[26] Bologna, come ben noto, ha sempre intrattenuto rapporti strettissimi con la Toscana (cfr. Guido Faba, ecc.) ed, in
particolare, il magistero di Dante (cfr. Jacopo della Lana) e lo stilnovismo vi furono solidamente e precocemente diffusi. Analogo discorso, d'altro canto, vale anche per la cultura veneta (cfr. Nicolò de' Rossi, ecc.). Cfr. inoltre MILTSCHINSKY-WIEN 1917, pp. 32-34.

[27] La forma (sconosciuta al *TLIO*) è di origine quattrocentesca, dato che l'occorrenza in Guittone segnalata (attingendo
all'edizione della Crusca) dal *GDLI*, I.21a, è probabilmente illusoria.

Nei dialetti antichi, una volta eliminati gli evidenti cultismi toscaneggianti, comunque successivi alla metà del Trecento[28], restiamo con un manipolo di esempi che, a parte Bonvesin (le cui due occorrenze, concentrate tutte nella *Disputatio mensium*, sono certo le più problematiche), si dispiega in un'area padana (in accezione medievale, beninteso) orientale di cultura abbastanza omogenea nel suo prevalente orientamento transalpino.

In Toscana, invece, pare certo determinante per le prime attestazioni l'iniziativa di Brunetto (anch'egli, forse non a caso, cultore della lingua d'oil), la centralità del cui magistero anche lirico per Dante, e quindi per il suo "amico" Lippo, specie dopo le ricerche dell'Avalle (vedi soprattutto *Nel terzo girone del settimo cerchio*, in AVALLE 1977, pp. 87-106), è solidamente acquisita.

3.2   LA SPIEGAZIONE TRADIZIONALE DELLA NASCITA DEL *BENCHÉ*. La spiegazione (a), tradizionale, della nascita di *benché* presuppone che un *bene* avverbiale sia evoluto in complementatore con l'aggiunta di *che* a partire da strutture paratattiche a semantica concessiva.

In un costrutto paratattico, in effetti, la sequenza di due frasi dello stesso livello gerarchico può essere connessa, oltre che da una congiunzione coordinante[29] (25c), anche da un elemento avverbiale, solo coordinante (25a) o già coordinante-correlativo (25b)[30], nel quale secondo caso la connessione instaurata appare costruita con meccanismi linguistici più discorsivo-testuali che propriamente morfosintattici.

[25a]   Uno cavaliere di Lombardia era molto amico dello 'mperadore Federigo, et avea nome messer G., il quale non avea reda nulla che suo figliolo fosse: **bene** avea gente di suo legnaggio[31].

Novellino, nov. xxix, p. 196, r. 5

[25b]   Quand hav intes lo lilio, – k'è flor de castitá, / savïament alega, – digand la veritá: / «**Ben** è - dis quel - la rosa – grand flor e 'd grand beltá, / olent e gratïosa – e 'd grand utilitá. // Ma compensand tut cosse – segond la veritá, / la vïoleta olente – è de maior bontá, / plu virtüosa e utile, – de plu grand dignitá; / ancora sí significa ke – 'n ven lo temp dra sta.

Bonvesin, *Volgari, Disputatio rosae cum viola*, p. 85, v. 219

[25c]   Così vo io mi' abito divisando / ched i' per lupo non sia conosciuto, tutto vad' io le genti divorando; / e Dio merzé, i' son sì proveduto / ched i' vo tutto 'l mondo og[g]i truffando, / **e** sì son santo e produomo tenuto.   Dante, *Fiore*, son. xcvij, p. 196 [=*OM* 662], v. 11

A parte *avegna che* (del quale, come già detto, è stata più volte rilevata l'anomalia), i materiali che compongono le congiunzioni subordinanti concessive dell'italiano antico (cfr. qui il capitolo primo) si ritrovano in effetti del pari nella costituzione degli elementi avverbiali che instaurano un rapporto concessivo fattuale in una struttura paratattica.

Si possono, certo, trovare nell'italiano delle origini esempi di *bene* in strutture paratattiche a semantica concessiva, semplici (25a) e correlative (25b); il passaggio a vere strutture ipotattiche,

---

[28] Come i casi citati da MILTSCHINSKY-WIEN 1917, pp. 42-43.

[29] A rigore, anche una mera coordinazione asindetica ha la possibilità di essere interpretativamente arricchita col valore concessivo, se (e solo se) i contenuti proposizionali espressi spingono in quella direzione.

[30] E cioè cataforico rispetto al *ma* seguente della principale, quasi pre-ipotattico o, come direbbe Monica Beretta "pre-concessivo". In altre parole 25b, pur rimanendo nella paratassi, è un esempio sintatticamente più avanzato nella direzione della frase concessiva: siamo intorno al tipo *zwar* del tedesco o quello del "futuro concessivo" dell'italiano moderno ("*sarà* vero, ma non ci credo").

[31] Così, in modo contaminatorio, recita il testo Favati, il solo disponibile nel *TLIO*, e di lì giocoforza passato anche nel Padua Corpus e nel Corpus Taurinense. Il testo Conte della Vulgata (dove è la novella xxx, p. 57, r. 10) ha invece

[25a]*bis* Uno cavaliere di Lombardia era molto amico dello 'mperadore Federigo, et avea nome G., il quale non avea reda niuna **bene** avea gente di suo legnaggio.

Ma assai significativamente l'*Ur-novellino* edito da Conte della subordinata che ci concerne non reca traccia alcuna,

[25a]*ter* Uno cavaliere di Lonbardia era molto amico dello imperadore Federigho, e avea nome G., lo quale non avea e-rede che suo figliolo fosse.   *Ur-Novellino*, 43, pp. 223-4,

denunciando così la clausola con *bene* come una inserzione seriore, probabilmente di origine glossematica.

tuttavia, si ha solo in frasi condizionali concessive[32], come negli esempi 26 (tutti, per giunta, da un testo oitanizzante):

[26a]   E **ben** avess' egli anima di santo, / il pover, no·mi piace sua contez[z]a, / e più ch'i' posso il metto da l'un canto; / e sed amor gli mostro, sì è fintez[z]a.

Dante, Fiore, son. cvj, p. 214, v. 9

[26b]   Ancor convien ched ella si' acorta / di far ch'e' v'entri per qualche spiraglio, / **ben** potess' egli entrarvi per la porta: / ché tutte cose ch'uom' à con travaglio, / par c[h]'uon le pregi più, e le diporta; / quel che non costa, l'uon non pregia un aglio.

Dante, Fiore, son. clxxx, p. 362, v. 11

Mancano invece attestazioni di *bene* in strutture concessive (fattuali) ipotattiche[33] come se ne hanno invece in francese antico (cfr. *infra*). Non è, pertanto, attestata proprio la fase determinante per supporre una semplice derivazione diretta del *benché* da questi tipi di costruzione.

Una variante di questa ipotesi potrebbe, però, usare come punto di partenza le costruzioni del tipo "*per bene che* SECONDARIA, PRINCIPALE" (ad es. "per bene che tu faccia, io non mi fido"), in cui il *bene* è ancora lessicalmente pieno e quantifica il predicato, ma a partire dalle quali potrebbe, perdendo il *per* ed acquisendo il *che*, diventare congiunzione[34]. Ancora una volta però manca la base documentaria: non sono infatti a conoscenza di alcun *(per) bene (che)* articolato su frase nell'italiano delle origini.

3.3   LA SECONDA SPIEGAZIONE. Una altra ipotesi, (b), di primo acchito più plausibile ed appoggiata ad esempi concretamente attestati, sarebbe quella di partire dalle forme rafforzate *avegna ben che* (vedi es. 15) con perdita dell'*avegna*.

I vantaggi sarebbero molti. In primo luogo *bene* è qui un rinforzativo tipo *pure* (cfr. a diverso titolo, per limitarci ad esempi già introdotti, 6d, 23a, nota 33, ecc.), e pertanto non è comunque una forma lessicalmente piena come il *bene* del *per bene che* dell'ipotesi (a). In secondo luogo, per questo tipo di evoluzione vi sarebbe l'appoggio delle strutture paratattiche con contrasto tipo "X *bene* Y" dal senso corrispondente a "X *ma \ comunque* Y" (cfr. 25a). Ed in terzo luogo la presenza "etimologica" di un verbo contribuirebbe a spiegare il fenomeno dei *benché* introduttori di coordinate avversative come "concessive condensate" su cui ha recentemente portato l'attenzione Francesco Sabatini (cfr. *infra*, § 3.4).

Il problema, semmai, è l'ancoramento unico al toscano *avegna (ben) che*, che fatica a rendere conto da solo anche del tipo di epicentri diffusionali (Brunetto, cultura oitanica, Boccaccio) del fenomeno che abbiamo rinvenuto.

3.4   UNA TERZA VIA. Una terza spiegazione, (c), eventualmente legabile alla (b), potrebbe essere ricercata in un fenomeno, cui ho già accennato, messo in luce da Francesco Sabatini[35].

---

[32] In tutti e due gli ess. la frase con *ben* è priva solo in superficie del subordinatore *se*, ma è comunque una protasi ipotetico-condizionale, che si trova sia preposta – 26a – sia posposta – 26b – all'apodosi reggente, e che ha – come previsto – il suo congiuntivo imperfetto (che si potrebbe combinare con un condizionale semplice): si tratta nel caso specifico di due condizionali concessive con concordanza "mista reale", cioè con cambio di prospettiva epistemica fra principale e subordinata – cfr. MAZZOLENI 1991b, 790-792).

[33] L'esempio di Bonvesin, *Disputatio mensium*, «El è pur me talento k'el fiza despodestao, / e, ben diga oltramente, pur fiza al mal so grao.», che dava MILTSCHINSKY-WIEN 1917 p. 38 è, con ogni probabilità, illusorio in quanto filologicamente erroneo: la lezione dell'edizione Contini (p. 11, v. 252) recita invece: «El è pur me' talento k'el fia despoëstao; / Se ben diga oltramente, – pur fiza a mal so grao».

[34] La trafila sarebbe analoga a quella del *per quanto*, da quantificatore articolato su individuo (ad es. "per quanto TU sia bravo, non riuscirai") o su predicato ("per quanto BRAVO tu sia, non riuscirai") a congiunzione articolata su frase ("per quanto piova, esco lo stesso"). Il fenomeno, comunque, deve essere più tardo, perché nelle origini *per quanto* non va mai al di là del valore acondizionale (eventualmente con contrasto), e non è – a mia conoscenza – attestato col valore di 'sebbene'.

[35] Cfr. SABATINI 1997, 136-138; 1999, 159 e 166; e *DISC, s. v.* "benché"

49

Si tratta delle frasi del tipo di 27a, in cui «l'espressione che segue la congiunzione non è la frase concessiva, è una frase coordinata a quella che precede: in questi casi il *benché* [...] non entra in rapporto col modo verbale della frase che segue» ed è infatti sostituibile da una congiunzione avversativa come *ma* o *tuttavia* (27b); inoltre «la frase che segue a questo *benché* non può anteporsi all'altra (27c), cosa possibile, invece, con la concessiva» (SABATINI 1997, 136):

[27a]	Lui c'è andato, **benché** io non l'avrei fatto	SABATINI 1997, 136
[27b]	Lui c'è andato, **ma** io non l'avrei fatto	
[27c]	*****Benché** io non l'avrei fatto, lui c'è andato	SABATINI 1997, 136

Avremmo, insomma, a che fare con una sorta di "concessiva condensata" in cui il «*benché* [...] riassume un'intera frase concessiva ellittica (del tipo *benché sia vero che* e sim[ili]), che ha una successiva dipendente dichiarativa con il v[erbo] normalmente all'ind[icativo] o al cond[izionale]» (*DISC*, *s.v.* "benché").

Questi speciali *benché*, però, per quanto di tradizione abbastanza antica[36], non sono comunque attestati nel Duecento[37], dove si possono invece trovare esempi dello stesso fenomeno (sia pure meno inequivocabili di quelli riportati dal *DISC*) per *avegna (dio) (che)*, cfr. ad es.[38]:

[28a] Et in costoro si cominciò il primo consolato della città. E questi fu per força; **advegnadio che** [≅ *anche se \ ma*?] poi cominciarono a governare la cittade per modo di ragione e di giustitia, conservando ciascuno in suo stato, tanto che da' consoli cittadini feciono electione di chiamare podestà gentili huomini possenti forestieri; sì ccome, legiendo inançi, scritto troverrete.   *Cronica fiorentina*, XIII ex. (fior.), mclviiij, p. 105, r. 10

[28b] Madonna, io temo tanto a voi venire / pensando, tant'è forte la minacc[i]a, / ché mi vi par veder sempre ferire / co li mi' oc[c]hi avanti de la facc[i]a; // e non credo mi vaglia lo schermire, / tanto vostra ferezza mi discacc[i]a: / de la venuta è 'l meglio soferire, / ché quelli falla che lo suo mal s'avacc[i]a. / **Avegna** [≅ *ma*] se la scusa m'ascoltate / e volete la scusa ricepere, / io la vi fo, se voi mi sicurate; / non ch'io confessi colpa al mio podere / (se vi fosse, vendetta ne pigliate), / ma de la morte vo' fidanza avere.

Chiaro, *Rime*, son. xxxix *Madonna io temo*, p. 256, v. 9

Si ha cioè l'impressione (l'osservazione è di M. Mazzoleni) che questi costrutti "particolari" nascano solo quando la congiunzione (od il connettore) su cui si basano è già diventata "normale" (nel senso di "fully fledged", morfosintatticamente completa e stabilizzata), in modo da permettere alla frase subordinata anche di seguire la sua reggente e non solo di precederla, dando così luogo a sequenze in cui è possibile non solo l'ordine "naturale" *causa frustrata* + *effetto inatteso* ('benché *p*, ciononostante *q*') – l'unico consentito alle sequenze sintatticamente paratattiche ('*p* ma *q*') – bensì anche l'ordine "artificiale" *effetto inatteso* + *causa frustrata* ('*q*, benché *p*'): altrimenti non otterremmo alcun guadagno comunicativo e\o testuale dall'avere a disposizione le strutture ipotattiche (che danno più elasticità allo scritto pre-progettato) oltre a quelle paratattiche (più debitrici dell'organizzazione orale meno pianificata e controllata).

Tali costrutti, pertanto, non sembrano costituire una risposta ottimale al problema delle origini di *benché*, anche se quello che proporrei di chiamare "effetto-Sabatini" è senz'altro un fattore intrinsecamente importante e da tenere in debito conto come corollario all'ipotesi (b) e per i suoi possibili riscontri con fatti oitanici (cfr. il *bien soit que* di cui poco oltre).

---

[36] «Il costrutto è ben attestato già in passato: "Voi di troppo m'onorate e lodate; benché io non posso se non apprezzar la lode che mi viene data da un uomo lodato" (Doni); "Tu non sei / atta a tener mille fanciulle a scola? / Benché, per dir il ver, non han bisogno / di maestro" (Tasso)» (*DISC, s. v.* "benché"); cfr. anche ELGENIUS 1991, pp. 33-35.

[37] Credo, anzi, di poter escludere che lo siano prima del grande aumento di frequenza di *benché* che si verifica dopo il 1335.

[38] Si tratta, in altre parole (cfr. MAZZOLENI 1991ab) di concessive restrittive con la subordinata all'indicativo, posta dopo la reggente, in posizione rematica e di massimo rilievo comunicativo, e staccata da una pausa forte; la frase "dipendente", così, sembra divenire una principale, o per lo meno tende ad assumerne lo statuto pragmatico.

3.5   Resta da esplorare ancora una pista, (d), forse la più ovvia. Ho più volte rilevato come molte testimonianze nevralgiche (da Brunetto al *Filostrato*) di *benché* siano legate ad ambienti culturali francesizzanti. L'idea di un calco oitanico non appare dunque peregrina.

Va però detto che il perfetto gemello transalpino *bien que* non era ancora propriamente in uso in francese antico[39]; prenderà, invece, lentamente piede solo a partire dal Cinquecento: cfr. KLARE 1958, 204-205. Una derivazione diretta non è dunque possibile.

Ma non così una più indiretta, in quanto nell'oitanico del dodicesimo secolo sono già presenti formazioni di tutto rilievo per il nostro discorso. In primo luogo il semplice *bien* coordinante > concessivo, che in italiano non sembrava spingersi più in là di tanto[40], in francese appare più avanzato e frequente (cfr. KLARE 1958, pp. 44-47 e *TLaFW*, I, p. 965, ll. a49-b13). In secondo luogo, e quel che è più importante, in francese antico troviamo già consolidata una forma come *bien soit que*, in cui *bien* non ha evidentemente più valore lessicale autonomo (e che manifesta significative convergenze con il tipo "verbale" *avegna ben che* e con il tipo richiesto dall'effetto-Sabatini). A titolo di esempio riporto due passi di Chrétien, collocati ai due opposti estremi cronologici della sua parabola creativa:

[30a]   Keus respont: "Grant folie dites, / quant del venir vos escondites; / espoir vos an repantiroiz. / Et **bien** vos poist, si i iroiz / andui, et vos et vostre fame, / si con li prestres vet au sane, / ou volantiers ou a anviz. [...]".   Chrétien, *Erec*, p. 145, v. 4018[41]

[30b]   Fame qui sa boche abandone / le soreplus de legier done, / s'est qui a certes i antande; / et **bien soit qu**'ele se desfande, / si set an bien sanz nul redot / que fame viaut vaintre par tot / fors qu'an cele meslee sole: [...].   Chrétien, *Perceval*, p. 174, v. 3866

3.6   Se presi singolarmente, tutti i fattori (a-d) finora esaminati appaiono insufficienti a spiegare il fenomeno *benché* nella sua totalità, pur rendendo conto soddisfacentemente di questo o quell'aspetto dell'intricata questione. La verità, come spesso accade, è probabilmente complessa, ed è piuttosto il frutto della convergenza di più fattori che non uno sviluppo unitario.

Perché le diverse istanze coagulino in un unico risultato, per di più ben individuato nel tempo e nello spazio, v'è però bisogno di un potente catalizzatore (e), che non esiterei ad individuare nell'iniziativa personale di scrittori esemplari (è il caso di Brunetto) e di genio (quale il Boccaccio). A ben vedere, invocare l'autorevolezza di uno scrittore per risolvere un problema linguistico non è pratica poi così scandalosa, almeno per una lingua esclusivamente letteraria quale l'italiano (fuori di Firenze) è sempre stato, dalla sua teorizzazione dantesca fino al dopo Manzoni, cioè a tempi recentissimi.

Riassumendo, il quadro che ipotizzo è che Brunetto – nella cui iniziativa possono avere pesato tanto le esperienze transalpine (d), quanto la disponibilità della trafila di *avegna (ben) che* (b) (con le sue possibili ricadute sull'effetto-Sabatini (c) e con l'esempio del suo *pendant* d'oltralpe *bien soit que*), e quanto le estensioni spontanee sparsamente attestate del *ben* coordinante > concessivo (a) – sia il diretto responsabile della prima fioritura toscana del *benché*, su su fino all'esperienza dantesca. Attorno a questa linea evolutiva precisa vi sono diverse coagulazioni slegate, per le quali può essere determinante un fattore piuttosto che un altro, e sulle quali, nel corso dei primi tre decenni del Trecento, inizia già a farsi sentire il flusso di ritorno dell'esperienza dantesca. Il momento deci-

---

[39] Nonostante si trovi talora ripetuto il contrario: cfr. comunque anche solo ANGLADE 1965, pp. 215-7 e KLARE 1958, pp. 44-47 e 204-205. Il Tobler conosce un solo esempio di *bien que* (glossato 'wiewohl': cfr. *TLaFW*, I, p. 966, rr. b14-16) tratto dalla *Vie de Saint Grégoire le Grand*; esempio di datazione incerta e che non è comunque dei più canonici:

[29]   Mès il a failli a sa cuidance, / et **bien qu**'il fust de grant puissance, / quer Trajan, l'emperiere honeste, / li fist tantost couper la teste.   *Vie S. Grégoire I*, v. 1428, p. 534a

[40] Si passa, ricordo, dai tipi di 25a (coordinante) e 25b (coordinante correlativo) direttamente a quello di 26ab, che è sì ipotattico, ma condizionale concessivo e non concessivo fattuale.

[41] KLARE 1958, p. 45 glossava «Soll, mag es euch auch ruhig sehr lästig sein, trotzdem werdet ihr kommen».

sivo è tuttavia il *Filostrato* del Boccaccio, nella cui iniziativa linguistica, al di là dell'autorizzazione dantesca, avrà certo assai pesato il modello francese. Che ciò avvenga proprio con l'opera nella quale (con modalità ben note dopo RONCAGLIA 1965) Boccaccio inventa quell'ottava rima che riuscirà, in un brevissimo volgere d'anni, a creare un nuovo genere "popolare" trapiantandovi i vecchi temi epico-cavallereschi francesi, non può apparire casuale. Significativamente, d'altra parte, nel quasi coevo ma prosastico *Filocolo* i *benché* tacciono del tutto, ma nelle opere successive gradualmente proliferano anche negli altri tipi di scrittura boccacciana, per trovare, oltre l'ottava, la definitiva codificazione nella *Fiammetta*. Il successo letterario futuro di *benché* molto riposerà sull'esempio del Petrarca (su cui a sua volta l'influenza dell'amico Giovanni non avrà certo pesato meno di quella dantesca), ma che il successo immediato (e dopo il 1335 si assiste ad una vera esplosione di attestazioni) sia da addebitare al Boccaccio, per poi seguire sùbito l'onda del cantare in ottave[42] anche al di là della stessa meteora artistica boccacciana, pare circostanza assai probabile.

4.   BIBLIOGRAFIA. Suddivido la bibliografia secondo i medesimi criteri enunciati nel primo contributo raccolto in questo volume (cfr. ¶ 1. § 4.).

Pure per le edizioni dei testi antico italiani utilizzate, l'appartenenza di un testo al Padua Corpus, e quindi al CT, e gli estremi cronici, tòpici e di genere riportati, valgono le stesse avvertenze.

4.1   BIBLIOGRAFIA GENERALE.

AA. VV.
1970-8   vedi Bosco *et alii* 1970-8
1984-...   *Dizionario etimologico storico friulano*, Udine, Casamassima, 1984 - ... ¶ Alberto Zamboni - Manlio Cortelazzo - Giovan Battista Pellegrini - Paola Benincà - Laura Vanelli Renzi - Giuseppe Francescato, Vol. I. *A-Ca*, 1984. Franco Crevatin - Giovanni Frau - Mario Doria - Carla Marcato - Piera Rizzolati - Giovan Battista Pellegrini - Marcello Marinucci - Manlio Cortelazzo, Vol. II. *C -Ezzitâ*, 1987.   (*DESF*)
1997   *Norma e lingua in Italia: alcune riflessioni fra passato e presente. 16 maggio 1996*, Milano, Istituto lombardo di scienze e lettere, 1997 "Incontro di studio" 10.

AGENO
1978   Franca Brambilla Ageno, *Verbo. Congiuntivo*, in *ED*, [Vol. VI] *Appendice*, pp. 233-261.

AGOSTINI
1978   Francesco Agostini, *Proposizioni subordinate*. [6] *Proposizioni concessive*, in *ED*, [Vol. VI] *Appendice*, pp. 386-390.

ANGLADE
1965   Joseph Anglade, *Grammaire élémentaire de l'ancien français*, Paris, Librairie Armand Colin, 1965 "Collection U".

AVALLE
1977   D'Arco Silvio Avalle, *Ai luoghi di delizia pieni. Saggio sulla lirica italiana del XIII secolo*, Milano - Napoli, Ricciardi, 1977.

BARBERA - MAZZOLENI - PANTIGLIONI
1999   Manuel Barbera - Marco Mazzoleni - Massimo Pantiglioni, *Costrutti concessivi fattuali in italiano antico: primi risultati*, vedi qui capitolo 1.

BATTAGLIA *et alii*
1971-2009   Salvatore Battaglia [† 1971 - Giorgio Bàrberi Squarotti dal vol. IV], *Grande dizionario della lingua italiana*, Torino, U.T.E.T., 1961-.... ¶ **I.** *A-Balb*, 1961; **II.** *Balc-Cerr*, 1962; **III.** *Cert-Dag*, 1964; **IV.** *Dah-Duu*, 1966; **V.** *E-Fin*, 1968; **VI.** *Fio-Grau*, 1970; **VII.** *Grav-Ing*, 1972; **VIII.** *Ini-Libb*, 1975; **IX.** *Libe-Med*, 1975; **X.** *Mee-Moti*, 1978; **XI.** *Mo-*

---

[42] Se ne noti, ad esempio, l'immediata e massiccia presenza in un Antonio Pucci.

to-Orac, 1981; **XII.** *Orad-Pere*, 1984; **XIII.** *Perf-Po*, 1986; **XIV.** *Pra-Py*, 1988; **XV.** *Q-Ria*, 1990; **XVI.** *Rib-Roba*, 1992; **XVII.** *Robb-Schi*, 1994; **XVIII.** *Scho-Sik*, 1996; **XIX.** *Sil-Sque*, 1998; **XX.** *Squi-Tog*, 2000; **XXI.** *Toi-Z*, 2002; *Supplemento* a cura di Edoardo Sanguineti, 2004; *Supplemento* a cura di Edoardo Sanguineti, 2009; *Indice degli autori citati* a cura di Giovanni Ronco, 2004. (*GDLI*)

BATTISTI -ALESSIO
1950-57   Carlo Battisti - Giovanni Alessio, *Dizionario etimologico italiano*, Firenze, G. Barbèra Editore, 1950-1957. ¶ **I.** *A-Ca*, 1950, pp. xxxj + 1-820; **II.** *Ca-Fa*, 1951, pp. 821-1604; **III.** *Fa-Me*, 1952, pp. 1605-2404; **IV.** *Me-Ra*, 1954, pp. 2405-3188; **V.** *Ra-Zu*, 1957, pp. 3189-4132. (*DEI*)

BELTRAMI
1998-...   *Tesoro della lingua italiana delle origini*, diretto da Pietro Beltrami, Firenze, CNR - Centro di studi Opera del Vocabolario Italiano, 1998-..., disponibile su `http://tlio.ovi.cnr.it/TLIO/`. (*TLIO*)

BOSCO *et alii*
1970-78   *Enciclopedia dantesca*, direttore Umberto Bosco, comitato direttivo Giorgio Petrocchi e Ignazio Baldelli, Roma, Istituto della Enciclopedia Italiana. ¶ **I.** *a - cigno*, 1970; **II.** *cima - Foscolo*, 1970; **III.** *fra - Muzio*, 1971; **IV.** *Nabuccodonosor - Samuele*; 1973; **V.** *san - zuffa*, 1976; **VI.** *Appendice: Biografia, Lingua e stile, Opere*, 1978. (*ED*)

CONTINI
1960   *Poeti del Duecento*, a cura di Gianfranco Contini, Milano - Napoli, Riccardo Ricciardi Editore, 1960 "La letteratura italiana. Storia e testi" 2.i-ij.
1984   Gianfranco Contini, [*Commento a*] *Il Fiore e Il detto d'amore attribuibili a Dante Alighieri*: cfr. estremi completi sotto *Testi*.

DEI vedi BATTISTI - ALESSIO 1950-57.

DELI vedi CORTELAZZO - ZOLLI 1979-88.

DESF vedi AA. VV. 1984-...

DISC vedi SABATINI 1997.

ED vedi BOSCO *et alii* 1970-8.

ELGENIUS
1991   Bernt Elgenius, *Studio sull'uso delle congiunzioni concessive nell'italiano del Novecento*, Lund, Lund University Press, 1991 "Etudes Romanes de Lund" 47.

GDLI vedi BATTAGLIA *et alii* 1961-2009

GGIC I-III vedi RENZI - SALVI *et alii* 1988-95

GORNI
1981   Guglielmo Gorni, *Il nodo della lingua e il verbo d'amore. Studi su Dante e altri duecenteschi*, Firenze, Leo S. Olschki, 1981 "Saggi di 'Lettere italiane'" 29.

ItalAnt vedi RENZI - SALVI 2010.

KLARE
1958   Johannes Klare, *Entstehung und Entwicklung der konzessiven Konjunktionen im Französischen*, Berlin, Akademie Verlag, 1958 "Deutsche Akademie der Wissenschaften zu Berlin. Veröffentlichungen des Instituts für romanische Sprachwissenschaft" 13.

CORTELAZZO - ZOLLI
1979-88   Manlio Cortelazzo - Paolo Zolli, *Dizionario etimologico della lingua italiana*, Bologna,
           Zanichelli, 1979-1988. ¶ **I.** *A-C*, 1979, pp. xxvij + 1-307; **II.** *D-H*, 1980, pp. xix + 309-
           536; **III.** *I-N*, 1983, pp. xxj + 537-815; **IV.** *O-R*, 1985, pp. xxj + 817-1113; **V.** *S-Z*, 1988,
           pp. xx + 1115-1470.   (*DEI*)

MANZINI - ROCCHI
1995   Giulio Manzini - Luciano Rocchi, *Dizionario storico fraseologico etimologico del dia-
           letto di Capodistria*, Trieste - Rovigno, Unione Italiana (Fiume) - Università popolare di
           Trieste - Istituto regionale per la cultura istriana (Trieste) - Regione Veneto (Venezia),
           1995 "Centro di ricerche storiche - Rovigno. Collana degli atti" 12.

MARCONI - BERTINETTO
1984   Diego Marconi - Pier Marco Bertinetto, *Analisi di 'ma'*. Parte prima, *Semantica e prag-
           matica*; Parte seconda, *Proiezioni diacroniche*, in «Lingua e stile» XIX (1984) risp. [2]
           223-58 e [3] 475-509.

MAZZOLENI
1991a   Marco Mazzoleni, *Prospettiva funzionale di frase e rilievo informativo nei costrutti ipo-
           tattici: due diversi livelli di analisi*, in «Lingua e stile» XXVI (1991)[2] 151-65.
1991b   Marco Mazzoleni, *Le frasi concessive*, in RENZI - SALVI *et alii* 1991, pp. 784-817.

MILTSCHINSKY-WIEN
1917   Margarete Miltschinsky-Wien, *Der Ausdruck der konzessiven Gedankensin den altnor-
           ditalienischen Mundarten nebst einem Anhang das Provenzalische betreffend*, Halle
           a.S., Verlag von Max Niemeyer, 1917 "Beihefte zur Zeitschrift für romanische Philolo-
           gie" 62.

PRANDI
1996a   *La subordinazione non completiva. Un frammento di grammatica filosofica*, a cura di
           Michele Prandi, numero monografico di «Studi Italiani di Linguistica Teorica e Applica-
           ta», n.s., XXV (1996)[1].
1996b   Michele Prandi, *Introduzione. Grammatica filosofica e analisi del periodo*, in PRANDI
           1996a, pp. 1-27.

RENZI - SALVI
2010   *Grammatica dell'italiano antico*, a cura di Giampaolo Salvi e Lorenzo Renzi, 2 voll.,
           Bologna, il Mulino, 2010[43].   (*ItalAnt*)

RENZI - SALVI *et alii*
1988   *Grande grammatica italiana di consultazione*. Volume I, *La frase. I sintagmi nominale e
           preposizionale*, a cura di Lorenzo Renzi, Bologna, il Mulino, 1988.   (*GGIC* I)
1991   *Grande grammatica italiana di consultazione*. Volume II, *I sintagmi verbale, aggettiva-
           le, avverbiale. La subordinazione*, a cura di Lorenzo Renzi e Giampaolo Salvi. Bologna,
           il Mulino, 1991.   (*GGIC* II)
1995   *Grande grammatica italiana di consultazione*. Volume III, *Tipi di frase, deissi, forma-
           zione delle parole*, a cura di Lorenzo Renzi, Giampaolo Salvi e Anna Cardinaletti. Bolo-
           gna, il Mulino, 1995.   (*GGIC* III)

ROHLFS
1966-9   Gerhard Rohlfs, *Grammatica storica della lingua italiana e dei suoi dialetti*, Vol. I. *Fo-
           netica*. Traduzione di Salvatore Persichino, Vol. II. *Morfologia*. Traduzione di Temisto-

---

[43] Nel 2001, all'epoca della redazione dell'articolo, naturalmente *ItalAnt* non era ancora edita, ma il suo cantiere, parallelo a quello del CT, era in piena effervescenza: visto che entrambi costituiscono il necessario sfondo alle presenti ricerche, mi sembrava giusto aggiungerne menzione.

cle Franceschi, Vol. III. *Sintassi e formazione delle parole*. Traduzioni di Temistocle Franceschi e Maria Ciagagli Franceschi, Torino, Einaudi, risp. 1966, 1968 e 1969 "Piccola Biblioteca Einaudi" 148, 149 e 150. Edizione originale: *Historische Grammatik der italienische Sprache und ihrer Mundarten*, Band I. *Lautlehre*, Band II. *Formenlehre und Syntax*, Band III. *Syntax und Wortbildung mit dem Register*, Bern, A. Francke AG. Verlag, risp. 1949, 1949 e 1954 "Bibliotheca Romanica. Series prima: manualia et commentationes" 5-7.

RONCAGLIA

1965 Aurelio Roncaglia, *Per la storia dell'ottava rima*, in «Cultura neolatina» XXV (1965) 5-14.

SABATINI

1996 Francesco Sabatini, *DISC: dizionario italiano Sabatini Coletti*, diretto da Francesco Sabatini e Vittorio Coletti, Firenze, Giunti, 1997[44], 1 vol. + 1 CD-ROM. (*DISC*)

1997 Francesco Sabatini, *Pause e congiunzioni nel testo. Quel "ma" a inizio di frase ...*, in AA. VV. 1997, pp. 113-146. Ora in SABATINI 2011, tomo II, pp. 149-82.

1999 Francesco Sabatini (1999), *"Rigidità-esplicitezza" vs "elasticità-implicitezza": possibili parametri massimi per una tipologia dei testi*, in SKYTTE - SABATINI 1999, pp. 141-172. Ora in SABATINI 2011, tomo II, pp. 183-216.

2011[45] Francesco Sabatini, *L'italiano nel mondo moderno. Saggi scelti dal 1968 al 2009*, a cura di Vittorio Coletti, Rosario Coluccia, Paolo d'Achille, Nicola de Blasi e Domenico Proietti, con *Bibliografia degli scritti*, a cura di Riccardo Cimaglia, Napoli, Liguori editore, 2011, tomi I-III.

SANTAGATA

1996 Marco Santagata, [*Commento* a] Francesco Petrarca, *Canzoniere*: cfr. estremi completi sotto *Testi*.

SKYTTE - SABATINI

1999 *Linguistica testuale comparativa. In memoriam Maria-Elizabeth Conte*. Atti del Convegno interannuale della Società di Linguistica Italiana - Copenhagen 5-7 febbraio 1998, a cura di Gunver Skytte e Francesco Sabatini con la collaborazione di Marina Chini e Erling Strudsholm, København, Museum Tusculanums Forlag, 1999 "Etudes romanes" 42

TLaFW vedi TOBLER - LOMMATZSCH 1925-...

TLIO vedi BELTRAMI 1998-...

TOBLER - LOMMATZSCH

1925-... Tobler - Lommatzsch, *Altfranzösische Wörterbuch*. Adolf Toblers nachgelassene materialien bearbeitet und herausgegeben von Erhard Lommatzsch, Berlin, Widmannsche Buchhandlung (voll. I-II), 1925-1936, poi Wiesbaden, Franz Steiner Verlag (voll. III-sgg.), 1954 - ... ¶ Vol. **I**, *A-B*, 1925; Vol. **II**, *C-D*, 1936; Vol. **III**, *E-F*, 1954; Vol. **IV**, *G-J*, 1960; Vol. **V**, *K-Larrevin*, 1963; Vol. **VI**, *Mi-Ozvale*, 1965; Vol. **VII**, *P-Pythonique*, 1969; Vol. **VIII**, *Q-R*, 1971; Vol. **IX**, *S*, 1973; Vol. **X**, *T*, 1976; Vol. **XI** weitergeführt von Hans Helmut Christians, Lieferungen 1-4 (88-99) *U-vonjement*, risp. 1989, 1991, 1993, 1995 ... (*TLaFW*)

VASOLI

1988 Cesare Vasoli, [*Commento* a] Dante Alighieri, *Convivio*: cfr. estremi completi sotto *Testi*.

---

[44] Ovviamente ora ne esistono edizioni più recenti, ma, per quel che ci concerne, non mi risultano mutate.
[45] Dato che ormai questa siloge è diventata il riferimento standard, non si poteva non aggiungerla.

4.2   TESTI.

Amico di Dante, *Rime* = "Amico di Dante" [Lippo Pasci de' Bardi], *Rime*, in *Poeti del Duecento*, a cura di Gianfranco Contini, Milano - Napoli, Ricciardi, 1960 "La Letteratura italiana. Storia e testi" 2.ij, t. II, pp. 693-779 [testo a pp. 698-713, 718-779]. [XIII ex., fior., lir.]

Ars Amandi Comm. B Laur. = [Anonimo], *Commento all'Arte d'Amare di Ovidio (Volgarizzamento B, ms. Laur. XLI 36)*, in *I volgarizzamenti trecenteschi dell' "Ars amandi" e dei "Remedia amoris"*, a cura di Vanna Lippi Bigazzi, Firenze, Accademia della Crusca, 1987 "Scrittori italiani e testi antichi pubblicati dall'Accademia della Crusca", vol. II, pp. 807-832 [testo pp. 814-832]. [XIV td., fior., comm.]

Ars Amandi Volg. B = [Anonimo], *Arte d'Amare di Ovidio volgarizzata (Volgarizzamento B)*, in *I volgarizzamenti trecenteschi dell' "Ars amandi" e dei "Remedia amoris"*, a cura di Vanna Lippi Bigazzi, Firenze, Accademia della Crusca, 1987 "Scrittori italiani e testi antichi pubblicati dall'Accademia della Crusca", vol. I, pp. 173-348 [testo a pp. 221-348]. [a. 1313, fior., did.]

Bembo, *Prose* = Pietro Bembo, *Prose della volgar lingua*, in Pietro Bembo, *Prose e Rime*, a cura di Carlo Dionisotti, Torino, UTET, 1966_2 [1960_1] "Classici Italiani", pp. 71-309. [1525]

Boccaccio, *Ameto* = Giovanni Boccaccio, *Comedia delle ninfe fiorentine (Ameto)*, a cura di Antonio Enzo Quaglio, in *Tutte le opere di Giovanni Boccaccio*, vol. II, Milano, Mondadori, 1964 "I classici Mondadori", pp. 678-835. [1341-42, fior., narr.]

Boccaccio, *Fiammetta* = Giovanni Boccaccio, *Elegia di madonna Fiammetta*, a cura di Carlo Delcorno, in *Tutte le opere di Giovanni Boccaccio*, vol. V.2, Milano, Mondadori, 1994 "I classici Mondadori", pp. 1-412 (tra tonde le pp. dell'ed. dell'OVI a cura di Franca Brambilla Ageno, Parigi, Tallone, 1954). [1343-44, fior., narr.]

Boccaccio, *Filocolo* = Giovanni Boccaccio, *Filocolo*, a cura di Antonio Enzo Quaglio, in *Tutte le opere di Giovanni Boccaccio*, vol. I, Milano, Mondadori, 1967 "I classici Mondadori", pp. 61-675. [c. 1336, fior. General Area = tosc., narr.]

Boccaccio, *Filostrato* = Giovanni Boccaccio, *Filostrato*, a cura di Vittore Branca, in *Tutte le opere di Giovanni Boccaccio*, vol. II, Milano, Mondadori, 1964 "I classici Mondadori", pp. 17-228. [c. 1335, fior., tosc., narr. versi]

Boccacio, *Ninfale* = Giovanni Boccaccio, *Il ninfale fiesolano*, a cura di Armando Balduino, in *Tutte le opere di Giovanni Boccaccio*, vol. III, Milano, Mondadori, 1974 "I classici Mondadori", pp. 273-421. [c. 1344\48, fior., narr. versi]

Boccaccio, *Teseida* = Giovanni Boccaccio, *Teseida delle nozze d'Emilia*, a cura di Alberto Limentani, in *Tutte le opere di Giovanni Boccaccio*, Milano, Mondadori, 1964 "I classici Mondadori", pp. 253-664. [1339-41, fior., narr. versi]

Bonagiunta, *Rime* = Bonagiunta Orbicciani, *Rime*, in *Poeti del Duecento*, a cura di Gianfranco Contini, Milano - Napoli, Ricciardi, 1960 "La Letteratura italiana. Storia e testi" 2.j, t. I, p. 260-82. [sec. XIII m., lucch., lir.]

Bono, *Libro Vizi* = Bono Giamboni, *Il Libro de' Vizî e delle Virtudi*, in *Il Libro de' Vizî e delle Virtudi e Il Trattato di Virtù e Vizî*, a cura di Cesare Segre, Torino, Einaudi, 1968 "Nuova raccolta di classici italiani annotati" 7, pp. 3-120. [CT; a. 1292, fior., did. rel.]

Bono, *Orosio* = Bono Giamboni, *Delle Storie contra i Pagani di Paolo Orosio libri VII*, a cura di Francesco Tassi, Firenze, Baracchi, 1849. [a. 1292, fior., cron. st.]

Bonvesin, *De mensibus* = Bonvicini *Carmina de mensibus*, in *'Carmina de mensibus' di Bonvesin da la Riva* pubblicati da Leandro Biadene, Torino, Ermanno Loescher, 1900.

Bonvesin, *Volgari* = Bonvesin da la Riva, *Le opere volgari*, a cura di Gianfranco Contini, Roma, Società Filologica Romana, 1941. [sec. XIII tu.d., mil., did. rel.]

Bosone, *Avventuroso Ciciliano* = *Fortunatus siculus o sia l'Avventuroso Ciciliano di Busone da Gubbio* [Bosone de' Raffaelli da Gubbio], *romanzo storico scritto nel MCCCXI, pubblicato per la prima volta in Firenze da G[eorge] F[rederick] Nott*, Milano, per Giovanni Silvestri, 1833. [a. 1333, eugub., comm.]. [c. 1328, eugub., comm.].

Brunetto, *Pro Ligario* = Brunetto Latini, *Volgarizzamento dell'orazione Pro Ligario*, a cura di Cesare Segre, in *La Prosa del Duecento*, a cura di Cesare Segre e Mario Marti, Milano-Napoli, Ricciardi, 1959 "La Letteratura italiana. Storia e testi" 3, pp. 171-84. [a. 1294, fior., oraz.]

Brunetto, *Rettorica* = Brunetto Latini, *La Rettorica*, a cura di Francesco Maggini, Firenze, Le Monnier 1968. [CT; c. 1260-61, fior., ret.]

Brunetto, *Tesoretto* = Brunetto Latini, *Il Tesoretto*, in *Poeti del Duecento*, a cura di Gianfranco Contini, Milano - Napoli, Ricciardi, 1960 "La Letteratura italiana. Storia e testi" 2.ij, tomo II, pp. 175-277. [CT; a. 1274, fior., did. rel.]

Cavalcanti, *Rime* = Guido Cavalcanti, *Rime*, in *Poeti del Duecento*, a cura di Gianfranco Contini, Milano - Napoli, Ricciardi, 1960 "La Letteratura italiana. Storia e testi" 2.ij, t. II, pp. 491-558, 561, 563-4, 566-7. [CT; 1270-1300, fior., lir.]

Chiaro, *Rime* = Chiaro Davanzati, *Rime*, edizione critica con commento e glossario a cura di Aldo Menichetti, Bologna, Commissione per i testi di lingua, 1965 "Collezione di opere inedite o rare" 126. [sec. XIII sm., fior., lir.]

Chrétien, *Erec* = Chrétien de Troyes, *Erec et Enide*, in *Erec und Enide von Christian von Troyes*, herausgegeben von Wendelin Foerster, Halle, Max Niemeyer, 1890 "Christian von Troyes sämtliche Werken nach allen bekannten Handschriften herausgegeben von Wendelin Foerster" 3. [1160 c., oil, champ., narr.]

Chrétien, *Perceval* = Chrétien de Troyes, *Li Contes del Graal*, in *Der Percevalroman (Li contes del Graal) von Christian von Troyes*, unter benutzung des von Gottfred Baist nachgelassene handschriften Materials herausgegeben von Alfons Hilka, Halle (Saale), Max Niemeyer Verlag, 1932 "Christian von Troyes sämtliche Werken herausgegeben von Wendelin Foerster †, fortgeführt und herausgegeben von Alfons Hilka" 5. [1190 c., oil, champ., narr.]

Ciceronis *Pro Ligario* = M. Tulli Ciceronis *Oratio pro Ligario*, in M. Tulli Ciceronis *Orationes – Pro Milone, Pro Marcello, Pro Ligario, Pro Rege Deiotaro, Philippicae I-XIV* – recognovit brevique adnotationes critica instruxit Albertus Curtis Clark, Oxonii, E Typographeo Clarendoniano, 1918[2] [1901[1]].

Cronica fiorentina = [Anonimo], *Cronica fiorentina*, in *Testi fiorentini del Dugento e dei primi del Trecento*, a cura di Alfredo Schiaffini, Firenze, Sansoni, 1926, pp. 82-150. [CT; 1291-1300, fior., cron. st.]

Dante, *Convivio* = Dante Alighieri, *Convivio*, a cura di Franca Brambilla Ageno, Vol. I* e I** *Introduzione*, Vol. II *Testo*, Firenze, Le Lettere, 1995 "Edizione nazionale a cura della Società dantesca italiana" 3; cfr. ed. comm.: *Convivio*, a cura di Cesare Vasoli, in Dante Alighieri, *Opere minori*. Tomo I - Parte II, a cura di Cesare Vasoli e Domenico De Robertis, Milano - Napoli, Ricciardi, 1988 "La Letteratura italiana. Storia e testi" 5.I.ij [testo pp. 1-885] (abbr.: *OM* p.); e Dante, *Convivio*, a cura di Gianfranco Fioravanti, canzoni a cura di Claudio Giunta, in Dante Alighieri, *Opere*, edizione diretta da Marco Santagata, Volume secondo *Convivio, Monarchia, Epistole, Egloge*, a cura di Gianfranco

Fioravanti, Claudio Giunta, Diego Quaglioni, Claudia Villa, Gabriella Albanese, Milano, Mondadori, 2004 "I Meridiani", pp. 3-805 [testo pp. 89-805]. [1304-1307, tosc., fior., fil.]

Dante, *Fiore* = Dante Alighieri, *Fiore*, in *Il Fiore e il Detto d'Amore attribuibili a Dante Alighieri*, a cura di Gianfranco Contini, Milano, Mondadori, 1984 "Edizione nazionale a cura della Società dantesca italiana" 8, pp. 2-467; cfr. ed. comm.: *Il Fiore e Il Detto d'amore* a cura di Gianfranco Contini, in Dante Alighieri, *Opere minori*. Tomo I - Parte I, a cura di Domenico de Robertis e Gianfranco Contini, Milano - Napoli, Ricciardi, 1984 "La Letteratura italiana. Storia e testi" 5.I.i, pp. 553-827 [testo pp. 565-798] (abbr.: *OM* p.). [1276-1300, tosc., fior., lir.]

Dante, *Inferno* = Dante Alighieri, *Inferno*, in *La commedia secondo l'antica vulgata*, a cura di Giorgio Petrocchi, Vol. II *Inferno*, Milano, Mondadori, 1966 "Edizione nazionale a cura della Società dantesca italiana". Cfr. anche *Dantis Alagherii Comedia*, edizione critica per cura di Federico Sanguineti, Firenze, Edizioni del Galluzzo, 2001 "Archivio Romanzo" 2 [testo a pp. 1-186]. [a. 1314, tosc., fior., did. rel.]

Dante, *Paradiso* = Dante Alighieri, *Paradiso*, in *La commedia secondo l'antica vulgata*, a cura di Giorgio Petrocchi, Vol. IV *Paradiso*, Milano, Mondadori, 1966 "Edizione nazionale a cura della Società dantesca italiana". Cfr. anche *Dantis Alagherii Comedia*, edizione critica per cura di Federico Sanguineti, Firenze, Edizioni del Galluzzo, 2001 "Archivio Romanzo" 2 [testo a pp. 377-562]. [p. 1316 - a. 1321, tosc., fior., did. rel.]

Dante, *Purgatorio* = Dante Alighieri, *Purgatorio*, in *La commedia secondo l'antica vulgata*, a cura di Giorgio Petrocchi, Vol. III *Purgatorio*, Milano, Mondadori, 1966 "Edizione nazionale a cura della Società dantesca italiana". Cfr. anche *Dantis Alagherii Comedia*, edizione critica per cura di Federico Sanguineti, Firenze, Edizioni del Galluzzo, 2001 "Archivio Romanzo" 2 [testo a pp. 187-376]. [a. 1316, tosc., fior., did. rel.]

Dante, *Vita nuova* = Dante Alighieri, *Vita nuova*, edizione critica a cura di Michele Barbi, Firenze, Bemporad, 1932; cfr. ed. comm.: *Vita nuova* a cura di Domenico De Robertis, in Dante Alighieri, *Opere minori*. Tomo I - Parte I, a cura di Domenico de Robertis e Gianfranco Contini, Milano - Napoli, Ricciardi, 1984 "La Letteratura italiana. Storia e testi" 5.I.i, pp. 1-247 (abbr.: *OM* p.). [CT; c. 1292-93, fior., lir.]

Dicerie volgari = [Anonimo], *Dicerie volgari del sec. XIV. Aggiunte in fine del "Fior di virtù"*, a cura di Carlo Frati, in *Studi letterari e linguistici dedicati a Pio Rajna nel quarantesimo anno del suo insegnamento*, Milano, Ulrico Hoepli, 1911, pp. 313-337 [testo a pp. 325-35]. [sec. XIV p.m, bologn., Ep. or.]

Ecclesiaste = *Il libro dell'ecclesiaste*, in *La sacra Bibbia secondo la volgata, tradotta in lingua italiana da monsignore Antonio Martini, con l'aggiunta delle migliori parafrasi dei poeti bilblici e delle Antichità e guerre giudaice di Gioseffo Flavio*, volume secondo, Firenze, David Passigli, 1843. Cfr. anche: *Ecclesiastes*, in *Biblia sacra iuxta latinam vulgatam versionem* ad codicum fidem, iussu Pii Pp. XII, cura et studio monachorum Abbatiae Pontificiae Sancti Hieronymi in Urbe ordinis Sancti Benedicti edita, Volumen XI, *Libri Salomonis* id est *Proverbia, Ecclesiastes, Canticum canticorum* ex interpretatione Sancti Hieronymi cum praefationibus et variis capitulorum seriebus, Romae, Typis Polyglottis Vaticani, 1957, pp. 135-171.

Epistola bolognese = [Anonimo], *Epistola in volgare bolognese*, in *Vita di San Petronio, con un'Appendice di testi inediti dei secoli XIII e XIV*, a cura di Maria Corti, Bologna, Commissione per i testi di lingua, 1962, "Scelta di curiosità letterarie" 260, pp. 53-58. [sec. XIV p.m, bologn., lett.]

Guido Faba, *Parlamenti* = Guido Faba, *Parlamenti in volgare*, a cura di Arrigo Castellani, in «Bollettino dell'Opera del Vocabolario Italiano» II (1997) 231-49 [testo pp. 232-49]. (Riferimento al numero del "Parlamento volgare" seguito fra tonde dal numero che ha nella serie completa dei *Parlamenta*). [c. 1243, bologn., ep. or.]

Jacopo della Lana, *Chiose* = Jacopo della Lana, *Chiose alla "Divina Commedia" di Dante Alighieri*, I. *Inferno*, II. *Purgatorio*, III. *Paradiso*, in *La Divina Commedia nella figurazione artistica e nel secolare commento*, rispettivamente vol. I., a cura di Guido Biagi, Torino, U.T.E.T., 1924, pp. 1-790; vol. II., a cura di G. Biagi, G[iuseppe] L[ando]. Passerini, E[nrico] Rostagno, *ibidem*, 1931, pp. 1-737: e vol. III., a cura di G. Biagi, G. L. Passerini, E. Rostagno, U[mberto] Cosmo, *ibidem*, 1939, pp. 1-750. [1324-28, bologn., comm.]

Libro Cinquanta = [Anonimo], *Il libro dei cinquanta miracoli della Vergine*, a cura di Ezio Levi, Bologna, Romagnoli - Dall'Acqua, 1917 "Commissione per i testi di lingua". [sec. XIV p.m., ven., did. rel.]

Monte, *Rime* = Monte Andrea, *Le Rime*, edizione critica a cura di Francesco Filippo Minetti, Accademia della Crusca, Firenze 1979 "Quaderni dell'Istituto di filologia italiana" 5. [XIII s.m.., fior., lir.]

Navigatio S. Brendani T = [Anonimo], *Navigatio Sancti Brendani (testo toscano secondo la lezione del ms. C. 2. n. 1550 Conventi soppressi, BNCF)*, in *Navigatio Sancti Brendani. La navigazione di San Brendano*, a cura di Maria Antonietta Grignani, Milano, Bompiani, 1975, pp. 29-267 (pp. dispari). [sec. XIII, ven.>tosc., narr.]

Navigatio S. Brendani V = [Anonimo], *Navigatio Sancti Brendani (testo veneto secondo la lezione del ms. Ambrosiano D. 158 inf.)*, in *Navigatio Sancti Brendani. La navigazione di San Brendano*, a cura di Maria Antonietta Grignani, Milano, Bompiani, 1975, pp. 28-266 (pp. pari). [sec. XIII, ven.eug., narr.]

Nicolò de Rossi, *Rime* = Nicolò de' Rossi, *Rime*, in Idem, *Canzoniere Sivigliano*, a cura di Mahmoud Salem Elsheikh, Milano - Napoli, Ricciardi, 1973 "Documenti di filologia" 18. [sec. XIV p.i d, tosc.-ven., lir]

Novellino = [Anonimo], *Il novellino*, a cura di Guido Favati, Genova, Bozzi, 1970. Cfr. anche *Il novellino*, a cura di Alberto Conte, prefazione di Cesare Segre, Roma, Salerno Editrice, 2001 "I novellieri italiani" 1 [testo a pp. 1-162]. [CT; 1281-1300 ma XIV in., tosc., fior., narr.]

Ottimo, Purg. = [Anonimo], *L'ottimo commento della Commedia*, tomo II *Purgatorio*, a cura di Alessandro Torri, Pisa, presso Niccolò Capurro, 1827; anche ristampa anastatica con prefazione di Francesco Mazzoni, [Sala Bolognese], Forni, 1995. [a.1334, fior., comm.]

Paolino, *Regimen* = fra' Paolino Minorita, *Trattato de regimine rectoris*, a cura di Adolfo Mussafia, Vienna - Firenze, Tendler e Vieusseux, 1868. [1313\15, venez., fil.]

Petrarca, *RVF* = Francesco Petrarca, *Rerum Vulgarium Fragmenta* = Idem, *Canzoniere*, testo critico e introduzione di Gianfranco Contini, annotazioni di Daniele Ponchiroli, Torino, Einaudi, 1982₉ [1964₁] "Nuova Universale Einaudi" 41; cfr. ed. comm.: Idem, *Canzoniere*, edizione commentata a cura di Marco Santagata, Milano, Mondadori, 1996 "I meridiani" (abbr.: *SA* p.). [a. 1374, tosc., lir.]

Pistole di Seneca = [Anonimo], *Pistole di Seneca volgarizzate*, in *Volgarizzamento delle Pistole di Seneca e del Trattato della Provvidenza di Dio*, a cura di Giovanni Bottari, Firenze, Tartini e Franchi, 1717, pp. 1-418. [1312, fior., ep. or.]

Tristano veneto = [Anonimo], *Il libro di messer Tristano ("Tristano veneto")*, a cura di Aulo Dona-
dello, Venezia, Marsilio, 1994 "Medioevo veneto". [sec. XIV in., ven., narr. versi]

Ur-Novellino = [Anonimo], *Libro di novelle e di bel parlar gientile [Ur-Novellino]*, a cura di Alberto Conte, in *Il novellino*, a cura di Alberto Conte, prefazione di Cesare Segre, Roma,
Salerno Editrice, 2001 "I novellieri italiani" 1 [testo a pp. 163-264]. [1281 p., tosc.,
fior., narr.]

Vie S. Grégoire I = Anonimo, *La vie de Saint Grégoire le Grand*, in A[natole] de Montaiglon, *La
vie de Saint Grégoire le Grand*, in «Romania» VIII (1879) 509-44, [XIV in.?, oil, a-
giogr.].

Vivaldo, *De proprietatibus* = Vivaldo Belcalzer, *Volgarizzamento del "De proprietatibus rerum"
di Bartolomeo Anglico*, in Ghino Ghinassi, *Nuovi studi sul volgare mantovano di Vivaldo Belcalzer*, in «Studi di filologia italiana» XXIII (1965), pp. 19-172 [testo a pp. 163-
72]. [1299\1309, mant., did. rel.]

4.3 SITI WEB DI RIFERIMENTO.

Corpus Taurinense `http://www.bmanuel.org/projects/ct-HOME.html`
 (libero a disponibilità completa)

OVI `http://www.ovi.cnr.it/`

OVI db testuale *Gattoweb* `http://gattoweb.ovi.cnr.it/`
 (libero a disponibilità parziale)

 PhiloLogic3 `http://www.lib.uchicago.edu/efts/ARTFL/projects/OVI/`

TLIO `http://tlio.ovi.cnr.it/TLIO/`
 (libero a disponibilità completa)

**Per una grammatica testuale del "libro di conti":
il clitico *ne* nel *Libro Riccomanni*[*].**

*If two men, one literate and the other illiterate, look at a page
of a printed book, both may be said to be aware of it; that is to
say that in both it produces a retinal image which makes them
conscious of it as a visible object having certain optical properties. In the case of the illiterate man the perception of the
optical properties is the total effect. But the literate man has
something in his consciousness already, and this something
combines, as it were, with the optical perception, and makes
him aware of certain secondary properties of the printed char-
acters. To both, the page yields a visual impression; but to only one does it yield what we may call a psychical impression.
Are they both aware of the page?*
Richard Austin Freeman, *The Mystery of Angelina Frood*, 1924, XII.

0   INTRODUZIONE. Quello che qui si presenta è in realtà solo una scheggia di una più vasta ricerca che, se pure ha già dato risultati finali, è per altri aspetti tuttora in corso: l'allestimento del Corpus Taurinense di italiano antico (in breve "CT")[1], che è un corpus di 21 testi fiorentini della seconda metà del Duecento (258.355 token, 21.157 type e 7.598 lemmi)[2], completamente lemmatizzato, POS-taggato, disambiguato e variamente markuppato (per struttura testuale, genere letterario e forme filologiche). Il corpus, in questa forma, è da tempo concluso e disponibile liberamente online, ma i lavori al suo ampliamento e perfezionamento sono ancora adesso in piena attività[3].

1.1. IL CASO *NE*: GENERALITÀ. Quello che ci ha portati al problema della "grammatica testuale" di quel particolare genere di testi che è il "libro di conti del Duecento", è una tipica questione di POS-tagging[4], ossia un caso di uno di quei fenomeni di cui sarebbe stato dolce il tacere se solo si

---

[*] Una prima versione ne era già stata presentata al convegno *Ricerche di sintassi italoromanza. Per Bice Mortara. Torino, 5 maggio 2006*; poi il contributo fu ampliato per il convegno SILFI di Basilea, il 30 giugno 2008. Questa versione rappresenta, aggiornandolo, quanto presentato in quella occasione, senza i modesti tagli che erano stati necessari per gli Atti: si basa ossia direttamente sul testo del Congresso e non su quello degli Atti.

 Rispetto ai precedenti due lavori, che ne costituivano piuttosto le premesse o se ne fermavano sulla soglia, questo saggio entra direttamente nel cantiere del CT, e si costituisce anzi come un *case study* di linguistica testuale *corpus based* applicata a testi antichi. Per rimarcare questa differenza tutti gli esempi sono attinti direttamente al CT, senza passare per le edizioni cartacee, e come tali sono esibiti con la loro specifiche tokenizzazione (per il concetto cfr. BARBERA - CORINO - ONESTI 2007b, pp. 35-7 § 1-3) e codici in carattere Courier. Per questa specificità, gli aggiornamenti introdotti, al di là dell'uniformazione formale, riguardano principalmente il CT e la linguistica dei corpora in genere: si è comunque cercato di contenersi all'indispensabile.

[1] Sul CT, ora, ci si può riferire a BARBERA 2009, che ne costituisce la documentazione più ampia, ed a BARBERA 2014, che ragguaglia sulla creazione del nuovo CT+.

[2] Le cifre sono cambiate spesso, anche se di poco, nel corso degli anni; per quelle della versione finale del CT (ormai stabili) e per quelle attuali del CT+ (non ancora stabili) cfr. BARBERA 2014, pp. 20-1 § 1.1.

[3] Il primo CT, cui qui ci si riferiva, è ormai chiuso alla Ver. 1.8, 2008/05/08, 22 testi; ma il CT+, o Neo Corpus Taurinense, è tuttora aperto, anche se ne è già disponibile una versione stabile per quanto provvisoria, la Ver. 0.1, 2010/09/19, 26 testi.

[4] Una caratteristica, almeno, del lavoro di annotazione di un corpus è rilevante per la ricerca che ci concerne: nella preparazione di quel curioso oggetto, parto della cultura occidentale, che va sotto il nome di "grammatica", il linguista può "scegliere" ed interpretare discrezionalmente i materiali su cui si basa; nell'annotazione (POS-tagging) di un corpus non si può scegliere: ogni parola del testo deve ricevere un tag, ed il linguista è costretto a prendere posizione anche su ciò di cui farebbe volentieri a meno: su questo tema cfr. BARBERA 2011b. In generale per le relazioni tra "parti del discor-

61

fosse potuto: quale valore (tag) attribuire ad ogni occorrenza (token) del clitico *ne*? Accanto agli usi, comuni anche oggi, di avverbiale-locativo (tag "46"[5] ossia "adv.pc"[6]: ess. 1ab) e di dimostrativo-partitivo ("31" ossia "pd.dem.w": ess. 2ab), infatti, in italiano antico è per di più noto il valore di personale 'ci' ("39" ossia "pd.per.w.ob": ess. 3a).

Il quadro transcategorizzazionale di questo clitico, in altri termini, è il seguente:

	code	tag	exploded tag	comm.	N. token[7]
ne	**46**	adv.pc	adverb.particle	*ne* avverbiale e locativo	154
	31	pd.dem.w	pro-det.demonstrative.weak	*ne* dimostrativo e partitivo	642
	39	pd.per.w.ob	pro-det.personal.weak.oblique	*ne* personale di 1p	168[8]
	56	adp.pre	adposition.preposition	preposizione *in*	1513[9]

Tav. 1. I ne nel CT-tagset.

La quarta transcategorizzazione, anche se quantitativamente cospicua, è relativamente semplice da sciogliere, e non ne terremo nel prosieguo più conto, concentrandoci invece sui tre usi del clitico *ne*, a preliminare illustrazione del quale i seguenti esempi dovrebbero provvedere:

[1a]   E poi ch' i' l' ei pensato , | n'_46 andai davanti lei | e drizzai gli occhi miei | a mirar suo corsaggio .   Brunetto, *Tesoretto*, v. 245 p.184.

[1b]   Ne ÷1[10] primo anno de ÷1 decto Papa , i Pisani andarono ad hoste | sopra Maiolicha , e i Fiorentini guardarono la città di Pisa . E | presa Maiolicha per força , sì ne_46 recharono molte dignitadi e | gioie , come decto è di sopra .   *Cronica fiorentina*, mcxviiij, p. 95

[2a]   #012@ - « E se sentirete le dette pene stando ne ÷1 mondo , non vo' | che ve ne_31 crucciate né vi lamentiate di me , ma con molta pazienzia | le portiate in pace per mio amore .   Bono, *Libro Vizi*, vj.12, p. 17

[2b]   « Io sono il maestro . Che vuoli ? » | « Voglio uno farsetto » . | Questi ne_31 trovò uno . Provo ÷glie ÷le .   *Novellino*, lxxxxv, p. 339

[3abc]   &P Quando lo Nostro Signore Gesù Cristo parlava umanamente | con noi , in fra l' altre sue parole ne_39 disse che de ÷ll' | abondanza de ÷1 cuore parla la lingua . Voi c' avete i cuori | gentili e nobili in fra li altri , acconciate le vostre menti e | le vostre parole ne ÷1 piacere di Dio , parlando , onorando e | temendo e laudando quel Signore Nostro , che n'_39 amò prima | che Elli ne_39 criasse e prima che noi medesimi ci amassimo .   *Novellino*, 0, p. 117

I *ne* degli esempi soprariportati sono evidenti, ma in altri casi la scelta interpretativa tra personale e avverbiale o dimostrativo non è ovvia, entrambe le letture dando comunque un qualche senso.

---

so" e "POS-tagging" cfr. BARBERA 2011a; per la costruzione dei tagset e per quello del CT in particolare, cfr. BARBERA 2007.

[5] Il codice è quello «che chiamiamo "notazione condensata" ("CdN" *Condensed Notation*), in cui tutte le ultime "foglie" di una gerarchia sono rappresentate da un unico codice "collassato"di *tags*» (BARBERA 2007, 140).

[6] Per una prima presentazione del CT-Tagset e per una spiegazione della sua struttura tipata cfr. BARBERA 2007, per una introduzione generale al corpus cfr. BARBERA - MARELLO 2000/03, per singoli aspetti BARBERA 2000 (pronomi) e BARBERA - MARELLO 1999-2001 (l'acquisizione dei dati per il corpus); una presentazione sintetica dei tag e degli attributi del corpus era già in BARBERA 2000/08.

[7] Le cifre sono date per le occorrenze totali di tutti i type del lemma, cifre facilmente ottenibili con le query risp. [lemma="ne" & pos=".*adv.*"], [lemma="ne" & pos=".*dem.*"], [lemma="ne" & pos=".*per.*"] e [word="n.*" & lemma="in" & pos=".*pre.*"]. Così sinteticamente definivamo il termine *query* nel glossario di BARBERA 2009, p. 1097: «**query** It. = (PL inv.); Eng. = (PL -*ies*). La ricerca effettuata da un programma di gestione di corpora (*corpus manager*) come il CWB su un corpus, od al minimo da un programma (comando Linux) come grep su un (insieme di) file. Tale ricerca propriamente consiste nel trovare in un corpus i match di una stringa di caratteri (parola, frase: *string matching*) o di una struttura (RegExp: *pattern matching*) specificata (*stated*) nella query».

[8] Con involontario *hysteron proteron*, le cifre fornite sono quelle finali disambiguate in base ai criteri illustrati nel presente contributo.

[9] L'alto numero d'occorrenze è dovuto anche al fatto che i *ne*- delle preposizioni articolate sono etichettati separatamente ed entrano nel còmputo.

[10] Nel CT il <÷> "divide" alt-0247 ANSI = alt-246 ASCII individua i "grafoclitici", cioè i clitici scritti nell'originale uniti alla testa di clisia.

In particolare è la categoria dei personali deboli (39) a risultare insidiosa (e sospetta), in quanto quasi due terzi dei suoi casi consentono almeno due interpretazioni se non parimente plausibili, almeno possibili, rendendo, computazionalmente, la transcategorizzazione di difficile soluzione, e creando un problema prima filologico (come il testo va esattamente interpretato?) e poi linguistico (che cosa erano per un parlante fiorentino del Duecento questi *ne*? un avverbio / dimostrativo **o** un personale, od un avverbio / dimostrativo **e** un personale, cioè un amalgama consapevolmente indistinguibile di entrambe le funzioni?).

1.2.   IL PROBLEMA LINGUISTICO DEL *NE* E LA GRAMMATICA TESTUALE DEI LIBRI DI CONTO. Questo tipo di domanda linguistica è, in altri termini, una domanda preliminare sulla natura di questa ambiguità: è un fatto davvero *in re*, presente nella mente dei parlanti (consapevoli o no che ne fossero) od è un problema di noi interpretanti, un guasto nel canale di trasmissione del messaggio?

La risposta, dirò subito, secondo me è la seconda per una ragione assai semplice: i testi in cui i *ne* sospetti (personali o dubbi) più spesso ricorrono sono lettere mercantili e libri di conti di mercanti e banchieri (105 casi su 168 *ne*-39 totali), e quasi tutte queste occorrenze (101!) sono, a prima apparenza, variamente "ancipiti". Ora, in testi simili la ricostruzione corretta della partita del dare e dell'avere non può essere "ambigua" per il tenutario del conto (a meno che non volesse deliberatamente confondere il bilancio: ma a quel punto aveva a disposizione strumenti contabili ben più efficienti): se il mercante od il banchiere avesse percepito un dubbio tra *ne* 'a noi' e *ne* 'di questi' un "ricordo" come il seguente gli sarebbe stato del tutto inutile:

```
[4]     %009 | &R MCCLXXXIIIJ . | &P #001@ Tadeo de la Pantiera e 1' Orabo-
        le sua filgliola de dare , dies | sei anzi ka~¹¹ aghosto a questa
        andizione , s~ XVIIJ di pi~ , i | quali d~ ispesi a maestri ed in
        chane ed i· ginestre per lechare | la detta chapana . | [...]
        E de dare , in mezo febraio ne 1' LXXXIIIJ , s~ XXXVIJ e d~ VJ |
        pi~ , i quali d~ diedi a ÷1 Bancho lavoratore da Roncho , che |
        ne_39 conpero ÷e sedici fasca di chane le quali si misero a la |
        vingna : ebe ÷ne_31 uno fio~ d' oro e d~ ventuno pi~ .
        E de dare , dies XV di marzo ne 1' LXXXIIIJ , s~ XX e d~ IJ pi~ , |
        $0524$ de ÷' quali d·· conperai chastangni per metere a le perchole
        | da Roncho : fu ÷e co· me ÷cho il Bancho lavoratore di quello |
        luogho .                              Libro Riccomanni, viiij.1, p. 523
```

Nell'es. 4, che presenta un caso semplice, anche noi, se prestiamo sufficiente attenzione all'organizzazione del testo ed alla plausibilità del negozio in oggetto, non fatichiamo troppo a ricostruirc i valori corretti.

Di casi come il precedente, difficili ma non insolubili, al di fuori dei libri di conti, nel CT ve n'è solo un paio[12] :

```
[5ab]   E se m' hai bene inteso , | ne ÷1 mio dire ho compreso | tutto '1
        coninciamento | e '1 primo nascimento | d' ogne cosa mondana | e de
        la gente umana ; | e ho ÷tti detto un poco , | $0207$ come s' avene
        loco , | de la Divinitate ; | e ho ÷lle intralasciate , | sì come
        quella cosa | ched è sì prezïosa | e sì alta e sì degna | che non
        par che s' avegna | che mette intendimento | in sì gran fondamento
        : | ma tu sempicemente | credi veracemente | ciò che la Chiesa San-
        ta | ne_39 predica e ne_39 canta .        Brunetto, Tesoretto, v. 902, p. 207
[5cd]   Cinque parti dice Tulio che sono et assegna ragione | per che , e
        quella ragione metterà lo sponitore in | suo luogo . Ma prima dice-
        rà le ragioni che nne_39 mostra | Boezio ne ÷1 quarto de ÷lla Topi-
        ca , che dice che se alcuna | di queste cinque parti falla ne ÷lla
        diceria , non è mai compiuta ; | e se queste parti sono in una di-
```

<hr>

[11] Nel CT la <~> "asciitilde" alt-0126 sostituisce il punto abbreviativo (così distinto da quello interpuntivo).

[12] Interessante soprattutto il secondo, in cui, *de iure*, sarebbe possibile anche la lettura avverbial-locativa – che di fatto era stata la prima scelta degli annotatori – oltre alle dimostrativa e personale

```
ceria o inn una | lettera , certo l' arte di rettorica vi fie al-
tressì . #002@ Un' altra | ragione n'_39 asegna Boezio :
```

Brunetto, Rettorica, xxvij.1-2, p. 72

Tutti gli altri esempi di questo tipo (come di quello apparentemente insolubile, che vedremo dopo), diciamolo ancora, sono in libri di conti: oltre all'es. 4 vi sono comunque solo due casi (ess. 6ab) in cui, anche se più soluzioni potrebbero essere possibili, ragioni di coerenza testuale farebbero pendere la bilancia più a favore dei personali, o comunque aiutano a selezionare, in passi complessi, cosa vada dato al personale e cosa al dimostrativo. Questi gli esempi[13] in questione:

```
[6]a   &P #001@ Lipo f~ Rinieri de ÷l popolo San Brocholo de dare , dies
       cinque | intrante aghosto a questa andizione , LXVJ fio~ d' oro :
       | levamo da sua ragone salda ove dovea dare da latto due | per-
       chamene .
       De ÷ne_39 dare a d~ due lb~ il mese .
       Da mezo otobre innanzi sì ne_31 de dare a d~ due in mezo | lb~ il
       mese , innanzi .
       Da mezo luglio ne l' LXXXV a d~ due lb~ il mese . | E de dare per
       guadangno insino a ka~ otobre ne l' LXXXV , | VIIIJ fio~ d' oro .
```

Libro Riccomanni, x.1, p. 524

```
[6]b   $0528$ A`nno datto e medesimi , dies XVIIJ intrante setenbre ne |
       l' LXXXVJ , lb~ XXIIJ e s~ VJ in fio~ : diede per loro Filipo Ari-
       ghetti | e Giunta panaiuolo da San Simone e Piero panaiuolo | sin-
       dichi di debitori di questo Bonizo e fratelli che faliro , | e
       chonvene ÷ne_31 ve&[n&]dere le chase e le tere ed altre loro | mer-
       chatantie sì che ne_39 tocho ÷e s~ dodici per livera : ebi ÷ne_31
       in | soma a s~ dodici per livera {SO}[14] .      Libro Riccomanni, xvij.1, p. 528
```

Non resta quindi altra via che cercare di restaurare il canale danneggiato, cercando di ricostruire la struttura testuale con cui la partita di conti si organizza: e perché ciò risulti un caso assolutamente paradigmatico dovrebbe ormai essere evidente.

2   PRELIMINARI STORICI SUL *NE* DI PRIMA PLURALE. Prima di entrare nel vivo della esposizione, non sarà male riassumere brevemente la letteratura storica sul *ne* di prima persona del toscano, anche se ciò non costituisce per noi che un aspetto di sfondo del problema.

È, in effetti, da tempo risaputa l'esistenza, più o meno consistente, «nel toscano letterario più antico» di forme atone di prima plurale deboli in *ne* (Rohlfs 1966-69, § 460 pp. 158-159, che ne mappa la diffusione anche in altre aree dialettali).

L'origine di queste forme è stata variamente discussa, e le tesi in campo sono sostanzialmente due, già chiaramente delineate da nostri grandi avi ottocenteschi, cui, come spesso, non guasta rifarsi.

2.1   L'IPOTESI D'OVIDIO. Secondo la prima ipotesi, inaugurata da Francesco D'Ovidio (D'OVIDIO 1886, 77-8) e perfezionata da MEYER-LÜBKE 1890-1906, III. § 370 p. 409, pare trattarsi di continuatori dello stesso INDE all'origine dei *ne* locativi (46) e dimostrativi (31) con una particolare specializzazione semantica[15], invero non molto perspicua[16].

Si tratta della spiegazione ancora prevalente, ripetuta dal *REW* (MEYER-LÜBKE 1935, n. 4638) e di lì ubiquamente propagata, anche perché fatta propria e perfezionata da ROHLFS 1966-69, § 460 pp. 158-159, soprattutto in base ai riflessi calabro-siciliani (tipo *ndi disse* 'ci disse') e salentini (tipo

---

[13] Se non altrimenti avvisato, in queste campionature la documentazione volta per volta presentata è completa.

[14] {SO}, che vale 'signum obeli', nel markup del CT sta per ogni linea o segno lineare presente nel testo.

[15] La trafila sarebbe appoggiata da analoghi fenomeni come *ci* < ECCE HIC, cfr. Lausberg 1971, II. § 737 p. 135.

[16] Che il fenomeno fosse già marginalmente noto in latino è certo possibile, ma l'esempio plautino (*Miles*, 711) richiamato da Tekavčić 1972, II. § 764, p. 241 è certamente illusorio («*Eos pro liberis habebo, qui mihi mittunt munera. | Sacrifiant. dant **inde** partem mihi maiorem quam sibi, | [...].*», non ravvisandovisi plausibilmente altro comportamento da quello usuale per un normale *inde* latino.

nde vite 'ci vede'). Un tentativo di spiegazione analogo, inoltre, si trova recentemente anche in
MAIDEN 1998, § 9.1.1 pp. 177-8.

2.2   L'IPOTESI CAIX. L'altra possibile proposta esplicativa risale, se non erro, a Napoleone
Caix (cfr. CAIX 1878, pp. 43-4) ed è stata poi amplificata dal grande Ernesto Giacomo Parodi (cfr.
PARODI 1889, pp. 618-9 in nota). Questa consiste nel far rimontare tutto a NOS, usato atono, dato
che nei primissimi testi fiorentini è usato in queste funzioni *no*, che scompare dall'uso già nella metà del Duecento (ma fuor di Firenze dura più a lungo). Cfr. nel database dell'OVI le 40 attestazioni
nel fiorentino *Libro banchieri* del 1210, come ad es.:

[5]   Risstoro del'Arlotto **no** die dare s. xviii (e) d. ii. p(er) rasio(ne) | di Sa(n) Brocoli: rissto-
        ra(m)mone a Mainetto s. ci(n)qu*e*.   *Libro banchieri*, vj.77, p. 34

L'ipotesi è rimasta fino di recente minoritaria, anche se tale trafila è stata comunque riproposta
dall'autorevole LAUSBERG 1971, II. § 727 pp. 123-4. La situazione è, però, cambiata negli anni Novanta quando LA FAUCI 1993 (per il siciliano) e sopratuto LOPORCARO 1995/98 (per il salentino)
hanno proceduto a smantellare la presunta arcaicità delle forme meridionali che erano alla base della proposta di derivazione da INDE. Eliminate le quali, la ipotesi Caix, da sempre semanticamente
più perspicua e confortata da paralleli sviluppi in altre varietà romanze, risulta anche meglio giusti-
ficata per attestazioni: e credo che si possa ormai considerare come affatto dimostrata.

3   I LIBRI DI CONTO E LA "LISTA". Come dicevamo, è nei libri di conti che si concentra la
maggior parte dei casi "speciali", più o meno ancipiti, di *ne*, tanto dei testualmente in qualche modo
"risolvibili" come l'es. 4, quanto degli apparentemente indecidibili. E la dimensione e distribuzione
del fenomeno è comunque tale da giustificare uno studio apposito.

Ora, l'apparente enigma, per cui strutture apparentemente ambigue si trovano proprio in testi che
ambigui non potevano essere, può secondo me essere sciolto proprio invocando la natura speciale di
questi testi. Che anomalie linguistiche portate dalla natura specifica della partita di conto ve ne fossero, aveva già dimostrato LOACH BRAMANTI 1974/5 per quanto riguarda l'uso di verbi chiave come
"dare" ed "avere".

Tra fine anni Ottanta e metà anni Novanta, poi, una serie di importanti contributi di Peter Koch,
appoggiati al modello di variazione diamesica che sarà poi universalmente noto come "Koch-
Oesterreicher" (cfr. la sua definizione più canonica in KOCH-OESTERREICHER 1994), procurerà di
definire questa specificità, ricorrendo al concetto di "lista", ossia quello di un testo (nella più ampia
accezione testologica di Petőfi, per Koch propriamente un "non-testo") organizzato in base ai soli
rapporti lineari sintagmatici: «das similaritätsbasierte Organisationsprinzip der Speicherung von Information [...] ist dasjenige der Liste» (KOCH 1994/97, 67); «in der Liste nur erfolgt eine Linealisie-
rung nach dem Prinzip der syntagmatischer Kontiguität; d. h. Kontiguitäten in Raum und Zeit, in
kasualer Hinsicht usw. werden möglichst explizit in Syntagmatik umgesetzt (man denke hier etwa
an explizite Konjunktionen, explizite Hinweise auf die Textgliederung usw.)» (KOCH 1988, 32); le
caratteristiche diamesiche della lista sarebbero dunque schematizzabili in «syntagmatische Similäri-
tät, Tendenz zur kommunikativer Nähe, beschränkt auf mediale Schriftlichkeit» (KOCH 1988, 36).
L'efficacia di questo modello per i libri di conto è stata, inoltre, recentemente dimostrata da Ludwig
Fesenmeier (FESENMEIER 2001/3 e 2003), che giustamente (come io stesso e già la LOACH BRA-
MANTI 1974/5) lamenta l'imperfetta resa della messa in pagina dell'originale manoscritto[17] da parte
degli editori (peccato in cui incorre il pur conservativissimo Castellani).

3.1   IL LIBRO RICCOMANNI. Anche per questa ragione, per studiare il problema, abbiamo scelto come testa di turco il *Libro del dare e dell'avere, e di varie ricordanze, di Lapo Riccomanni* (in
breve: *Libro Riccomanni*), ms. Marucelliano C 389 vol. 1, undecimo dei *Nuovi testi fiorentini* del
Castellani (Castellani 1952), «un registro pergamenaceo di 24 carte» (CASTELLANI 1952, II.516) di

---

[17] L'altro grosso problema è la mancanza di una efficace trattazione della struttura del "libro di conti" medievale dal
punto di vista della ragioneria storica: la esposizione più efficace sono ancora le poche pagine di CASTELLANI 1952, I.5-
10, illuminanti e da par suo, ma pur sempre cinque sole paginette.

mano di Lapo Riccomanni, figlio di Riccomanno di Iacopo Riccomanno, che riporta il bilancio della compagnia di Lapo e del fratello Panocchia: non solo è il testo più esteso di questo tipo presente nel CT, e quello che più presenta "ne" personali (effettivi, possibili o sospetti: 77 sul totale di 168), ma appartiene anche ad una categoria di testi per la quale il difetto grafico editoriale è meno insidioso. FESENMEIER 2001/3 distingueva, infatti, tre tipi di libri di conto: «(1) la somma di denaro appare nel testo continuato; (2) appare sia nel discorso descrittivo che in colonna; (3) appare unicamente in colonna». Il Libro Riccomanni appartiene alla categoria (2), come evidente dal confronto (Tav. 2) dei primi paragrafi del quaderno (c. 1r, facsimile in Tav. 3) tra l'edizione Castellani rivista per l'OVI (dal sito dell'OVI) e la mia trascrizione diretta dal manoscritto (o, più accuratamente, dal suo microfilm), rispettandone la messa in pagina: si badi soprattutto al primo paragrafo dove la cifra è stata interpolata dal Castellani nel testo ed al terzo capoverso dove invece era nel testo già nel manoscritto.

Naturalmente il testo base del CT, derivato dalla base testuale di *ItalAnt* ed in ultima analisi da quella dell'OVI (cfr. BARBERA - MARELLO 1999/2001), ed usato in questa esercitazione, è giocoforza quello del Castellani, che tuttavia è stato ricontrollato sul microfilm. La natura ibrida del tipo testuale permetteva infatti una strategia duplice: da un lato cercare di enucleare dal mero testo lineare i principi in base ai quali è organizzato, e dall'altro cercarne conferma nella messa in pagina laddove questa è messa in atto. Abbiamo pertanto effettuato tale "cruciale" verifica codicologica solo in un secondo tempo, dopo che, in base ai criteri interni che saranno esposti nei paragrafi seguenti, avevamo già raggiunto le nostre conclusioni.

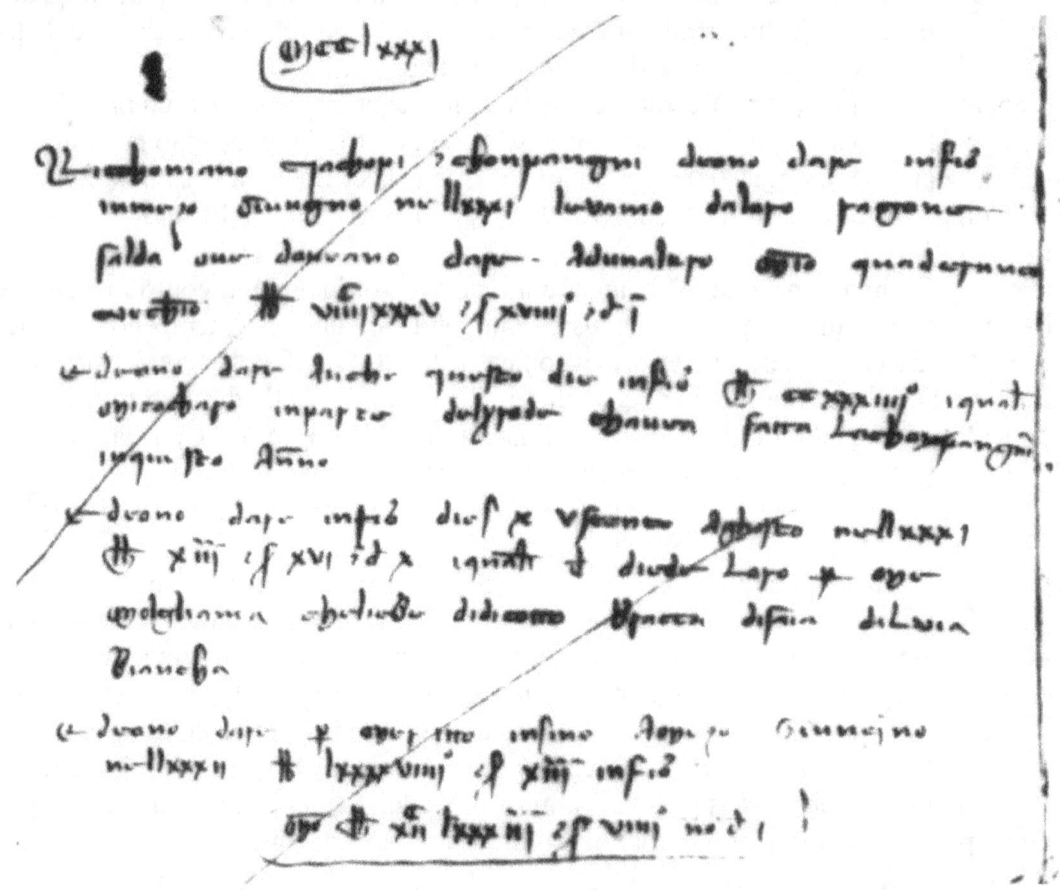

Tav. 2. L'inizio del *Libro Riccomanni* nel ms. Marucelliano C 389-1. (c. 1r, rr. 1-14).

<table>
<tr>
<td>

MCCLXXXJ.
Ricchomano lachopi e ' chonpangni deono dare in fio., in
mezo giungno ne l' LXXXJ, lb. VIIIJCXXXV e s. XVIIIJ e d. J:
levamo da loro ragone salda ove doveano dare ad un altro
mio quadernuco vecchio.
E deono dare anche questo die, in fio., lb. CCXXXIIIJ, i quali
mi tocharo in parte del prode ch' avea fatta la chonpagnia
in questo anno.
E deono dare in fio., dies X uscente aghosto ne l' LXXXJ,
lb. XIIJ e s. XVJ e d. X, i quali d. diede loro per me molgliama,
che li ebe di dicotto bracca di saia di Luia biancha.
E deono dare per meritto insino a mezo giungno ne
l' LXXXIJ lb. LXXXXVIIIJ e s. XIIJ in fio.
Mo(nta) lb. XIJCLXXXIIJ e s. VIIIJ (me)no d. J.

</td>
<td>

mcclxxxj.
Ricchomano lachopi e ' chonpangni deono dare in fio.,
in mezo giungno ne l' lxxxj; levamo da loro ragone
salda ove doveano dare ad un altro mio quadernuco
vecchio.   lb. viiij+cxxxv e s. xviiij e d. j
E deono dare anche questo die, in fio., lb. ccxxxiiij, i quali
mi tocharo in parte del prode ch' avea fatta la chonpagnia
in questo anno.
E deono dare in fio., dies x uscente aghosto ne l' lxxxj,
lb. xiij e s. xvj e d. x, i quali d. diede loro per me
molgliama, che li ebe di dicotto bracca di saia di Luia
biancha.
E deono dare per meritto, insino a mezo giungno
ne l' lxxxij, lb. lxxxxviiij e s. xiij in fio.
Mo(nta) lb. xij+clxxxiij e s. viiij (me)no d. j.

</td>
</tr>
</table>

Tav. 3. Edizione OVI-Castellani (sinistra) e trascrizione mia (destra) dell'inizio del *Libro Riccomanni*.

3.2   IPOTESI DI LAVORO. L'idea complessiva che guida questo lavoro è che comunque fosse alla struttura complessiva del testo, fondalmentalmente basata sui meri rapporti sintagmatici della "lista", e rispecchiata o meno anche dalla sua messa in pagina (in misura variabile secondo le tre tipologie di Fesenmeier), che fosse certo consegnata buona parte della rappresentazione degli scambi monetari (cioè della "grammatica" del libro di conti medesimo). Quindi, per il nostro problema del valore dei *ne*, *a chi* veniva dato qualcosa, *da chi* qualcosa veniva ricevuto, *di che* somme venivano ricevuti interessi, ecc., deve risultare dalla scansione del testo stesso. L'ipotesi, in altre parole, è che la "grammatica testuale" medesima del libro di conti rendesse così ai tenutari di tale contabilità non ambiguo se *ne* valesse 'a noi' o si riferisse ad altro: e solo usando una struttura assai rigida, nel modo più ferreo possibile, poteva egli garantirsi la "leggibilità", già a colpo d'occhio, della partita contabile.

L'esperimento che segue è quello di verificare se sia possibile inferire questa struttura (ed assegnare in base ad essa le interpretazioni linguistiche appropriate) in base ai segnali testuali presenti nel testo stesso, dei quali il più potente abbiamo trovato essere quello delle "formule seriali"[18].

3.3.   LE FORMULE SERIALI. L'indizio più evidente che consente di cogliere la scansione di questo tipo di testo, in effetti, è proprio la presenza di alcune "formule seriali" che lo articolano in modo regolare, secondo il verso delle voci della partita di conto che si sta registrando, giusta la natura lineare della lista: la rigidità seriale, ossia, fungerebbe da corrispettivo testuale della colonna grafica.

Tale formularità seriale lascia sdipanare la storia contabile registrata, e consente quasi sempre di indovinare, tra le righe di un testo altrimenti recalcitrante e le cifre di una ragioneria enigmatica ed ormai difficile da seguire, la struttura propria del libro di conti, individuata la quale si possono poi razionalizzare le assegnazioni dei *ne* (procedimento, certo, per noi alquanto penoso, ma che per un contemporaneo, specie se del mestiere, doveva riuscire pressoché naturale). Grammatica testuale e grammatica della lingua conseguono così una dall'altra.

3.3.1   ÀNNE DATTO – AVÈMONE. La prima struttura che consente di scandire le diverse registrazioni, per evidenza e frequenza, è la successione *Ànne dat(t)o – avèmone*, di cui si hanno tredici solidi esempi, spesso organizzati in serie compatte:

```
[7abc]  A` ÷ne_39 datto Bartolino medesimo , dies diece uscente dicenbre ,
        | IJ fio~ d' oro : ebi ÷ne_31 d~ due fio~ d' oro , i quali mi |
        diede in mia mano , e per questi due fio~ d' oro gli avemo | dato
        termine di qui ÷e a VJ die di gungno ne l' LXXXV .
        A` ÷ne_39 datto Bartolino , dies XIJ uscente luglio ne l' otanta |
```

---

[18] Naturalmente, l'altra possibilità sarebbe quella di farsi guidare principalmente dalla partita contabile, ma la cosa si farebbe molto più difficile, data la nostra poca dimestichezza con la ragioneria medievale, già solo per quel che riguarda valute e divise, e data la già lamentata scarsità della bibliografia in materia.

cinque , IJ fio~ d' oro : **avemo ÷ne_31** d~ due fio~ d' oro , i quali
| mi diede per prode di sei mesi : die ÷li ÷mi per lui Dino de ÷1 |
Barone Ristori .
0522 **A` ÷ne_39 datto** , dies X intrante dicenbre ano LXXXV ,
XXVIIJ | fio~ d' oro : **avemo ÷ne_31** s~ due e d~ quatro di fio~ d'
oro , i quali | mi diede in mia mano a me Lapo .

Libro Riccomanni, vij.1, p. 521

[7d]   **A` ÷ne_39 datto** in fio~ , dies XVIJ d' aprile ne l' LXXXVJ , lb~
XVJ e | s~ XJ in fio~ : **avemo ÷ne_31** undici fio~ d' oro e s~ <qui>
dodici in fio~ , i quali mi diede in mia mano :

Libro Riccomanni, xj.1, p. 525

[7efgh]   **A` ÷ne_39 datto** , in ka~ otobre ne l' otanta quatro , lb~ XVIIJ
di | pi~ : **avemo ÷ne_31** dicotto some di vino mosto a ragone di
cinque | lb~ il congno . {SO} .
  A` ÷ne_39 datto , questo die , lb~ J di pi~ : **avemo ÷ne_31** aque-
rello .
  A` ÷ne_39 datto , questo die , lb~ J e s~ XVIJ e d~ VIJ pi~ : **a-
vemo ÷ne_31** | uno istaio di grano e uno quarto di ceci ed anche
danari | minuti che s' ebero di fichi verdi e d' altre cose che
si vendero .
  A` ÷ne_39 datto , dies otto uscente aprile ne l' otanta cinque
, | lb~ CCCLIIIJ e s~ VIIIJ <e> <d~> <VIIJ> <pi~> : **avemo
÷ne_31** cento novanta | otto fio~ d' oro , che ci contammo l'
uno s~ trenta cinque | e d~ otto , ed anche avemo s~ venti set-
te di pi~ .

Libro Riccomanni, xx.1, p. 530

[7i]   **A` ÷ne_39 datto** , in ka~ setenbre , VJ fio~ d' oro : **avemo ÷n**e_31 d~
sei | fio~ d' oro : **recho ÷e** e' medesimo .   Libro Riccomanni, xx.2, p. 531

[7jkl]   **A` ÷ne_39 datto** , dies XXV di febraio , XIIIJ fio~ d' oro : **avemo
÷ne_31** | soldi uno e d~ due di fio~ d' oro ; recho ÷e Panochia .
  A` ÷ne_39 datto , dies cinque uscente marzo ne l' LXXXVJ , XX fio~
| d' oro : **avemo ÷ne_31** s~ uno e d~ otto di fio~ d' oro ; recho ÷e
Lapo .
  A` ÷ne_39 datto , dies XVIJ di mago ano LXXXVJ , C fio~ d' oro : |
avemo ÷ne_31 soldi otto e d~ quatro di fio~ d' oro ; recho ÷e Lapo

Libro Riccomanni, xxij.1, p. 531

[7m]   **A` ÷ne_39 datto** Sinibaldo medesimo , dies venti d' aghosto a | que-
sta andizione , XXXV fio~ d' o&|ro&| e s~ XXIJ e d~ IIIJ pi~ : **ave-
mo ÷ne_31** | soldi due e d~ undici di fio~ d' oro ; recho ÷e Lapo
Richomani .

Libro Riccomanni, xxij.2, p. 532

[7n]   **A` ÷ne_39 datto** Lipo medesimo , dies cinque uscente marzo ne | l'
LXXXVJ , LXXX fio~ d' oro e s~ XIJ in fio~ : **avemo ÷ne_31** s~ sei e
d~ | otto di fio~ d' oro e s~ dodici in fio~ . {SO} .

Libro Riccomanni, xxiij.2, p. 532

A questa struttura possono essere assimilati (giusta l'esempio misto di 7a) anche i casi con *ebine*
ed *ebene* in seconda sede:

[8a]   **A` ÷ne_39 datto** Chorso lb~ J e s~ X : **ebi ÷ne_31** sei libre .

Libro Riccomanni, xiiij.1, p. 527

[8b]   **A` ÷ne_39 datto** , dies V di luglio anno LXXXVIJ , in mia mano , |
lb~ VIIJ e s~ XIIIJ : **ebi ÷ne_31** sei fio~ d' oro .

Libro Riccomanni, xxv.1, p. 534

[8c]   **A` ÷ne_39 datto** Andrea medesimo , questo die , s~ XVIJ in fio~ : |
ebe ÷ne_31 una mezina d' olio , la quale mi chosto ÷e {SO} .

Libro Riccomanni, xvij.2, p. 528

68

3.3.2 ÀNNE DATTO– PONEMO. Oltre alla struttura *Ànne dat(t)o – avèmone* (od *èbine, èbene*) anche quella *Ànne dat(t)o – ponemo*, a volte con *diede* interposto, forte di 16 occorrenze, fa chiaramente sistema:

[9a]   &P #001@ **A` ÷ne_39 datto** Tadeo , dies otto intrante giungno a que-
        sta | andizione , lb~ CCXXV di pi~ : **po&(nemo&)** che de dare i-na-
        &[n&]zi | quatro perchamene . Mo&(nta&) lb~ CCXXV di pi~ dies ot-
        to   *Libro Riccomanni*, vj.1, p. 520

[9b]   **A` ÷ne_39 dato** , dies otto di luglio a questa andizione , lb~ IIJ |
        e s~ V di pi~ : **po&(nemo&)** che de dare innanzi a sua ragone , |
        quatro perchamene ina&[n&]zi .   *Libro Riccomanni*, viij.1, p. 522

[9c]   **A` ÷ne_39 datto** , dies dicotto di dicenbre a questa andizione , |
        lb~ CXXJ e s~ VIIIJ e d~ VIIJ pi~ : **po&(nemo&)** che de dare ina&[n&-
        ]zi | a sua ragone quatro perchamene .   *Libro Riccomanni*, viiij.1, p. 524

[9d]   **A` ÷ne_39 datto** , dies V uscente marzo ne l' LXXXVJ , s~ XXXIIJ e
        | d~ IIIJ pi~ : **diede** per lui Corso di meser Ducco de ÷lgli Adi-
        mari ; | **po&(nemo&)** a sua ragone sedici charte innanzi .
                                                            Libro Riccomanni, xj.1, p. 525

[9ef]   **A` ÷ne_39 datto** , dies tre di setenbre , lb~ XXIIJ e s~ IIIJ in
        fio~ : | **diede** per me a Neri di Manno Iacopi sedici fio~ d' oro ; |
        po&(nemo&) a sua ragone due perchamene innanzi . Valglio&[no&] {SO}
        .

        A` ÷ne_39 datto , dies tre intrante setenbre a questa andizione , |
        lb~ XXXVIIJ e s~ XVJ : **po&(nemo&)** che deono dare innanzi una | per-
        chamena .   *Libro Riccomanni*, xiij.1, p. 526

[9gh]   **A` ÷ne_39 datto** Andrea , dies cinque uscente marzo , VJ fio~ | d'
        oro e d~ <XV> XVIIJ per la sua parte : **po&(nemo&)** che de | dare in-
        nanzi una perchamena .
        A` ÷ne_39 datto Chorso , questo die , VJ fio~ d' oro e d~ XVIIJ per
        la | sua parte : **po&(nemo&)** che de dare una perchamena innanzi .
                                                            Libro Riccomanni, xiij.2, p. 526

[9i]   **A` ÷ne_39 datto** , questo die di sopra , lb~ LXXV in fio~ : **po&(nemo&)**
        | che de dare innanzi quatro perchamene . *Libro Riccomanni*, xvij.3, p. 528

[9j]   **A` ÷ne_39 datto** Chorso medesimo , in fio~ , dies XXJ di mago |
        0535 ano LXXXVIJ , lb~ LXXXV in fio~ : **diede** per lui Ducco e
        Pangnino | fratelli f~ di Rafano Silimani ; **po&(nemo&)** che deono
        | dare innanzi in questo quaderno tre perchamene .
                                                            Libro Riccomanni, xxv.2, p. 534-5

[9k]   **A` ÷ne_39 datto** , in ka~ marzo ne l' LXXXVJ , lb~ CIIJ e s~ XIIJ e
        | d~ VJ in fio~ : **po&(nemo&)** che de dare in questa facca di sotto .
                                                            Libro Riccomanni, xxvj.1, p. 536

[9l]   **A` ÷ne_39 datto** , dies VIJ intrante febraio , lb~ LIJ e s~ XV e d~
        VJ , | che ne_31 ristoro ÷e de ÷1 termine : **po&(nemo&)** che de dare
        in questa | faca medesima .   *Libro Riccomanni*, xxvij.1, p. 536

[9m]   **A` ÷ne_39 datto** Lapo e Lotto medesimi[19] , die venti di gungno , |
        pi~ , lb~ VJ+CLXXX e s~ VIJ in fio~ : **po&(nemo&)** che deono dare a |
        loro ragone una perchamena innanzi .   *Libro Riccomanni*, xxviij.1, p. 538

[9n]   **A` ÷ne_39 datto** Lapo e Lotto[20] medesimi DLXJ fio~ d' oro e s~ XXVJ |
        0541 e d~ VIJ in fio~ : **po&(nemo&)** che deono dare in questa per-

---

[19] Non stupisca che Lapo (e poi Panocchia) figuri tanto nella posizione del debitore che del creditore: «il libro di Lapo contiene "ricordanze" – secondo opportunamente nota CASTELLANI 1952, II. p. 516 – di crediti da "sé medesimo" e debiti verso "sé medesimo" (in unione col fratello Panocchia) che possono dare un'idea, meglio di qualunque altra cosa, della rigidità dei conteggi medievali: la compagnia, anche tra fratelli, deve essere trattata come una terza persona, che paga o riceve da ciascuno dei due soci presi individualmente».

[20] Cfr. nota precedente.

chamena | innanzi , e puosi che dovese dare cho· loro Neri | Chavo-
lini .   *Libro Riccomanni*, xxx.1, p. 540-1

[9o]   **A` ÷ne_39 datto** a te&(rmine&) CXX fio~ d' oro e s~ XV e d~ IIIJ pi~
: | **po&(nemo&)** ke de dare a un altro mio libro di perchamene | di
banbagia ched io tenea a Orbivieto .   *Libro Riccomanni*, xxxxiij.1, p. 549

3.3.3 SERIE MISTE.

3.3.3   SERIE MISTE. Che le due strutture-base fossero equivalenti (ossia che fosse loro assegnata
la stessa collocazione nella griglia ideale delle registrazioni del libro di conti) è assicurato dalle serie "miste" seguenti:

[10abc] **A` ÷ne_39 datto** , dies VIJ di gungno ne l' LXXXIIIJ , XVJ fio~ d'
o&¦ro&¦ : | **avemo ÷ne_31** s~ uno e d~ quatro di fio~ d' oro : ebe
Lapo in sua | mano .
A` ÷ne_39 datto , dies nove d' aghosto ne l' LXXXIIIJ , VIJ fio~ d'
o&¦ro&¦ : | **avemo ÷ne_31** d~ sette fio~ d' oro , i quali mi diede in
mia | mano .
A` ÷ne_39 datto , dies <nove> cinque d' aghosto ne l' LXXXIIIJ , |
LXVJ fio~ d' o&¦ro&¦ : **po&(nemo&)** che de dare ina&[n&]zi due per-
chamene .   *Libro Riccomanni*, iiij.1, p. 519

[10de]   **A` ÷ne_39 datto** Lipo medesimo , dies XXV di setenbre anno | LXXXV ,
XV fio~ d' oro : **avemo ÷n&¦e&¦_31** s~ uno e d~ tre di fio~ d' oro :
| recho ÷e Lapo .
A` ÷ne_39 datto Lipo medesimo , in ka~ otobre ano LXXXV , LX | fio~
d' oro : **po&(nemo&)** che de dare innanzi quatro perchamene .
                                                  Libro Riccomanni, x.1, p. 524

[10fg]   **A` ÷ne_39 datto** Andrea medesimo , questo die , s~ XVIJ in fio~ : |
ebe ÷ne_31 una mezina d' olio , la quale mi chosto ÷e {SO} .
A` ÷ne_39 datto , questo die , lb~ LXXV in fio~ : **po&(nemo&)** che de
| dare innanzi in questo quaderno , <tre> quatro perchamene | in-
nanzi .   *Libro Riccomanni*, xvij.2, p. 528

3.3.4 ÀNNE DATTO – DIEDE(RO).

3.3.4   ÀNNE DATTO – DIEDE(RO). Strutture analoghe istituisce anche la formula *Ànne dat(t)o –
diede(ro)*, il cui secondo membro (a conferma della coesione del sistema) più spesso si inserisce anche in strutture miste con *Ànne dat(t)o – ponemo* ed *Ànne dat(t)o – avèmone* (come ad es. 9d,e,j
ecc.):

[11a]   **A` ÷ne_39 datto** questo die s~ XXVIIIJ in fio~ , il quale **diede** a la
| Trota in sua mano uno fio~ d' oro .   *Libro Riccomanni*, xxv.2, p. 535

[11b]   **A` ÷ne_39 dato** a termine s~ XX pi~ : **diede** ÷li a la Trotta quand'
io | era a Orbivieto .   *Libro Riccomanni*, xxv.2, p. 535

[11cde] **A` ÷ne_39 datto** , dies due d' aghosto , IIJ fio~ d' oro , i quali
ebi | in mia mano , che ne_31 conperai il pano di Buco da Orbivieto
.
A` ÷ne_39 datto , dies due anzi ka~ setenbre , VJ fio~ d' oro , i |
quali d~ **diede** a la Trota quand' io era a Orbivieto .
A` ÷ne_39 datto , dies VIJ di setenbre , VIJ fio~ d' oro , i quali
d~ | **diede** a la Trota quand' io era a Orbivieto .
A` ÷ne_39 datto , dies XXVJ di setenbre , in mia mano , XVJ fio~ |
d' oro e s~ XIIIJ e d~ V pi~ .   *Libro Riccomanni*, xxiij.3, p. 533

[11f]   **A` ÷ne_39 datto** Andrea medesimo , dies IJ di luglio ano LXXXVIJ , |
lb~ LXXVIJ e s~ VJ in fio~ : **diede** per lui Ducco e Pangnino | fra-
telli filioli di Rafano Silimani cinquanta tre fio~ d' oro | e s~
nove in fio~ . Valgliono a fio~ {SO} . Po&(nemo&) a loro ragone |
tre perchamene ina&[n&]zi .   *Libro Riccomanni*, xxv.1, p. 534

[11ghij] **A` ÷ne_39 datto** , dies XJ d' otobre , J fio~ d' oro , i quali mi
diede | in mia mano , che ne_31 paghai vitura una soma di lana che
| venia da Orbivieto .
A` ÷ne_39 dato , dies XVIJ d' otobre a questa andizione , IIIJ fio~

| d' oro , i quali d~ mi **diede** in mia mano , che ne_31 paghai il |
vino mosto ch' io conperai da ÷1 Bancho con altri danari | ch' io
avea .
0536 **A` ÷ne**_39 datto , in ka~ otobre , lb~ IJ e s~ VIIIJ e d~ VJ
in fio~ , che | mi ne_31 **diede** pano di Be&[r&]naduco .
A` ÷ne_39 datto , dies XXJ d' otobre , quando andai a Orbivieto , |
per ispesa , IIJ fio~ d' oro .
A` ÷ne_39 **datto** , dies XIIIJ di dicenbre , lb~ IJ e s~ VIIJ , de ÷'
quali | danari **diede** a la Trota lb~ tre di pi~ per ispesa . Val-
gliono | a fio~ {SO} .   *Libro Riccomanni*, xxvj.1, p. 535-6

[11k] **A` ÷ne**_39 **datto** , die venti di luglio anno novanta cinque , | CC
fio~ d' oro , i quali d~ **diedero** per me in due partite , l' una |
<a> <Milino> a Milglino Makaldi ed a Maneto suo konpangno , [...]
                                       Libro Riccomanni, xxxx.1, p. 547

[11l] **A` ÷ne**_39 **datto** questo die J fio~ d' oro e s~ XXX di pi~ : **diede** in
| mano di Lapo .   *Libro Riccomanni*, xxxx.1, p. 547

[11m] **A` ÷ne**_39 **datto** a termine , i quali d~ **diede** per me a ÷1 Panochia |
Richomanni , sì come apare iscritto per lo libro de ÷1 detto | To-
rigiano .   *Libro Riccomanni*, xxxxj.2, p. 548

3.3.4   FORMULE MENO FREQUENTI. Altre formule sono meno frequenti, ma la loro similarità di
struttura con le altre e la loro presenza in formule miste ne garantisce la significanza ed il contributo
alla coesione del sistema.

La prima di queste è *Ànne – rechoe*, talvolta anche in strutture miste con *Ànne – avèmone*, come
ad. es. 7i (=12a), ecc.:

[12a] **A` ÷ne**_39 **datto** , in ka~ setenbre , VJ fio~ d' oro : **avemo ÷ne**_31 d~
sei | fio~ d' oro : **recho ÷e** e' medesimo .   *Libro Riccomanni*, xx.2, p. 531

[12bc] **A` ÷ne**_39 **datto** , dies XVIJ di mago ano LXXXVJ , C fio~ d' oro : |
avemo ÷ne_31 soldi otto e d~ quatro di fio~ d' oro ; **recho ÷e** Lapo .
0532 **A` ÷ne**_39 **datto** , dies due di luglio ne l' LXXXVJ , LXXXVIJ fio~
| d' oro e s~ XX in fio~ : **recho ÷e** Lapo .   *Libro Riccomanni*, xxij.1, p. 532

[12d] **A` ÷ne**_39 **datto** , dies VIIIJ di novenbre , VJ fio~ d' oro : **recho**
÷e | la Marcherita .   *Libro Riccomanni*, xxiij.1, p. 532

Un'altra è *Ànne dat(t)o – levamo*, anche in serie miste con *Ànne dat(t)o – èbine | avèmone*, con in
un caso *tolsi* al posto di *levamo*:

[13a] **A` ÷ne**_39 **datto** Inchilberto medesimo , dies XV di marzo , lb~ |
LXXX e s~ VJ : **levamo** da sua ragione ove dovea <dare> | avere in-
nanzi <nove> undici perchamene .   *Libro Riccomanni*, xxvij.1, p. 536

[13bcd] **A` ÷ne**_39 **datto** , dies XVIJ di luglio , lb~ XIIJ e s~ J in fio~ :
ebi ÷ne_31 | in mia mano d~ nove fio~ d' oro ; i quali d~ **tolsi** per
| pachare l' oricello ch' io mandai a Orbivieto a Bartolomuzo | di
Cherado . Valgliono {SO} .
A` ÷ne_39 **datto** e' medesimo , die nove di no&[ven&]bre ne l' otanta
| sette , lb~ XXVIJ e s~ V in fio~ : **levamo** da sua ragone ove | do-
vea avere innanzi dodici perchamene .
A` ÷ne_39 **datto** , die otto d' otobre ano otanta otto , lb~ XVIJ e |
s~ IIIJ e d~ VJ : **avemo ÷ne**_31 undici fio~ d' oro e s~ venti cinque
| e d~ sei in fio~ .   *Libro Riccomanni*, xxvij.2, p. 537

Al medesimo tipo di struttura sembra ricondursi anche una serie in cui le prime registrazioni
hanno *Diédene* e le seconde prevalentemente *diede* o *ponemo*:

[14abc] 0547 **Diede ÷ne**_39 XLIIJ fio~ d' oro e s~ XXVJ e d~ IJ in fio~ , i
quali **diede** | per me a Bartolo Maghaldi in piu ÷e partite , sì come
apare | per lo libro suo , ke ne_31 conpero ÷e ze&[n&]dado ed altre

kose , | sì come si contiene ne· ÷∅ libro di Torigiano .
Diede ÷ne_39 anche per me a Bartolo in contanti in sua mano , | die
*** , LX fio~ d' oro e s~ XXVJ e d~ X in fio~ , i quali d~ gli | **diede**
- queste due partite - per conpimento de la dotta | de la Calizia .
Diede ÷ne__39 a me in piu ÷e partite , die XXIIIJ di giungno , per |
conperare cose ke si donaro a la Chalizia , XXV fio~ d' oro ; | ragua-
gliati i te&(rmini&) die VJ di luglio anno LXXXXV .
Diede ÷ne_39 in mia mano anche s~ VJ e d~ VJ pi~ .
Diede ÷ne_39 anche , die XX di luglio anno LXXXXV , XVIJ fio~ | d' oro
: **po&(nemo&)** ke **de dare** innanzi a sua ragione una perghamena .

Libro Riccomanni, xxxviiij.1, p. 547

3.3.5   PASSI INCERTI SOLUBILI PER ANALOGIA. Per pura analogia, infine, con i casi sistematici
precedenti, si sono inoltre potuti risolvere alcuni passi in sé più o meno indecidibili.

Questi i casi in cui si è potuto assegnare al personale dei *ne* in sé indecidibili:

[15a]   De **÷ne**_39 dare Tadeo di questi d~ da ka~ marzo innanzi a | d~ &¦t&¦re
lb~ il mese . | E de dare , V die anzi ka~ aprile ne l' LXXXV , s~ XX
di pi~ , | i quali d~ diedi per facitura le charte de la conpera de
la | tera che si conpero ÷e da Chanbio Lupicini , [...]

Libro Riccomanni, viiij.1, p. 524

[15b]   A` **÷ne**_39 datto Bancho medesimo , in mezo otobre , s~ XX di | pi~ ,
i quali danari gli scontai ne ÷1 vino ch' io conperai da lui | per
questo anno : no· li ne_31 tolsi meritto neuno pero ÷e che | mi fe-
ce buono merchatto de ÷1 vino .   *Libro Riccomanni*, xij.1, p. 525

[15c]   A` ÷ne_39 datto , in ka~ setenbre , VJ fio~ d' oro : avemo ÷ne_31
d~ sei | fio~ d' oro : recho ÷e e' medesimo .
A` **÷ne**_39 datto , questo die , s~ IIIJ e d~ VIIIJ pi~ .

Libro Riccomanni, xx.2, p. 531

[15d]   A` **÷ne**_39 datto Lapo e Panochia[21] medesimi a termine otto | cento
novanta quatro fio~ d' oro e lb~ quatro e s~ dodici e | d~ cinque
di cor~ .   *Libro Riccomanni*, xxxviij.1, p. 545

[15e]   A` **÷ne**_39 datto a termine i detti danari , sì come apare iscritto |
a· ÷∅ libro comune de la conpangnia intra Lapo e Panochia .

Libro Riccomanni, xxxviij.2, p. 546

[15f]   A` **÷ne**_39 datto Lapo a sé medesimo ed a Panochia suo frattello | a
termine LXXXIIJ fio~ d' oro , i quali d~ si sconto ÷e di | quelli
che dovea avere quando fece ragione a Orvieto con | Panochia , in
mezo novenbre anno LXXXX .   *Libro Riccomanni*, lj.1, p. 553

In base al medesimo parallelismo con le strutture precedentemente evidenziate, il *ne* di *avèmone*
in seconda posizione sarebbe al contrario da assegnare inquivocabilmente al dimostrativo debole,
come nei seguenti casi (e passi paralleli)[22]

[16a]   A`nno datto e medesimi , dies X di gungno ne l' LXXXIIIJ , | X fio~
d' oro : avemo **÷ne**_31 d~ diece d' oro ; ebe ÷lli Lapo da ÷1 Benino
| questo die .   *Libro Riccomanni*, iij.1, p. 518

[16b]   &P #001@ Neri f~ Manno Iacopi de avere , in mezo aghosto a questa |
andizione , XLVIJ fio~ d' oro e s~ VIJ in fio~ : avemo **÷ne**_31 s~
tre | e d~ nove di fio~ d' oro , i quali mi diede dies XIIJ di fe-
braio | in mia mano :   *Libro Riccomanni*, xviiij.1, p. 529

[16c]   &P #001@ Andrea e Chorso fratelli f~ di meser Ducco de ÷lgli Adima-
ri | deono avere , dies uno uscente giungno a questa andizione , |
LX fio~ d' oro : avemo **÷ne**_31 sesanta fio~ d' oro .

Libro Riccomanni, xxxxiiij.1, p. 549

---

[21] Per la speciosa coincidenza di creditore e debitore cfr. nota precedente.
[22] Diamo solo 7 esempi su 27 occorrenze totali di *avèmone* nel *Libro Riccomanni* (e nel CT tutto).

[16d] &P #001@ Bella f~ che fu ÷e Piero de avere lb~ XJ di pi~ , dies tre
       uscente | giungno a questa andizione : avemo ÷**ne**_31 sei fio~ d' oro
       e | due to~ grosi ;   *Libro Riccomanni*, xxxxv.1, p. 550

[16e] #002@ Benino e Savorino frattelli filglioli Iachopi Savori deono |
       avere , dies dicenove di novenbre ne l' LXXXV , X fio~ d' oro : |
       avemo ÷**ne**_31 d~ diece fio~ d' oro ; recho ÷e Lapo .
                                               Libro Riccomanni, xxxxv.2, p. 550

[16f] &P #001@ Giovani Baldovino e Donatto suo frattello deono avere , |
       dies otto intrante genaio ano LXXXVIJ , XXV fio~ d' oro : avemo
       ÷**ne**_31 | s~ due e d~ uno di fio~ d' oro dies otto intrante genaio |
       ano LXXXV ;   *Libro Riccomanni*, xxxxvj.1, p. 551

[16g] #002@ Chorso di meser Ducco de ÷lgli Adimari de avere s~ XXXIIJ | e
       d~ IIIJ pi~ : avemo ÷**ne**_31 quatro istaia di grano .
                                               Libro Riccomanni, xxxxviij.2, p. 552

e così nei casi con *èbene*[23], *èberne* ed *èbine*[24] nella seconda (o ulteriore) registrazione,

[17a] &P #001@ Bonizo e ' frattelli f~ Dietaiuti panaiuoli lini che stan-
       no | in Merchato nuovo deono dare in fio~ , dies quatordici intran-
       te | febraio , lb~ LVIIJ : ebe ÷**ne**_31 s~ tre e d~ quatro di fio~ d'
       oro | questo die ;   *Libro Riccomanni*, xiij.1, p. 525

[17b] #0002@ Andrea e Corso frattelli f~ di meser Ducco deono dare , |
       dies IIIJ uscente mago anno LXXXV , VJ fio~ d' oro , i quali danari
       | diedi per loro a fratte Antonio loro fratello questo | die : ebe
       ÷**ne**_31 d~ sei fio~ d' oro .   *Libro Riccomanni*, xiij.2, p. 526

[17c] E de dare , questo die , XLVJ fio~ d' oro e s~ VJ e d~ VJ in fio~ :
       | ebe ÷**ne**_31 s~ <diece> tre e d~ <sei> diece di fio~ d' oro e s~ |
       sei e d~ sei in fio~ , i quali danari io anoverai in sua mano .
                                               Libro Riccomanni, xvij.2, p. 528

[17d] E de dare Chorso medesimo , questo die di sopra , lb~ LXVJ | e s~
       IIIJ e d~ VJ in fio~ : ebe ÷**ne**_31 s~ tre e d~ nove di fio~ d' oro e
       | s~ dicenove in mezo a fio~ .   *Libro Riccomanni*, xvij.3, p. 528

[17e] Avemo datto , questo die , XXVJ fio~ d' oro e s~ IIJ pi~ : ebe
       ÷**ne**_31 | s~ due e d~ due di fio~ d' oro e s~ tre di pi~ chontanti
       in sua | mano .   *Libro Riccomanni*, xviiij.1, p. 529

[17f] #002@ Andrea di meser Ducco de dare , dies quindici di gungno , |
       VJ fio~ d' oro : ebe ÷**ne**_31 d~ sei fio~ d' oro questo die ;
                                               Libro Riccomanni, xx.2, p. 530

[17g] #002@ Sinibaldo Marsigli tavoliere de dare , dies quatordici in-
       trante | giungno , XXXV fio~ d' oro : ebe ÷**ne**_31 s~ due e d~ undici
       | di fio~ d' oro ;   *Libro Riccomanni*, xxij.1, p. 532

[18a] #003@ 0533 Guascho e Nado Chuvoni deono dare , dies IIIJ intrante
       | luglio ne l' LXXXVJ , XXXIJ fio~ d' oro : eber ÷**ne**_31 s~ due e d~
       otto | di fio~ d' oro ;   *Libro Riccomanni*, xxiij.3, p. 533

[18bc] &P #001@ Dino e Panochia fratelli filglioli di Richomano Iacopi | deono
       dare , in fiorini , in ka~ marzo a questa andizione , lb~ | CCC in fio~
       : eber ÷**ne**_31 s~ dicesette e d~ due di fio~ d' oro e s~ venti | sei in
       fio~ ; anoverai io Lapo i deti danari in mano di | Panochia .
       E deono dare , in fio~ , dies XVIJ di mago anno LXXXVJ , lb~ |
       CXXXVIIIJ e s~ VIJ e d~ IIJ : eber ÷**ne** s~ <sette> <e> <d~> <undici> |
       otto di fio~ d' oro e s~ tre e d~ tre in fio~ , i quali portai loro |

---

[23] Diamo solo 7 esempi su 15 occorrenze totali di *èbene* nel *Libro Riccomanni* (16 nel CT tutto), tutte dopo due punti, e cioè ad inizio della seconda registrazione.

[24] Diamo solo 3 esempi su 14 occorrenze totali di *ebine* nel *Libro Riccomanni* (e nel CT tutto), tutte dopo due punti, e cioè ad inizio della seconda registrazione.

ad Orbivieto quando v' andai <a> <l'> <ano> dies dicotto di | mago chon
Dino mio frattello <ed> <anovera' ÷li> .   *Libro Riccomanni*, xxiiij.1, p. 533.

[19a]   A` ÷ne_31 datto , dies V di luglio anno LXXXVIJ , in mia mano , |
        lb~ VIIJ e s~ XIIIJ : **ebi ÷ne_31** sei fio~ d' oro .
                                                    Libro Riccomanni, xxv.1, p. 534

[19b]   E de avere , dies X di marzo , lb~ XVIJ e s~ VIIJ in fio~ : **ebi ÷ne**
        | dodici fio~ d' oro in mia mano , che ne conperai una libra | di
        botoni ch' io mandai a Orbivieto ;   *Libro Riccomanni*, xxxxviiij.1, p. 552

[19c]   E de avere , dies XVIIJ di marzo , lb~ LVIIJ : **ebi ÷ne** quaranta |
        fio~ d' oro questo die ;   *Libro Riccomanni*, xxxxviiij.1, p. 552

In base ad analoghe ragioni saranno da assegnare al dimostrativo i *ne* dei *déone dare* nell'ultima
registrazione di un'entrata:

[20a]   &P #001@ Benino e Savorino frattelli f~ Iacopi Savori **deono dare** ,
        | XV die di mago a questa andizione , CX fio~ d' oro : **levamo** | da
        loro ragone ove doveano dare in questa facca medesima | di sopra .
        Deo ÷ne_31 dare a ragone di lb~ undici de ÷1 centinaio l' anno in |
        sei mesi .
        E **deono dare** per guadangno insino a die otto di febraio | ne l' LXXXV
        , VIIJ fio~ d' oro e s~ XXJ in fio~ .   *Libro Riccomanni*, xvj.1, p. 527

[20b]   &P #001@ Bonizo e ' frattelli f~ Dietaiuti panaiuoli lini che stano
        in | Merchato nuovo **deono dare** , dies tre intrante setenbre a |
        questa andizione , lb~ XXXVIIJ e s~ XVJ in fio~ : **levamo** da loro |
        ragone salda ove **doveano** <avere> **dare** da lato una | perchamena ;
        deo ÷ne_31 dare a ragone di d~ due e mezo lb~ quanto | istanno .
                                                    Libro Riccomanni, xvij.1, p. 527

Ad analoga prassi forse può essere ricondotto anche il seguente, più complesso, passo

[21]   &P #001@ Bartolino Ischenbangni de ÷1 popolo di Sa· Martino de ÷1 |
        Vescovo **de dare** , dies nove intrante dicenbre a questa | andizione
        , XXVIIJ fio~ d' oro : **demo ÷ne_31** per lui ad Andrea di | meser
        Ducco de li Adimari , dì sei di gungno a questa andizione , | ven-
        tisei fio~ d' oro contanti in sua mano ; **ave ÷ne_31** di | prode per
        questo termine che li avemo datto due fio~ d' oro , | e di questi
        d~ **avemo charta** per mano di ser Ducco f~ di | Cenni barbiere , la
        quale non è chonpiuta .   *Libro Riccomanni*, vij.1, p. 521

e, sempre nell'ultima registrazione, i *ne* di *a(ve)ne (riceuta)* | *ànnone* | *fecene charta* (di cui un caso
misto anche a 21):

[22a]   &P #001@ Meser Lapo Roso de ÷lgli Adimari **de dare** in fio~ , dies dodi-
        ci | intrante marzo a questa andizione , lb~ XVJ e s~ IIIJ e | 0525
        d~ VJ per saldamento d' otto fio~ d' oro e mezo che mi **dovea | dare**
        dies dodici di marzo ne ÷1 LXXVIIIJ , e questa ragone sì | era iscrit-
        ta a la tavola in su ÷e &[il&] libro de l' asi ; ben **ebi** io | due fio~
        d' oro e s~ cinque di pi~ , i quali d~ non ierano iscritti | a la ta-
        vola : **ave ÷÷ne_31 charta** per mano di ser Chanbio f~ che | fu ÷e di
        ser Benvenuto de ÷1 Chacatto , la quale s' i&[n&]brevo ÷e dies | diece
        di genaio a questa andizione .   *Libro Riccomanni*, xj.1, p. 525

[22b]   Avemo datto a Neri , dies XIIJ d' aprile , V fio~ d' oro e s~ VIJ |
        in fio~ : **fece ÷ne_31 charta** ser Chanbio di ser Benvenuto notaio |
        questo die .   *Libro Riccomanni*, xviiij.1, p. 529

[22c]   E de dare Andrea per prode di questi danari insino a die | cinque
        uscente marzo ne l' LXXXVIJ lb~ X in fio~ : **ave ÷ne_31 riceuta** |
        charta per mano di ser Chanbio f~ che fu ÷e di ser | Benvenuto de
        ÷1 Chacato ,   *Libro Riccomanni*, xxv.1, p. 534

[22d]   E de dare Chorso per prode di questi danari insino a | die cinque
uscente marzo ne l' LXXXVIJ lb~ X in fio~ : **ave ÷ne_31** | **riceuta
chart**a per mano di ser Chanbio f~ che fu ÷e di ser | Benvenuto de
÷1 Chacato ,
                                                    Libro Riccomanni, xxv.2, p. 534

[22e]   &P #001@ Ricordanza ke diedi <in> <dotta> in dota a la Chalizia |
mia filiola quando la diedi per molglie a Bartolo di Filipo | Ma-
ghaldi , co ÷' doni ked io le diedi , lb~ cinque cento due | a fio~
d' ariento , kontando il fiorino de l' oro s~ venti nove | a fiori-
ni : **fece ÷ne_31 karta** ser Nodo notaio ke sta ÷e da casa i | Porti-
nari , die XVJ di luglio anno LXXXXV , e confeso **÷ne_31** lb~ cinque-
cento | a fio~ d' ariento , e promise la dotta ko· lui insieme |
Simone e Cherado suo fratello .
                                                  Libro Riccomanni, xxxxj.1, p. 548

[22f]   #002@ Meser Tomaso Ispigliati e Lapo Ughi e ' chonpangni de | la
tavola deono avere , die venti cinque di febraio , X fio~ | d' oro
, i quali d~ mi prestaro questo die : **àno ÷ne_31 karta** per | mano
d' uno konpangno di ser Beni&[n&]chasa d' Altomena | notaio , e
'nbrevo ÷si questo die .
                                                  Libro Riccomanni,lij.2, p. 554

Questa formula può anche giungere in terza posizione, dopo un *avèmone | èbine* in seconda:

[23a]   &P #001@ Giovani Baldovino e Donatto suo frattello **deono avere** , |
dies otto intrante genaio ano LXXXVIJ , XXV fio~ d' oro : **avemo ÷ne_31**
| s~ due e d~ uno di fio~ d' oro dies otto intrante genaio | ano LXXXV
; **à ÷ne_31 charta** per mano di ser Lapo Cinghieti , | la quale s'
i&[n&]brevo ÷e questo die . {SO} .
                                                  Libro Riccomanni, xxxxvj.1, p. 551

[23b]   &P #001@ Meser Techiaio Amadori de ÷' Chavalchanti **de avere** , in |
mezo gienaio ano LXXXVIJ , XXV fio~ d' oro : **avemo ÷ne_31** s~ due | e
d~ VIJ di fio~ d' oro in mezo genaio ano otanta cinque ; | **à ÷ne_31
charta** per mano di ser Beni&[n&]chasa d' Altomena notaio , | e 'nbre-
vo ÷si questo die .
                                                  Libro Riccomanni, xxxxvij.1, p. 551

[23c]   &P #001@ Cenni e Dino di Fagolari **deono avere** , dies IIIJ intrante
| febraio anno LXXXVJ , XXIIIJ fio~ d' oro : **ebi ÷ne_31** s~ due di
fio· | d' oro dies quatro intrante febraio anno LXXXV ; **àno ÷ne_31**
| **charta** per mano di ser *** .
                                                  Libro Riccomanni, xxxxvij.1, p. 551

[23d]   &P #001@ Giovanni Baldovini e Donato suo fratello **deono avere** , |
die otto intrante genaio ano otanta sette , XXV fio~ d' oro : | **a-
vemo ÷ne_31** s~ due e d~ uno di fio~ d' oro die otto intrante | gie-
naio ano otanta cinque , i quali d~ mi prestaro questo | d~ due an-
ni per neente ; **àno ÷ne_31 karta** per mano di ser | Lapo Cinghietti
, la quale s' inbrevo ÷e questo die .
                                                 Libro Riccomanni, liij.1, p. 554

3.4   IL CONTROLLO PALEOGRAFICO. Il controllo paleografico, vero *experimentum crucis* per la
nostra ricostruzione ideale e testuale della partita, è, come accennato, possibile per l'appartenere il
nostro testo al tipo misto, Fesenmeier- (2). In generale, va sùbito detto, il controllo non ha recato e-
lementi di falsificazione della nostra ricostruzione: che è quanto di meglio si potesse sperare come
conferma. In particolare, è sempre[25] in quelle che avevamo identificato come "prime registrazioni",
sede dei *ne* personali, che avviene lo spostamento della cifra all'esterno del testo, confermandone
così in molti casi l'identificazione.

Lo spazio è tiranno, e non posso fornire una esemplificazione così completa come quella data nei
§§ 3.3, ma si veda almeno come gli ess. 7abc si presentano nella realtà del manoscritto (Tav. 3),
confrontandoli poi (Tav. 4) da un lato con il testo Castellani rivisto per l'OVI (dal sito dell'OVI) e

---

[25] Le perturbazioni sono pochissime, di norma solo in sedi "pasticciate" per aggiunte non previste dallo spazio lasciato
disponibile, e simili.

dall'altro con la mia trascrizione secondo quei criteri[26] più codicologico-paleograficamente rispetto-si che vorrei proporre:

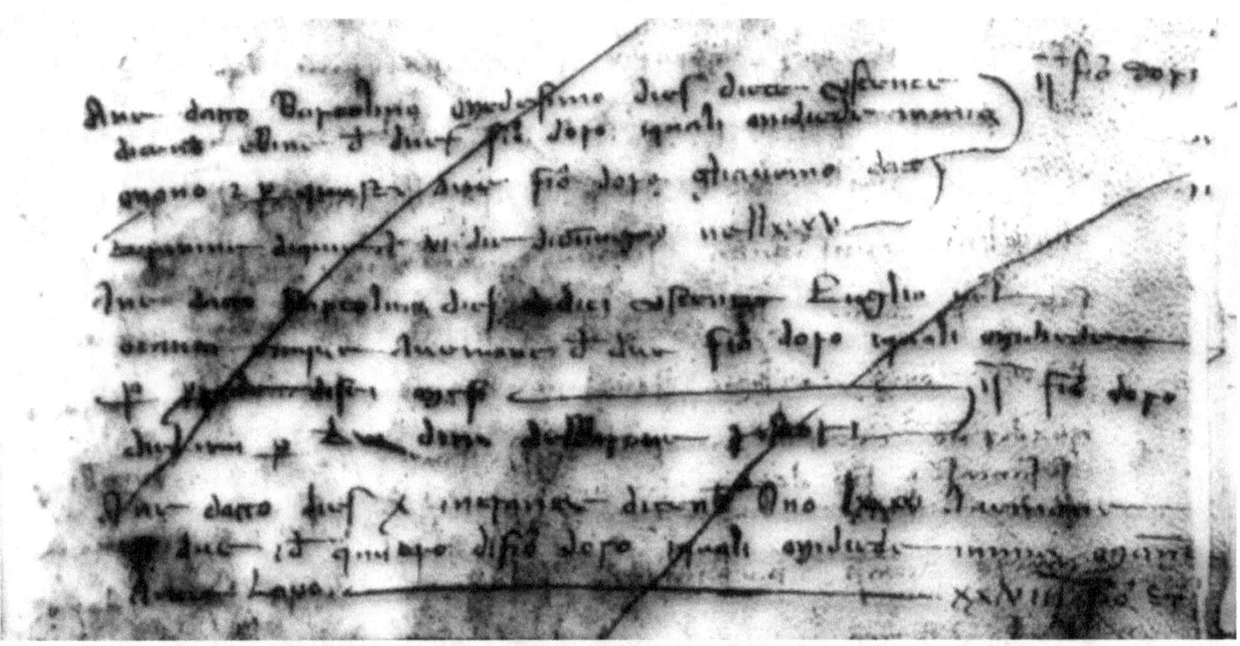

Tav. 4. *Libro Riccomanni* (Marucelliano C 389-1), c. 6r = ess. 7abc: il manoscritto.

Àne datto Bartolino medesimo, dies diece uscente dicenbre, IJ fio. d' oro: ebine d. due fio. d' oro, i quali mi diede in mia mano, e per questi due fio. d' oro gli avemo dato termine di quie a VJ die di gungno ne l' LXXXV. Àne datto Bartolino, dies XIJ uscente luglio ne l' otanta cinque, IJ fio. d' oro: avemone d. due fio. d' oro, i quali mi diede per prode di sei mesi: dielimi per lui Dino del Barone Ristori. Àne datto, dies X intrante dicenbre ano LXXXV, XXVIIJ fio. d' oro: avemone s. due e d. quatro di fio. d' oro, i quali mi diede in mia mano a me Lapo.	Àne datto Bartolino medesimo, dies diece uscente dicenbre. ebine d. due fio. d' oro, i quali mi diede in mia mano, e per questi due fio. d' oro gli avemo dato termine di quie a vj die di gungno ne l' lxxxv. ij fio. d' oro Àne datto Bartolino, dies xij uscente luglio ne l' otanta cinque. Avemone d. due fio. d' oro, i quali mi diede per prode di sei mesi. —————————ij fio. d' oro Dielimi per lui Dino del Barone Ristori. Àne datto, dies X intrante dicenbre ano lxxxv. Avemone lb. xiij e s. xvj e d. x, i quali mi diede in mia mano a me Lapo. —————————xxviij fio. d' oro

Tav. 5. *Libro Riccomanni*, c. 6r = ess. 7abc: edizione OVI-Castellani (sinistra) e trascrizione mia (destra).

Si noti quanto la riorganizzazione testuale attuata da Castellani sia invero cospicua, e che anche la articolazione paragrafematica è probabilmente da rivedere. Comunque, credo, è evidente come la scansione lineare della partita di conto sulla pagina confermi la nostra lettura formulare: in altri termini, tanto la formularità quanto l'organizzazione della pagina sono due elementi costitutivi del genere "libro di conti" e ne assicurano (insieme o singolarmente) la leggibilità.

4.   CONCLUSIONI. La struttura generale[27], pertanto, che emerge da questa disamina è che di norma in ogni entrata tipica del libro di conti, la prima registrazione è di chi dà o prende denaro (e quindi è sede privilegiata di personali), mentre la successiva è di cosa di quel denaro viene fatto od è avvenuto (e quindi è piuttosto sede di dimostrativi).

L'ipotesi che un'analisi delle strutture portanti dell'organizzazione del testo, individuate in formule seriali ricorrenti che lo scandiscono nelle varie registrazioni della partita contabile, conduca alla soluzione di un problema linguistico (la natura del clitico *ne*), riceverebbe così conferma dalla completezza (assenza di eccezioni ossia contraddizioni interne) della sua applicazione, e dalla realtà codicologica della messa in pagina del testo, suggerendo anche l'utilità di un differente criterio edi-

---

[26] Sugli altri aspetti editoriali, grafico-linguistici ed abbreviativi, non è questa la sede per intervenire; basti segnalare che Ludwig Fesenmeier ed io abbiamo poi lanciato un progetto editoriale congiunto basato proprio su questi criteri: cfr. BARBERA - FESENMEIER 2010.

[27] Anche il *Libro Castra*, di cui non si è tenuto conto, in quanto non presenta potenziali *ne* personali, che era il problema da cui siamo partiti, non sembra discostarsi da questa struttura.

toriale per questo genere di testi da quello seguito dal Castellani. E se tutto ciò è vero, è forse possibile esportare il metodo qui impiegato anche in documenti del tipo Fesenmeier-(1), in cui la effettiva messa in pagina non fornisce alcun indizio materiale.

Non guasterà, per concludere, ribadire che anche se il metodo esperito è testuale, la sua conferma codicologico-paleografica è tanto più preziosa quanto l'altra, quella contabile, è difficile da ottenere: di esperti di ragioneria storica, infatti, la piazza è alquanto scarsa, ma se qualcuno ve ne fosse tra i presenti[28], anche la sua confutazione (o conferma) sarebbe la benvenuta.

5   BIBLIOGRAFIA. Suddivido la bibliografia secondo i medesimi criteri enunciati e con le medesime avvertenze fatte nel primo contributo raccolto in questo volume (¶ 1. § 4.).

5.1   BIBLIOGRAFIA GENERALE.

BARBERA

2000/08 Manuel Barbera, *CT Specification Guide*, HTML page, 29 August 2000, nel sito ospitato dall'IMS di Stuttgart dal titolo *WWW access to the corpus Corpus Taurinense (XIIIth century Italian)*: http://www.ims.uni-stuttgart.de/projekte/CQPDemos/italant/ e poi nel sito dell'Università di Torino http://www.corpora.unito.it/italant/posinfo.html; la versione più recente (2008, Tagset Ver. 1.4) è però quella disponibile alla pagina http://www.bmanuel.org/projects/ct-posinfo.htm.

2000 Manuel Barbera, *Pronomi e determinanti nell'annotazione dell'italiano antico. La POS "PD" del Corpus Taurinense*, in *Parallela IX. Testo - variazione - informatica | Text - Variation - Informatik. Atti del IX Incontro italo-austriaco dei linguisti (Salisburgo, 1-4 novembre 2000) | Akten des IX Österreichisch-italienischen Linguistentreffens (Salzburg, 1.-4. November 2000)*, a cura di | hrsg. Roland Bauer - Hans Goebl, Wilhelmsfeld, Gottfried Egert, 2002 "Pro Lingua" 35, pp. 35-52.

2007 Manuel Barbera, *Un tagset per il Corpus Taurinense. Italiano antico e linguistica dei corpora*, in BARBERA - CORINO - ONESTI 2007a, ¶ 8 pp. 135-168.

2009 *Schema e storia del "Corpus Taurinense". Linguistica dei corpora dell'italiano antico*, Alessandria, Edizioni dell'Orso, 2009. Nuova versione completamente rifatta ed ampliata di *Linguistica dei «corpora» per l'italiano antico. Annotazione morfosintattica di testi fiorentini del Duecento*, a cura di a cura di Manuel Barbera e Carla Marello, Alessandria, Edizioni dell'Orso, 2001.

2011a *"Partes Orationis", "Parts of Speech", "Tagset" e dintorni. Un prospetto storico-linguistico*, in *Anatolistica Indoeuropeistica e Oltre – nelle Memorie dei Seminarî offerti da Onofrio Carruba (Anni 1997-2002), al Medesimo presentate*, a cura di Guido Borghi ed Alfredo Rizza, Milano, Qu.A.S.A.R., 2011 "Antiqui Aevi grammaticae artis studiorum consensus. Series maior" 1, tomo I pp. 113-145. Rielaborazione di *Parti del discorso ed annotazione di corpora elettronici*, lezione tenuta a Basilea il 9 maggio 2008 presso l'Instituto di Italianistica dell'Universität Basel.

2011b *Intorno a "Schema e storia del Corpus Taurinense"*, comunicazione al *III Incontro di filologia digitale, Verona, 3-5 marzo 2010*, ora in *Linguistica e filologia digitale: aspetti e progetti*, a cura di Paola Cotticelli Kurras, Alessandria, Edizioni dell'Orso, 2011, pp. 27-48.

2014 *Il neo-Corpus Taurinense e l'arte della query*, comunicazione al *Seminario: sintassi dell'italiano antico e sintassi di Dante. Pisa 14-15 ottobre 2011*, ora in *Sintassi dell'Italiano antico e sintassi di Dante*, a cura di Mirko Tavoni, Pisa, Felici Editore, 2014, pp. 19-31; include una parziale rielaborazione di *Approssimazioni al neo-CT*, comunicazione al convegno *Oltre il CT. Nuovi sviluppi di un corpus di italiano antico. Torino, 9 giugno 2011*.

---

[28] E, purtroppo, tra i presenti al convegno, non ve n'era.

BARBERA - CORINO - ONESTI

2007a   *Corpora e linguistica in rete*, a cura di Manuel Barbera, Elisa Corino, Cristina Onesti, Perugia, Guerra Edizioni, 2007 "L'officina della lingua. Strumenti" 1.

2007b   Manuel Barbera, Elisa Corino, Cristina Onesti, *Cosa è un corpus? Per una definizione più rigorosa di corpus, token, markup*, in BARBERA - CORINO - ONESTI 2007 a, ¶ 3 pp. 25-88.

BARBERA - FESENMEIER

2010   Manuel Barbera - Ludwig Fesenmeier, *'(Ri)fare i conti': Überlegungen zu einer (Neu)Edition altitalienischer Kontobücher*, in EUFE - HEINEMANN 2010, pp. 127-146.

BARBERA - MARELLO

1999/2001 Manuel Barbera - Carla Marello, *L'annotazione morfosintattica del Padua Corpus: strategie adottate e problemi di acquisizione*, comunicazione al convegno *Italiano antico e corpora elettronici*, Padova, 19-20 febbraio 1999, poi in «Révue romane» XXXVI $(2001)^{1}$ 3-20.

2000/03. Manuel Barbera - Carla Marello, *Corpus Taurinense: italiano antico annotato in modo nuovo*, in *Italia linguistica anno Mille - Italia linguistica anno Duemila. Atti del XXIV Congresso internazionale di studi della Società di linguistica italiana (SLI), Firenze 19-21 ottobre 2000*, a cura di Nicoletta Maraschio e Teresa Poggi Salani, Roma Bulzoni, 2003, pp. 685-693.

BELTRAMI

1998-...   *Tesoro della lingua italiana delle origini*, diretto da Pietro Beltrami, Firenze, CNR - Centro di studi Opera del Vocabolario Italiano, 1998-..., disponibile su http://tlio. ovi.cnr.it/TLIO/.   *(TLIO)*

CAIX

1878   N[apoleone] Caix, *Sul pronome italiano*, in «Giornale di filologia romanza» I (1878) 43-47.

CASTELLANI

1952   *Nuovi testi fiorentini del Dugento*, con introduzione, trattazione linguistica e glossario, a cura di Arrigo Castellani, Firenze, G. C. Sansoni editore, 1952 "Autori e documenti di lingua pubblicati dall'Accademia della crusca", 2 voll.

D'OVIDIO

1886   F[rancesco] D'Ovidio, *Ricerche sui pronomi personali e possessivi neolatini*, in «Archivio glottologico italiano» IX (1886) 25-101.

EUFE - HEINEMANN

2010   *Romania urbana. Die Stadt des Mittelalters und der Renaissance und ihre Bedeutung für die romanischen Sprachen und Literaturen*, herausgegeben von Rembert Eufe - Sabine Heinemann, München, Martin Meidenbauer, 2010 "Mittelalter und Renaissance in der Romania" 3.

FESENMEIER

2001/3   Ludwig Fesenmeier, *L'ordine dei costituenti in toscano antico*, Padova, Unipress, 2003, con una *Presentazione* di Alfredo Stussi. Versione ridotta e rivista della *Tesi di perfezionamento*, Pisa, Scuola Normale Superiore, 2001.

2003   Ludwig Fesenmeier, *I libri di conti tra manoscritto e internet*, in *I nuovi media come strumenti per la linguistica*, a cura di Franz Reiner e Achim Stein, Frankfurt am Mein, Peter Lang, 2003 "Sprache im Kontext" 18, pp. 27-42.

ItalAnt vedi RENZI - SALVI 2010.

KOCH
1988   Peter Koch, *Fachsprache, Liste und Schriftlichkeit in einem Kaufmannsbrief aus dem Duecento*, in *Fachsprachen in der Romania*, herausgegeben con Hartwig Kalverkamper, Tübingen, Gunter Narr Verlag, 1988 "Forum für Fachsprachen-Forschung" 8, pp. 15-60.
1988/90   Peter Koch, *Von Frater Semeno zum Bojaren Neacşu. Listen als Domäne früh verschrifterer Volkssprache in der Romania*, in *Erscheinungsformen kultureller Prozesse. Jahrbuch 1988 des Sonderforschungsbereiche "Übergänge und Spannungsfelder zwischen Mündlichkeit und Schriftlichkeit"*, herausgegeben von Wolfgang Raible, Tübingen, Gunter Narr Verlag, 1990 "ScriptOralia" 13, pp. 121-165.
1994/97   Peter Koch, *Graphé. Ihre Entwicklung zur Schrift, zum Kalkul und zur Liste*, in *Schrift, Medien, Kognition. Über die Exteriorität des Geistes*, herausgegeben von Peter Koch und Sybille Krämer, Tübingen, Stauffenburg Verlag, 1997 "Probleme der Semiotik" 19, pp. 43-81. [Beitrag zu dem Kolloquium *Mediale Grundlagen der Kognition*, Berlin 1994].
1998   Peter Koch, *Urkunde, Brief und öffentliche Rede. Eine diskurstraditionelle Filiation im 'Medienwechsel'*, in «Das Mittelalter» III (1998)[1] [= Artes *im Medienwechsel*, herausgegeben von Ursula Schaefer, Berlin, Akademie Verlag, 1988] 13-44.

KOCH - OESTERREICHER
1990   Peter Koch - Wulf Oesterreicher, *Gesprochene Sprache in der Romania: Französich, Italienisch, Spanisch*, Tübingen, Max Niemeyer Verlag, 1990 "Romanistiche Arbeitshefte" 31.
1994   Peter Koch - Wulf Oesterreicher, *Funktionale Aspekte der Schriftkultur*, in GÜNTHER - LUDWIG 1994, pp. 587-604.

GÜNTHER - LUDWIG
1994   *Schrift und Schriftlichkeit | Writing and Its Use*, herausgegeben von | edited by Hartmut Günther und | and Otto Ludwig, Berlin, de Gruyter, 1994.

LA FAUCI
1993   Nunzio La Fauci, *Verso una considerazione linguistica di testi siciliani antichi. Funzione e forma delle particelle* ndi *e* ni, in «L'Italia dialettale» LVI (1993) 51-124.

LAUSBERG
1971   Heinrich Lausberg, *Linguistica romanza. I. Fonetica. II. Morfologia*, Traduzione dal tedesco di Nicolò Pasero, Milano, Feltrinelli editore, 1971 [prima edizione italiana ampliata e riveduta dall'autore], 1976_2. Edizione originale: *Romanische Sprachwissenschaft*, I. *Einleitung und Vokalismus*, II. *Konsonantismus*, III. *Formenlehre*, Berlin, Walter de Gruyter, 1969.

LOACH BRAMANTI
        Kathleen Loach Bramanti, *La funzione sintattica dei verbi* dare *e* avere *in relazione alla somma di denaro nella partita contabile dei primi secoli*, in «Studi di grammatica italiana» IV (1974-5) 5-15.

LOPORCARO
1995/98   Michele Loporcaro, *Ancora sull'etimo della particella pronominale* ne *di I plurale: la testimonianza dei dialetti del Meridione*, in *Atti del XXI Congresso internazionale di linguistica e filologia romanza. Centro di studi filologici e linguistici siciliani - Università di Palermo, 18-24 settembre 1995*, a cura di Giovanni Ruffino, Sezione 1 *Grammatica storica delle lingue romanza*, Tübingen, Max Niemeyer Verlag, 1998, pp. 161-72.

MAIDEN
1998   Martin Maiden, *Storia linguistica dell'italiano*, Bologna, Il Mulino, 1998 "Strumenti".
          Edizione originale: *A Linguistic History of Italian*, New York, Longman, 1995.

MEYER-LÜBKE
1890-1906 W[ilhelm] Meyer-Lübke, *Grammaire des langues romanes*. ¶ **I.** Tome premier: *Phoné-*
          tique, traduction française par Eugen Rabiet, Paris, H. Welter Éditeur, 1890. **II.** Tome
          duxième: *Morphologie*, traduction française par Auguste Doutrepont et Georges Doutre-
          pont, Paris, H. Welter Éditeur, 1895. **III.** Tome troisième: *Syntaxe*, traduction française
          par Auguste Doutrepont et Georges Doutrepont, Paris, H. Welter Éditeur, 1900. **IV.**
          Tome quatrième: *Tables générales*, par Auguste Doutrepont et Georges Doutrepont, Pa-
          ris, H. Welter Éditeur, 1906.
1935   W[ilhelm] Meyer-Lübke, *Romanisches Etymologisches Wörterbuch*, Heidelberg, Carl
          Winter Universitätsverlag, 1972_5 [=1935_3] "Sammlung Romanischer Elementar- und
          Handbücher. Dritte Reihe: Wörterbücher".

PARODI
1889   E[rnesto] G[iacomo] Parodi, *Dialetti toscani*, in «Romania» XVIII $(1889)_{72}$ 590-625.
          [Recensione a] L. Hirsch, *Laut- und Formenlehre des Dialekts von Siena*, in «Zeitschrift
          für romanische Philologie» IX (1985) 513-70 e X (1986) 56-78, 411-446; Silvio Pieri,
          Note sul dialetto aretino, Pisa, Nistri, 1886; Bianco Bianchi, *Il dialetto e l'etnografia di*
          Città di Castello, con raffronti e considerazioni storiche, Città di Castello, Lapi, 1888.

PETÖFI
1988/96   Petöfi[29] János S[ándor], *La lingua come mezzo di comunicazione scritta: il testo*, in *Si-*
          stemi segnici e loro uso nella comunicazione umana. 3. La testologia semiotica e la co-
          municazione multimediale, a cura di János S[ándor] Petöfi - Luciano Vitacolonna, Mace-
          rata, Università di Macerata, 1996 "Dipartimento di filosofia e scienze umane. Quaderni
          di ricerca e didattica" 17, pp. 66-107 [Prima edizione: Urbino, 1988, Centro internazio-
          nale di semiotica e linguistica dell'Università di Urbino; poi anche in inglese in *An En-*
          cyclopedia of Language, edited by N[eville] E. Collinge, London - New York, Routle-
          dge, 1990, ¶ 7 pp. 207-243].
2004   Petöfi János S[ándor], *Scrittura e interpretazione. Introduzione alla testologia semiotica*
          dei testi verbali, Roma, Carocci Editore, 2004 "Università" 613.

RENZI - SALVI
2010   *Grammatica dell'italiano antico*, a cura di Giampaolo Salvi e Lorenzo Renzi, 2 voll.,
          Bologna, il Mulino, 2010.   (*ItalAnt*)

ROHLFS
1966-69   *Grammatica storica della lingua italiana e dei suoi dialetti*, Vol. I. *Fonetica*. Traduzione
          di Salvatore Persichino, Vol. II. *Morfologia*. Traduzione di Temistocle Franceschi, Vol.
          III. *Sintassi e formazione delle parole*.Traduzioni di Temistocle Franceschi e Maria Cia-
          gagli Franceschi, Torino, Einaudi, risp. 1966, 1968 e 1969 "Piccola Biblioteca Einaudi"
          148, 149 e 150.

TEKAVČIĆ
1972   Pavao Tekavčić, *Grammatica storica dell'italiano. I. Fonematica, II. Morfosintassi, III.*
          Lessico, Bologna, il Mulino, 1972.

TLIO vedi BELTRAMI 1998-...

---

[29] *Sic*: come notavamo in BARBERA 2009, p. 1156 ed abbiamo spesso ripetuto «Petöfi János Sándor, evidentemente ras-
segnato acché la /ö/ lunga dell'ungherese venga bistrattata dagli editori italiani, per prevenire maggiori danni si firma*va*
ormai in italiano "János Petöfi"».

5.2   TESTI.

Bono, *Libro Vizi* = Bono Giamboni, *Il Libro de' Vizî e delle Virtudi*, in *Il Libro de' Vizî e delle Virtudi e Il Trattato di Virtù e Vizî*, a cura di Cesare Segre, Torino, Einaudi, 1968 "Nuova raccolta di classici italiani annotati" 7, pp. 3-120. [CT; a. 1292, fior., did. rel.]

Brunetto, *Rettorica* = Brunetto Latini, *La Rettorica*, a cura di Francesco Maggini, Firenze, Le Monnier 1968. [CT; c. 1260-61, fior., ret.]

Brunetto, *Tesoretto* = Brunetto Latini, *Il Tesoretto*, in *Poeti del Duecento*, a cura di Gianfranco Contini, Milano - Napoli, Ricciardi, 1960 "La Letteratura italiana. Storia e testi" 2.ij, tomo II, pp. 175-277. [CT; a. 1274, fior., did. rel.]

Libro banchieri = *Frammenti di un libro di conti di banchieri fiorentini del 1211*, in Arrigo Castellani, *La prosa italiana delle origini*, I. *Testi toscani di carattere pratico*, Bologna, Pàtron editore, 1982 n° 7, pp. 21-40; [testo pp. 23-40]. [1211, fior., doc.]

Libro Castra = *Estratti notarili del Libro del dare e dell'avere di Castra Gualfredi e compagni dei Borghesi*, in *Nuovi testi fiorentini del Dugento*, a cura di Arrigo Castellani, Firenze, Sansoni, 1952, vol. II, n. 2, pp. 207-11. [CT; 1259-67, fior., doc.]

Libro Riccomanni = *Libro del dare e dell'avere, e di varie ricordanze, di Lapo Riccomanni*, in *Nuovi testi fiorentini del Dugento*, a cura di Arrigo Castellani, Firenze, Sansoni, 1952, vol. II., n. 11, p. 516-55. [CT; 1281-97, fior., doc.]

Novellino = [Anonimo], *Il novellino*, a cura di Guido Favati, Genova, Bozzi, 1970. Cfr. anche *Il novellino*, a cura di Alberto Conte, prefazione di Cesare Segre, Roma, Salerno Editrice, 2001 "I novellieri italiani" 1 [testo a pp. 1-162]. [CT; 1281-1300 ma XIV in., tosc., fior., narr.]

5.3   SITI WEB DI RIFERIMENTO.

Corpus Taurinense   http://www.bmanuel.org/projects/ct-HOME.html
(libcro a disponibilità completa)

OVI   http://www.ovi.cnr.it/

OVI db testuale   *Gattoweb*   http://gattoweb.ovi.cnr.it/
(libero a disponibilità parziale)

PhiloLogic3
http://www.lib.uchicago.edu/efts/ARTFL/projects/OVI/

TLIO   http://tlio.ovi.cnr.it/TLIO/
(libero a disponibilità completa)

"Begolardo". Una nota tra Cecco, Dante, ed oltre[*].

Su via, manco parole!
Susanna, in Mozart - Da Ponte, *Le nozze di Figaro*, IV.13.

0.   INTRODUZIONE. Nello scambio di convenevoli tra Cecco e Dante, di cui ci è pervenuta solo la risposta del Senese (*Dante Alleghier s'i' so'*)[1], al primo verso ricorre un insulto curioso: *begolardo*.

Curioso perché, salvo un unico precedente, peraltro anch'esso senese, la voce sembra ricorrere solo lì: quasi un ἅπαξ. Voce senese, però la sua formazione non sembra a prima vista essere toscana (dove anzi è abbastanza isolata) ma piuttosto settentrionale.

Visto che il sonetto allude esplicitamente all'esilio "lombardo" di Dante[2] (oltre che ad un soggiorno romano, invero non molto documentato[3], di Cecco) la prima ipotesi che sorge in mente sarebbe quella di pensare ad un esplicito "lombardismo" (nella fattispecie venetismo) da parte di Dante. Però si sarebbe subito smentiti dall'unica altra testimonianza, il solito terzo (ma qui in realtà solo secondo) incomodo, che è del 1288, ben precedente, quindi, l'esilio di Dante.

Com'è allora? Un attento esame dei dati etimologici (§ 5), della prima testimonianza della voce (§ 2) e della sua tradizione (§ 3), esigua ma parzialmente percolata nella Crusca[4], permette forse di raccontare una storia (§ 7) diversa da quella tradizionale (§ 1), perpetuata dal BATTISTI - ALESSIO (*DEI s.v.*) al BATTAGLIA (*GDLI s.v.*) ed al *TLIO* (BELTRAMI 1998-... *s.v.*).

1.   LA STORIA TRADIZIONALE ED I DATI DI BASE. Ma prima partiamo dalla storia vecchia. La documentazione disponibile non sembra essere molto mutata[5] da quella riferita nel BATTAGLIA (e che pareva presupposta già dal *DEI*) a quella del *TLIO*.

Le testimonianze sono, s'è detto, solo due: quella di Cecco[6] (certo *post* 1303, vista l'allusione all'esilio "lombardo", *scilicet* veronese, di Dante[7] al verso 8) e quella del cosiddetto *Egidio Romano*

---

[*] Questa ricerca venne avviata per le celebrazioni del centenario angiolieresco nella Contrada della Civetta, ed una versione parziale e diversamente orientata fu letta in quell'occasione. Rispetto alla versione pubblicata nei *Cuadernos*, oltre a minori ma numerose modifiche, ed al consueto rassettamento bibliografico, è stata recuperata parte del contenuto dell'originaria plaquette allestita per la Contrada della Civetta, e sono stati aggiunti tutto il § 6 e numerosi passi nelle *Conclusioni*. A vario titolo devo ringraziare Federica Gara, Francesca Geymonat e Salvatore Granata.

[1] Numerato 96 nelle *Rime* di Dante del De Robertis, che corrisponde al 15 delle *Rime* di Cecco nei *Poeti del Duecento* di Contini (il cui testo riproduco) ed al 136 in quelle del Massèra (prima edizione), al 111 della silloge del Marti (il cui testo è riprodotto dal *TLIO*) ed al 110 di quella del Lanza; per amor di completezza segnalo anche che è a pp. 134-136 della gaglioffa edizione del Giuliotti (che, notoriamente, non numera i testi). Una diversa ricostruzione della tenzone è stata proposta da ROSSI 1999b che dubita dell'esistenza della perduta proposta di Dante, come già anche LANZA 1990, pp. 219-220; per quanto ingegnosa, la ricostruzione del Rossi è però troppo macchinosa per convincere, ed è stata (a mio parere giustamente) rifiutata anche dalla più recente edizione del compianto Domenico De Robertis; moderate perplessità aveva però ancora espresso BETTARINI BRUNI 2005, p. 93.

[2] «Proposta di Dante e risposta di Cecco [...] risalgono al periodo del soggiorno a Verona», per dirla con SANTAGATA 2012, p. 158; non sono mancate tuttavia voci discordi, riassunte nel citato ROSSI 1999b, p. 21; la circostanza, pure, a me pare ben sicura.

[3] «D'un soggiorno romano di Cecco inform[a] solo il tardo Cittadini» CONTINI 1960, II.386

[4] Tanto che Sapegno, in una ormai classica antologia per le scuole, non si faceva troppi probemi a glossare, un po' circolarmente, «Begolardo: chi inventa e spaccia begole, ciance, fandonie» (SAPEGNO - TROMBATORE - BINNI 1964, p. 95).

[5] In molti casi, in effetti, ci si deve riferire ad edizioni vecchie e di incerta pratica ecdotica; è possibile che uno svecchiamento del dato filologico possa apportare qualche correzione, ma il quadro d'insieme non credo ne uscirebbe molto mutato; almeno le edizioni moderne (dai *Poeti del Duecento* al recente *Pataffio*) non l'hanno mutato.

[6] La bibliografia angiolieresca, aperta sostanzialmente nel 1875 dal d'Ancona, è sterminata e ricca di grandi nomi, come Pirandello o Croce; qui ci limitiamo a rimandare a ROSSI 1999a e BETTARINI BRUNI 2005, da cui si può agevolmente risalire a gran parte di quella storia critica.

volgarizzato, cioè della traduzione che fu fatta nel 1788 da un anonimo presumibilmente senese[8] del *De regimine principum* di Egidio Romano (circa del 1277-79).

[1] Appresso die guardare che elli doni per bene quello che elli dona, e non per altra cosa. E tutte le volte che 'l re od altri dona ai **begolardi**[9] o agli uomini di corte, o a cui ellino non debbono, ellino non sono più larghi né liberali. Ché i giocolari e i bordatori, e molte maniere di genti debbono meglio essere pòvari che ricchi.

Egidio Romano volgarizzato, L. 1, pt. 2. cap. 18. p. 57 r. 37[10]

[2] Dante Alleghier, s'i' so' buon **begolardo**[11], | tu me ne tien' ben la lancia a le reni; | s'i' desno con altrui, e tu vi ceni; | s'io mordo 'l grasso, e tu vi sughi el lardo; || s'io cimo 'l panno, e tu vi freghi el cardo; | s'io so' discorso, e tu poco t'afreni; | s'io gentileggio, e tu misèr t'aveni; | s'io so' fatto romano, e tu lombardo. || Sì che, laudato Idio, rimproverare | poco può l'uno a l'altro di noi due: | sventura o poco senno ce'l fa fare. || E se di tal materia vo' dir piùe, | Dante, risponde, ch'i' t'avrò a stancare, | ch'i' son lo pugnerone, e tu se' 'l bue.

Cecco, *Rime*[12], Contini 15,1 p. II.386[13] = Marti 111.1, p. 231

La voce del *TLIO* (del 2001 di Gian Paolo Codebò) dà *begolardo* come derivato di *begole*, altra voce (del 2000 di Roberto Leporatti) solo senese e con due sole attestazioni, ma più tarde, della seconda metà del Trecento:

[3] E quando 'l re gli udì dicer cosìe | in dosso con grande ira sì gli corse | e presel pe' capelli e 'n terra gìe | e sotto ' piei sel misse senza forse | e diègli tanto dicendogli sìe | che tutto 'l ruppe e di gran busse el morse | e dissegli: – Se tosto non adori | e' nostri dii con reverenti onori || e lassi star di quel buffon le **begole**, | di mala morte ti farò morire. –

Neri Pagliaresi[14], *Santo Giosafà*, pt. 8, 12.1, p. 101

[4] E pertanto, dolcissime mie madri in Cristo, carissimamente vi prego che ora dimenticando le **begole** delle rocche e de' naspatoj, il dì e la notte gridate Jesù Cristo benedetto, però che vuole essare esso pregato e perchè pare che più l'amiamo, e perchè esso vuole amare noi; [...]

Colombini, *Lettere*, 71, p. 186.2

A sua volta, in questo gioco di rinvii, *begole* è dato come derivato dal verbo *begolare* (voce pure del 2000 di Roberto Leporatti), di attestazione ancora più limitata e tarda, nel *Centiloquio* del Pucci, col quale esce finalmente di Siena per andare in Firenze, ma muore lì.

---

[7] Sulle relazioni tra Dante e Cecco cfr. MARTI 1970, ROSSI 1999b (per il sonetto *Dante Alleghier* che Rossi chiama espressamente «il sonetto del "begolardo"», cfr. soprattutto le pp. 10-11 e 17-21) e MARRANI 2005, pp. 111-15.

[8] Almeno, il principale, tra i cinque manoscritti, Naz. FI II.IV.29, ha chiaro colorito senese, peraltro abbastanza conservato dalla classica edizione del Corazzini, riprodotta anche nel *TLIO*: cfr. SEGRE - MARTI 1959, 1065-6.

[9] I grassetti, qui e negli esempi seguenti, sono miei.

[10] I riferimenti cronotopici forniti in bibliografia, al solito, sono quelli dell'OVI, od in loro assenza, dono comunque riportati a quello stile.

[11] Nei manoscritti (secondo segnala ROSSI 1999a, pp. 17-18) si ha anche *bigolardo* (Barberiniano Latino 3953, c. 157) e *bagolardo* (Riccardiano 1166, c. 130bis r). Che la paternità dell' "insulto" vada, peraltro, ascritta a Dante è sempre stato, con buona verosimiglianza, sostenuto: «begolardo: buffone, chiacchierone. Ribatte le accuse che Dante gli avrà rivolto in un sonetto perduto» (MARTI 1956, p. 231).

[12] Il sonetto è, come si è detto, evidentemente dei primi del Trecento: la datazione dell'OVI riferita in bibliografia è, naturalmente, da intendersi riferita all'opera complessiva di Cecco (cfr. n. 70).

[13] Riproduco, come dicevo, il testo Contini; le differenze tra questo e quello De Robertis, trascurando le minuzie di interpunzione, ammontano a: 3 *s'io*] *s'i'* – 4 *sughi*] *suggi* – 5 *'l cardo*] *el cardo* – 6 *so'*] *son* – 7 *discorso*] *scorso* – 9 *Idio*] *Dio* – 11 *ce'l*] *ce·l* – 12 *vo'*] *vuo'* – 13 *risponde*] *rispondi* – 14 *ch'i'*] *ch'io · pugnerone*] *pungiglione · se'*] *sè*. Che, scartate le varianti solo grafico-linguistiche, si riducono poi a tre (ai vv. 4, 7 e 14), per le quali trovo più cogenti le scelte di Contini: in una (v. 7), metrica, è in gioco la scelta tra sinalefe e dialefe – De Robertis opta per la dialefe, che però spezza il parallelismo con i versi 2,3,4,5,7 ed 8 dove vige invece la sinalefe; nelle altre due (vv. 4 e 14), di sostanza, Contini preferisce le *lectiones difficiliores*, recuperando anche (in 14) un prezioso senesismo meridionale.

[14] Cfr. n. 8.

84

[5]   E nota ben, Lettor, ciò, ch'io t'impegolo, / ch'e' guastar tutto il Castel di Caprona, / e Val di
Buti, e di questo non **begolo**, / e tutta Val di Calci, si ragiona, / e 'ntorno a Vico, e poi preser
comiato; / e 'l dir de' fatti lor quì s'abbandona.

Pucci, Centiloquio, c. 29, terz. 84, vol. 2, p. 64

Ed a questo punto per l'origine della forma arriva l'inevitabile rinvio al *LEI* (IV, 371.36-383.24)[15] che in effetti lo registra sotto **bag-/*bak-*; **be(r)g-*, § 2.a.ε. 'motteggiare; ciarlare' (IV, 380.23-380.41): ma di questo parleremo in séguito.

Resta che un aggettivo alterato dell'inizio del Trecento viene dato come derivato da un sostantivo deverbale della seconda metà del secolo, entrambi con attestazioni minime e solo senesi. Il verbo capofila, poi, avrebbe un'unica attestazione, ancora successiva (1388) e questa volta fiorentina. Anche senza entrare ancora nella specifica localizzazione delle parti di cui si compone, tutta all'insegna dell' ὕστερον πρότερον com'è, non si può certo dire che sia una storia molto convincente, né per la cronologia né per distribuzione geografica, dato che la famiglia di forme, per quanto esigua, è compattamente senese (1-4 e 7) ad esclusione delle due seriori attestazioni fiorentine del *Pataffio* e di Pucci (5 e 6); e peraltro neppure completa perché al *TLIO*, stranamente, mancano due attestazioni di *begole* (anche se la voce è segnalata con "documentazione esaustiva"), una, fiorentina tardo-trecentesca, segnalata dal Battisti - Alessio (*DEI* I.476a, che la eredita dalla Crusca, cfr. *infra*) ed una, senese di primo Quattrocento, segnalata dal Battaglia (*GDLI* II.145c), di cui solo la prima (invero cruciale, cfr. *infra*) è presente almeno nel database dell'OVI:

[6]   «Ma io ò posto un freno al menatoio, | ch'io non mi darò mai più alle streghe | se voglia non
mutasse il colatoio. | Non credo che s'andasse cento leghe, | ch'ella vorrà 'l peluzzo trarne
tutto, | e non starà in calcole a ffar pieghe. | Gnanima! Il suo sarà consiglio asciutto:| ch'elle
son belle **begole**[16] co lui; | di' quel che ttu ne credi, e di' di botto»[17].

Sacchetti[18], Pataffio, cap. 8, v. 26, p. 36, r. 26

[7]   Sappi che le sue leggi non so' leggi umane, che spesso spesso si rompono. Le sue so' leggi
divine, che in etterno non veranno meno. Quante leggi fate voi adosso al povaro! Più n'ha
peccato colui che non le può fare e falle, che chi le può fare e falle. E vovi ricordare che se
io vi lassai fare l'altra volta le leggi, e voi le faceste, e facestele buone, vi conforto che voi
l'osserviate; e se l'avete fatte gattive, non l'osservate. Ma io ho inteso che buone voi
l'osservate, e assai poco **begole**, **begole** fate.   Bernardino, *Prediche*[19], 40.97, p. 1190

2.   LA PRIMA ATTESTAZIONE. Ma andiamo prima di tutto ad esaminare quello che cronologicamente (e non morfologicamente) è il *primum*, cioè l'attestazione (1) nell'Egidio Romano volgarizzato.

L'originale latino, il *De regimine principum*[20], è un'importante esemplare di quel novero di trattati sulla natura del potere regale[21] di cui Dante stesso fornirà un campione con la *Monarchia*.

---

[15] *Recte*; e non erroneamente «III-380.23-41», come riferito.

[16] «Begole: bubbole. Son poi belle chiacchiere; avrebbe ella a trovar i messeri che ci credessero» recitava il classico commento di Francesco Ridolfi, che traggo da una settecentina napoletana di Brunetto Latini ([PSEUDO] BRUNETTO 1788, p. 143; l'attribuzione del *Pataffio* a Brunetto, anche se evidentemente incongrua, aveva peraltro avuto larga circolazione, tanto che vi cade ancora il *LEI*, cfr. *infra*), in cui il testo però leggeva «Che le son belle begole colui».

[17] Questa la "proposta di parafrasi" del Della Corte: «Ma io ho rallentato la mia attività sessuale, e non mi farà più prendere dalla follia, se il pene (?) non cambia opinione (19-21): ma non si farà molta strada che lei vorrà togliersi ogni capriccio e non indugerà a rimettersi a far sesso (22-4), Anima mia! Il suo sarà un consiglio interessato, che con lui sì che ci si diverte, e su di' quello che sai e subito (25-7)» (DELLA CORTE 2005, p. 72).

[18] Per l'attribuzione al Sacchetti cfr. DELLA CORTE 2005, pp. XXX-XXXI; la proposta pare ineludibile, comunque per i fini presenti la cosa è abbastanza indifferente.

[19] Sono le famose prediche che San Bernardino da Siena tenne a partire dal 15 agosto 1427 nella Piazza del Campo di Siena, su istanza dei Signori del comune.

[20] Per cui cfr. l'ormai classico BRUNI 1932.

[21] «Tra le espressioni del consolidamento monarchico e della più ordinata strutturazione sociale del Duecento francese bisogna certo porre la fioritura di trattati sul governo, quasi sempre commissionati agli scrittori dai principi stessi. [...]

Composto «intorno al 1280 [...] su richiesta dell'ancora giovanissimo Filippo, figlio di Filippo l'Ardito e futuro Filippo il Bello» (DEL PUNTA - DONATI - LUNA 1993)[22], formula una dottrina della naturalità dello stato, inquadrandola in un rilevante quadro etico. Egidio[23], importante allievo di Tommaso alla cattedra parigina, si distinse poi per il suo appoggio a Bonifacio VIII[24] ed alla tesi della teocrazia papale[25].

Il passaggio dalla versione latina alla (prima) traduzione francese fu pressoché immediato: «il primo volgarizzamento, anzi, fu ordinato dallo stesso destinatario dell'opera, Filippo il Bello, a Henri de Gauchi[26]» (SEGRE - MARTI 1959, 265) ed il manoscritto della «traduzione francese [...] Dôle, Bibl. mun., 157 è datato 1282» (DEL PUNTA - DONATI - LUNA 1993); questa versione fu edita (peraltro tutt'altro che impeccabilmente) dal Molenaer nel 1899.

La prima versione italiana, in cui si trova il passo che ci interessa, «ha a base il volgarizzamento francese, e fu compilata nel 1888, dunque appena una decina d'anni dopo l'originale, e a brevissima distanza dall'intermediario» (SEGRE - MARTI 1959, 266), conclusioni sostanzialmente confermate dal più recente DI STEFANO 1984.

Un confronto tra i passi corrispondenti, francese (8: 1282) ed italiano (9: 1288), qui riproposto a fianco dell'originale latino (10: 1280 c.) con contesto ampliato rispetto ad (1), può essere illuminante:

[8]   La tierce reson si est, quer il afiert que li rois et li prince soient amé de ceus qui sont el reaume. [31] Et por cen que li pueple aime mult, que li rois soit larges et despende les biens, si comme il doit, il afiert que li rois soit larges et liberaus. [34] Donc cil qui est larges et liberaus, il doit regarder la quantité du don por cen que il ne doint ne plus ne moins que il ne doie. Et doit regarder [37] a cui il donne, por cen que il ne doint mie a ceus a qui il ne doit donner. Et apres il doit regarder que il doint por bien cen que il donne, ne mie [40] por autre chose. *Et toutes foiz que li rois donne [1] a flateurs ou a jugleors, ou a ceus a qui il ne doit donner, il n'est pas larges ne liberaus, quer jugleours et tiex manere de genz doivent [4] mielz estre pouvre que riche[27]*. Et quant li rois donne et despent por avoir vaine gloire et loënge du monde, ou pur autre chose, et ne donne pas [7] por bien ceil que il donne, il n'est pas large, ne liberaus. Done se li rois vel[t] estre larges et liberaus, il doit as boens donner et fere bien a ceus qui [10] en sont dignes por bien, ne mie por la veine gloire du monde.

Henri de Gaucy, Livres du gouvernement, I.II.18, pp. 64-5

[9]   La terza ragione si è, che elli conviene che i re e i prenzi sieno amati da quellino che sono sotto loro; e perciò che 'l popolo ama molto ei re quando ellino sono larghi e dipartono ei loro beni sì come ellino debbono, sì s' avviene che i re sieno larghi e liberali. Donde quelli che è largo e liberale die guardare la quantità del dono, acciò che elli non doni nè più nè meno che die. E dê guardare a cui elli dona, acciò che elli non doni a cui elli non die. Appresso die guardare che elli doni per bene quello che elli dona, e non per altra cosa. *E tutte le volte che 'l re od altri dona ai begolardi o agli uomini di corte, o a cui ellino non debbono, ellino non sono più larghi né liberali. Ché i giocolari e i bordatori, e molte maniere di genti debbono meglio essere pòvari che ricchi.* E quando l'uomo dona per avere vana gloria, o di-

---

In italia condizioni politiche diverse dalla Francia predisponevano però ad un uguale favore verso opere di questo genere» (SEGRE - MARTI 1959, pp. 265 e 266).

[22] «Non poté essere scritta prima del 1288, data portata dalla traduzione italiana, Naz. di Firenze II, IV, 129 (ed. Corazzini, 1858); non prima del 1286, anno dell'assunzione al trono di Filippo il Bello (1268-1314), figlio di Filippo III l'Ardito (1245-1246) re di Francia, al quale era stata dedicata; non prima del 1282, poiché questa data si legge sul manoscritto di Dole 156 che contiene quella che noi crediamo la prima traduzione francese, cioe la traduzione di Henri de Gauchi. Questi sono i soli dati sicuri che possediamo» (BRUNI 1932, p. 344).

[23] Su Egidio cfr. CANCELLI 1970 e DEL PUNTA - DONATI - LUNA 1993.

[24] Si ricorda spesso il suo contributo alla redazione della famosa bolla di Bonifacio *Unam Sanctam* del 1303.

[25] Per una sintetica caratterizzazione dell'opera cfr. anche PAPI 2012, pp. 281-3.

[26] «A canon of St. Martin's at Liege – "Magister Henricus de Gauchiaco", as he is called in a charter of Philip IV, dated January 30, 1296» (MOLENAER 1899, p. 26).

[27] In questo esempio e nel seguente i corsivi sono miei.

spende per lusinghe del mondo, o per altra cosa simile, e non dona per bene quello che elli
dona, elli non è largo nè liberale. Donque, chi vuole essere largo e liberale, elli die donare ai
buoni e fare bene a quelli che ne sono degni, per bene, non per vanagloria.

Egidio Romano volgarizzato, I.II.18, p. 57

[10]   Tertio huiusmodi virtus dicitur communicabilitas: quia per eam homines communi-
cant sua bona, per quam communicationem ab alijs potissime diliguntur: nam liberales sunt potissime amabiles. Quare si maxime decet Reges & Principes, vt sint dilecti
ab ijs qui sunt in Regno, maxime decet eos liberales esse. Spectat autem ad liberalem
primo respicere quantitatem dati, vt non det minus , vel plus, quam debeat. Secundo
debet respicere quibus det, vt non det quibus non oportet. Tertio videndum est cui
gratia det, vt det boni gratia, non propter aliqua(m) aliam causam. Reges enim et
Principes vix possunt deuiare à liberalitate in dando plus, quia magnitudo expensarum
vix potest excedere multitudinem reddituum. Imo si co(n)tigat liberalem dare plus
quam deceat, vt vult Philosophus, moderate tristabitur. Nam magis grauatur liberalis,
si det minus quam debeat, vel si non expendat vbi oportet, quam si expendat vbi non
oportet. Deuiant autem à liberalitate Reges, & Principes in dando cuibus non oportet,
vel cuius gratia non oportet. *Dant enim* (vt Philosophus ait) *histrionibus, adulatoribus,
vel alijs, quibus non oportet dare*: quia magis deceret eos esse pauperes, quam diuites.
Sic etiam dant cuius gratia non oportet, non enim dant boni gratia, sed magis dant vt
laudentur, & propter inane(m) gloria(m) vel propter aliquam aliam causam. Decet igi-
tur Reges esse liberales: & vt liberales sint, oportet eos beneficiare bonos, & boni gratia.   Aegidii Romani, *De regimine principum*, I.II.18, p. 105[28]

Ho riprodotto per intero la fine del capitolo per palesare come la versione toscana segua molto
fedelmente l'originale oitanico, che, invece, compendia e ristruttura a suo modo l'originale latino.
Ma, c'è sempre un ma, il passo che più ci concerne (in corsivo negli esempi) risulta amplificato nella versione toscana: l'originale francese ha solo *flateurs* e *jugleors* (*histriones* e *adulatores* nel testo
latino) che sono resi propriamente (anche se in ordine inverso, come nel testo latino) con *giocolari* e
bordatori: i *begolardi* e gli *uomini di corte* sono una totale introduzione del testo italiano.

Insomma, i *cortigiani vil razza dannata* sembrano essere proprio una specifica italiana, che ha
tutta l'aria di accennare ad una realtà sociopolitica determinata e caratteristica, che non potrà essere
altro che quella delle corti padane, cui il traduttore, anche se presumibilmente senese, non stupirà
certo sia interessato, tantopiù se ha deciso di tradurre un caposaldo della politica medievale. Possibile (*Wörter und Sachen* ...) che per alludere ad una realtà politica settentrionale abbia scelto anche
una parola settentrionale?

3.   La storia successiva. Ma prima di trovarne conferme etimologiche, procedendo un
po' per *retrogradatio cruciata*, rifacciamo un passo in avanti, tornando al *dopo*.

Ancora assente nella Crusca del 1612, la forma *begole* 'bagatelle, chiacchiere', appoggiata dal
Pataffio, passa nelle altre Crusche a partire dalla quarta edizione, e così nei dizionari che vi si ap-
poggiano, ad es.

[11]   BEGOLE. *V. A. Bagatelle, Chiacchiere, Invenzioni. Pataff.* 8. Che le son belle begole colui.
        Crusca 1729, I.409a = 1741, I.291a = 1763, I.301a; ecc. = Carrer - Fortunato 1827,
            I.711a = Costa - Cardinali 1819-26, II.57a = Manuzzi 1833, I.411b; ecc.
[12]   *Bégole.* V. A. Bagatelle, Chiacchiere, Invenzione [sic].   Cardinali 1827-28, I.180b

e di li viene propagata anche nei dizionari bilingui, cfr. ad es.

---

[28] Del *De Regimine* esiste anche un'edizione critica moderna, ma lo specifico volume dell'*opera omnia* (Aegidii Romani *opera omnia*, vol. 1/11: *De regimine principum*, a cura di F[rancesco] Del Punta e C[oncetta Ester Lucia] Luna, Città
del Vaticano, 1993) mi era di difficile accesso, ed ai presenti scopi la vecchia stampa di Geronimo Samaritano è (spero)
ampiamente sufficiente.

87

[13]   BEGOLE, *s. f. plural*, bagatelle, *trifles*. Obs.   BARETTI 1832, I.67a

[14]   * BEGOLE. V. A. Bagatelle, chiacchiere, invenzioni. *Bagatelle, verbiage, babil.*

ANTONINI 1770, I.87a

stabilizzandosi nella lessicografia standard dell'Italia unita, dal Tommaseo - Bellini al Petrocchi ed allo Zingarelli (che hanno tutta la batteria di forme):

[15]   † BEGOLARDO. [T] *S. m. Forse da* REGOLE, *Bagattelle. Bagattelliere, Giocolare o Giullare.* [T.] Eg. Regg. Pr. 57. (Sull'anal. di Bugiardo, *e sim.*)

† BEGOLARE. V. n. *Chiacchierare, Dire inezie, Inventar cose false.* [Val.] *Ant. Pucc. Centil.* 29.84. E nota ben, lettor, ciò ch'io t'impegolo, Ch'e' guastâr tutto il Castel di Caprona, E val di Buti , e di questo non begolo.

† BÈGOLE. *S. f. pl. Bagattelle, Chiacchiere, Invenzioni. Aff. al suono di* Bazzecole. *Pataff.* 8. (C) Che le son belle begole colui.   TOMMASEO - BELLINI, 1865-79, I.914c

[16]   BEGOLARDO, s.m. Cianciatore, Buffone.

BEGOLARE, intr. Cianciare.

BÈGOLE, s.f. pl. Ciance, Bagattèlle.   PETROCCHI 1987-91, I.233b[29]

[17]   **+begole**, pl. 1. BEGA, dm. Chiacchiere, Frottole. || **⁺-are**, nt. Dire inezie. Inventar fandonie. || **⁺-ardo**, in. Giullare. Chi conta frottole.   ZINGARELLI 1917, I.129b = 1922, p. 129b

In questo panorama abbastanza uniforme (nonostante i guizzi di intelligenza del Tommaseo), spiccava come voce un po' fuori dal coro e stonata il vecchio Tramater:

[18]   BEGOLE, bè-go-le. [*Sf. pl.*] V. A. *Bagatelle, Chiacchiere, Invenzioni.* (Dall'ingl. *beguile* ingannar dolcemente, trattenere, divertire, deludere: e quindi son chiacchiere o invenzioni lusinghiere, fatte per ingannare altrui, per divertire.) *Pataff. 8.* Che le son belle begole colui.

TRAMATER 1829-40, I.09b

Il riferimento al *Pataffio* è il solito eternato dalla Crusca, ma la spiegazione etimologica è davvero curiosa, sia nell'oggetto che nel tono effusivo: l'uno denuncia nel Liberatore una attenzione europea ed internazionale insolita in quegli anni (ma altrimenti nota per il personaggio), il secondo una frequentazione ed affezione insospettabile per la tradizione lirica e madrigalesca[30]. Naturalmente la proposta, per quanto storicamente suggestiva, è irricevibile, dovendosi lo scenario proiettare nel primo Trecento, quando la lingua di irradiazione era il francese e non l'inglese (a differenza di oggi: cfr. oltre il sesto lavoro di questa silloge). L'inglese *beguile* 'to deceive, amuse' (medio inglese *begile*), peraltro, è appunto un prestito dall'antico francese *guiler* 'to deceive' (SKEAT 1909, p. 54a) che probabilmente a sua volta dipenderà (*contra LEI* IV, p. 383.7-8[31]) da una forma germanica, il nederlandese **beggen* 'plappern' (*FEW* I, pp. 314a-316b e 15.1, pp. 86a-89b). Interessante è che la trovata del Liberatore faccia scuola, sia pure locale, visto che il Borrelli, nell'allestire l'edizione napoletana del Cardinali, non trova di meglio che ricalcare il Tramater (laddove l'originale, "portatile" o meno, ricalcava semmai la Crusca), sottraendo il riferimento cruscante al *Pataffio* ed aggiungendovi di suo una improbabile (ma allora di moda) etimologia celtica[32]:

---

[29] Nella sezione inferiore, che comprende «la lingua fuori d'uso, scientifica, ecc.».

[30] «White as lilies was her face, | when she smiled, | she beguiled, | quitting faith with foul disgrace, | virtue service thus neglected, | hearth with sorrows hath infected» cantava John Dowland nel 1600 nel suo *Second Booke of Songs*...

[31] Che «fr. *beguer*, it. *begole* e anche le forme germaniche risalgano tutte all'onomatopeico **beg-* che può essere di origine poligenetica» è certo possibile, purché si interpreti ciò come un'istanza espressiva sempre suscettibile "poligeneticamente" di (ri)sorgere, che non deve però oscurare altre, più ridotte e puntuali, acclarabili filogenesi: cfr. *infra*.

[32] E poco accurata: *beagan*, ovviamente, non esiste in gallese (dove si ha, semmai, *bychan*, cfr. THOMAS *et alii* 1967-2002, I.360a), ma è, come ognuno può già a colpo d'occhio ben immaginarsi, una parola irlandese, cioè (ortografia a parte) *beagán* 'little' (cfr. ad es. Ó DÓNAILL 1977, p. 94a *s.v.*), od al più il gaelico *beagan* di analogo significato (cfr. DWELLY 1920, p. 81a); tutte voci di altra etimologia, sempre espressiva (cfr. VENDRYÉS 1959-..., B.24), ma comunque non connessa con la forma inglese in questione, che coinvolge invece, come s'è detto, l'antico francese, cfr. SKEAT 1909, p. 54a cit.

[19]   BEGOLE, *Bè-go-le*. Sf. pl. V. A. Bagatelle, Chiacchiere, Invenzioni. [In ingl. *beguile* ingannar dolcemente, trattenere, divertire, deludere; e quindi si potrebbe tradurre *begole* per
chiacchiere o invenzioni lusinghiere, dirette ad ingannare, o divertire altrui. In celt. gall. *beagan* picciola cosa, un poco].   Cardinali - Borrelli 1846, I.200b

Naturalmente il termine non manca nei dizionari dialettali, specie di area veneta, come ad e-
sempio nel classico *Dizionario veneziano* del Boerio, magari in accezioni speciali od all'interno di
una voce; il sospetto, però, è sempre di una circolazione limitata, se non di un toscanismo dipendente, al solito, dalla Crusca:

[20]   BÉGOLO. (coll'e chiusa) s. m. *Frugolo*, Dicesi de' Fanciulli che non istanno mai fermi.
                                                                    BOERIO 1829, p. 430b
[21]   PETEGOLEZZO, s.m., *Chiacchierata*, Voce spesa in discapito altrui, Romore − TOR QUÀ E
PORTAR LÀ E FAR MILE PETEGOLEZZI [...]. PETEGOLEZZO, dicesi nel significato di *Bazzicature*;
Begole, Piccole masserizie, coserelle di poco pregio, *Bagatelle*; *Ciance*; *Novelle*; *Fole*; *Fra-
sche*, cosette da nulla [...].   BOERIO 1829, p. 73c

Nonostante la voce sia stata irrobustita dalla attestazione del Pucci (altra sicura *auctoritas* valo-
rizzata dal Tommaseo), rimane una famiglia lessicale non vitale (si veda il moltiplicarsi, in varie
forme, delle indicazioni di "voce antica" ed "obsoleta" nei lemmi citati): fuori dalla lessicografia e
dai commenti filologici ai testi già citati non ne conosco altre attestazioni se non le poche briciole
che ho raccolto al fondo di questo paragrafo.

Perlomeno non in toscano; ché in veneto (o meglio pavano, *in lengua rustega*, come dichiara la
stampa) ne sovviene almeno una attestazione, sia pure con diversa accentazione (forse dovuta alla
metrica), nella *Quarta parte* delle *Rime* del pittore-poeta (ed anche alchimista), pavano ma attivo a
Vicenza, Giovanni Battista Maganza (autosoprannominatosi Magagnò)[33], nel *Sonaggietto de Magagnò, al Cralissimo Segnor Zuane Moro, Poestò degnissimo de Vicenza*[34], verosimilmente
dell'inizio degli anni Ottanta del Cinquecento[35]:

[22]   Mo per tornar a chà | e favellarne de sto governare, | e ve dirè, che pur troppo daffare | a
gh'hemo a impasturare | el mal petetto, e con disse el Begolo | metterghe la cavezza, el mu-
sarolo.   Magagnò, *Cralissimo Segnor*, vv. 256-267, c. 102v

Insomma, derivare (a dispetto della cronologia) da *begolare* (> *begole*) *begolardo*, per mera
pretesa "naturalità" morfologica, diventa l'ortodossia (più articolatamente seguita anche da ROSSI
1999b), ben compendiata nella formula «*begolardo*: buffone (da *begole*, ciance)»[36], secondo glossava RUSSO 1938, p. 292, il passo di Cecco. Fa parziale eccezione Tommaseo, che esercitava una
intelligente cautela, ma sintomatica in tal senso è anche la (settecentesca) nota lessicografica alla attestazione (5) del Pucci di Ildefonso Di San Luigi:

---

[33] Nato a Calaone di Baone, vicino ad Este, e di formazione padovana, amico, tra gli altri, di Gian Giorgio Trissino e
Sperone Speroni, è un'interessante figura di polimate, ben nota agli studi sulla letteratura pavana, ma che meriterebbe
forse ulteriori approfondimenti: cfr. CARPANÉ - SERAFINI 2007 con bibliografia, ed ora PACCAGNELLA 2012, pp. XXIII-
VII (§ 1.6 *Magagnò e la diaspora olimpica*).
[34] Normalizzo soltanto le *u/v*; per il resto mantengo la grafia dell'originale.
[35] La raccolta, che non reca una data esplicita, comprende (c. 118r) *Alcuni sonetti fatti per la morte de Menon, l'an 1583*,
e non sarà pertanto molto discosta da quella data. Secondo riferiscono CARPANÉ - SERAFINI 2007 *La prima parte delle
rime di Magagnò, Menon, Begotto in lingua rustica padovana* è datata Padova, G. Percacino, 1558; *La seconda parte*,
Venezia, G.G. Albani, 1562 (colophon 1563); e *La terza parte, ibid.*, B. Zaltieri, 1569.
[36] Incrociatamente, già il Corazzini notava, a proposito invece dell'*Egidio Romano volgarizzato*, che «se viene da *begole*, significa buffone, giullare ec. Di questa voce mi fornì altro es. il Tortoli, che è di Cecco Angiolieri» (CORAZZINI
1858, pp. 316-7). L'orizzonte è quello, fin da allora, e non se n'esce.

BEGOLARE, per *Burlare*, o *Cicalare*; Can. 29. st. 84. v. 3. p. 64 *E di questo non begolo*. Par, che sia preso dalla voce antica *Begole*, che nel Vocab. colla sola autorità del *Pataffio*, si spiega per *Bagattelle*, *Chiacchiere*, *Invenzioni*; tutti significati, che si possono quì adattare a questo verbo o creato sul fatto dal Pucci per compier la sua rima, o usato almeno nel volgo a' suoi dì, per *Burlare*, *Chiacchierare*, *Inventare* alcuna cosa per ischerzo. Tenendo però il secondo di questi sentimenti, evvero anche traendolo a quello di *Piagnere*, o *Lamentarsi*, non sare' lungi dal credere, che fosse un allungamento di *Belare*, e quasi il suo frequentativo, renduto in uso dal popolo; siccome ora si ode spesse fiate nel parlar famigliare nostro la voce *Piangolare*, o *Piagnolare*, (che non è posta nel Vocabolario, e dalla quale vengono le già ammesse, *Piangolente*, e *Piangoloso*, ec.) e meglio, e più legittimamente si direbbe *Piagnucolare*, come pone il Vocabolario; le quali da *Piagnere* certamente sono allungate, per dinotare colla innata propietà di nostra Lingua, la frequenza fastidiosa di quell' atto. Che se più piace questa maniera, vadasi a' significati del §. I. e II. della stessa voce *Belare*, che tutti possono quì convenire all' intendimento del nostro Pucci.

DI SAN LUIGI 1783, II.iv-v

Se l'ipotesi etimologica proposta dal di San Luigi è abbastanza irricevibile, a meno di pensare ad un'etimologia popolare, il percorso morfologico via *Pataffio* e Crusca è proprio quello che diventerà tradizionale.

Fuor dalle Venezie, comunque, la carestia (anche previo un controllo su Google Libri) si continua pure nel Novecento, dove si conosce, finalmente, un'unica attestazione in Bruno Cicognani, autore[37] il cui vigore vernacolare e ribobolesco è peraltro ben noto; ché, in questo caso, più che di voce vernacola, di ribobolo evidentemente trattasi, che Cicognani lo attingesse direttamente al *Pataffio* od al *Centiloquio*, oppure (più o meno indirettamente) alla Crusca:

[24]   Ora non d'altro vivendo Picciòlo da trent'anni che di codesti assaggi, che, se zinzini e centellini, erano più di cento al giorno onde lo stomaco intriso dallo stillicidio non sofferiva più cibo, gli era venuto il parletico, e l'artrite l'aveva incarrucolato e arrugginito tutto: meno la lingua. La quale, anzi, per il continuo chioccare prese il vezzo della frusta, dove arrivava lasciava la rigata. Talché gli avventori si dovevano tenere sempre pronti per la ribattuta; e quegli, che come di vino così s'intendeva di motti, non la lasciava, quando acconsentita fosse, senza guiderdone: e questo era un trebbiano che chi goccia ne bevesse poi ne sospirava, e Picciòlo chiamavalo "Piscio del Paradiso". Ma se avveniva che alcuno pièrcolo o **bègolo** quivi capitasse, sùbito e' lo pigliava di mira e facevagli far le spese dell'allegria; e buon per lui se, oltre che bietolone e mosciamocco, non era, come si dà il più delle volte, anche di adombrarsi e di pigliar cappello, perché in tal caso l'oste tanto gli dava travaglio che riducevalo a cacar verde: con nuova purga poi quando veniasi alla fine del salmo col "conto contorum", caricandogli allora l'oste, a seconda del cielo, o il sole o le nuvole o la luna o le stelle che l'avevan portato alla bottega sua.   Cicognani, *Figurinaio*, pp. 162-3

---

[37] «All'incrocio del bozzettismo toscano con l'impressionismo lirico della Voce», come lo definisce sinteticamente la voce della Treccani.

Anche Colussi (*GAVI* 17/3.234) sembra concorrere in questa ipotesi, considerandolo «vocabolo inesistente», «nome forse inventato; e assai buffo, un po' già come *becchipùzzola*», appoggiandolo ipoteticamente ad un faceto ribobolo del Sacchetti, *bizzibegolo* (o *rectius*: *bizzebegolo*[38]), già segnalato dall'Ageno (AGENO 2000/1952, p. 57) nella frottola *La lingua nova* del Sacchetti, notoria miniera di riboboli:

[25]   Tu se' un nuovo cipriosso, | e volgetisi il cosso | e la celloria; | e con boria | fai tanta fandoria | che se' in galloria, | ed io ne son ristucco | e son giucco. | Ma s'io pilucco | il cucco | e mucco | dirò: – Lima | lima –, | ché non bima | l'altru' bima. | E' pascessi di vento | e sta in cacchericento, | il **bizzibegolo**, | e sotto il tegolo | mi dà storpio; ed è trastullo, | ch'io non vi do un frullo, | perch'e' ciangola | e non ha rangola | né mitidio. | Or che fastidio | è questo a darmi stimolo, | per voler un racimolo? | Tiragli un poco il cimolo, | che fracimolo | gli nasca!   Sacchetti, *Rime*, 159, v. 235, p. 208.12 = p. 157.24 ed. Chiari

Interessanti, poi, sono alcune residuali ed isolate sopravvivenze in Centroitalia, che non so spiegare altrimenti che con influssi settentrionali. Così per l'Umbria (già segnalato dal *LEI*) si ha:

[26]   *beĝ(u)lè*, v. intr., parlare a vanvera.
        beĝ(u)lèo, s. m., chiacchierone: *pòr –, i' mank(e) te skòlto*, chiacchierone, io nemmeno ti ascolto.   MORETTI 1973, p. 92a

La voce fanestra[39] *begole* del 1814[40], infine, rappresenta probabilmente[41] un altro gruppo di forme, riconducibile a *LEI* V, **bek-beg* ecc., 1.b.β 'insetti, animaletti repellenti', pp. 839.32-844.33, pertinente, quindi, sempre alla medesima nebulosa di forme espressive che hanno originato la nostra costellazione (cfr. oltre § 5), ma diversa:

[27]   In questo Mese fu sì grande il passaggio di Farfalle **Begole**, Bianche e Rosse che oscuravano il giorno e durò per molti giorni.
        Massarini, *Cronaca Fanestre*, entrata "farfalle", 15 maggio -10 novembre 1814, p. 147

4.   UNA DIVERSIONE. Un tentativo di arricchire la scarna famiglia lessicale toscana è stato tentato dalla Ageno collegandoci il boccaccesco *bergolo* (e consimili) che è noto anche in Giovanni Villani.

[28]   Il quale con un suo falcone avendo un dì presso a Peretola una gru ammazzata, trovandola grassa e giovane, quella mandò a un suo buon cuoco, il quale era chiamato Chichibio e era

---

[38] ROSSI 1999b, p. 20, però, rettifica che «sta scritto nell'autografo sacchettiano *bizzebegolo*»; coerentemente, laddove l'Ageno per il primo membro del composto pensa a *bizzarro*, Rossi pensa a *bizze*.

[39] Che l'area metauro-pisaurese rappresenti una continuazione piuttosto dei dialetti settentrionali che di quelli centrali (non a caso si è parlato di parlate "gallo-picene") non rappresenta certo una novità: cfr. ad esempio il classico TAGLIAVINI 1982, pp. 402-4.

[40] Che non mi risulta prima mai segnalata.

[41] In effetti il *LEI* V a p. 843.21-2 registra invece un «march. settentrionale (Fano) *bégula* 'farfalla'» tratto da altra fonte, ma l'informazione non sembra, almeno oggi, corrispondere al vero: la faccenda è, temo, un po' più complessa. Oggi a Fano (devo l'informazione a Federica Gara, che ringrazio molto per la sua consulenza) le *begole*, anzi normalmente *begəle* (con la postonica ridotta), sono di solito le farfalle notturne, o comunque quelle con la livrea scura, e le falene in genere; la tonalità cromatica, peraltro, è talmente importante da consentirne anche un uso traslato, riferito a donne, specie anziane, vestite di scuro. Cosa che si combina male con la testimonianza, ben diversamente colorata, di Massarini. Il suo tono, è vero, ha molto dei fenomeni miracolosi narrati nelle croniche medievali, pure è improbabile che si tratti di completa invenzione, vuoi perché Massarini è di solito assai puntuale nel registrare gli eventi anche minuti della storia locale, vuoi perché sciamate migratorie di lepidotteri, anche di grande entità, non sono affatto sconosciute alla letteratura entomologica. Forse la soluzione è ancora una volta (come meglio vedremo in séguito, nella sezione etimologica) legata ad un fatto culturale (ad ulteriore riprova che il puro calcolo formale da solo, come si dirà, è cieco): le *Noctuidae* (specie i generi *Catocala* e *Noctua*), cui appartengono molte delle mille e passa falene italiane, hanno due coppie di ali, le posteriori colorate (rosse, blu o gialle), e le anteriori scure. Quando le farfalle volano si vedono le ali colorate, che invece, quando sono ferme, posate da qualche parte, restano coperte dalle anteriori, e quindi l'insetto appare scuro. Il cronista le ha viste in volo, e pertanto colorate, mentre l'accezione normale sarebbe riferita all'insetto da fermo, e pertanto scuro.

viniziano; e sì gli mandò dicendo che a cena l'arrostisse e governassela bene. Chichibio, il quale come nuovo **bergolo** era così pareva, acconcia la gru, la mise a fuoco e con sollecitudine a cuocer la cominciò.   Boccaccio, *Decameron*, VI.4, 414.20

[29]   Ora avvenne che una giovane donna bamba e sciocca, che chiamata fu madonna Lisetta da ca' Quirino, moglie d'un gran mercatante che era andato con le galee in Fiandra, s'andò con altre donne a confessar da questo santo frate; la quale essendogli a' piedi, sì come colei che viniziana era, e essi son tutti **bergoli**, avendo parte detta de' fatti suoi, fu da frate Alberto adomandata se alcuno amadore avesse.   Boccaccio, *Decameron*, IV.2, 278.3

[30]   Nel detto anno, reggendosi la città di Pisa sotto il governo di messer Dino e di Tinuccio della Rocca di Maremma loro distrettuale sotto titolo di loro conti, i quali conti erano giovani di tempo, e morti i loro maggiori, e' detti della Rocca con altri loro seguaci popolani l'avieno retta buono tempo a lloro senno, e chiamavasi la setta de' Raspanti; ma assai bene reggeano la terra, se non che se n'erano signori liberi; l'altra setta, che non reggeano né avieno ufici in Comune, e per dispetto gli chiamavano i **Bergoli**, i quali erano Gambacorti e Agliati e altri ricchi mercatanti e popolani, e' nobili e grandi v'erano poco richesti e peggio trattati; [...].
                                                  Giovanni Villani, *Nuova cronica*, L. 13, cap. 119 3, 560.11

Pur essendo accomunate dall'essere in ultima analisi entrambe forme espressive e dagli etimi confusi, credo che si trattino di due famiglie distinte e che il suggerimento del Battaglia (*GDLI* II.183b) per *bergolare*, «da raccostare a *berciare*» sia (in accezione paretimologica ed espressiva) da accogliere, laddove anche il *TLIO* li raduna sotto l'unico ombrello di *LEI* (IV [e non III], 371.36-383.24) **bag-/*bak-*, **be(r)g-*, e così pare intendere anche Colussi (*GAVI*, 17/3.233) che dice di *begolare* che «dovrebbe essere una variante di *bergolare*».

In realtà il database dell'*OVI* restituisce anche un quarto esempio, a tutta prima allarmante:

[31]   Spesse volte avviene, che i fiumi col loro impeto scavano e scalzano le ripe delle possessioni, e fannole rovinare: e alcuna volta per loro crescimento e abbassamento de' luoghi prossimani, inondano e cuoprono la superficie della terra, sì che a' luoghi dove i fiumi per loro rabbia fanno rotture, un poco più suso si facciano palafitte forti, secondo l'impeto del fiume, ovvero che in quel medesimo luogo s'attuffino ceste, che volgarmente in alcun luogo si chiamano **bergoli**, con grandissimi corni di legno da ciascun capo a modo di croce fatti e tessuti di vimini, e pieni di pietre. Ma dove l'abbondanza dell'acqua cuopre la terra e annega le biade, si facciano forti argini, acciocchè resistano alla 'ngiuria dell'acqua.
                                                  De Crescenzi volgarizzato, L. 2, cap. 9, 229.18

La forma è però ben nota al *DEI*, che conosce proprio questa attestazione («*bèrgolo*[1] m. (XIV sec. Crescenzi); gabbione di vimini pieno di ciottoli per riparare le sponde; cfr. *bèrga*» *DEI*, I.493a) e si tratta ovviamente di tutt'altra etimologia: «v. d'area settentrionale, long. *bërc* protezione, deverbale di *bergan* difendere» (*DEI*, I.492a).

5.   IL RETROTERRA ETIMOLOGICO. Ma veniamo così, fatalmente, al terreno etimologico, che è motoso ed infido come non mai, almeno per quanto riguarda la base: si tratta, infatti, di una di quelle nebulose di forme espressive che costituiscono la dannazione di ogni etimologo.

In genere, il *LEI* cerca di mettere un po' d'ordine, ripartendo le cose sotto due entrate, definite su base semantica, **b{a,e}(r){g,k}-*[42] 'belare > gridare, balbettare, ciarlare' (IV, 371.36-383.24) e **b{e,a,i,u}{k,g}-* 'voci che suscitano, ripugnanza, paura o disistima' (V, 836.25-887.8); all'interno delle due macropartizioni, le voci sono raggruppate su base morfologica, ed all'interno delle sottovoci di nuovo con criterio semantico, cercando di definire delle costellazioni più definite; ma le stelle fisse, manco a dirlo, scarseggiano alquanto. Le diffusione è prevalentemente settentrionale con

---

[42] Per rendere con più sintetiche espressioni regolari le formule ricostruttive del *LEI*, comunque *salva veritate*.

assai più limitate presenze centroitaliane[43]; le sezioni con implicazioni toscane non chiaramente secondarie sono le seguenti:

(1) *b{a,e}(r){g,k}-, forma *beg-, 2.a.ε (IV, 380.23-380.41) 'motteggiare; ciarlare'. È il gruppo cui propriamente pertiene la nostra forma; le attestazioni[44] sono sostanzialmente le medesime che abbiamo finora esaminato, e medesima è la storia raccontata: dal verbo *begolare* (prima attestazione: Pucci) verrebbero le "retroformazioni" *begole* e *begolardo*; i raccostamenti analogici che proponeva il Tommaseo sono passati sotto silenzio.

(2) *b{a,e}(r){g,k}-, forma *berg-, 2.c.α (IV, 381.1-381.10) 'belare; mugghiare'. Poche forme, toscane (1543), umbre e trentine.

(3) *b{a,e}(r){g,k}-, forma *berg-, 2.c.β (IV, 381.12-381.25) 'gridare'. Tutte attestazioni venete, ladine o trentine, salvo le due isolate forme («**Sbergolone**. Urlone» e «**Sbergolare** *intr*. Urlare, Gridare, Vociare. Voce della montagna pistoiese») tratte dalla *Giunta* del Rigutini (RIGUTINI 1864, p. 74b), che apparterranno al gruppo trattato al paragrafo precedente.

(4) *b{a,e}(r){g,k}-, forma *berg-, 2.c.ε (IV, 381.26-382.19) 'motteggiare; ciarlare'. È il raggruppamento maggiore, pressoché equamente diviso tra Nord e Toscana > italiano standard; le forme toscane sono centrate sulle attestazioni boccaciane che già abbiamo visto, di cui finalmente si danno anche derivati e retroformati.

(5) *b{e,a,i,u}{k,g}-, forma *bek-, 1.a.β (V, 837.34-838.44) 'insetti; animaletti repellenti'. Cfr. FANFANI 1863, I.125b: «BÉCO. Nome generico d'ogni vermicello. *Baco*».

(6) *b{e,a,i,u}{k,g}-, forma *bak-, 2.a.β (V, 847.41-855.35) 'insetti; animaletti repellenti'. Cfr. *baco* 'verme; larva di insetto che passa per il triplice stadio di bruco, crisalide e farfalla', *bacarozo* "scarafaggio, blatta' (S. Bernardino, 1427).

(7) *b{e,a,i,u}{k,g}-, forma *bek-, 1.a.γ (V, 838.46-839.15) 'persone con connotazione negativa; parti del corpo umano; attività umane'. Cfr. però «*Beco. s. m.* in Firenze s'intende per Uomo travestito da contadino. || si dice scherzosamente anche al montanino semplicione che sceso in città fa d'ogni piccola cosa le meraviglie; dal nome *Domenico*, comunissimo tra i campagnuoli, e di cui Beco è abbreviativo» (FANFANI 1863, I.125b). L'ipotesi del Fanfani, scartata come tutte le *folk etymologies* dal *LEI*, non è completamente da rigettare, stante che tale meccanismo è comunemente attestato anche in altre parlate: cfr. ad esempio il piemontese *Vincènss* (di cui si dà anche il riferimento anagrafico esteso *Vincènss Panàda*[45]) per 'bietolone' o comunque 'persona di scarsa astuzia ed abilità'.

(8) *b{e,a,i,u}{k,g}-, forma *bak-, 2.a.γ (V, 855.36-858.35) 'persone con connotazione negativa; attività umane negative'. Cfr. toscano *baco reciuto* 'bambino malfermo in salute; persona magra e stentata', fiorentino *bacòcco* 'sciocco, grullo' (Cicognani, 1920), toscano centrale *bacucco* 'tonto, stùpido'.

(9) *b{e,a,i,u}{k,g}-, forma *bak-, 2.a.α (V, 845.27-847.40) 'spauracchio; paura'. Cfr. *far baco baco* 'far paura ai bambini nascondendosi, coprendosi il volto o facendo capolino' (Boccaccio, 1364 c.), *bacucco* 'specie di cappuccio che copre il capo e una parte del volto' (Salviati, 1589 a.). Etimologie popolari o no, per molte delle forme addotte non si può affatto escludere l'incrocio col personaggio biblico *Abacuc*[46] (ebraico חבקוק, latino *Habacuc*) come vorrebbe il *LEI*.

---

[43] Considerando che si tratta di voci piuttosto grosse, la messe raccoglibile in Toscana non è poi molta: nel primo lemma le presenze toscane sono limitate a quattro gruppi di modesta dimensione (due colonne di testo) a fronte delle 9 colonne di sola presenza originaria settentrionale; e nel secondo, che è il più vasto, ben 51 colonne, si hanno solo 9 gruppi che coinvolgono anche forme toscane anziché solo settentrionali.

[44] Il «Latini» che vi figura sarà un rimando fantasma: in Brunetto non mi risulta si abbia traccia di *begolardi* o simili, e la svista sarà forse occasionata dalla vecchia attribuzione del *Pataffio* a Brunetto, cfr. [PSEUDO] BRUNETTO 1788.

[45] La *panada*, essendo una minestra notoriamente poco gustosa, è naturalmente impiegata per la stessa trafila semantica per cui *sciocco* 'insipido > imbecille'. Si pensi anche, per analoghe ragioni, all'uso derogativo di *brodo* comune in Toscana.

[46] In realtà MASTRELLI 2002 ha dimostrato che alla base dell'etimologia diretta di *bacucco* non vi possa essere חבקוק, riportandolo invece alla costellazione di "cucco", quindi, circolarmente, nella galassia in cui ci troviamo; peraltro, la "popolarità" dell'associazione ne usciva confermata almeno nella tradizione lessicografica; e tanto a noi basta.

(10) *b{e,a,i,u}{k,g}- ecc., forma *bak-, 2.a.δ (V, 858.37-858.49) 'piante'. Cfr. fiorentino *erba bacàia* 'nome volgare dell'*Ononis natrix*' (*Ricettario fiorentino*, 1499[47]).

(11) *b{e,a,i,u}{k,g}-, forma *bak-, 2.a.ε (V, 859.1-859.4) 'oggetti'. Cfr. RIGUTINI 1864, 19a: «**Bachi**. Sempre al plurale, diconsi a Siena quei sostegni dei capelli che a Firenze si chiamano *Diavolini*», in cui si noti peraltro la localizzazione.

(12) *b{e,a,i,u}{k,g}-, forma *big-, 3.b.α (V, 869.2-870.5) 'spauracchio; paura'. Gruppo tutto settentrionale, con l'unica eccezione di *sbigottire* 'turbarsi profondamente; perdersi d'animo' (*Novellino*, XIII ex.) e forme relate.

(13) *b{e,a,i,u}{k,g}-, forma *big-, 3.b.γ (V, 875.6-878.46) 'persone con connotazione negativa; parti del corpo umano; attività'. Ubiqua al Nord dove è molto produttiva (basti pensare ai *bigoli* cui in Toscana si oppongono i *bischeri*), in toscano si hanno però isolate costellazioni, centrate attorno a *bighellone* 'perdigiorno, fannullone; babbeo' (Salviati, 1566) e consimili, e *bighino* 'bambino' (Gaiole in Chianti).

La prima considerazione da fare è che nel lessico espressivo le formule ricostruttive, con le forme attestate che vi sono raccolte, non devono considerarsi come unità puramente filogenetiche e "reali"[48] alla stregua delle ricostruzioni normali: qui la poligenesi è d'obbligo, e così ogni sorta di meccanismo non "verticale" ma variamente "orizzontale", come le etimologie popolari, l'invenzione neologistica e le influenze (diffusionali o contaminative) interdialettali. In altri termini, c'è di che impazzire, e la trattazione del *LEI* non va altrimenti intesa che come un valoroso tentativo di razionalizzare e rendere gestibile un coacervo molto refrattario. A questo scopo (razionalizzare!), d'altra parte, serve l'incrocio di criteri per formare le sezioni volta a volta solo semantici o solo morfologici; sezioni che, isolate con questi criteri, non potrebbero certo essere filogenetiche. Di questo, naturalmente, Pfister ed i suoi prodi collaboratori sono ben consapevoli, infatti in V.885 si ammette tranquillamente che «sarebbe stato più logico elencare queste voci sotto *bak-* in ordine alfabetico», cosa che avrebbe avuto i suoi vantaggi (rendere palese la natura arbitraria delle voci) ed i suoi svantaggi (rendere invisibili i raggruppamenti che abbiano anche qualche senso storico), sicché la scelta finale del *LEI* è in sé difendibile. Certo, la ripartizione semantica tra le due voci è però a volte arbitraria[49], e così il loro discrimine da *bekk-* (centrato sul verso del caprone) e *bau-*, pure basate sulla medesima motivazione espressiva, ma fondamentalmente l'operazione è ragionevole, così come lo sono alcune confutazioni di etimologie più o meno tradizionali come *bergolare* < *věrbŭlāre* 'plaudern' (*REW* 9222) o *berbēcāre* 'gridare come il montone' (*DEI*, I.492b-493a), in quanto «foneticamente impossibili» (*LEI* IV, 182.52-3), o come *baco, bígol* ecc. < *bombyx* (griech.) 'Seidenraupe', *bombax* (*REW* 1202, cfr. anche *DELI*, I.139b), che ha «serie difficolta fonetiche e morfologiche» (*LEI* V, 885.31-47). In altri casi però il rifiuto di incroci od etimologie popolari mi pare francamente eccessivo[50]: è questo forse il caso di *Abacuc* (per *bak-*, 2.a.α, qui punto 9), la cui vigoria deonomastica è perlomeno famosa anche se non indubbia al pari di quella degli altri biblici Geremia

---

[47] La fonte del *LEI* è il *Nuovo receptario composto dal famosissimo Chollegio degli eximii doctori della arte et medicina della inclita ciptà di Firenze. Compagnia del Drago*, Firenze, 1499; edito nel 1968 (Firenze, Biblioteca nazionale centrale) da Luigi Crocetti, non ho tuttavia potuto vederlo.

[48] Che una "cosa" come *b{e,a,i,u}{k,g}-* abbia mai avuto una *realtà* fuori dall'algebra è ben lecito dubitarne: l'etimologia, d'altra parte, è soprattutto una ricostruzione culturale, governata, *bien sûr*, da un'algebra ricostruttiva rigorosa e determinata, ma che senza il *côté* culturale è cieca, e, comunque, poco interessante (cfr. CREVATIN 2002): le *etimologie chimiche*, come le chiamava Pisani, sono sempre più o meno insoddisfacenti; e qui, spesso, ancor più che di chimica, si tratta di alchimia, come quella di cui si dilettava il vecchio Magagnò.

[49] Il passaggio tra 'parlar troppo o male' e 'valutazione negativa' è assolutamente naturale ed atto a riprodursi indipendentemente in molteplici istanze e variazioni: ad es., limitandosi alle sezioni censite, sotto *berg-*, 2.c.ε (IV, 381.26-382.19) 'motteggiare; ciarlare' sono ricondotti (e giustamente) tanto *bergoliera* 'ciarlona, chiacchierona' (1536 nell'Aretino) quanto il genovese *bergola* 'fante piu vile, che serve alla cucina', ecc.

[50] Certo, non spiegano *tutte* le forme censite (ma i raggruppamenti, s'è detto, non vanno intesi come strettamente filogenetici ma di ragionevole comodo), però questo non significa che non abbiano avuto valore per *molte* forme: in questo caso la poligenesi è d'obbligo, e conta soprattutto la disponibilità delle ragioni culturali sottostanti alla creazione delle parole.

e Matusalemme, ma soprattutto di *Domenico* (per **bek-*, 1.a.γ, qui punto 7), che abbiamo già discusso; od anche di **ŭmbĭlīcŭlus* 'Nabel' (*REW 9044*, peraltro con riscontri romanzi).

La seconda considerazione generale (già, d'altra parte, suggerita dal *LEI* stesso) è che la presenza della *-k-* o della sua sonorizzazione *-g-* è indicativa della "origine" toscana o settentrionale, con molte influenze reciproche, prima in un senso (Norditalia > Toscana, spia la *-g-*, che però può anche essere oscurata, cfr. per *baco* «la spiegazione di *-k-* come toscanizzazione del settentrionale "bago", cfr. *lago/laco*» *LEI* V, 885.25-26) poi nell'altro (Toscana > Norditalia: «forme con *-k-* sono irradiate dalla Toscana e costituiscono un influsso dell'italiano standard», *LEI* V, 886.4-6).

Tenendo conto di tutto ciò, possiamo riesaminare i raggruppamenti che avevamo tratto dal *LEI*. I gruppi (5-6), con *-k-* e la medesima semantica 'baco, ecc.', costituiscono un'unica famiglia cui andrà accorpato anche (11)[51], che è la più diffusa in Toscana, ma, se accettiamo il citato suggerimento di *LEI* V, 885.25-26, potremmo anche qui sospettare un *camouflage* settentrionale.

Analogamente (7) e (8), ancora con *-k-* e la medesima semantica 'grullo, ecc.', sono un'altra costellazione, in cui alla desonorizzazione della *-g-* ha contribuito l'incrocio deonomastico con *Domenico*. Motivazioni deonomastiche (*Abacuc*, questa volta) staranno sotto anche ai molteplici adattamenti e deadattamenti delle voci raccolte sotto (9), per cui varrebbe lo stesso ragionamento. Comunque l'origine metaforica dalle costellazioni risp. (5-6), (7-8) e (11) è palese, e non credo necessiti di ulteriori delucidazioni.

L'unico altro gruppo potenzialmente di origine toscana con *-k-* è quello (10), problematico e limatissimo, di semantica botanica. Per *bacaticcio* 'castagna o frutto in genere bacato o non venuto a maturazione' e per *bacuccola* 'nocciola selvatica (*Corylus avellana*)' la spiegazione è banale. Applicazioni botaniche[52] di questo gruppo di basi, ad ogni buon conto, non sono peraltro sconosciute anche al Nord, ma la loro semantica in Toscana è spesso poco palese, basandosi su informazioni culturali molto specifiche o poco reperibili. Apparentemente problematica, infatti, sembrerebbe la forma fiorentina *erba bacaia* per l'*Oneida natrix*, una fabacea altrimenti insospettabile: l'*Oneida* è un genere di erbe suffruticose, che comprende specie note come *arrestabue* (inglese *restarrows*) per via dei rigidi steli che possono ostacolare l'aratura; fin qui tutto è molto oscuro, ma il tratto culturale che svela d'incanto il passaggio semantico è che si tratta di erbe che costituiscono cibo preferenziale per le larve di alcuni ben diffusi lepidotteri, come la comune camola *Eupithecia subfuscata*: è, in altri termini, un'erba spesso infestata dai bachi[53]. Comprensibile è anche la forma *bacherozzoli* per la 'fegatellina nera (*Targionia hypophyilla*)', una volta che si sappia che si tratta di una targioniacea dell'ordine dei *Marchantiales*, cioè una *Marchantiophyta*, un gruppo particolare di piante (comunemente dette *epatiche*) che alterna generazioni gametofitiche (preponderanti) a sporofitiche, e le cui specie, il che è dirimente, hanno normalmente un caratteristico portamento strisciante e, ap-

---

[51] Da *bachi* a *bigodini* il passaggio metaforico è comprensibilissimo, cfr. infatti qui il punto (11). I *bigodini*, a loro volta, è stato dimostrato che sono un francesismo.

[52] Naturalmente non è il caso, incongruamente, di scomodare il tipo veneto *begola* 'betulla (*Betula alba*)', con [g] estirpatrice di iato, che è solo simigliante (omografo e non omofono), alle nostre forme ma di tutt'altra etimologia, latino-celtica (cfr. *REW*, 1068-70; *DEI*, I.74b-475a; *DELI*, I.135b; *FEW*, I.345b-347a; *LEI*, V. 1380.30-1396.6) e non espressiva.

[53] La spiegazione che il *LEI* riporta da una vecchia tesi di laurea (Luigi Crocetti, *Saggio sulla terminologia dei semplici nel Ricettario fiorentino*, Firenze, 1955-56, Università degli studi di Firenze, Facoltà di lettere e filosofia, relatore Bruno Migliorini), inedita e cui non ho avuto diretto accesso, è un'altra: «così chiamata perché usata contro i vermi dell'intestino». Ora, proprietà vermifughe di *Oneida spp* non risultano generalmente note nella farmacopea, laddove invece (soprattutto per l'*O. spinosa* e specie simili) ne sono ben note applicazioni per il sistema urinario: «l'ononide viene [...] utilmente usata contro la ritenzione di orina manifestantesi in corso di una diatesi urica, quindi in tutte le forme edematose ed ascitiche, nelle nefriti e cistiti accompagnate o no da calcolosi, nelle dermatiti croniche, nelle colelitiasi, ecc.» (NEGRI 1948, p. 188). Proprietà farmacologiche, dunque, ben distanti, e tali da far ritenere alquanto idiosincratiche ed anomale (per non dire ingiustificate) le indicazioni del *Ricettario fiorentino*. Che su tali usi insoliti (e prevedibilmente inefficaci) si sia fondata una etimologia popolare (che implica la comune conoscenza e diffusa pratica di un rimedio) mi risulta alquanto improbabile. Tanto più che di altrimenti efficaci antielmintici (radice di melograno, semi di zucca, timo, ecc.) la sapienza popolare non era affatto priva.

punto, vermiforme. E così anche queste formazioni sono facilmente riconducibili alla nostra nebulosa.

Tutti i rimanenti gruppi presentano la sonora -g- chiaro indice di origine settentrionale. Tale è per i gruppi a vocalismo -i- (12) e (13), molto frastagliati e disomogenei, le cui forme sono anche preponderantemente settentrionali. Tale è anche per i gruppi con -r- anaptittica (2,3,4) e semantiche chiaramente collegabili ('belare, gridare, ciarlare'), centrati in Toscana attorno al citato *bergolo* del Boccaccio, ed alla cui storia potrebbe (tra le poche cose nuove che la voce del *LEI* aggiunge) essere pertinente anche il citato latino medievale *bergolus* (*LEI* IV, 382.54-383.1), verosimilmente tardo (e quindi derivato dalle forme volgari e non viceversa) ma di cui non è dichiarata cronologia e localizzazione: questi costituiscono (a differenza del precedente) probabilmente un unico gruppo relativamente compatto. Ed infine anche il gruppo (1), la cui origine ultima settentrionale è palese[54], ed in cui il suggerimento del Tommaseo di influsso analogico (sempre all'insegna della poligenesi delle fonti espressive) con *bazzecole* e *bugiardo* non è affatto da escludere.

Quanto, infine, al «suffisso germ. *-ardo (-hart)*» (come riassume DE ROBERTIS 2005, p. 479 in nota) con cui la parola è formata, è suscettibile di qualsiasi localizzazione, comparendo pressoché ubiquamente nella penisola. Diffuso come secondo membro nella formazione di nomi germanici (e poi per estensione romanzi) composti «esprimeva la decisa presenza di una qualità [...]. Infine *-ardus* divenne un suffisso regolare, cui rimase legata quasi sempre l'idea di qualcosa di eccessivo e di esagerato. In tal modo questo elemento onomastico germanico divenne un suffisso peggiorativo» (ROHLFS 1966-69, III. p. 427 § 1108).

E molto oltre il Rohlfs non si può andare[55].

6.   IL RETROTERRA FRANCESE. Un altro gruppo di forme che potrebbe in qualche modo entrare in gioco è quello delle *beghine* e dei *begardi*, cioè dei membri delle associazioni religiose bassomedievali nate nelle Fiandre, e di lì diffuse soprattutto in Francia e Germania[56].

Il significato proprio è ben documentato dai mediolatini *beguina* o *beghina* ('religeuse vivant en communauté sans prononcer des voeux': *MLLM*, p. 88b) e *beghardus* ('adhérent mâle du mouvement des béguines': *MLLM*, p. 88b) o *begardus* ('hérétique vivant d'aumônes et se prétendant arrivé à la perfectione': *FEW* XV, p. 88ab), ma la sua diffusione (anche in latino) è soprattutto a partire dal francese: cfr. il francese antico *begard* 'männlicher angehöriger des Beghinenordens': *FEW* I, p. 315a: «13 jh.» e le forme raccolte in *FEW* XV, p. 87ab e 88ab. L'origine è stata a lungo ritenuta deonomastica, con proposte variamente insoddisfacenti; l'ipotesi moderna più credibile, che chiama in causa il medio nederlandese, è stata perfezionata dallo Spitzer (SPITZER 1921), ma (con in mezzo la discussione di BRÜCH 1920[57]) risale al Gamillscheg (GAMILLSCHEG 1920): «Das Wort stammt aus dem Niederländischen; es ist ndl. *baghine, beghine* „Klosterschwester", vgl. Doornkaat-K. unter *begîntje* „alte Jungfer"» (GAMILLSCHEG 1920, p. 139) ed è stata illustrata dal Wartburg in *FEW* XV, p. 88a-89b *sub vocem* **beggen* (mndl.) 'plappern' (*FEW* XV, p. 86a-89b), in cui sono collegate an-

---

[54] Non ne trovo peraltro traccia significativa, cioè con questi valori semantici, in mediolatino né nel Du Cange né negli usuali repertori.

[55] Poco, in effetti, aggiunge al quadro TEKAVČIĆ 1972, III. p. 99 §1550.

[56] Non riferisco qui, in quanto non strettamente rilevante ai nostri fini, la ricca letteratura storica che esiste sul fenomeno delle *beghine* e degli altri analoghi ordini minori; i caposaldi si possono comunque trovare citati nelle rispettive voci del *FEW* e dell'*AFRW*; ed ora si può utilmente consultare STABLER MILLER 2014.

[57] Brüch, partendo da problemi morfologici, proponeva un riscontro con un guppo **beg-* 'betten' («Mndl. *beggaert* als Bezeichnung eines männlichen Angehörigen des bewufsten Ordens ist Übertragung von *beggaert* „Bettler"» BRÜCH 1920, p. 691, con formazione quindi analoga all'inglese *beggar*), forte della plausibilità semantica 'ordine religioso (eterodosso)' ~ 'ordine mendicante'; purtroppo però la base germanica è molto incerta, probabilmente illusoria, tant'è che SKEAT 1993/09, p. 54, al contrario derivava l'inglese *beg* (e derivati, tra cui il *beggar* che è già attestato per il medio inglese) proprio dal francese *beguine*; anche GAMILLSCHEG 1928, p. 95a aveva peraltro accettato il *beggaert* „Bettler" di Bruch, cui apertamente rimandava. Beninteso, esiste in antico francese anche il significato caro al Brüch, ma è di attestazione e diffusione assai limitata, praticamente circoscritta al solo anglonormanno, dove è chiaramente un prestito (di ritorno, dunque) dal medio inglese: cfr. anglonormanno *begger(e)* 'beggar' e *beg(g)er* 'to beg' (ROTHWELL 2005-..., rispettivamente I. 302b e I.302b-3a.

che le molte formazioni espressive, di solito a connotazione negativa, alcune chiaramente derivate dalla precedente, altre meno.

A ben vedere, però, tale storia era già stata, a modo suo, in parte raccontata da Gauthier de Coincy:

[32] Et nequedent begins oi dire / Un mot de coi un doit bien rire. |/ Begin, ce dient, son benigne, / Begin, ce diente, sont si digne, / Qu'il ne pensent à nule widive; / Begin, ce dient, se derive / et vient *à benignitate*. / Ha! ha! larron quel barat, é! / Je i sai autre derivoison, / A la meilleur des dui voise-on. / Begin certes ne sont pas doz, / Ja soit ce qu'aient symples voz; / Ainz sont poignant plus de fregon. / Begin se viennent de begon, / Et de begin revient begars, / Et ce voit bien nés unz soz garz, / Qui [Tobler: lege *que*] de begart vient brais et boc, / Qui tot conchie et tout emboc. Gauthier Coincy, *Seinte Léocade*, vv. 1511-38, pp. I.519-20

Il passo (con un contesto lievemente più accorciato) era già stato segnalato dal Tobler (*AFrW*, I.899b, s.v. *begart*) e, limitatamente ai vv. 1517-8, dal Godefroy (*DAFr*, I.612c) ma sotto altra voce (*begun* '?'); si potrebbe però rivalorizzare come esemplare per un discorso etimologico "medievale".

A questi usi più "tecnici", a testimonianza della vasta disponibilità della voce, si possono raccostare i molti valori espressivi non chiaramente e secondariamente derivabili dal primo, cui accennavamo. Oltre alla costellazione di 'nais' (*FEW* XV, p. 86b-87a, § 2a), possono spaziare da *begu / bigu* 'tromperie' attestato tardivamente dalla fine del Cinquecento (GREIMAS - KEANE 1992, p. 61a), a casi problematici come

[33] Quant li cuens l'aperçoit, vers lui va cele part, / Tel coup li a doné desor son toenart / Que, jambes renversées, le trébuche el begart. *Ch. Antioche* XXXVIII, vv. 993-5, p. II.246

che l'editore prova a spiegare così: «*Begart*. Var.: *Pegart*. B. Ce mot de *begart* a peut-être le sens de *mêlée*, analogue à notre *bagarre*[58]» (PARIS 1848, II. p. 246 in nota), ma che, ad esempio, Godefroy non comprendeva (glossando semplicemente '?', s.v. *begart* 2) e Tobler non traduceva (cfr. rispettivamente *AFrW*, I.899b e *DAFr*, I.612a).

7. CONCLUSIONI. Vediamo ormai di trarre un po' le fila di questa arruffata matassa.

I dati primari (cioè, alla buona, quelli non attinti ai lessici) li potremmo sinotticamente rappresentare in una tavola cronotopica come nella Tav. 1 seguente.

Come si può evincere da questo prospetto, la prima (e forse sola) certezza che si può trarre dai dati qui allestiti è che la spiegazione tradizionale della storia di *begolardo* non funziona, e per varie ragioni: (1) cronologica, (2) geografica, (3) morfologica e (4) di genere.

Cronologicamente (1), si fa derivare una forma di un secolo prima da una di un secolo dopo; geolinguisticamente (2), il gruppo senese è compatto (dal 1280 al 1427) anche se rarefatto, mentre quello fiorentino (suppostamente originario) è ancora più esiguo e confinato ad un solo ventennio; morfologicamente (3), tutte le forme note sono nominali (aggettivi o nomi) mentre la forma verbale che si vorrebbe originaria è unica ed isolata; dal punto di vista del genere e dei registri (4), infine, il gruppo senese è distribuito variegatamente, laddove quello fiorentino è legato ad un unico momento ed ambiente[59], peraltro alquanto connotato, quello dell'esplosione tardo trecentesca dei riboboli, caratteristica cui si devono, per diverse ragioni, anche la conservazione nella Crusca e l'unica resurrezione moderna in Cicognani. Ed anche volendo ammettere la connessione col gruppo di *bergolo* ecc. (che pure mi pare discutibile) il quadro non ne uscirebbe troppo alterato.

---

[58] Peraltro di tutt'altra etimologia, e comunque di origine assai più tarda, seicentesca, provenendo dal provenzale moderno *bagarro*, probabilmente a sua volta prestito dal basco *batzarre* 'Versammlung', anche se è stato alternativamente, ma meno perspicuamente, chiamato in causa pure l'antico alto tedesco *bâga* 'Streit': cfr. *FEW* I, p. 297a e GAMILLSCHEG 1928, p. 67b.

[59] Quasi tutto giocato tra Sacchetti e Pucci.

	Siena	Firenze
1942		*begole* **N** (Cicognani)
...		
...		
1427	*begole* **A** e **N** (S. Bernardino)	
1390 a		*begole* **N** (Pataffio)
XIV ex. c.	*begole* **N** (Neri)	*bizzebegolo* **N** (Sacchetti)
		begolo **V** (Pucci)
1370		[*bergolo, bergoli* **N** (Dec.)]
1367	*begole* **N** (Colombini)	
1348		[*Bergoli* **N** (G. Vill.)]
1303 p.	*begolardo* **A** (Cecco)	
1280	*begolardi* **N** (ERV)	

Tav. 1. Prospetto cronotopico.

Più difficile è formulare un'ipotesi genetica soddisfacente. Quella che qui si propone si scandirebbe al modo seguente.

Le basi etimologiche proposte dal *LEI,* siano esse da porre sotto il lemma **bag-* ecc. o **bek-* ecc., sono di origine espressiva, e pertanto le costellazioni che disegnano non devono necessariamente intendersi come filogeneticamente legate, ma come mere "razionalizzazioni" tentate dai redattori del *LEI.* Comunque tanto la confusa galassia tutta pare di origine settentrionale (forme del genere sono ben diffuse nel Nord ma in Toscana sono in genere isolate, sia pure in una fitta trama di influenze reciproche), quanto (per ragioni fonetiche) quella specifica di *begolardo*, che ci riguarda direttamente.

I ragionamenti che abbiamo sviluppato nel § 2 hanno svelato una piccola "amplificazione" fatta dal volgarizzatore senese, non inverosimilmente cagionata dal mondo delle corti del Nord, che avrebbe naturalmente suggerito una forma "lombarda". Nella nascita di *begolardo*, oltre alle descritte disponibilità espressive della base, possono naturalmente avere contribuito anche incroci analoghi (o *folk etymologies*) col *bugiardo* del Tommaseo[60], se non direttamente col mediolatino *be-gardus* o con tutta la famiglia di forme oitaniche che abbiamo schizzato nel § 6 (e la disponibilità del francese, specie al Norditalia, è ben nota, e di quella per Dante basta a fare fede il *Fiore)*

---

[60] Cfr. TOMMASEO - BELLINI, 1865-79, I.914c; *bugiardo* è attestato come base onomastica già in un documento pratese *post* 1247, e come termine autonomo ripetutamente da Andrea da Grosseto nel volgarizzamento di Albertano del 1268: cfr. OVIdb; e l'etimo ci riconduce in area occitanica (cfr. *GDLI* II, pp. 433c; cfr. provenzale *bauzar* 'tromper' e *bauzia* 'tromperie', *LR* II.202b, nonché *bauzador* 'trompeur', *LR* II.203a, e *bauzion* 'Täuschung, Betrug', *PrSW* I.135b), a sua volta con ascendenze germaniche.

«Egidio eremita» ed il «de lo Reggimento de' Principi», poi, sono menzionati proprio alla fine del *Convivio* (IV.24.9); e che Dante conoscesse in ispecie il volgarizzamento senese che ci interessa è stato più volte sostenuto[61] con buona ragionevolezza in base alla coincidenza del *Convivio* IV.IV.1 (p. III.275) «l'uomo naturalmente è *compagnevole* animale» coll'*Egidio Romano* volgarizzato II.I.1 (p. 127) «l'uom die vivare in compagnia naturalmente ed essere *conpagnevole* per natura». Ora, il tema della nobiltà, che è il tema del quarto trattato del *Convivio*, è appunto il tema del *De regimine principum*[62]; e caratteristica di entrambe le opere è anche la dimensione etica data alle rispettive proposte. Dobbiamo pertanto pensare che il *Reggimento* fosse un'opera che molto occupava Dante nel periodo finale del *Convivio*, che potrebbe appunto anche essere il periodo della perduta "proposta" a Cecco: il riferimento all'esilio lombardo (probabilmente la Verona dell'inizio del *Convivio*) costituisce un sicuro termine *post quem*, ma i riscontri che abbiamo indicato suggerirebbero di alzare la datazione della perduta proposta di Dante se non al 1306 addirittura all'inizio del 1307. Cioè, pressapoco, alla data della interruzione del IV libro del *Convivio*, che «almeno dal XIV capitolo in poi, deve essere stato scritto dopo il marzo 1306, e ovviamente prima del gennaio 1309», come efficacemente argomenta TAVONI 2014a, p. 39.

E fino al febbraio 2006, in cui i Bianchi vengono banditi da Bologna, o poco dopo, comunque non oltre la fuga del legato pontificio Napoleone Orsini il 23 maggio, Dante si trova a Bologna[63]; dopo non si sa: ricomparirà nell'ottobre presso i Malaspina, consumando un apparente voltafaccia "nero"[64]. Ci troviamo in un momento particolarmente cruciale e difficile per Dante; tra la fine del 1306 e l'inizio del 1307, infatti, si assiste ad una vera *Kehre* nella sua attività: «Dante abbandonerà piuttosto repentinamente l'identità di 'filosofo laico' e di teorico dell'eloquenza volgare che aveva indossato nei due trattati in prosa, e adotterà di slancio la nuova prospettiva poetica, palingenetica e profetica del poema sacro, e ciò avverrà in coincidenza con un nuovo contesto storico-politico italiano e con una nuova personale prospettiva di vita», come osserva autorevolmente TAVONI 2014a, p. 13 (ma cfr. ad anche p. 40).

E che in un momento di svolta, un *turning point*, della sua "missione" come quello dell'interruzione del *Convivio* Dante sentisse la necessità di corrispondere con Cecco, non fosse che per fare

---

[61] Da Gilbert, Busnelli e Vandelli: cfr. il commento di VASOLI 1988 a IV.IV.1, p. 550; per un quadro più ampio cfr. MAZZONI 1966/62, p. 120. Nuovi elementi rispetto a questa tradizione non ne sono finora emersi, od almeno in GARGAN 2014/09 non ve n'è traccia, e che solo a riferimenti interni si possa attingere è ben evidente. Una compulsazione del database presentemente implementato della *Enciclopedia Dantesca Digitale* (cfr. webgrafia), per ora limitato a *Vita Nuova*, *Monarchia*, *De vulgari* e *Convivio*, fornisce dati interessanti e collimanti con quanto qui sostenuto: non solo vi sono 13 attestazioni di Egidio nel *Convivio*, 14 nel *De vulgari* e 7 nella *Monarchia* (il che militerebbe a favore dell'intreccio compositivo di *De vulgari* e *Convivio*, già sostenuto da Maria Corti, ed ora, credo definitivamente, da Mirko Tavoni – cfr. TAVONI 2014a –, e della datazione alta della *Monarchia* di cui si dirà poc'anzi), ma nel *Convivio* i riferimenti egidiani si concentrano massimamente nel quarto libro (dove ve ne sono 8, a fronte dell'1 del libro II e dei 2 dei libri I e III).

[62] La convergenza tematica è notevole, tanto da far parlare a CANCELLI 1970, p. 638a di «identità della materia trattata: i capp. XXIII - XXVIII del IV del *Convivio* sono null'altro che un "reggimento" generale degli uomini nelle loro diverse età». Sul tema della nobiltà, oltre al classico CARPI 2004, cfr. ora (soprattutto per *Convivio* e *De vulgari*) TAVONI 2014a, in particolare tutto il § 4, ed in ispecie le pp. 24-9.

[63] Dove risiede, tra buona parte del 1304 e l'inizio del 1306, nonostante (o proprio per via de) la disfatta bianca della Lastra nel 20 luglio 1304, secondo la recente ed efficace tesi propugnata da Mirko Tavoni, che vuole che «la parte maggiore del *Convivio* e l'intero *De vulgari eloquentia* siano stati scritti a Bologna, comune guelfo bianco, appunto dalla metà del 1304 all'inizio del 1306: tesi sostenuta per il *Convivio* dal suo ultimo commentatore, Gianfranco Fioravanti, sulla base della ricchissima bibliografia aristotelico-scolastica esibita dal trattato, disponibile solo in un centro universitario come Bologna (argomento pienamente condiviso da Luciano Gargan nel suo libro dall'eloquente titolo *Dante, la sua biblioteca e lo studio di Bologna*); e sostenuta per il *De vulgari* da me sulla base dello stesso argomento e di molti altri, tali da spingermi ad argomentare che il *De vulgari* sia stato scritto non solo *a* Bologna, ma *per* Bologna» (TAVONI 2014b, p. 57; cfr., appunto, anche FIORAVANTI - GIUNTA 2014, pp. 8-18).

[64] Per dirla con Tavoni, si è trattato di «una conversione assolutamente obbligata da fatti esterni. Anzitutto il rovesciamento del regime guelfo bianco di Bologna nel febbraio 1306, che rende Bologna – questa volta sì – terra bruciata per Dante e gli altri fuorusciti fiorentini, e lo costringe di nuovo a fuggire e a cercare nel vuoto un nuovo *ubi consistam*. E poi la caduta di Pistoia, l'ultima roccaforte, nell'aprile. Dante abbandona il guelfismo bianco nel momento in cui il guelfismo bianco non esiste più. Non so neanche se abbia senso parlare di abbandono» (TAVONI 2014b, p. 84).

i conti e definitivamente liquidare un'esperienza, è, *à rebours*, prova dell'importanza che Dante vi assegnava. E vi potrebbero anche essere delle ulteriori ragioni politiche in ciò: Siena, infatti, fa parte con Bologna, Firenze, Lucca, Prato dell'alleanza nera stipulata il 5 aprile 1306 «ad conculcationem depressionem, exterminium atque mortem perpetuam ghibellinorum atque blancorum»[65]; e ciò sarebbe confacente al nuovo orizzonte politico in cui Dante si trova; *e converso*, che Cecco metta tra parentesi l'esperienza bolognese rifacendosi invece alla veronese è ragionevole, sia dal punto di vista politico (Castel Pulicciano e La Lastra sono cose di cui meno se ne parla e meglio è), sia da quello poetico (il Dante filosofo laico bolognese non gli interessa più di tanto; ma il tema della nobiltà, legato a Verona, e che ha generato il *Convivio*, magari sì).

Ce n'è, credo, a sufficienza già così, ma naturalmente, questo ancor più varrebbe se si accettasse la vecchia ipotesi di Bruno Nardi che la *Monarchia* fosse stata scritta proprio a séguito dell'interruzione del *Convivio* ma prima dell'elezione di Arrigo (come lo chiamava Dante) VII imperatore[66]. Come che sia, che il grande esule abbia voluto riferirsi, polemicamente, proprio a questo testo[67] per amichevolmente sfottere Cecco, senese come il traduttore di Egidio, avrebbe quindi perfettamente senso.

Una piccola parentesi andrebbe a questo punto introdotta riguardo i rapporti tra Dante e Cecco. Usualmente si è pretesa una reale incomprensione[68] tra i due per via dell'incommensurabilità di Dante[69], ma ragionevoli dubbi già accampa BETTARINI BRUNI 2005. Al di là di osservazioni puntuali, il tono, mi sembra, è più quello dell'insulto amichevole (pratica in Toscana ben diffusa, come quella dell'antifrasi in genere, ora come allora) perseguito con la completezza e finalità permessa dal genere della *rima de escarnho*: la consapevolezza della diversità delle poetiche[70] non equivale

---

[65] Secondo recita il documento (Memoriale del 1308 di Rodolfo di Benvenuto da Ripoli, c. 56 v°, 57 r° e 58-59) citato da ORIOLI 1896, p. 4, riferito anche da TAVONI 2014b, p. 84 n. 67, che pure non ho visto né direttamente né pubblicato *per extenso*.

[66] «A guardar bene, e per l'argomento trattato e per l'ordine logico e il fervore filosofico con cui esso è svolto, senza contare che vi sono molte altre interne somiglianze, la *Monarchia* ci appare la diretta continuazione del quarto trattato del *Convivio*. E se questo, come par certo, è da ritenere composto tra la fine del 1304 e il principio del 1307, quella non può ritenersi posteriore ad esso se non di pochi mesi, e pur sempre anteriore all'elezione di Arrigo VII» (NARDI 1966/65, p. 56). La questione della datazione della *Monarchia* è tuttora discussa (e tale, temo, destinata a restare: inviti alla prudenza raccomanda, infatti, ancora QUAGLIONI 2014, pp. 828-37); ben riassume SANTAGATA 2012, p. 415: «datare le opere di Dante può essere disperante, e anche la *Monarchia* non fa eccezione, tanto più che si tratta di un libro privo di espliciti riferimenti autobiografici. Delle due principali ipotesi cronologiche a confronto, l'una la vuole composta intorno al 1317-1318 a sostegno dei diritti del vicario imperiale Cangrande della Scala nella disputa che in quegli anni dovette sostenere con il successore di Clemente V, Giovanni XXII; l'altra l'assegna al periodo della discesa in Italia di Enrico VII. Tuttavia, mentre la tesi che sia stata scritta per il protettore scaligero non trova nel testo alcun elemento che alluda in maniera diretta o indiretta a quella contesa, la tesi che la colloca fra l'incoronazione milanese di Enrico (gennaio 1311) [se non fra la sua nomina imperiale a Francoforte il 27 novembre 1308] e la sua morte (agosto 1313) [ma Nardi pensava addirittura *prima*] può avvalersi di numerosi indizi, interni ed esterni, a cominciare dalla testimonianza di Boccaccio», che esplicitamente dichiara che «similemente questo egregio auttore nella venuta di Arrigo VII imperadore fece uno libro in latina prosa, il cui titolo è *Monarcia* [*sic*], il quale, secondo tre quistioni le quali in esso determina, in tre libri divise» (Boccaccio, *Trattatello* Red 1, § 195, p. 487).

[67] Sulla tema della liberalità in Dante cfr. ARTALE 2000. Sulla memoria di Dante ha scritto pagine memorabili Contini, cfr. almeno quanto raccolto in CONTINI 1976.

[68] Ancora per Marti (che già aveva parlato di «violenta lite»: MARTI 1956, p. 231) nel 1970 (p. 277a) nel sonetto del *begolardo* si addivverebbe ad accuse «offensive e violente in un'aperta e totale rottura. Gl'ideali letterari qui non hanno più luogo; la polemica vi degenera in diatriba bassa e volgare». Che è quanto meno fuori luogo.

[69] Anzi, il puntiglioso commento dell'ultimo sonetto della *Vita Nuova*, *Oltre la spera che più larga gira*, si vorrebbe motivato proprio dall' "incomprensione" palesata da Cecco in *Dante Alleghier, Cecco tu' serv'amico*: come se altre ragioni per l'operazione di Dante non esistessero. E d'altra parte, Cecco doveva avere capito benissimo: solo s'attacca unicamente a quello che gli interessa; ché le poetiche dei due, certo, sono ben diverse.

[70] Che è, sia pure diversamente, comune ad entrambi i personaggi: Cecco persegue con ostinazione e rigore esclusivi (si fatticherebbe, visto il personaggio, a dire "ascetici") il "genere" comico (MARTI 1970, p. 276b, parlava di «antistilnovismo del Senese»), Dante, invece, tutto metabolizza e riconduce alla smisurata statura della sua personalità. Anzi, se si volesse condiscendere alla romanzesca, ma suggestiva, affabulazione di Santagata, sarebbe proprio questa consapevolezza di diversità e predestinazione (di essere un *gezeichnet*, insomma), il tratto plutarchiano di grandezza drammatica del personaggio.

ad ostilità od impossibilità di comprensione, e la statura del grande fiorentino non deve attutire la percezione della perfezione del senese[71].

Ciò detto, comunque, a questo punto la convergenza di Cecco e *Egidio Romano* volgarizzato bastano a creare una piccola tradizione locale senese, che regge, parca e stenta, fino all'inizio del Quattrocento; il canone fiorentino è invece isolato, molto più tardo, legato all'esplosione del fenomeno letterario del ribobolo, non necessariamente collegato alla micro-tradizione senese, e perdipiù circoscritto a pochi testi ed autori. Questa insorgenza sarà relativamente poligenetica (cosa che in area espressiva certo non stupisce), anche se appoggiata alle medesime istanze espressive, e nello stregonesco calderone di Sacchetti e sodali avranno certo luogo anche analoghi influssi settentrionali; che, tra l'altro, tra il mondo di Cecco e dei "comici" medievali e questo dei "pataffiani" ed oltre un legame esista (accanto a quello, evidente, col Boccaccio del *Corbaccio*), era appunto tesi cara al Contini che già la ravvisava nel Marti: «Il Marti vede chiaro il filo artigianale che senza troppo forti discontinuità porta dai suoi autori al Sacchetti, al Pucci, ad Antonio da Ferrara, al Burchiello, al Pistoia, al Pulci e ai minori di quella medesima provincia, anzi addirittura i legami con la maniera del *Polifilo*, e il linguaggio pedantesco» (CONTINI 1954/2007, p. 221 = I.460, cit. anche da GIUNTA 2005, p. 127[72]) e di qui con il Cinquecento pavano (cfr., non a caso, la *trouvaille* del Magagnò).

Le forme con vocalismo differente attestate nella *varia lectio* del sonetto di Cecco (cfr. ROSSI 199b, 17-18) riflettono condizioni geograficamente (*bigolardo* è attestato da un manoscritto del trevigiano Niccolò de' Rossi, e costituirà un incrocio settentrionale) o cronologicamente (*bagolardo* è in un codice quattro-cinquecentesco, e dipenderà da inconsci incroci etimologici popolari) diverse.

Ma l'autorità del *Pataffio* vale a questa nebulosa una sopravvivenza museale nella Crusca ed oltre; bagno di formaldeide da cui la trae di nuovo a vita Cicognani, sennonché la sua resurrezione è effimera e termina col *Figurinaio* medesimo.

Accanto a questa abortiva storia toscana, quella veneta si è invece sviluppata rigogliosamente, anche se prevalentemente in altri rivoli; quello omologo al nostro l'abbiamo documentato solo nel pavano Magagnò; ma è una faccenda che, tolta la questione delle origini, diventa quasi subito indipendente e slegata da quella che ci ha occupato.

Col che credo di aver ancora una volta confermato, se mai ce ne fosse bisogno, l'aureo assioma di Franco Crevatin che l'etimologia sia un processo di indagine culturale e non una mera pratica meccanica (o chimica che dir si voglia): la pura meccanica, infatti, qui restituiva solo le risposte sbagliate.

8.   BIBLIOGRAFIA. Suddivido al solito la bibliografia secondo i medesimi criteri enunciati nel primo contributo raccolto in questo volume (¶ 1. § 4.).

La suddisione è praticamente necessaria, ma qui come mai mostra la corda ed i suoi limiti teorici: in molti casi la scelta è dipesa più dall'uso che nel presente lavoro è stato fatto di un dato testo (e che ne ha dettato il suo stile citazionale) che dalla sua natura *in re*, tanto che a volte la scheda è stata (spero opportunamente) duplicata; come là, le opere lessicografiche si sono comunque sussunte nella prima sezione, ed invariato è anche l'uso delle sigle usuali.

Si è invece rinunciato a dichiarare nello stile del *TLIO* gli estremi di genere, qui meno rilevanti, ma non quelli cronici e tòpici[73].

---

[71] Per percepire ciò basta rileggere dopo il sonetto del *begolardo* di Cecco la "risposta" di Guelfo Taviani, «osservando [...] una sfasatura di tono, come può avvenire nelle irruzioni degli amici degli amici» (BETTARINI BRUNI 2005, p. 93) e soprattutto uno scarto del livello qualitativo evidente.

[72] È una delle prime caratterizzazioni di quella che diventerà la famosa "funzione Gadda".

[73] Le datazioni, quando disponibili, sono quelle del *TLIO*; non si sono però date datazioni delle opere dantesche altrimenti discusse nel testo.

8.1   BIBLIOGRAFIA GENERALE.

AA. VV.

1729   *Vocabolario degli Accademici della Crusca. Quarta[74] impressione*, Vol. I. [*A-C*], Firenze, Appresso Domenico Maria Manni, 1729.

1741   *Vocabolario degli Accademici della Crusca. Quinta impressione*, Vol. I. [*A-C*], Venezia, Appresso Francesco Pitteri, 1741.

1763   *Vocabolario degli Accademici della Crusca. Edizione seconda veneta*, accresciuta di molte voci raccolte dagli autori approvati dalla stessa Accademia Vol. I. *A-C*, Venezia, Appresso Francesco Pitteri, 1763.

1965   *Atti del Congresso internazionale di studi danteschi (Firenze - Verona - Ravenna, 20-27 aprile 1965)*, Firenze, Sansoni, 1965.

1987/1612 *Vocabolario degli Accademici della Crusca* [...], Venezia, appresso Giovanni Alberti, 1612. Ristampa anastatica, con *Presentazione* di Giovanni Nencioni, Firenze, Le Lettere, 1987. Anche online alla pagina `http://vocabolario.sns.it/html/index.html`.

[2009]   *Treccani.it. L'enciclopedia italiana*, [Portale 2.0] `http://www.treccani.it/enciclo pedia/`.

AFRW vedi TOBLER - LOMMATZSCH 1925

AGENO

2000/1952 Franca Brambilla Ageno, *Riboboli trecenteschi*, in «Studi di filologia italiana» X (1952) 413-54, poi in AGENO 2000, pp. 32-72.

2000   Franca Brambilla Ageno, *Studi lessicali*, a cura di Paolo Bongrani, Franca Magnani, Domizia Trolli, Bologna, CLUEB, 2000 "Heuresis" 1, "Quaderni di Schede umanistiche" 7

AIS-idx vedi JABERG - JUD 1960

ANTONINI

1770   Annibale Antonini, *Dizionario italiano, latino e francese*, in cui si contiene, non solamente un compendio del Dizionario della Crusca, ma ancora tutto ciò, che v'ha di più rimmarchevole ne' migliori Lessicografi, Etimologisti, e Glossarj, usciti fin ora alla luce in diverse lingue, nuova edizione, riveduta, corretta e notabilmente accresciuta, tomo I [*Italiano-*], Lione, appresso Pietro Duplain primogenito librajo, 1770.

ARTALE

2000   Elena Artale, *La liberalità in Dante*, in SANTAGATA - STUSSI 2000, pp. 69-97.

BARBERA

2009   Manuel Barbera, *Schema e storia del "Corpus Taurinense". Linguistica dei corpora dell'italiano antico*, Alessandria, Edizioni dell'Orso, 2009.

BARETTI

1832   Giuseppe Baretti, *Grande dizionario italiano ed inglese | English and Italian Dictionary*, edizione fatta su quella di Livorno ed accresciuta di numerose aggiunte e correzioni, tomi I-II, Firenze, dalla tipografia Cardinali, 1832.

BATTAGLIA *et alii*

1961-2009 Salvatore Battaglia [† 1971 - Giorgio Bàrberi Squarotti dal vol. IV], *Grande dizionario della lingua italiana*, Torino, U.T.E.T., 1961-.... ¶ **I.** *A-Balb*, 1961; **II.** *Balc-Cerr*, 1962; **III.** *Cert-Dag*, 1964; **IV.** *Dah-Duu*, 1966; **V.** *E-Fin*, 1968; **VI.** *Fio-Grau*, 1970; **VII.** *Grav-Ing*, 1972; **VIII.** *Ini-Libb*, 1975; **IX.** *Libe-Med*, 1975; **X.** *Mee-Moti*, 1978; **XI.** *Moto-Orac*, 1981; **XII.** *Orad-Pere*, 1984; **XIII.** *Perf-Po*, 1986; **XIV.** *Pra-Py*, 1988; **XV.** *Q-*

---

[74] Tutte le prime cinque Crusche sono riccamente accessibili online dal sito mantenuto dall'Accademia della Crusca (cfr. webgrafia, § 7.3) ; contengo quindi i riferimenti bibliografici al minimo.

Ria, 1990; **XVI.** *Rib-Roba*, 1992; **XVII.** *Robb-Schi*, 1994; **XVIII.** *Scho-Sik*, 1996; **XIX.** *Sil-Sque*, 1998; **XX.** *Squi-Tog*, 2000; **XXI.** *Toi-Z*, 2002; *Supplemento* a cura di Edoardo Sanguineti, 2004; *Supplemento* a cura di Edoardo Sanguineti, 2009; *Indice degli autori citati* a cura di Giovanni Ronco, 2004. (*GDLI*)

BATTISTI - ALESSIO
1950-57 Carlo Battisti - Giovanni Alessio, *Dizionario etimologico italiano*, Firenze, G. Barbèra Editore, 1950-1957. ¶ **I.** *A-Ca*, 1950, pp. xxxj + 1-820; **II.** *Ca-Fa*, 1951, pp. 821-1604; **III.** *Fa-Me*, 1952, pp. 1605-2404; **IV.** *Me-Ra*, 1954, pp. 2405-3188; **V.** *Ra-Zu*, 1957, pp. 3189-4132. (*DEI*)

BELTRAMI
1998-... *Tesoro della lingua italiana delle origini*, diretto da Pietro Beltrami, Firenze, CNR - Centro di studi Opera del Vocabolario Italiano, 1998-...; disponibile su http://tlio.o vi.cnr.it/TLIO/. (*TLIO*)

BETTARINI BRUNI
2005 Anna Bettarini Bruni, *Cecco Angiolieri, la lirica comica e la nozione di scuola*, in CAR-RAI - MARRANI 2005, pp. 77-99.

BOERIO
1829 Giuseppe Boerio, *Dizionario del dialetto veneziano*, Venezia, coi tipi di Andrea Santini e figlio, 1829.

BOSCO *et alii*
1970-78 *Enciclopedia dantesca*, direttore Umberto Bosco, comitato direttivo Giorgio Petrocchi e Ignazio Baldelli, Roma, Istituto della Enciclopedia Italiana. ¶ **I.** *a - cigno*, 1970; **II.** *cima - Foscolo*, 1970; **III.** *fra - Muzio*, 1971; **IV.** *Nabuccodonosor - Samuele*; 1973; **V.** *san - zuffa*, 1976; **VI.** *Appendice: Biografia, Lingua e stile, Opere*, 1978. (*ED*)

BRÜCH
1920 Josef Brüch, *Zur Wortgeschichte*, in «Zeitschrift für romanische Philologie» XL (1920)[4] 690-95: § 1. *béguine*, pp. 690-91.

BRUNI
1932 Gerardo Bruni, *Il "De Regimine Principum" di Egidio Romano: studio bibliografico*, in «Aevum» VI (1932)[2-3] 339-72.

CANCELLI
1970 Filippo Cancelli, *Egidio Romano (Egidio Colonna)*, in *ED*, vol. II, 1970, pp. 636a - 639a.

CARDINALI
1827-28 *Dizionario portatile della lingua italiana*, compilato da Francesco Cardinali ed ultimato nel 1828, con molte aggiunte, e nomi tecnici di professioni, ed arti, ed anche colle ultime voci approvate nella nostra favella, Bologna, Tipografia di Iacopo Marsigli, 1827-1828. ¶ **I.** [*A-inspiratóre*], 1827; **II.** [*L-zurro*], 1828.

CARPANÉ - SERAFINI
2007 Lorenzo Carpané - Alessandro Serafini, *Giovanni Battista Maganza*, voce nel *Dizionario Biografico degli Italiani*, Roma. Treccani, volume 67, 2007, online a http://www. treccani.it/enciclopedia/giovanni-battista-maganza_(Dizionario_Biografico)/.

CARPI
2004 Umberto Carpi, *La nobiltà di Dante*, 2 volumi, Firenze, Edizioni Polistampa, 2004 "Studi su Dante".

Carrai - Marrani
2005   *Cecco Angiolieri e la poesia satirica medievale. Atti del Convegno internazionale, Siena
           26-27 ottobre 2002*, a cura di Stefano Carrai e Giuseppe Marrani, Firenze, Edizioni del
           Galluzzo per la fondazione Ezio Franceschini, 2005 "Archivio Romanzo" 9, "Università
           degli Studi di Siena, Scuola superiore di studi umanistici - Pubblicazioni della Scuola di
           dottorato europea in Filologia romanza" 1.

Cardinali
1846   *Dizionario della lingua italiana*, già pubblicato da Francesco Cardinali e novellamente
           corretto nella dichiarazione de' vocaboli, aumentato di spiegazioni etimologiche e di vo-
           caboli omessi, ed in più altre guise migliorato dall'avvocato Pasquale Borrelli [...], Na-
           poli, Presso Gaetano Nobile Editore-Proprietario, 1846. ¶ **I.** [*A - gutturalmente*], 1846;
           II. [*H - puzzura*], 1846; **III.** [*Q - zurro*] , 1846

Carrer - Federici
1827   [Luigi Carrer - Fortunato Federici], *Dizionario della lingua italiana*, volume I [*A-buzzo-
           ne*], Padova, nella tipografia della Minerva, 1827[75].

Colussi
1983-...   Giorgio Colussi, *GAVI. Glossario degli antichi volgari italiani*, Helsinki, Helsingin
           Yliopiston Manistus Palvelu (fino al vol. 2), 1983-1984; poi Helsinki, Helsinki Uni-
           versity Press (fino al vol. 16.3), 1985-1992; infine Foligno - Helsinki, Editoriale Umbria
           - Helsinki University Press (dal vol. 16-4), 1995-... ¶ **I.** *Introduzione, Bibliografia, A-
           azzurro, Repertorio*, 1983; II. B-buttare, 1984; **III.1** *C-cazzuola*, 1985; **III.2** *cecàre-
           comunità*, 1986; **III.3** *cónca-convòlgere*, 1987; **III.4** *cooperàre-cuticàgna*, 1988; **IV.1**
           D-devozione, 1990; **IV.2** *di-diruto*, 1992; **IV.3** *dis-disvulvare*, 1993; **IV.4** *ditale-
           duttore*, 1994; **XVI.1** *sàbato-scavezzàre*, 1990; **XVI.2** *sceda-sdurre*, 1991; **XVI.3** *se-
           sezzo*, 1992; **XVI.4** *sfacciamento-sodomita*, 1995; **XVI.5** *sofferare-sozzura*, 1995;
           XVI.6 *spaccare-sradicare*, 1996; **XVI.7** *stabbio-stragreve*, 1997; **XVI.8** *stralatar-
           svuotare*, 1997; **XVII.1** *Bibliografia 1988, Addenda & corrigenda 1988, Retrobottega
           1988*, 1999; **XVII.2** *T-temuto*, 1999; **XVII.2** *T-temuto*, 1999; **XVII.3** *Addenda e cor-
           rigenda 2000: B-Buzzo*, 2000; **XVII.4** *tenace-tuzzo*, 2000; **XVIII.1** *A-azzurro* (1. *A-
           acconcio*) nuova edizione ossia rifacimento del volume 1.1=1982, 2002; **XVIII.2** *A-
           azzurro* (2. *acconfare-affievolire*) nuova edizione ossia rifacimento del volume 1.1=1982,
           2002; **XVIII.3** *A-azzurro* (3. *affligere-aizzare*) nuova edizione ossia rifacimento del vo-
           lume 1.1=1982, 2002; **XVIII.4** *A-azzurro* (4. *ala-alzare*) nuova edizione ossia rifaci-
           mento del volume 1.1=1982, 2002; **XVIII.5** *A-azzurro* (5. *am-amunegada*) nuova edi-
           zione ossia rifacimento del volume 1.1=1982, 2002; **XVIII.6** *A-azzurro* (6. *segmana-
           aoscura*) nuova edizione ossia rifacimento del volume 1.1=1982, 2002; **XVIII.7** *A-
           azzurro* (7. *apairar-appoverire*) nuova edizione ossia rifacimento del volume 1.1=1982,
           2003; **XVIII.8** *A-azzurro* (8. *appredare-aremplire*) nuova edizione ossia rifacimento
           del volume 1.1=1982, 2003; **XVIII.9** *A-azzurro* (9. *arena-arzuro*) nuova edizione ossia
           rifacimento del volume 1.1=1982, 2003; **XX.1** *Bibliografia 2003*, 2003; + *Bibliografia
           dei volumi 1, 2, 3.1-4*, 1988; + *Bibliografia dei volumi 4.1-4, 16.1-3*, 1984.   (*GAVI*)

Contini
1954/2007 Gianfranco Contini, *Recensione a Mario Marti, "Cultura e stile nei poeti giocosi del
           tempo di Dante"*, in «Giornale Storico della letteratura italiana» CXXXI (1954)[2] 220-26.
           Poi anche in Contini 2007, vol. I, pp. 459-466.
1960   *Poeti del Duecento*, a cura di Gianfranco Contini, Milano - Napoli, Riccardo Ricciardi
           Editore, 1960 "La letteratura italiana. Storia e testi" 2.i-ij.   (*PdD*)

---

[75] Mi spiace non poter dare la scheda bibliografica completa dell'opera, avendone potuto vedere solo il primo e l'ultimo
volume (settimo [*T-Zoroastro*], *ibidem*, 1830).

1976   Gianfranco Contini, *Un'idea di Dante. Saggi danteschi*, Torino, Einaudi, 1976 "Piccola biblioteca Einaudi" 275.

2007   Gianfranco Contini, *Frammenti di filologia romanza. Scritti di ecdotica e linguistica (1932-1989)*, a cura di Giancarlo Breschi, 2 volumi, Firenze, Edizioni del Galluzzo - Fondazione Ezio Franceschini, 2007 "Archivio Romanzo" 2.

CORAZZINI

1858   *Del Reggimento de' Principi di Egidio Romano, volgarizzamento trascritto nel MCCLXXXVIII*, pubblicato per cura di Francesco Corazzini, Firenze, Felice Le Monnier, 1858.

CORTELAZZO - ZOLLI

1979-88   Manlio Cortelazzo - Paolo Zolli, *Dizionario etimologico della lingua italiana*, Bologna, Zanichelli, 1979-1988. ¶ **I.** *A-C*, 1979, pp. xxvij + 1-307; **II.** *D-H*, 1980, pp. xix + 309-536; **III.** *I-N*, 1983, pp. xxj + 537-815; **IV.** *O-R*, 1985, pp. xxj + 817-1113; **V.** *S-Z*, 1988, pp. xx + 1115-1470.   (*DELI*)

COSTA - CARDINALI

1819-26   [Paolo Costa - Francesco Cardinali], *Dizionario della lingua italiana*, Bologna, per le stampe de' fratelli Masi e comp. [ma VII: *Presso Riccardo Masi*]. ¶ **I.** *A*, 1819; **II.** *BC*, 1820; **III.** *DEF*, 1821; **IV.** *GHIJLM*, 1822; **V.** *NOPQR*, 1823; **VI.** *S*, 1824; **VII.** *TUVXYZ* ed *Appendici*, 1826.

CREVATIN

2002   Franco Crevatin, *L'etimologia come processo di indagine culturale*, Napoli, Istituto Universitario Orientale, 2002 "Quaderni di AIΩN" n.s., 15.

Crusca vedi AA. VV. 1729, 1741, 1763, 1987/1612 (in § 7.1) e "Crusca online" (in § 7.3)

DAFR vedi GODEFROY 1880-1902

D'ANCONA

1875   Alessandro D'Ancona, *Cecco Angiolieri da Siena, poeta umoristico del secolo decimoterzo*, in «Nuova Antologia» XIII (1875)[1] 5-57; poi in D'ANCONA 1880, pp. 105-215.

1880   Alessandro D'Ancona, *Studj di critica e storia letteraria*, Bologna, Nicola Zanichelli Libraio-editore-tipografo, 1880.

DEI vedi BATTISTI - ALESSIO 1950-57

DELLA CORTE

2005   Franco Sacchetti, *Il Pataffio*, edizione critica a cura di Federico Della Corte, Bologna, Commisione per i testi di lingua, 2005 "Collezione di opere inedite o rare pubblicate dalla Commissione per i testi di lingua" 160.

DELI vedi CORTELAZZO - ZOLLI 1979-88

DEL PUNTA - DONATI - LUNA

1993   F[rancesco] del Punta - S[ylvia] Donati - C[oncetta Ester Lucia] Luna, *Egidio Romano*, voce nel *Dizionario biografico degli italiani*, Roma. Treccani, volume 42, 1993, online a `http://www.treccani.it/enciclopedia/egidio-romano_(Dizionario-Biografico)/`.

DE ROBERTIS

2005   Dante Alighieri, *Rime*, edizione commentata a cura di Domenico De Robertis, Firenze, Edizioni del Galluzzo - Fondazione Ezio Franceschini, 2005 "Archivio Romanzo" 7.

DI SAN LUIGI

1772-5   *Delle poesie di Antonio Pucci, celebre versificatore fiorentino del MCC e prima, della Cronica di Giovanni Villani ridotta in terza rima*, pubblicate, e di osservazioni accresciute da Fr. Ildefonso di San Luigi, Carmelitano scalzo della provincia di Toscana, accademico fiorentino, Firenze, Gast. Cambiagi stampatore granducale, voll. I-IV, 1772, 1773, 1774 e 1775 "Delizie degli eruditi toscani" 3-6.

DI STEFANO
1984   Paolo Di Stefano, *Preliminari per un'edizione critica del «Livro del governamento dei re e dei principi»*, in «Medioevo romanzo», 9, 1984, pp. 65-84.

DWELLY
1988/20   *Faclair gàidhlig gubeurla le Dealbhan | Dwelly's Illustrated Gaelic to English Dictionary. The Illustrated Gaelic - English Dictionary* containing every gaelic word and meaning given in all previously published dictionaries and a great number never in print before, to which is prefixed *A Concise Gaelic Grammar*, 675 illustrations, compiled by Edward Dwelly, Glasgow, Gairm Publications, 1988_{10} [$1901-1911_1$, 1920_2; 3d to 10th editions reproduce the second] "Gairm Publications" 11.

ED vedi Bosco *et alii* 1970-8.

FANFANI
1863   Pietro Fanfani, *Vocabolario dell'uso toscano*, Firenze, G. Barbèra Editore, 1863, due volumi. Anche anastatica, con *Prefazione* di Ghino Ghinassi: Firenze, Casa Editrice Le Lettere, 1976.

FEW vedi WARTBURG 1828-...

FIORAVANTI - GIUNTA
2014   Dante, *Convivio*, a cura di Gianfranco Fioravanti, canzoni a cura di Claudio Giunta, in Dante Alighieri, *Opere*, edizione diretta da Marco Santagata, Volume secondo *Convivio, Monarchia, Epistole, Egloge*, a cura di Gianfranco Fioravanti, Claudio Giunta, Diego Quaglioni, Claudia Villa, Gabriella Albanese, Milano, Mondadori, 2004 "I Meridiani", pp. 3-805.

GAMILLSCHEG
1920   Ernst Gamillscheg, *Französische Etymologien*, in «Zeitschrift für romanische Philologie» XL $(1920)^2$ 129-190: § *béguine*, pp. 138-39.
1928   Ernst Gamillscheg, *Etymologisches Wörterbuch der französischen Sprache*, Heidelberg, Carl Winter's Universitätsbuchhandlung, 1928 "Sammlung romanischer Elementar- und Handbücher - III. Reihe: Wörterbücher" 5.

GARGAN
2014/09   Luciano Gargan, *Per la biblioteca di Dante*, in GARGAN 2014, pp. 3-36; già in «Giornale storico della letteratura italiana» CLXXXVI (2009) 161-93.
2014   Luciano Gargan, *Dante, la sua biblioteca, e lo studio di Bologna*, Roma - Padova, Editrice Antenore, 2014 "Medioevo e Umanesimo" 118.

GAVI vedi COLUSSI 1983-...

GDLI vedi BATTAGLIA *et alii* 1961-2009

GIULIOTTI
1914   Domenico Giuliotti, *Le rime di Cecco Angiolieri*, Siena, Giuntini-Bentivoglio Editori, 1914.

GIUNTA
2005   Claudio Giunta, *Espressionismo dialettale?*, in CARRAI - MARRANI 2005, pp. 123-39.

GODEFROY
1880-1902   Frédéric Godefroy, *Dictionnaire de l'ancienne langue française et de tous ses dialectes du IXe au XVe siècle*, composé d'après le dépouillement de tous les plus importants documents manuscrits ou imprimés qui se trouvent dans les grandes bibliothèques de la

France et de l'Europe et dans les principales archives départementales, municipales, hospitalières ou privées, Paris, F. Vieweg Librairie-Éditeur (voll. I-V), Émile Bouillion Librairie-Éditeur (voll. VI-X), 1880-1902. ¶ **I.** [*A-Castaigneux*], 1880; **II.** *Casteillon - Dyvis,* 1883; **III.** *É - Fildron,* 1884; **IV.** *Filé - Listage,* 1885; **V.** *Liste - Persomme,* 1888; **VI.** *Parsommer - Remembrance,* 1889; **VII.** *Remembrant - Traioir,* 1892; **VIII.** *Traire - Zygaine, Erratum général;* Complément: *A - Carrefour;* **IX.** Complément: *Carrel - Inaccostable,* 1898; **X.** Complément: *Inaccoutumé - Zoophyte,* 1902. Ristampa anastatica: Vaduz (Lichtenstein) - New York (USA), Kraus Reprint Corporation, 1961.

(*DAFR*)

GREIMAS - KEANE
1992   Algirdas Julien Greimas - Teresa Mary Keane, *Dictionnaire du moyen français; la Renaissance,* Paris, Larousse, 1992.

JABERG - JUD
1960   Karl Jaberg - Jakob Jud, *Index zum Sprach- und Sachatlas Italiens und der Südschweiz. Ein propedäutisches etymologisches Wörterbuch der italienischen Mundarten,* Bern, Verlag Stämpfli & Cie, 1960.   (*AIS-idx*)

LANZA
1990   Cecco Angiolieri, *Le rime,* a cura di Antonio Lanza, Roma, Archivio Guido Izzi, 1990 "Volgare eloquio" 2.

LARSON - ARTALE
2005-12 Pär Larson - Elena Artale, *Corpus* [*recte: database testuale*] *OVI dell'Italiano antico (Gattoweb),* pubblicazione quadrimestrale online, data di prima pubblicazione 15.10.2005, corpus 2320 testi - 30 ottobre 2012: `http://gattoweb.ovi.cnr.it/` (OVI*db*)

LEI vedi PFISTER - SCHWEICKARD 1979-...

LEVY
1894-1924 Emil Levy, *Provenzalisches Supplement-Wörterbuch. Berichtigungen und Ergänzungen zu Raynouards Lexique Roman,* Leipzig, O. R. Reisland, 1894-1924. ¶ **I.** Band *A-C,* 1894; **II.** Band *D-Engres,* 1898; **III.** Band *Engreseza-F,* 1902; **IV.** Band *G-L,* 1904; **V.** Band *M-O,* 1907, **VI.** Band *P-Q,* 1910; **VII.** Band R-S, 1915, **VIII.** Band, fortgesetzt von Carl Appel, *T-Z,* 1924.   (*PrSW*)

LIBERATORE
1829-40 *Vocabolario universale italiano compilato a cura della società tipografica Tramater e Cⁱ.,* [diretto da Raffaele Liberatore], Napoli, dai torchi del Tramater, 1829-40. ¶ **I.** *A-BU,* 1829; **II.** *C-DU,* 1830; **III.** *E-KU,* 1834; **IV.** *L-O,* 1834; **V.** *P-RU,* 1835; **VI.** *S,* 1838; **VII.** *T-ZU,* 1840.   (*TRAMATER*)

LR vedi RAYNOUARD 1836-44

MANUZZI
1833-40 *Vocabolario della lingua italiana,* già compilato dagli accademici della Crusca ed ora novamente corretto ed accresciuto dal cavaliere Abate Giuseppe Manuzzi, Firenze, Appreso David Passigli e socj, 1833-40. ¶ **I.1** [*A-*C], 1833; **I.2** [*D-L*], 1836; **II.1** [*M-R*], 1838; **II.2** [*S-Z*], 1840.

MARRANI
2005   Giuseppe Marrani, *La poesia comica fra '200 e '300. Aspetti della fortuna di Cecco Angiolieri fuori Toscana,* in CARRAI - MARRANI 2005, pp. 101-22.

MARTI
1956   *Poeti giocosi del tempo di Dante*, a cura di Mario Marti, Milano, Rizzoli Editore, 1956 "I classici Rizzoli".
1970   Mario Marti, *Angiolieri, Cecco*, in *ED*, vol. I, 1970, pp. 636a - 639a.

MASSÈRA
1906   *I sonetti di Cecco Angiolieri editi criticamente ed illustrati*, per cura di Aldo Franc[esco] Massèra, Bologna, Ditta Nicola Zanichelli, 1906.

MASTRELLI
2002/13   Carlo Alberto Mastrelli, *Cucco e bacucco*, in «Atti e memorie della Società istriana di archeologia e storia patria» CII [n.s. L] (2002) 485-502; ora in MASTRELLI 2013, pp. 139-153.
2013   Carlo Alberto Mastrelli, *Etimologie italiane*, a cura di Massimo Fanfani, Firenze, Accademia della Crusca, 2013.

MAZZONI
1966/62   Francesco Mazzoni, *Il punto sulla "Questio de aqua et terra"*, in MAZZONI 1966, pp. 80-125; già in «Studi danteschi» XXXIX (1962) 39-84.
1966   Francesco Mazzoni, *Contributi di filologia dantesca. Prima serie*, Firenze, Sansoni, 1966 "Quaderni degli «Studi Danteschi»" 2.

MEYER-LÜBKE
1972/35   W[ilhelm] Meyer-Lübke, *Romanisches Etymologisches Wörterbuch*, Heidelberg, Carl Winter Universitätsverlag, 1972₅ [=1935₃] "Sammlung Romanischer Elementar- und Handbücher. Dritte Reihe: Wörterbücher".   (*REW*)

MLLM vedi NIERMEYER 1984/76

MOLENAER
1899   *Li livres du gouvernement des rois. A XIIIth century French version of Egidio Colonna's treatise De regimine principum*, now first published from the Kerr ms. together with Introduction and Notes and full-page facsimile by Samuel Molenaer, New York - London, The Macmillan Company, 1899.

MORETTI
1973   *Vocabolario del dialetto di Magione (Perugia)*, raccoglitore Giovanni Moretti, Prefazione di Francesco A. Ugolini, Perugia, Presso l'Istituto, 1973 "Università degli studi di Perugia, Istituto di Filologia romanza, Opera del Vocabolario dialettale umbro" 2.

NARDI
1966/65   Bruno Nardi, *Filosofia e teologia ai tempi di Dante in rapporto al pensiero del poeta*, in NARDI 1966, pp. 3-109; già in AA. VV. 1965, vol. 1, pp. 79-175.
1966   Bruno Nardi, *Saggi e note di critica dantesca*, Milano - Napoli, Riccardo Ricciardi Editore,1966.

NEGRI
1948   Giovanni Negri, *Erbario figurato. Descrizione e proprietà medicinali e velenose della flora italiana*, quarta edizione, Milano, Editore Ulrico Hoepli, 1948.

NIERMEYER
1984/76   *Mediae latinitatis lexicon minus*, composuit J[an] F[rederik] Niermeyer, [...] perficiendum curavit C[o] van de Kieft, Leiden, E. J. Brill, 1984 [1976₁].   (*MLLM*)

Ó DÓNAILL
1977   Niall Ó Dónaill, *Foclóir gaeilge-béarla*, eagarthóir comhairleach Tomás De Bhaldraithe, Baile Átha Cliath, An Gúm, 1977.

Orioli

1896   Emilio Orioli, *Documenti bolognesi sulla fazione dei Bianchi*, in «Atti e memorie della
        R. Deputazione di Storia Patria per le provincie di Romagna – 3a Serie» XIV (1896) 1-
        15.

OVI*db* vedi Larson - Artale 2005-12

Paccagnella

2012   Ivano Paccagnella, *Vocabolario del pavano (XIV-XVII secolo)*, Padova, Esedra Editrice,
        2012 "Fondazione Cassa di risparmio di Padova e Rovigo".

Papi

2011   Fiammetta Papi, *Il* Livro del governamento dei re e dei principi *(De regimine principum
        di Egidio Romano) secondo il codice BNCF II.IV.129. Saggio di edizione e analisi lin-
        guistica*, tesi di laurea specialistica in Lingua e letteratura italiana, Università di Pisa, a.a.
        2010-2111.

2012   Fiammetta Papi, *Il vocabolario delle virtù nell'Egidio volgare: umiltà, virtù* honoris a-
        mativa*, magnanimità*, in «Annali della Scuola normale di Pisa. Classe di Lettere e filo-
        sofia», s. 5, V (2012)$^{4/2}$ 379-413.

PdD vedi Contini 1960

Paris

1848   *La chanson d'Antioche, composée au commencement du XIIe siècle par le pelerin Ri-
        chard, renouvelée sous le règne de Philippe Auguste par Graindor de Douay*, publiée
        pour la première fois par Paulin Paris, Tomes I et II, Paris, J. Techner Libraire, 1848
        "Romand des douze pairs de France" 12.

Petrocchi

1887   Policarpo Petrocchi, *Nòvo dizionàrio universale della lingua italiana*, Milano, Trèves,
        1887. ¶ **I.** A-K; **2.** L-Z.

Pfister - Schweickard

1979-...   Max Pfister - Wolfgang Schweickard (dal vol. VIII), *LEI. Lessico etimologico italiano*,
        Wiesbaden, Dr. Ludwig Reichert Verlag, 1979-... "Akademie der Wissenschaften und
        der Literatur, Mainz", ¶[76] **I.** *ab - alburnus*, 1979-1984; **II.** *albus - apertura*, 1987; **III₁.**
        apertus - ascendere, 1991; **III₂.** *aspergere* [ma: *ascendere*] *- āzymus*, 1991, + *I. Supple-
        mento, + Indice dei volumi I-III*; **IV.** *ba - Bassano*, 1994; **V.** **bassiāre – *birotulāre*,
        1997; **VI.** *birrus - brac(c)chiolum*, 1999; **VII.** *brac(c)chium - bulla*, 2002; **VIII.** *būllare
        - *bž-* [ma: *buxulus*], 2004, + *Indice dei volumi IV-VIII*; **IX.** *c - cambiāre*, 2006; **X.** *cam-
        bīre - capitālis*, 2008; **XI.** *capitaneus - *cardāre*, 2010; **XII.** **cardeus - katl-*, 2012; **XIII.**
        cat(t)tia - ..., -. + **D** a cura di Marcello Aprile, 6 fascicoli, 2008-... + **E** a cura di Giorgio
        Marrapodi, 1 fascicolo, 2011 - ... + *Germanismi*, vol. **I.** a cura di Elda Morlicchio, 7 fa-
        scicoli (*Abschied - Brise*), 2000 - ... + *Supplemento bibliografico*, con la collaborazione
        di Rosario Coluccia, Anna Cornagliotti, Thomas Hohnerlein, Antonio Lupis e Gunnar
        Tancke, 2002...   (*LEI*).

PrSW vedi Levy 1894-1924

[Pseudo] Brunetto

1788   [Pseudo] Brunetto Latini, *[Pataffio]*, Napoli, a spese di Tommaso Chiappari, 1788.

---

[76] A differenza che per il *FEW* l'ordine dei fascicoli finora usciti del *LEI* è proceduto abbastanza sequenzialmente, con
raccolta in volume circa ogni due anni del materiale pubblicato: per datare con ragionevole approssimazione un etimo
non è quindi necessario risalire al fascicolo in cui è apparso. Per ovvie considerazioni di spazio, non si è pertanto in
questo caso cercato di ricostruire la fascicolazione.

QUAGLIONI
2014   Dante, *Monarchia*, a cura di Diego Quaglioni, in Dante Alighieri, *Opere*, edizione diretta da Marco Santagata, Volume secondo *Convivio, Monarchia, Epistole, Egloge*, a cura di Gianfranco Fioravanti, Claudio Giunta, Diego Quaglioni, Claudia Villa, Gabriella Albanese, Milano, Mondadori, 2004 "I Meridiani", pp. 807-1415.

RAYNOUARD
1836-44   [François-Juste-]M[arie] Raynouard, *Lexique roman ou dictionnaire de la langue des troubaours comparée avec les autres langues de l'Europe latine*, précédé de nouvelles recherches historiques et philologiques, d'un résumé de la grammaire romane, d'un nouveau choix des poésies originales des troubadours et d'extraits de poèmes divers, Paris, chez Silvestre Libraire, VI volumes, ¶ **I.** 1838; **II.** *A-C*, 1836; **III.** *D-K*, 1840; **IV.** *L-P*, 1842; **V.** *Q-Z*, 1843; **VI.** *Appendice,* 1844. Ristampa anastatica: Genève, Slatkine Reprints, 1977. (*LR*)

REW vedi MEYER-LÜBKE 1972/35

RIGUTINI
1864   Giuseppe Rigutini, *Giunte ed osservazioni al Vocabolario dell'uso toscano*, Firenze, Cellini e C. alla Galileiana, 1864. Ristampa: Firenze, Le Lettere 1976.

ROHLFS
1966-9   Gerhard Rohlfs, *Grammatica storica della lingua italiana e dei suoi dialetti*, Vol. I. *Fonetica*. Traduzione di Salvatore Persichino, Vol. II. *Morfologia*. Traduzione di Temistocle Franceschi, Vol. III. *Sintassi e formazione delle parole*. Traduzioni di Temistocle Franceschi e Maria Ciagagli Franceschi, Torino, Einaudi, risp. 1966, 1968 e 1969 "Piccola Biblioteca Einaudi" 148, 149 e 150. Edizione originale: *Historische Grammatik der italienische Sprache und ihrer Mundarten*, Band I. *Lautlehre*, Band II. *Formenlehre und Syntax*, Band III. *Syntax und Wortbildung mit dem Register*, Bern, A. Francke AG. Verlag, risp. 1949, 1949 e 1954 "Bibliotheca Romanica. Series prima: manualia et commentationes" 5-7.

ROSSI
1999a   Aldo Rossi, *L'enueg dantesco di Cecco Angiolieri in uno zibaldone autografo di Antonio da Ferrara*, in ROSSI 1999c, pp. 1-7c.
1999b   Aldo Rossi, *La sequenza dei sonetti di Cecco a Dante*, in ROSSI 1999c, pp. 9-31.
1999c   Aldo Rossi, *Da Dante a Leonardo. Un percorso di originali*, Firenze, SISMEL Edizioni del Galluzzo, 1999 "Biblioteche ed archivi" 4.

ROTHWELL
2005-...   *Anglo-Norman Dictionary. Second edition*, a revised and enlarged edition of the Dictionary first published by the Modern Humanities Research Association in conjuction with the Anglo-Norman Texts Society (1977-1992), general editor William Rothwell, edited by Stewart Gregory, William Rothwell & David Trotter, London, Maney Publishing for the Modern Humanities Research Association, 2005. ¶**I.** A-C, **II.** D-E, ...

RUSSO
1938   Luigi Russo, *I classici italiani*, Volume 1, *Dal Duecento al Quattocento*, Firenze, G. C. Sansoni, 1938.

SAPEGNO - TROMBATORE - BINNI
1964   Natalino Sapegno - Gaetano Trombatore - Walter Binni, *Scrittori d'Italia. Antologia per lo studio della letteratura italiana nelle scuole medie superiori*, Volume 1: *Secoli XIII-XV*, Firenze, La Nuova Italia, 1964.

SANTAGATA
2012   Marco Santagata, *Dante. Il romanzo della sua vita*, Milano, Mondadori, 2012 "Le scie".

SANTAGATA - STUSSI
2000   *Studi per Umberto Carpi. Un saluto da allievi e colleghi pisani*, a cura di Marco Santagata e Alfredo Stussi, Pisa, ETS, 2000.

SEGRE - MARTI
1959   *La prosa del Duecento*, a cura di Cesare Segre e Mario Marti, Milano - Napoli, Ricciardi 1959 "La Letteratura italiana. Storia e testi".

SKEAT
1993/09   Walter W[illiam] Skeat, *An Etymological Dictionary of the English Language*. New edition revised and enlarged, Oxford, At the Clarendon Press, 1993^r [1909$_4$; 1879-1882$_1$].

SPITZER
1921   Leo Spitzer, *Französische Etymologien*, in «Zeitschrift für romanische Philologie» XLI (1921)$^{1/2}$ 129-90.

STABLER MILLER
2014   Tanya Stabler Miller, *The Beguines of Medieval Paris. Gender, Patronage, and Spiritual Authority*, Philadelphia, University of Pennsylvanya Press, 2014 "Middle Ages Series ".

TAGLIAVINI
1982   Carlo Tagliavini, *Le origini delle lingue neolatine. Introduzione alla filologia romanza*, sesta edizione interamente rielaborata ed aggiornata con 51 figure e 98 ritratti, Bologna, Pàtron Editore, 1982.

TAVONI
2014a   Mirko Tavoni, Convivio *e* De vulgari eloquentia*: Dante esule, filosofo laico e teorico del volgare*, in «Nuova Rivista di Letteratura Italiana» XVII (2014)^1 11-54.
2014b   Mirko Tavoni, *La cosiddetta battaglia della Lastra e la biografia politica di Dante*, in «Nuova Rivista di Letteratura Italiana» XVII (2014)^2 51-87.

TEKAVČIĆ
1972   Pavao Tekavčić, *Grammatica storica dell'italiano. I. Fonematica, II. Morfosintassi, III. Lessico*, Bologna, il Mulino, 1972.

THOMAS *et alii*
1967-2002   *Geiriadur Prifysgol Cimru*, golygydd R[ichard] J[ames] Thomas (cyfrol I; II., R. J. Thomas a Gareth A. Bevan; III-IV, G. A. Bevan a P[atrick] J. Donovan), Caerdydd, Gwasg Prifysgol Cymru, 1967-2002. ¶ **I.** *A-ffysur*, 1967; **II.** *G-llyys*, 1987; **III.** *M-rhywyr*, 1998; **IV.** *S-Zwinglïaidd*, 2002.

TLIO vedi BELTRAMI 1998-...

TOBLER - LOMMATZSCH
1925-...   Tobler - Lommatzsch, *Altfranzösische Wörterbuch*. Adolf Toblers nachgelassene Materialien bearbeitet und herausgegeben von Erhard Lommatzsch, Berlin, Widmannsche Buchhandlung (voll. I-II), 1925-1936, poi Wiesbaden, Franz Steiner Verlag (voll. III-sgg.), 1954 - ... ¶ Vol. **I** *A-B*, 1925; Vol. **II** *C-D*, 1936; Vol. **III** *E-F*, 1954; Vol. **IV** *G-J*, 1960; Vol. **V** *K-Larrevin*, 1963; Vol. **VI** *Mi-Ozvale*, 1965; Vol. **VII** *P-Pythonique*, 1969; Vol. **VIII** *Q-R*, 1971; Vol. **IX** *S*, 1973; Vol. **X** *T*, 1976; Vol. **XI** weitergeführt von Hans Helmut Christians, Lieferungen 1-4 (88-99) *U-vonfement*, risp. 1989, 1991, 1993, 1995 ...   (*AFRW*)

TOMMASEO - BELLINI
1865-79   *Dizionario*^{77} *della lingua italiana*, nuovamente compilato dai signori Niccolò Tommaseo e cav. professore Bernardo Bellini con oltre 100.000 giunte ai precedenti dizionarii,

---

^{77} Ne è adesso disponibile, per ora [novembre 2014] limitatamente alle lettere *AG*, una versione online: cfr. DizOrg.

Torino (ma II.1-IV.1, Torino – Napoli; e IV.2, Pisa – Livorno – Napoli), dalla Società L'Unione Tipografico-Editrice, 1865-1879. ¶ **I.1** *A-AZZ*, 1865; **I.2** *B-CZA*, 1865; **II.1** *D-FUT*, 1869: **II.2** *G-LUV*, 1869; **III.** *M-QUO*, 1871; **IV.1** *R-SVO*, 1872; **IV.2** *T-ZUZ*, *Giunte e correzioni, Tavola delle abbreviazioni*, 1879.

TRAMATER vedi LIBERATORE 1829-40

VARANINI

1965   *Cantari religiosi senesi del Trecento. Neri Pagliaresi, Fra Felice Tancredi da Massa, Niccolò Cicerchia*, a cura di Giorgio Varanini, Bari, Gius. Laterza & Figli, 1965 "Scrittori d'Italia" 230.

VASOLI

1988   Dante Alighieri, *Convivio*, a cura di Cesare Vasoli, in Dante Alighieri, *Opere minori*. Tomo I - Parte II, a cura di Cesare Vasoli e Domenico De Robertis, Milano - Napoli, Ricciardi, 1988 "La Letteratura italiana. Storia e testi" 5.I.ij, pp. 1-885.

VENDRYÉS

1959-...   Joseph Vendryés, *Lexique étymologique de l'irlandais ancien*, Dublin - Paris, Dublin Institut for Advanced Studies - Centre nationale de la recherche scientifique, 1959-... [ogni volume/lettera con numerazione di pagine indipendente]. ¶ *A* 1981[r] [1959₁]; *B*, par les soins de É[douard] Bachellery et P[ierre]-Y[ves] Lambert, 1981; *C*, par les soins de E. Bachellery et P.-Y. Lambert, 1987; *M-P*, 1983[r] [1960₁]; *R-S* 1974; *T-U* par les soins de E. Bachellery et P.-Y. Lambert, 1978.

WARTBURG

1928 - ...   *Französisches etymologisches Wörterbuch. Eine Darstellung des französisches Sprachschatz*, von Walter von Wartburg [1971 †], publié par Otto Janicke [1972-8], Carl Theodor Gossen [1979-83] et Jean-Pierre Chambon [1984-...] Bonn - Leipzig - Basel, Klopp - Teubner - Helbing & Lichtenhahn - Zbinden, 1928 - ... ¶[78] **1. Band** *A-B*, Bonn, Fritz Klopp Verlag, 1929; *Lieferungen*: 1. *A-āma*, 1922, [Bonn und Leipzig, K. Schroeder]; 2. *ama-ass*, 1922 [*ibid.*]; 3/4. *ass-bat*, 1923 [*ibid.*]; 5. *bat-bic*, 1924 [*ibid.*]; 6. *bic-bob*, 1925 [*ibid.*]; 7. *bob-bra*, 1926 [Im Selbstverlag = Aarau, Kommissionverlag H. R. Sauerländer & Cie.]; 8. *bra-bro*, 1927 [*ibid.*]; 9. *bro-bul*, 1928; 10. *bul-byz*, 1928. **2. Band** *CKQ*, **I. Halbband** *C-Coh*, Leipzig - Berlin, Verlag B. G. Teubner, 1940; *Lieferungen*: 29. *C-can*, 1936; 30. *can-car*, 1937; 31. *car-cen*, 1938; 32. *cen-cla*, 1939; 33. *clav-coh*, 1940. **2. Band** *CKQ*, **II. Halbband** *Coi-Cyt*, Basel, Helbing & Lichtenhahn, 1946; *Lieferungen*: 34. *coi-con*, 1944; 35. *con-cor*, 1944; 36. *cor-kei*, 1945 [Leipzig - Berlin, Verlag B. G. Teubner]; 37. *kri-cul*, 1945 [*ibid.*]; 38. *cul-cyt*, 1946 [*ibid.*]. **3. Band** *DF*, Leipzig - Berlin, Verlag B. G. Teubner, 1934; *Lieferungen*: 11. *dab-den*, 1928 [Bonn, Fritz Klopp Verlag]; 12. *den-div*, 1928 [*ibid.*]; 13. *div-dūc*, 1928 [*ibid.*]; 17. *dūc-era*, 1930 [Heidelberg, Carl Winter Universitätsbuchhandlung]; 18. *era-exm*, 1930 [*ibid.*]; 19. *exm-fac*, 1931 [*ibid.*]; 20. *fac-fasc*, 1931 [*ibid.*]; 21. *fasc-fic*, 1932; 22. *fic-fin*, 1932; 23. *fin-flĕ*, 1932; 24. *flĕ-fŏl*, 1933; 25. *fŏl-fra*, 1933; 26. *fra-frĭ*, 1934; 27. *frĭ-fūn*, 1934; 28. *fūn-fyr*, 1934. **4. Band** *GHI*, Basel, Helbing & Lichtenhahn, 1952; *Lieferungen*: 39. *G-glō*, 1947 [¿Leipzig - Berlin, Verlag B. G. Teubner?]; 40. *glō-gŭl*, 1948 [¿*ibid.*?]; 42. *g l-hōr*, 1949 [¿*ibid.*?]; 45. *hŏr-ind*, 1951; 46. *ind-iza*, 1952. **5. Band** *JL*, Basel, Helbing & Lichtenhahn, 1950; *Lieferungen*: 41. *jăc-lan*, 1948 [¿Leipzig - Berlin, Verlag B. G. Teubner?]; 43. *lan-lĭg*, 1949 [¿*ibid.*?]; 44. *lĭg-lys*, 1950. **6. Band** *M*, **I. Teil** *Mab-Mep*, herausgeben von Hans Erich Keller, Basel, Zbinden Druck und Verlag AG, 1969; *Lieferungen*: 62. *M-mal*, 1958 [Basel, R. G. Zbinden &

---

[78] Notoriamente nel *FEW* non c'è consequenzialità tra ordine editoriale dei volumi ed ordine materiale di pubblicazione dei fascicoli, usciti man mano, alla spicciolata e spesso con difficoltà (i fascicoli 14, 15 e 16, ad esempio, non mi pare siano neppure mai esistiti): donde la necessità, per poter datare un etimo, di fornire anche la composizione delle *Lieferungen* di ogni volume; per criteri e limiti della ricostruzione fornita cfr. BARBERA 2009, pp. 1172-73 in nota.

Co]; 66. *mal-man*, 1959 [*ibid.*]; 72. *man-mat*, 1960 [*ibid.*]; 78. *mar-mat*, 1961 [*ibid.*]; 87. *mat-med*, 1963 [*ibid.*]; 128/9. *med-meph*, 1968. **6. Band** *M*, **II. Teil** *Mer-Mne*, Basel, Zbinden Druck und Verlag AG, 1967; *Lieferungen*: 117/8, *Mer-Mne*, 1967. **6. Band** *M*, **III. Teil** *Mob-Myx*, Basel, Zbinden Druck und Verlag AG, 1969; *Lieferungen*: 111/2/3, *mob-mut*, 1966; 132, *mut-myx*, 1969. **7. Band** *N-Pas*, Basel, R. G. Zbinden Druck & Co., 1955; *Lieferungen*: 47. *na-nob*, 1953; 48. *nob-ŏcŭ*, 1953; 49. *ŏcŭ-pan*, 1954; 50. *pan-pas*, 1955. **8. Band** *Pat-Pix*, Basel, R. G. Zbinden Druck & Co., 1958; *Lieferungen*: 51. *pat-pĕl*, 1955; 54. *pĕl-pĕt*, 1956; 55. *pĕt-pĭl*, 1957; 58. *pĭl-pĭx*, 1958. **9. Band** *Pla-Pyx*, Basel, R. G. Zbinden Druck & Co., 1959; *Lieferungen*: 59. *pla-pol*, 1958; 61. *pol-pōt*, 1958; 63. *pōt-prī*, 1958; 65. *prī-pŭg*, 1958; 68/9. *pug-pyx*, 1959. **10. Band** *R*, Basel, R. G. Zbinden Druck & Co., 1962; *Lieferungen*: 73/4. *R-rĕn*, 1960; 79. *rĕn-rex*, 1961; 81. *rex-rŏs*, 1962; 84/5. *rŏs-rŭt*, 1962. **11. Band** *S-Si*, Basel, Zbinden Druck und Verlag A.G., 1964; *Lieferungen*: 75. *S-sal*, 1961 [Basel, R. G. Zbinden & Co]; 82. *sal-sar*, 1962 [*ibid.*]; 86. *sar-scr*, 1963 [*ibid.*]; 91. *scr-sen*. 1964 [*ibid.*]; 93. *sen-sey*, 1964; 96. *si-sit*, 1964. **12. Band** *Sk-Š*, Basel, Zbinden Druck und Verlag AG, 1966; *Lieferungen*: 89. *ska-sōr*, 1963; 90. *sōr-sta*, 1963; 94. *sta-sŭb*, 1964; 95. *sŭb-sup*, 1964; 105/6. *sup-šib*, 1966. **13. Band** *T*, **I. Teil** *T-Ti*, Basel, Zbinden Druck und Verlag AG, 1964; *Lieferungen*: 99/100. *T-ten*, 1965; 107/8. *ten-tit*, 1966. **13. Band** *T*, **II. Teil** *To-Tyr*, Basel, Zbinden Druck und Verlag AG, 1967; *Lieferungen*: 97. *to-tŏr*, 1965; 101/2. *tŏr-trī*, 1965; 104, *trī-tŭk*, 1966; 116, *tŭk-tyr*, 1967. **14. Band** *U-Z*, Basel, R. G. Zbinden & Co., 1961; *Lieferungen*: 56. *übe-val*, 1957; 64. *val-ven*, 1958; 67. ven-vĭb, 1959; 71. *vĭb-vĭr*, 1960; 76/7. *vĭr-zyg*, 1961. **15. Band** *[Germanische Elemente: A-F]*, **I. Teil** *Aar-Bry*, Basel, Zbinden Druck und Verlag AG, 1969; *Lieferungen*: 124. *aar-ber*, 1968; 126. *ber-bos*, 1968; 130. *bos-bry*, 1969. **15. Band** *[Germanische Elemente: A-F]*, **II. Teil** *Bu-Füt*, Basel, Zbinden Druck und Verlag AG, 1969; *Lieferungen*: 123. *bu-fai*, 1968; 133. *fai-füt*, 1969. **16. Band** *Germanische Elemente: G-R*, Basel, R. G. Zbinden Druck & Co., 1959; *Lieferungen*: 52. *gaa-har*, 1955; 53. *har-chi*, 1956; 57. *chi-ôs*, 1957; 60. *ôs-pok*, 1958; 70. *pok-ryf*, 1959. **17. Band** *Germanische Elemente: S-Z*, Basel, Zbinden Druck und Verlag AG, 1966; *Lieferungen*: 80. *sab-ski*, 1962; 83. *ski-ste*, 1962; 88. *ste-tit*, 1963; 92. *tit-wāf*, 1964; 103. *wāf-was*, 1966; 114. *was-zwi*, 1966. **18. Band** *Anglizismen*, Basel, Zbinden Druck und Verlag AG, 1967; *Lieferung* 121. **19. Band** *Orientalia*, Basel, Zbinden Druck und Verlag AG, 1967; *Lieferungen*: 109. *aba-qub*, 1966; 122. *qub-Register*, 1968. **20. Band** *Entlehnungen aus den übrigen Sprachen*, Basel, Zbinden Druck und Verlag AG, 1968; *Lieferung* 125. **21. Band** *Materialien unbekannten oder unsicheren Ursprungs*, herausgegeben von Margarethe Hoffert, Johannes Hubschmidt, Helmut Lüdke, Marianne Müller, **I. Teil**, Basel, Zbinden Druck und Verlag AG, 1965; *Lieferungen*: 98. 1965; 110. 1966; 115. 1967; 120. 1967; 131. 1969. **21. Band II. Teil**, ***. **22 Band** *Materiaux d'origine inconnue ou incertaine*, **I. Teil**, Lieferungen 140. 1976; 147. 1986; 150. 1990; Basel, Zbinden Druck und Verlag AG. **22 Band** *Materiaux d'origine inconnue ou incertaine*, **II. Teil**, Lieferungen 138. 1973; 153. 1993; 159. 2001; Basel, Zbinden Druck und Verlag AG. **23 Band** *Materiaux d'origine inconnue ou incertaine*, Lieferungen 119. 1967; 127. 1968; 136. 1970; Basel, Zbinden Druck und Verlag AG. **24 Band** *Refonte du tome 1er: A-Aor*, publié par Otto Jänicke 1972-1978 er par Carl Theodore Gossen 1879-1983, Basel, Zbinden Druck und Verlag AG, 1969-1983; *Lieferungen*: 134. *A-ace*, 1969; 137. *ace-adv*, 1973; 139. *adv-ala*, 1975: 141. *ala-ama*, 289-384; 142. *ama-amph*, 1981; 143. *amph-anh*, 1982; 144. *anh-aor*, 1983. **25 Band** *Refonte du tome 1er: Apa-Azy*, Lieferungen: 135. *apa-arc*, 1970; 145. *arc-arg*, 1985; 146. *arg-arm*, 1986; 148. *arm-art*, 1987; 149. *art-asp*, 1988; 151. *asp-ass*, 1990; 152. *ass-atr*, 1992; *** *atr-azy*; Basel, Zbinden Druck und Verlag AG. **Beiheft** *Ortnamenregister. Literaturverzeichnis. Übersichtskarte*, Tübingen, Verlag J. C. B. Mohr (Paul Siebeck), 1950$_2$ [Bonn, Fritz Klopp Verlag, 1929$_1$]; ***Liste*** *des abbréviations géolinguistiques françaises*. A partir di fascicule n° 142, Bâle, Zbinden Druck und Verlag AG, 1981; **Index *A-G*** e **Index *H-Ž***, Paris, Honoré Champion Éditeur, 2003.   (*FEW*)

Zingarelli
1922/17   *Vocabolario della Lingua Italiana*, compilato da Nicola Zingarelli, Milano, Bietti e Reggiani Editori, 1917 [Vol. I. *A-F*]; poi seconda edizione (prima completa), Greco Milanese, Bietti e Reggiani Editori, 1922.

8.2   Testi.

Aegidii Romani, *De regimine principum* = Aegidii Columnae Romani Archiepiscopi Bituricensis Ordinis Fratrum Eremitarum S Augustini, S.R.E Card. Doctoris Fundamentarij, *De Regimine Principum Lib. III*, per Fr. Hyeronimum Samaritanium Senensem in Sac. Theol. Magistr. summa diligentia nuper recogniti, & una cum vita auctoris in lucem editi [...], Romae, Apud Bartholomaeum Zannettum, 1607; anche ristampa anastatica Aalen, Scientia Verlag, 1967. (1280 c.)

Andrea da Grosseto, *Albertano volgarizzato* = *Dei Trattati morali di Albertano da Brescia, volgarizzamento inedito del 1268*, a cura di Francesco Selmi, Bologna, Romagnoli, 1873 "Commissione per i testi di lingua" [testo pp. 26-40, 58-362]. (1268, gross.)

Bernadino, *Prediche* = [San] Bernardino da Siena, *Prediche volgari sul Campo di Siena*, 1427, a cura di Carlo Delcorno, Milano, Rusconi, 1989, 2 volumi (con numerazione delle pagine continua). (1427, sen.)

Boccaccio, *Corbaccio* = Giovanni Boccaccio, *Il corbaccio*, a cura di Tauno Nurmela, Helsinki, Suomalainen Tiedeakatemia, 1968. Cfr. anche Giovanni Boccaccio, *Corbaccio*, a cura di Giorgio Padoan, in *Tutte le opere di Giovanni Boccaccio*, vol. V, Milano, Mondadori, 1994 "Classici Mondadori", pp. 413-614. (1354-5; fior.)

Boccaccio, *Decameron* = Giovanni Boccaccio, *Decameron. Edizione critica secondo l'autografo hamiltoniano*, a cura di Vittore Branca, Firenze, Accademia della Crusca, 1976. (c. 1370, fior.)

Boccaccio, *Trattatello* Red. 1 = Giovanni Boccaccio, *Trattatello in laude di Dante*, a cura di Pier Giorgio Ricci, *Prima redazione*, in *Tutte le opere di Giovanni Boccaccio*, a cura di Vittore Branca, volume III, Milano, Mondadori, 1974 "Classici Mondadori", pp. 423-538 (la prima redazione è a pp. 437-496 + 848-911 *Note*). (1351/55; fior.)

Cecco, *Rime* = Cecco Angiolieri, *Rime*, in Contini 1960, t. II, pp. 367-401, 883-5. Cfr. anche Massèra 1906, Giuliotti 1914, Marti 1956, pp. 119-250 e Lanza 1990. (XIII ex[79], sen.)

Ch. Antioche = Graindor de Douai, *Chanson d'Antioche*, = Paris 1848 (XII m., picc.)

Cicognani, *Figurinaio* = Bruno Cicognani, *Il figurinaio*, Firenze, Vallecchi Editore, 1933 - XI. (1942, fior.)

Colombini, *Lettere* = Giovanni Colombini, *Lettere*, ed. *Le lettere del Beato Gio. Colombini da Siena*, a cura di Adolfo Bartoli, Lucca, Balatresi, 1856. (a. 1367, sen.)

Dante, *Convivio* = Dante Alighieri, *Convivio*, a cura di Franca Brambilla Ageno, Vol. I* e I** *Introduzione*, Vol. II *Testo*, Firenze, Le Lettere, 1995 "Edizione nazionale a cura della Società dantesca italiana" 3. Cfr. anche Vasoli 1988 e Fioravanti - Giunta 2014.

Dante, *Monarchia* = Dante Alighieri, *Monarchia*, a cura di Bruno Nardi, in Dante Alighieri, *Opere minori*. Tomo II, a cura di Pier Vincenzo Mengaldo, Bruno Nardi, Arsenio Furgoni,

---

[79] La datazione dell'OVI è naturalmente riferita all'opera complessiva di Cecco, e non a questo o quel sonetto in particolare (cfr. ad es. n. 12).

Giorgio Brugnoli, Enzo Cecchini, Francesco Mazzoni, Milano - Napoli, Ricciardi, 1979 "La Letteratura italiana. Storia e testi" 5.II, pp. 239-503. Cfr. anche QUAGLIONI 2014.

Dante, *Rime* = Dante Alighieri, *Rime*, ed. De Robertis 2005. Cfr. anche Dante Alighieri, *Rime*, a cura di Gianfranco Contini, Torino, Einaudi editore, 1980₄ "NUE" 64 [1946₁ *ibidem*, "Nuova raccolta di classici italiani annotati" 1].

De Crescenzi volgarizzato = Anonimo, *Volgarizzamento del Trattato d'agricoltura di Pietro de' Crescenzi*, in *Trattato della Agricoltura di Piero de' Crescenzi, traslato nella favella fiorentina*, rivisto dallo 'Nferigno [Bastiano de Rossi] accademico della crusca, ridotto a migliore lezione da Bartolomeo Sorio P. D. O. di Verona, coll'aiuto di più tt. stampati ed in penna sì del volgarizzamento e sì ancora dell'originale latino, 3 vll., Verona, Vicentini e Franchini, 1851-52. (XIV, fior.)

Documento pratese p. 1247 = Anonimo, *Affitti di Toringo Pugliesi*, in *Nuovi testi pratesi dalle origini al 1320*, a cura di Renzo Fantappiè, 2 voll., Firenze, Accademia della Crusca, 2000, pp. 14-20 [testo pp. 17-20]. (1247 p., prat.)

Egidio Romano volgarizzato = Anonimo, *Del Reggimento de' pricipi*. Volgarizzamento del *De regimine principum* di Egidio Romano, ed. *Del Reggimento de' Principi di Egidio Romano, volgarizzamento trascritto nel MCCLXXXVIII*, pubblicato per cura di Francesco Corazzini, Firenze, Felice Le Monnier, 1858[80]. (1288, sen.)

Gauthier Coincy, *Seinte Léocade* = Gauthier de Coincy, *Seinte Léocade* in *Fabliaux et Contes des poètes françois des XI, XII, XIII, XIV et XVe siècles*, tirés des meilleurs auteurs, publiés par [Etienne] Barbazan; nouvelle edition, augmentée et revue sur les manuscrits de la Bibliothèque Impériale par [Dominique] M[artin] Meon, tomes Premier et Second, Paris B. Warée oncle Libraire, 1808 (Ci commence de *Seinte Léocade* Qui fu Dame de Tolete, et du Saint Arcevesque. Par Gautier de Consi. Manuscrit de s. Germain, n° 1830, et de la Vallière, n° 2710, I.270-346). (XIII in, pic.)

Giovanni Villani, *Nuova Cronica* = Giovanni Villani, *Nuova Cronica*, a cura di Giuseppe Porta, 3 voll. (I. Libri I-VIII; II. Libri IX-XI; III. Libri XII-XIII), Parma, Ugo Guanda editore - Fondazione Pietro Bembo, 1990-1991. [Cfr. anche la vulgata ottocentesca, ugualmente presente nel database dell'OVI: Giovanni Villani, *Cronica*, a cura di Ignazio Moutier, voll. I-VII, Firenze, Margheri, 1823] (a. 1348, fior.)

Henri de Gaucy, *Livres du gouvernement* = *Li livres du gouvernement des rois. A XIIIth century French version of Egidio Colonna's treatise De regimine principum*, now first published from the Kerr ms. together with Introduction and Notes and full-page facsimile by Samuel Molenaer, New York - London, The Macmillan Company, 1899. (1282, pic.)

Magagnò, *Cralissimo Segnor* = Giovanni Battista Maganza (Magagnò), "Sonaggietto" *Cralissimo Segnor*, in [Agostino Rava, Giovanni Battista Maganza, Bartolomeo Rustichello], *La quarta parte delle rime alla rustica di Menon, Magagnò, e Begotto*, Venetia, presso Giorgio Angelieri, s.d. [ma c. 1583][81], cc. 99r-102v. (c. 1582-3, pad.)

Massarini, *Cronaca Fanestre* = Tommaso Massarini Fanese, *Cronaca fanestre, o siano memorie delle cose più notabili occorse in questi tempi nella città di Fano*, notate per mio piacere da me Tommaso Massarini Fanese, a cura di Giuseppina Boiani Tombari, Fano, Biblioteca comunale Federiciana, 2001 "Nuovi studi fanesi" 6. (1791-1840, marc.)

---

[80] La recente edizione cui a Pisa sta attendendo Fiammetta Papi mi è rimasta purtroppo inaccessibile, tanto nella sua prima veste di PAPI 2011, tanto in quella in corso della sua tesi di Perfezionamento in Filologia italiana della Scuola Normale.

[81] Cfr. quanto dicevamo in n. 35.

Neri Pagliaresi, *Santo Giosafà* = Neri Pagliaresi, *Leggenda di Santo Giosafà*, in VARANINI 1965, pp. 5-189 (XIV sm[82], sen.).

Pucci, *Centiloquio* = Antonio Pucci, *Centiloquio*, ed. DI SAN LUIGI 1772-5 voll. I-IV. (a. 1388, fior.)

Sacchetti, *Pataffio* = Franco Sacchetti, *Il Pataffio*, ed. DELLA CORTE 2005. (1390, fior.)

Sacchetti, *Rime* = Franco Sacchetti, *Il Libro delle Rime*, edited by Franca Brambilla Ageno, Firenze - [Perth], Leo S. Olschki editore - University of Western Australia Press, 1990 "Italian Medieval and Renaissance Studies" 1. Cfr. anche: Franco Sacchetti, *Il Libro delle Rime*, a cura di Alberto Chiari, Bari, Laterza, 1936 "Scrittori d'Italia" 157 (ed. usata dal *TLIO*). (XIV sm, fior.)

7.3   SITI WEB DI RIFERIMENTO.

Corpus Taurinense   `http://www.bmanuel.org/projects/ct-HOME.html`
(libero a disponibilità completa)

Crusca online   `http://www.lessicografia.it/`
(libero a disponibilità completa)

DanteSearch   `http://www.perunaenciclopediadantescadigitale.eu:8080/dantesearch/`
(libero a disponibilità completa)

DizOrg   Dizionario.org, versione Web del *Dizionario* di Niccolò Tommaseo e Bernardo Bellini
`http://www.dizionario.org/`

Enc. Dantesca Dig.   `http://dante1.isti.cnr.it:8080/perunaenciclopediadantescadigitale/index.jsp`

Google Libri   `http://books.google.it/books`

OVI   `http://www.ovi.cnr.it/`

OVI db testuale   *Gattoweb*   `http://gattoweb.ovi.cnr.it/`
(libero a disponibilità parziale)

PhiloLogic3   `http://www.lib.uchicago.edu/efts/ARTFL/projects/OVI/`

TLIO   `http://tlio.ovi.cnr.it/TLIO/`
(libero a disponibilità completa)

---

[82] Neri è morto nel 1406, e nato presumibilmente nella metà del Trecento.

La linguistica dei corpora in Italia all'alba del terzo millennio[1].

We are all taxonomists. Pattern seeking and the urge to classify our environment are part of our biology. Like other animals, we need such behavior to tell food from nonfood, predator from nonpredator, and to recognize potential mates, relatives, and offspring.
Judith E. Winston, *Describing Species: Practical Taxonomic Procedure for Biologists*, New York, Columbia University Press, 1999, p. 19.

0.   PREMESSA. Se uno dovesse delineare la recente storia della linguistica, almeno in Italia, quella che è probabilmente la novità più cospicua di questi ultimi due lustri sarebbe resa palese dalla pianificazione medesima di questo capitolo nel rituale volume decennale promosso dalla Società di Linguistica Italiana (SLI), *La linguistica italiana all'alba del terzo millennio (1997-2010)*, che certifica l'avvenuto sdoganamento, infatti, della linguistica dei corpora (od all'inglese *Corpus Linguistics*) dalla più generale linguistica computazionale e dalle sue molteplici anime, che spaziano dal trattamento automatico delle lingue naturali (TAL o NLP, *Natural Language Processing*) all'intelligenza artificiale (IA)[2]. La maturazione di questa disciplina, posta ad un crocevia tra le tecnologie di TAL e le pratiche filologiche, lessicografiche e di storia della lingua (cfr. BARBERA 2011, p. 27), già ben nota e da tempo strutturata in àmbito linguistico anglofono, anche nella tradizione linguistica italiana è avvenuta non senza differenze teoriche significative (come si illustrerà nel § 2.1), radicate nelle diverse tradizioni. Se le applicazioni sono ormai svariate e vanno dal più tradizionale campo della lessicografia[3] a quelli della linguistica contrastiva od apprendologica, dalla morfologia, alla semantica ed alla linguistica testuale (un buon campionario è offerto dalla silloge di BARBERA - CORINO - ONESTI, 2007), si deve però ammettere che i corpora di pubblico accesso non sono ancora moltissimi (forse anche per le ragioni legali affrontate nel § 2.4).

1.   INTRODUZIONE. Nella presente rassegna privilegeremo, da un lato, le riflessioni teoriche e storiografiche sulla disciplina tutta (intendendosi che le applicazioni di tale disciplina a specifici domini linguistici dovrebbero comunque risultare coperte da altre sezioni della *Rassegna SLI*), e dall'altro i corpora di lingua italiana effettivamente prodotti. Non ci prefiggiamo certo la completezza (comunque impossibile negli spazi che ci erano concessi), ma piuttosto l'esemplarità, limitandoci a delineare i filoni e le opere che ci paiono storiograficamente centrali. I limiti (naturalmente applicati con la dovuta elasticità) saranno dettati dalla effettiva pertinenza dei prodotti ad una definizione stretta di corpus (che sarà introdotta e discussa nel § 2.2) e dalla loro reale e libera messa a disposizione pubblica (stante la centralità della questione legale discussa nel § 2.4), ad esclusione, quindi, di quanto sia esclusivamente proprietario o commerciale. Questa scelta implica necessariamente anche il ridimensionamento della sezione sul software, dove l'open source e la distribuzione libera costituiscono ancora una percentuale minoritaria, anche se non insignificante: cfr. § 4.

---

[1] Nella rifusione di questo lavoro, il testo è stato ritoccato qui e là (al di là dell'assetto editoriale e bibliografico, dove il rifacimento è, al solito, più cospicuo), introducendo i necessari aggiornamenti al 2014; in particolare i collegamenti web (che ora si troveranno tutti al fondo, in calce alla bibliografia), che erano stati controllati nell'aprile 2012, lo sono stati ancora nel giugno 2014, con qualche conseguenza. A vario titolo devo ringraziare Carla Marello, Stefano Ondelli, Cristina Onesti, Alessandro Panunzi ed Andrea Villarini.

[2] Difatti oggetto di un differente capitolo nella citata rassegna, LENCI 2013.

[3] Per cui cfr. il contributo di Carla Marello nella medesima rassegna, MARELLO 2013.

Porsi una limitazione alla produzione italiana è quasi inutile, dato che corpora italiani non commerciali prodotti all'estero praticamente ve ne sono assai pochi, e quindi la cosa va praticamente da sé: oltre al materiale italiano mantenuto all'IMS Stuttgart ed alle sperimentazioni con TactWEB di corpora giornalistici di Elisabeth Burr, inizialmente pubbliche ma ormai da anni commercializzate (cfr. BURR 2004 e pertanto comunque fuori da questa rassegna) vanno ricordati solo la componente italiana di CHILDES (cfr.§ 3.4), il corpus di italiano ticinese di PANDOLFI 2006 (cfr.§ 3.5) e lo slovacco Araneum Italicum (cfr. § 3.2).

Un'ultima avvertenza, che va anche a confermare quanto sopra si diceva a proposito del radicamento nella tradizione grammaticografica italiana e della intrinseca maturazione della disciplina, concerne il trattamento dei numerosi anglicismi tecnici che vi sono invalsi, che sono stati ripetutamente oggetto di studio e normalizzazione, prima da Carla Marello e da chi scrive (BARBERA - MARELLO 2012/03) in un importante convegno dell'Accademia della Crusca, e poi da parte del sottoscritto (BARBERA 2007c e 2009, pp. 7-13, § 1.4, e poi finalmente qui nel sesto saggio della presente raccolta); ed è alla proposta globale di BARBERA 2009, qui sostanzialmente ripresa, che ci attenevamo con tutte le conseguenze pratiche implicate[4].

2.   TEORIA E STORIOGRAFIA. La linguistica dei corpora anglosassone (anzi, *corpus linguistics*) si è di solito voluta presentare come una radicale novità, accentuando gli aspetti quantitativi sui qualitativi, e contrapponendosi, a volte in modo esasperato, al generativismo come roccaforte empiristica, perlopiù in modo assai generico (cfr. il classico ed emblematico manuale di MCENERY - WILSON 2001, § 1[5]) e più raramente in modo meditato e filosoficamente consapevole (SAMPSON 2001); così l'enfasi è vertita sul ricorso esclusivo ai dati presenti nei corpora, spesso ipostatizzati come soli oggetti linguistici possibili (il cosiddetto procedimento *corpus driven*: cfr. SINCLAIR 1991) in palese ostilità all'introspezione (cfr. invece RENZI 2008) propugnata dal paradigma generativo. Praticamente ogni collocazione storiografica nella nostra disciplina è stata di solito dominata da questa polemica.

2.1   PROCEDIMENTO "CORPUS BASED" ED EMPIRISMO ALL'ITALIANA. Cursoriamente ma ripetutamente (cfr. BARBERA 2009 e 2012/11) e poi monograficamente nel 2012 (riprendendolo finalmente nel 2013: cfr. BARBERA 2013/12), ho invece cercato di tracciare una storia affatto diversa: quella di una sostanziale continuità con la tradizione della linguistica filologica otto-novecentesca, riconnettendosi al filone, meno integralista, cosiddetto *corpus based*, teoricamente definito (ma non inventato) a partire da un fondamentale contributo di FILLMORE 1992: dai fatti di *parole* raccolti in un corpus si può risalire ai loro correlati stati di *langue* (contro i generativisti più ortodossi, Chomky *lui même* compreso: cfr. da ultimo ANDOR 2004), anche se certamente non tutti gli elementi di una *langue* saranno contenuti in un corpus (contro i più accesi antigenerativisti sostenitori della pratica *corpus driven*); è l'uso (testimoniato dai corpora), anzi, che fonda la *langue*, anche se i corpora essendo per definizione finiti (cfr. *infra*, § 2.2) ne rappresenteranno solo un sottoinsieme, significativo quanto più il corpus sarà stato costruito in modo accorto (gioco nel quale non può non rientrare la famosa introspezione): ciò, naturalmente, all'insegna della migliore tradizione wittgensteiniana (cfr. BARBERA - MARELLO 2008).

Il dialogo con i generativisti meno intransigenti è stato così aperto, come dimostrano i rapporti tra le due imprese gemelle del Corpus Taurinense (BARBERA 2009) e di *ItalAnt* (RENZI - SALVI 2010) e l'importante mossa di apertura di RENZI 2008. Questa minore conflittualità ed apertura al dialogo (in cui probabilmente Renzi ed il sottoscritto hanno avuto una discreta parte) è precipua caratteristica della situazione italiana, e sarebbe impensabile nelle aree anglofone.

---

[4] «Tondo (invariabile) o corsivo (con plurale in -*s*)? Prestito non adattato (ma comunque accettato, fosse anche *faute de mieux*) o fastidioso termine straniero se non da puristicamente evitare almeno da porre nella quarantena del corsivo?», BARBERA - MARELLO 2008, n. 3 [e qui 4].

[5] Ma cfr. anche la significativa contrazione che l'argomemento ha ricevuto nel più recente MCENERY - HARDIE 2011: le argomentazioni qui riferite hanno evidentemente agito.

Ma non solo. Francesco Sabatini ha ripetutamente argomentato (a partire da SABATINI 2006) che il procedimento *corpus based*, l'idea che la norma si ricavi dall'uso, sta alla base della storia linguistica italiana stessa, visto che il *Dizionario della Crusca*, che di quella tradizione rappresenta un momento fondante, è proprio stato costruito su testi[6].

Ed è proprio la ritrovata dimensione testuale (perlopiù persa nella *corpus linguistics* di lingua inglese[7] a favore della puramente lessicografica, od al più variazionale) che è uno dei fenomeni nuovi e più vistosi della linguistica dei corpora italiana degli ultimi anni, da BARBERA - CORINO - ONESTI 2007a a FERRARI - LALA 2010, certo complice la piena fruizione dei contesti, resa possibile dalla soluzione dei problemi legali di copyright (cfr. *infra*, § 2.4).

Una riflessione sull'àmbito, più tradizionale per la linguistica dei corpora, della statistica è invece stata utilmente portata avanti, in inglese ed in sede internazionale, da uno dei protagonisti principali della scena italiana, Marco Baroni (BARONI - EVERT 2009).

2.2   LA DEFINIZIONE SPECIALISTICA DI "CORPUS". Abbiamo più volte fatto riferimento ad una definizione tecnica e stretta dell'oggetto principe della linguistica dei corpora, che è un meditato risultato dell'ampia rassegna del 2007:

> Raccolta di testi (scritti, orali o multimediali) o parti di essi in numero finito in formato elettronico trattati in modo uniforme (ossia tokenizzati ed addizionati di markup adeguato) così da essere gestibili ed interrogabili informaticamente; se (come spesso) le finalità sono linguistiche (descrizione di lingue naturali o loro varietà), i testi sono perlopiù scelti in modo da essere autentici e rappresentativi. (BARBERA - CORINO - ONESTI, 2007a, p. 70)

Cui aggiungerei la seguente postilla:

> *Linguisticamente*, inoltre, un corpus è una raccolta di atti di *parole*, e dai fatti di *parole* raccolti in un corpus si può risalire ai loro correlati stati di *langue*, anche se certamente non tutti gli elementi di una *langue* saranno contenuti in un corpus: è l'uso testimoniato dai corpora, anzi, che fonda la *langue*, anche se i corpora essendo per definizione finiti ne rappresenteranno solo un sottoinsieme. (adattato da BARBERA 2013/12, pp. 31-2, e cfr. *supra*).

Una definizione tale, come evidenziato nella rassegna medesima, non si ritrova in genere nella letteratura internazionale, ed è un ulteriore segno del rigore della tradizione italiana.

2.3   LE CARATTERISTICHE "TECNICHE": TOKEN, MARKUP, TAGGING. La definizione citata fa esplicito riferimento ad alcuni concetti irriducibili quanto spesso trascurati nella trattatistica: token e type, la cui definizione risale nientemeno che a Peirce:

> A common mode of estimating the amount of matter in a MS. or printed book is to count the number of words. There will ordinarily be about twenty *the's* on a page, and of course they count as twenty words. In another sense of the word "word", however, there is but one word "the" in the English language; and it is impossible that this word should lie visibly on a page or be heard in any voice, for the reason that it is not a Single thing or Single event. It does not exist; it only determines things that do exist. Such a definitely significant Form, I propose to term a *Type*. A Single event which happens

---

[6] E la paternità della *moderna prattica* va ascritta proprio ad un italiano, il padre Roberto Busa S.J., con la sua pionieristica opera su Tommaso d'Aquino, come già argomentava MARELLO 1996, pp. 167-8. Ed anzi, se il suo primo *Saggio* era nientemeno che del 1951, i risultati finali di più di mezzo secolo di alacre lavoro, cioè il fondamentale *Index Thomisticus*, sono stati pubblicati e messi liberamente a disposizione online nel 2005, rientrando quindi (anche se non veramente di corpus nei sensi del § 2.2 si tratta) nei limiti cronologici di questa rassegna.

[7] Alle importanti aperture di Douglas Biber su "generi testuali" e variazione testuale (cfr. almeno BIBER - FINEGAN 1991 e BIBER 1992) non ha infatti fatto séguito una robusta tradizione se non spostandosi sul versante strettamente variazionale: i risultati "testuali" più rilevanti (cfr. ad es. RAMSAY 2003) riguardano piuttosto la linguistica computazionale che non quella dei corpora in senso proprio qui tematizzata.

once and whose identity is limited to that one happening or a Single object or thing which is in some single place at any one instant of time, such event or thing being significant only as occurring just when and where it does, such as this or that word on a single line of a single page of a single copy of a book, I will venture to call a *Token*. An indefinite significant character *such* as a tone of voice can neither be called a Type nor a Token. I propose to call such a Sign a *Tone*. In order that a Type may be used, it has to be embodied in a Token which shall be a sign of the Type, and thereby of the object the Type signifies. I propose to call such a Token of a Type an *Instance* of the Type. (PEIRCE 1906/2006, p. 537)

Il mantenimento di tale distinzione, terminologica[8] e concettuale, come essenziale caratteristica di un corpus consente di ancorare la disciplina non solo alla statistica in generale (dove la percentuale di token e type è uno dei calcoli di base) ma anche alla migliore tradizione semiotica, logica e filosofica, all'insegna di quella sintesi di elementi matematici e linguistici che è caratteristica precipua della linguistica dei corpora (non a caso si è spesso parlato di "informatica umanistica" come suo iperonimo).

La nozione di markup, che segna il difficile confine tra testo e metadata, e quindi l'organizzazione del corpus, è altro concetto essenziale, non a caso centrale anche nella codificazione della internazionale Text Encoding Initiative (cfr. le *TEI Guidelines*, giunte ormai alla quinta versione: BURNARD - BAUMAN 2007), dove è stata elaborata da un illuminato logico e storico della filosofia italiano, Dino Buzzetti (cfr. BUZZETTI 1999).

Distinto da markup va considerato anche il tagging, che pure di esso è propriamente una forma, cioè l'associazione ad ogni token di specifici attributi informativi; il caso più tipico è quello della annotazione morfosintattica o POS-Tagging, su cui, per l'italiano ed in Italia, si è molto lavorato. Già nel decennio precedente si era avuto l'importante precedente di MONACHINI 1996 a tracciare le linee della questione, che è stata, variamente ed in modi diversi, ripresa ed elaborata dal sottoscritto (BARBERA 2007ab) e da Mario Baroni (BARONI - ZANCHETTA 2005), appoggiandosi al medesimo software (il TreeTagger sviluppato da Helmut Schmid allora all'IMS Stuttgart, attualmente alla Ludwig Maximilian Universität Munich), oltre che da Fabio Tamburini (TAMBURINI 2007), con strumentazione propria. I tre progetti muovono in diverse direzioni: Barbera ha curato piuttosto l'architetura logica delle strutture tipate (cfr. CARPENTER 1992 e la recensione di PEREIRA 1993) e la prospettiva linguistica storico-teorica (BARBERA 2009), laddove il tagset di Baroni è orientato più all'efficacia computazionale che alla granularità linguistica, e quello di Tamburini è ricavato in modo computazionalmente assai interessante dai dati medesimi (BERNARDI *et alii*, 2006). Attualmente, il tagset di Baroni è probabilmente il più diffuso, sia pure talora con modifiche.

2.4   IL "PROBLEMA" LEGALE. Può sembrare strano che aspetti legali occupino una posizione di rilievo in questa rassegna, ma sottrarre i corpora dal limbo giuridico (software od opere a stampa?) in cui si trovavano è equivalso a sdoganarli dall'incubo del copyright, riallineando la linguistica dei corpora al più vasto movimento dell'open source, così facilitando la circolazione di risultati e risorse. Il problema (definito in ALLORA - BARBERA 2007 e ZANNI 2007) era, peraltro, assai sentito anche dalla comunità internazionale (cfr. le discussioni, nei primi anni del Duemila anche molto accese e sconfortate, apparse sulla *mailing list* Corpora), ma ne mancava una appropriata soluzione giuridica che è stata data solo in CIURCINA - RICOLFI 2007, che presenta anche dei pratici modelli

---

[8] Vi sono taluni che hanno invece preferito usare la coppia terminologica "occorrenza *vs* forma", rinunciando ai benefici dell'internazionalismo (per la cui importanza cr. invece il sesto saggio qui raccolto) e della multidisciplinarità, ma soprattutto rischiando di creare quell'illusione che i type siano solo la mera classe dei loro token contro cui aveva così efficacemente messo in guardia QUINE 1987, pp. 216-9: le classi, infatti, devono essere oggetti completamente astratti, mentre le "classi di token" non lo sarebbero abbastanza per i type, con tutte le aporie che l'uso improprio dell'insieme vuoto notoriamente comporta. Inoltre «It is seldom appreciated that *occurrence* is a third thing: not token, but something between. The word *der* has two occurrences in the sentence *Es ist der Geist der sich den Körper baut*; and I speak now of types, not tokens. Tokens occurr in tokens, types in types» (QUINE 1987, p. 218; e cfr. sopra il concetto peirceiano di *Instance of the Type*).

contrattuali. Basata su Creative Commons, e precisamente sulle licenze *Share Alike* (o *Condividi allo stesso modo*), si tratta di una soluzione italiana ma facilmente esportabile anche all'estero in quanto fondata su schemi internazionali,

Non è un caso che tanto il corpus PAISÀ (cfr. *infra* § 3.2) diretto da Marco Baroni quanto tutti i corpora diretti da Manuel Barbera (cfr. *infra* § 3.3) siano legati, sia pure variamente, a Creative Commons. Che è una riprova di come la presenza di corpora di completa disponibilità pubblica nel panorama italiano sia strettamente connessa ad una soluzione del problema legale: la democratizzazione della linguistica dei corpora deve necessariamente passare attraverso una rinuncia della logica proprietaria, spesso accademica, che attraverso un'interpretazione tradizionale della legge sui diritti d'autore porta solo a secretare i risultati della ricerca.

L'altra ricaduta è stata la consistente appropriazione della linguistica dei corpora da parte di quella testuale (come si diceva *supra* al fondo di § 2.1), fenomeno che per ora è solo italiano, propagato soprattutto dai gruppi di ricerca di Torino e di Basilea (svizzeri ma italofoni ed italianisti) . La illimitata e piena fruibilità dei contesti (fino ai testi intieri) è stata senz'altro un elemento determinante in ciò: la difettosa acquisizione dei diritti ha in passato (ed a volte anche nel presente come nel caso del CORIS, cfr. *infra*, § 3.1) portato a cautelative (ma legalmente spesso ingiustificate) restrizioni dei contesti ottenibili in pubblico (quando non a complete secretazioni dei dati).

3.   LA PRATICA. Ma scendendo a passare in rassegna, secondo i criteri che abbiamo poc'anzi enuciato, la effettiva produzione della linguistica dei corpora italiana dell'ultimo decennio, cosa troveremmo?

3.1   TIPOLOGIE E DISSEMINAZIONE. I corpora di italiano prodotti nell'ultimo decennio coprono ormai tutte le principali varietà diamesiche ed alcune delle diacroniche della lingua: si va, per un corno, dallo scritto, al parlato ed alle più diverse forme dei media (italiano del Web, degli SMS, dei blog, di Usenet, trasmesso, ecc.), e per l'altro, dalla lingua contemporanea all'italiano del Duecento. Non tutti i corpora però sono facilmente e gratuitamente accessibili. Il che giustifica che la presente rassegna (che dell'accessibilità ha fatto un requisito determinante per l'inclusione) sia in larga misura per centri di produzione (fondamentalmente due[9], quello imperniato su Marco Baroni, § 3.2, e quello su Manuel Barbera, § 3.3; cui si aggiungeranno, raccolti in un terzo paragrafo, i residui, § 3.4) piuttosto che per tipologia di corpora. Questo per i corpora, sia pure in differenti declinazioni, di lingua scritta; per quelli di lingua orale il discorso è in parte diverso e più sfrangiato e richiederà un ulteriore paragrafo (§ 3.5) a sé stante.

Un ulteriore discorso a parte va inoltre fatto per il bolognese CORIS (*CORpus di Italiano Scritto*), cui già abbiamo accennato, e per le altre analoghe iniziative del gruppo bolognese, come il BoLC (*Bononia Legal Corpus*). Il CORIS è spesso citato come il più importante strumento di riferimento per lo scritto italiano contemporaneo, il che non è propriamente vero: pur essendo eccellentemente costruito[10], il minimo che si possa dire, infatti, è che è scarsamente fruibile, dato che il suo accesso online, ora liberalizzato ma fino a poco tempo fa subordinato ad una complessa e scoraggiante anche se gratuita procedura di registrazione, è limitato a 300 risultati e restituisce indici KWICK (cfr. MANNING - SCHÜTZE 1999, § 1.4.5, pp. 31-34) con soli 30 caratteri di contesto per parte; e lo stesso vale anche per il BoLC[11]. Ma per fortuna ci sono anche altre risorse.

---

[9] Questa, in effetti, era la situazione nel primo decennio del Duemila; ora, con le evoluzioni degli ultimi anni, bisognerebbe probabilmente aggiungere un terzo polo, fiorentino, centrato intorno al LABLITA, che, tradizionalmente legato a logiche proprietarie ed al solo trattamento del parlato, ha recentemente espanso le proprie attività anche allo scritto (cfr. RIDIRE; qui § 3.5), al libero accesso (cfr. DB-IPIC, i CorDIC ed ancora RIDIRE; qui § 3.5), al free software (cfr. RIDIRE-CPI; qui § 4) ed alla manualistica (cfr. CRESTI - PANUNZI 2013; qui § 5).

[10] Tecnicamente è pur sempre un prodotto della eccellente mano di Fabio Tamburini, uno dei migliori linguisti computazionali presenti attualmente sulla scena italiana.

[11] Recentemente la situazione è in parte mutata: ora cliccando sul riferimento si può aprire in un altra finestra il contesto di 499 caratteri (spazi inclusi) a destra ed a sinistra; il che è certo meglio di prima, ma mi pare ancora scomodo ed insufficiente: dà l'impressione che si voglia continuare ad essere scoraggianti, ma salvando le apparenze. Il numero di

3.2   DA FORLÌ A TRENTO: L'OFFICINA DI MARCO BARONI. Marco Baroni ed il suo gruppo di ricerca ancora a Forlì aveva prodotto e reso liberamente consultabile online il corpus La Repubblica, costruito a partire da 16 annate dell'omonimo quotidiano. Indicizzato accuratamente col CWB (cfr. *infra*, § 4), di cui la maschera di interrogazione ben conserva la duttilità, con i suoi 326.363.463 token (dati da BARONI *et alii* 2009) è già di dimensioni assai notevoli: più di 3 volte del BNC, *British National Corpus*, che, con i suoi 96.868.603, aveva costituito un vero traguardo internazionale.

Il progetto WaCky (*Web-as-Corpus Kool Ynitiative*; cfr. BARONI - BERNARDINI 2006 e BARONI *et alii* 2009) è mirato alla costruzione di ancora più grandi corpora (di italiano, inglese e tedesco) a partire dal Web, seguendo una tendenza particolarmente attuale nella linguistica dei corpora (almeno a partire da KILGARRIFF - GREFENSTETTE 2003), ma evitando la problematica infrazione alla regola della finitezza del corpus (cfr. BARBERA - CORINO - ONESTI 2007, pp. 44-45, § 1.5). Un gigantesco (1.585.620.279 token!) corpus italiano così allestito, itWaC, è (sia pure con qualche problema di copyright) già liberamente ottenibile, anche se non ne è ancora pronta un'interfaccia web (e le risorse server necessarie a gestire una simile mole di dati certo vi avranno non piccola parte).

Anche PAISÀ (*Piattaforma per l'Apprendimento dell'Italiano Su corpora Annotati*), è costituito da testi tratti dal web (raccolti nel settembre/ottobre del 2010; per i criteri cfr. BORGHETTI - CASTAGNOLI - BRUNELLO 2011), ma questa volta completamente cautelandosi dal punto di vista legale, in quanto sono accolti solo testi esplicitamente licenziati sotto *Creative Commons Share Alike*: libero pertanto da diritti di sorta, conformemente a quanto teorizzato in CIURCINA - RICOLFI 2997 (cfr. qui § 2.2 *supra*), il corpus è tanto scaricabile quanto agevolmente consultabile online. Di ampia ma non "esagerata" dimensione come itWac (si tratta pur sempre di circa 250 milioni di token) e completamente annotato, trascende ampiamente le finalità glottodidattiche per cui è nato.

Una doverosa eccezione alla italianità di origine delle risorse, come si era detto, va fatta per l'Araneum Italicum, costruito a Bratislava, con materiali analoghi a quelli usati da Baroni per il suo progetto WaCky, ma allestiti in base a Sketch Engine (o meglio, alla sua versione libera, NoSketch Engine) e non CWB (come la maggior parte dei corpora disponibili, da quelli di Baroni a quelli di Barbera), e comunque POS-taggati col TreeTagger, sia pure col tagset di Achim Stein anziché con quello di Baroni (cfr. § 2.3); il corpus fa parte di una suite internazionale di corpora, gli Aracnea, costruiti con materiali web ottenuti col crawler SpiderLing, uno strumento rilasciato liberamente in GPL (*Gnu general Public License*), in modo da creare una serie di corpora multilingui comparabili.

3.3   TORINO: L'OFFICINA DI BMANUEL.ORG. Capitanato, invece, da Manuel Barbera, centrato su bmanuel.org, appoggiato all'ormai fu Dottorato in ingegneria linguistica ed al sito di distribuzione dell'Università di Torino (corpora.unito), e forte dell'originaria iniziativa di Carla Marello, è questo il gruppo che in Italia ha sperimentato col CWB (cfr. *infra*, § 4) da più lunga data (almeno dal 1998), producendo e mettendo un discreto numero di risorse in libera distribuzione (requisito che abbiamo sempre posto come determinante: tutte le risorse sottoelencate sono consultabili online usando la regolare sintassi di interrogazione del CWB, cfr. *infra* § 4), e muovendosi su diverse tipologie di corpora.

Il CT (*Corpus Taurinense*) è un corpus storico (la categoria è spesso, meno accuratamente, riferita come "corpora diacronici") di italiano antico[12], ormai giunto alla sua seconda ampliata release (CT+ o neo-CT). Di modeste dimensioni (attualmente 270.872 token nel CT+) ma accuratamente e riccamente annotato oltre che ampiamente documentato (CT: BARBERA 2009; CT+: BARBERA 2012/11), rappresenta la punta di diamante della sperimentazione di Manuel Barbera che, con la collaborazione determinante di Marco Tomatis , nonché di molti altri, è il responsabile del progetto.

I NUNC (*Newsgroups UseNet Corpora*) sono una innovativa suite di corpora multilingui (ma l'italiano vi ha avuto sviluppo privilegiato: cfr. BARBERA - MARELLO 2008, settimo brano raccolto in questa silloge) basati sui testi delle gerarchie nazionali di Usenet (cfr. BARBERA 2011c, in france-

---

query visualizzate è stato però alzato a mille, che è cifra verosimile, in quanto è di solito il limite fisico dei gestori di corpora via server (è così ad esempio per il CWB).

[12] Nel senso, affatto renziano, di fiorentino del secondo Duecento.

se, e 2013c), dal 2003 ad oggi; il progetto, di cui sono già stati pubblicati cospicui risultati, è tutt'ora in corso.

L'Athenaeum Corpus è un piccolo corpus di prosa accademica prodotta nell'Università di Torino, completato con la collaborazione di Luca Valle.

Attualmente in corso vi sono ancora Jus Jurium, un corpus che vorrebbe documentare il discorso giuridico esistente in Italia in tutti i suoi generi, con speciale attenzione agli aspetti testuali e diplomatici (cfr. ONESTI 2011 ed ora BARBERA - CARMELLO - ONESTI 2014), ed il Corpus Segusinum, di cui è già disponibile una beta online, che è il primo di una suite di corpora tesi ad esplorare le testate della stampa regionale (cfr. BARBERA - ONESTI 2010).

In corso, ma già interrogabili, segnalo anche gli SMS Monitor Studies, un corpus di SMS al momento di soli 1.394 messaggi, ma in crescita, mantenuto da Adriano Allora.

Un discorso a parte va fatto per il corpus di italiano L2/LS VALICO (*Varietà di Apprendimento della Lingua Italiana Corpus Online*) e per il suo corpus di controllo L1 VINCA (*Varietà di Italiano di Nativi Corpus Appaiato*) recentemente migrati su un dominio indipendente ed ora ad esclusiva cura di Carla Marello ed Elisa Corino (cfr. CORINO - MARELLO 2009). Di interesse apprendologico e didattico esclusivo ma spiccato, presentano una grande cura ed abbondanza soprattutto nel trattamento dei metadata sociolinguistici (cfr. ALLORA - COLOMBO - MARELLO 2011).

3.4   ALTRI CENTRI E TIPOLOGIE. Se le fila principali della linguistica dei corpora italiana, almeno nella sua accezione "free", si dipanano tra questi due centri, non mancano altre voci, spesso devolute a tipologie speciali.

Un centro di eccellenza molto importante ma di solito legato a logiche proprietarie è l'EURAC (*EURopean ACademy of bozen/bolzano*). Tuttavia, il suo corpus LexAlp, costruito e gestito col CWB (cfr. *infra*, § 4), che mira ad un «raffronto contrastivo tra i linguaggi giuridici utilizzati dagli stati dell'arco alpino, con la successiva armonizzazione dei termini principali per la comunicazione sovranazionale», secondo recita la homepage, è invece liberamente consultabile online ma, purtroppo, solo query molto semplici e per occorrenza singola sono attualmente possibili; le lingue coperte sono francese, italiano, tedesco e sloveno; quella dei corpora paralleli per l'italiano è una categoria notoriamente poco rappresentata (i solo *comparabili* invece non difettano, cfr. ad es, gli Aracnea, § 3.2, ed i NUNC, § 3.3), sicché si tratta di una risorsa preziosa.

Oltre ai corpora multilingue, un'altra tipologia speciale è quella dei cosiddetti "corpora diacronici" (*recte* "storici"), di cui abbiamo già parlato a proposito del Corpus Taurinense (cfr. *supra*, § 3.3), e di cui vantiamo ormai una ricca tradizione, ma purtroppo quasi solo per la fase antica della lingua italiana. Innanzitutto va menzionata la banca dati dell'OVI (*Opera del Vocabolario Italiano*; cfr. anche *infra*, § 4), nota anche come "corpus[13] TLIO" perché ausiliaria al TLIO (*Tesoro della lingua Italiana delle Origini*), un grandioso e fondamentale database testuale di italiano antico; liberamente consultabile, mantenuto dall'OVI e diretto da Pietro Beltrami, propriamente non rientrerebbe nella stretta definizione data nel § 2.2 (cioè non si tratterebbe di un vero *corpus*, quanto di una *banca dati testuale)*, ma la sua importanza ed indispensabilità è tale da far passar in second'ordine ogni questione definitoria. Un'altra risorsa, accessibile ed assai curata, è il DanteSearch (cfr. TAVONI 2011) diretto da Mirko Tavoni a Pisa: comprende tutte le opere di Dante, annotate (*Commedia, Convivio* e *Rime*) anche sintatticamente in modo originale ed interessante. La principale eccezione alla "medioevalità" pressoché esclusiva in questo tipo di corpora è, infine, costituita dall'ottocentesco CEOD (*Corpus Epistolare Ottocentesco Digitale*), un corpus, coordinato da Massimo Palermo all'Università di Siena (cfr. ANTONELLI - CHIUMMO - PALERMO 2004), che raccoglie (secondo gli ultimi dati del sito) 1292 lettere, spesso inedite, di 73 scriventi, diversi per provenienza ed estrazione sociale; interessante anche per le problematiche filologiche spesso affrontate, è completamente accessibile online. Si è ultimamente aggiunta questo quadro abbastanza "manicheo" una risorsa che promette di essere assai utile, e, comunque, colma, almeno in parte, la lacuna lamentata; si tratta di MIDIA (*Morfologia dell'Italiano in DIAcronia*), un corpus diacronico di 800 testi italiani

---

[13] Impropriamente, cfr. *infra*.

dall'inizio del XIII alla prima metà del XX secolo, per circa sette milioni e mezzo di occorrenze, e-tichettato col TreTagger ed una versione modificata del file di parametri di Marco Baroni: cfr. GAE-TA *et alii* 2013 *i.s.*

E l'annotazione sintattica ci conduce ad un altra tipologia: il TUT (*Turin University Treebank*) è un *treebank*, cioè un corpus sintatticamente annotato seguendo uno schema arborescente a dipen-denza, costituito[14] da 2.860 frasi italiane e 200 inglesi[15] in allestimento da anni da parte di un altro gruppo torinese, centrato intorno al compianto Leonardo Lesmo ed a Cristina Bosco, che hanno pubblicato diffusamente sull'argomento (cfr. ad esempio LESMO - LOMBARDO - BOSCO 2002). Il TUT è dichiaratamente licenziato secondo *Creative Commons Share Alike*, ed è al momento larga-mente anche se non completamente scaricabile.

Un'ulteriore tipologia, di interesse crescente, è quella dei corpora traduzionali od interpretariali. Tra le varie iniziative attivate, quella già disponibile è legata alla SSLMIT di Forlì ed è EPIC (*European Parliament Interpreting Corpus*), un corpus trilingue (italiano, inglese e spagnolo) di testi del Parlamento europeo, allineati e POS-taggati; il DIRSI-C (*DIRectionality in Simultaneous Interpreting Corpus*) di Claudio Bertazzoli (cfr. BENDAZZOLI 2010), di analoga provenienza (e quindi appoggiato al medesimo staff forlivese da cui ha spiccato il volo Marco Baroni), non sembra al momento ancora disponibile.

Un altro settore in notevole espansione, un po' come l'apprendologia tutta, è quello dei corpora di apprendenti (*learner corpora*): le iniziative veramente pubbliche (come quella del citato VALI-CO, cfr. *supra*) sono relativamente poche, ma sono la punta dell'iceberg di una pratica che è assai vasta, anche a condizioni minimali. Da ricordare, in questo genere, è senz'altro LAICO (*Lessico per Apprendere l'Italiano. Corpus di Occorrenze*), coordinato a Siena da Andrea Villarini (cfr. VILLA-RINI 2011); il corpus non è al momento interrogabile online, per meri problemi di gestione tecnica, ma lo si può comunque fare scrivendo direttamente all'autore.

Una piccola eccezione alla italianità di origine delle risorse, come dicevamo, va fatta per l'internazionale ed assai importante (pure se parte da interessi più psicologici che linguistici) pro-getto CHILDES (*CHIld Language Data Exchange System*) fondato da Brian MacWhinney per stu-diare il linguaggio infantile, cfr. MACWHINNEY 2000: tra le molte lingue in cui si articolano le sue risorse (che, peraltro, a rigore non rientrerebbero strettamente nella nostra definizione di corpus) tutte preparate in CLAN (*Computerized Language ANalysis*) ed agevolmente scaricabili, vi è anche l'italiano.

Il CiT (*Corpus di Italiano Televisivo*; cfr. SPINA 2005/00) di Stefania Spina, infine, fino a non molto tempo fa era consultabile online ma è attualmente scomparso dal Web; il che è un peccato, perché, anche se piccolo, era annotato finemente ed in modo accurato. Per fortuna ve n'è un valido successore, il LIT (*Lessico di Italiano Televisivo*), diretto da Nicoletta Maraschio ed interrogabile online. Raccoglie un campione rappresentativo dell'italiano televisivo del 2006, consistente in 168 ore di parlato tratti dalle reti RAI e Mediaset. Il Dia-LIT, infine, vorrebbe estendere la campionatura del LIT all'intera storia dell'italiano televisivo, nella sua diacronia dal 1954 ad oggi; in fase di im-plementamentazione, una parte ne è già disponibile.

3.5 IL PARLATO TRA FIRENZE E NAPOLI. L'attenzione al parlato ha una lunga tradizione in Ita-lia, rimontando nel decennio precedente all'impresa lessicografica (lessicografia fondata su corpora nella migliore tradizione britannica) di Tullio de Mauro del 1993. Il corpus del LIP (*Lessico di fre-quenza dell'Italiano Parlato*), o LIP *tout court*, che ne è derivato è attualmente consultabile sul sito BADIP di Graz (*BAnca Dati dell'Italiano Parlato*).

Il corpus CLIPS (*Corpora e Lessici dell'Italiano Parlato e Scritto*), creato a Napoli da Federico Albano Leoni ed interamente scaricabile previa una semplice registrazione, è basato su materiali raccolti (suddivisi tra radiotelevisivi, dialogici, letti, telefonici ed ortofonici) in 15 località italiane,

---

[14] Secondo gli ultimi dati del sito (19.04.2012).

[15] Delle cui fonti non è peraltro detto molto, anche se se ne può indurre che le parti italiane più cospicue siano tratte dal Codice civile e da generici "giornali".

oltre che "nazionali", tra il 1999 ed il 2004, presentati in veste sia audio sia testuale. Sempre di e-manazione napoletana, di area CIRASS (*Centro Interdipartimentale di Ricerca per l'Analisi e la Sintesi dei Segnali*), è un corpus di parlato molto speciale, anzi una risorsa pressoché unica[16], il CIPPS (*Corpus di Italiano Parlato Patologico Schizofrenico*) di Francesca Dovetto e Monica Gemelli. La sua inserzione in questa rassegna costituisce una parziale eccezione ai criteri che ci eravamo imposti, perché , come il C-ORAL ROM (per cui cfr. *infra*) è un corpus se non pubblico almeno "pubblicato", in quanto allegato in DVD-ROM alla seconda edizione di DOVETTO - GEMELLI 2013.

Se il CLIPS costituisce la risorsa più ampia liberamente disponibile per l'italiano parlato all'inizio del millennio, non bisogna dimenticare che anche al LABLITA (*LABoratorio Linguistico del dipartimento di ITAlianistica*[17]) di Firenze si è lavorato lungamente sul parlato molto e bene. Il C-ORAL ROM, che di queste ricerche è il risultato più notevole, non è tuttavia una risorsa libera, anzi è commercializzato a migliaia di euro da ELDA (*Evaluations and Language resources Distribution Agency*); qui la menzioniamo, oltre che per il suo intrinseco valore, perché, come già il CIPPS (cfr. *supra*), si tratta di una risorsa non pubblica ma "pubblicata", in quanto anche tradizionalmente edita (CRESTI - MONEGLIA 2005, con DVD). La parte informale del C-ORAL-ROM è, peraltro, ora confluita in un corpus di libero accesso, il DB-IPIC (*Database for Information Patterning Interlinguistic Comparison*), che è di particolare interesse perché contiene circa 125.000 parole di parlato, allineato per enunciati, con l'annotazione della struttura informativa e l'accesso diretto al suono (scaricabile in mp3, enunciato per enunciato); cfr. PANUNZI - GREGORI 2012.

Inoltre il LABLITA, uscendo dal campo suo più precipuo del parlato, si è recentemente fatto merito del corpus RIDIRE (*RIsorsa Dinamica Italiana di REte*), «dedicato – come recita la pagina web di documentazione del progetto – a costituire un repository dell'italiano attraverso il crawling dei contenuti della rete più rappresentativi per la cultura italiana», cfr. anche PANUNZI - CRESTI - GREGORI 2014: un corpus di 1.514.631.794 tokens, costruito a partire da 2.010 siti con 3.767.668 pagine web, per complessive 1.313.497.960 parole divise in 12 domini semantici e funzionali, è infatti ormai online e liberamente accessibile. Il corpus è stato lemmatizzato e POS-taggato usando, come usuale, il TreeTagger con una versione semplificata del file di parametri di Marco Baroni.

Oltre a questa grande iniziativa, ed oltre ad avere emanato un valido manuale di linguistica dei corpora (CRESTI - PANUNZI 2013; cfr. oltre § 5), ha anche messo in libera distribuzione con finalità didattiche due corpora detti CorDIC (*Corpora Didattici Italiani di Confronto*), uno di italiano scritto dei media[18] ed uno di italiano parlato (che «è stato derivato dalle trascrizioni del corpus di parlato spontaneo raccolto presso LABLITA», secondo riferisce la homepage).

Un'ultima eccezione delle eccezioni (si tratta di prodotto svizzero e "pubblicato" su CD-ROM in veste editoriale consueta) va fatta, giusta il suo intrinseco interesse, come acennato, per il corpus di italiano parlato ticinese di PANDOLFI 2007.

4.   IL SOFTWARE. Tra i software per la complessiva gestione e creazione di corpora scritti la posizione dominante è tenuta dal tedesco e (da alcuni anni) open source CWB (*Corpus Work Bench*), inizialmente sviluppato dall'IMS (*Institut für Maschinelle Sprachverarbeitung*) Stuttgart: la sua eccezionale duttilità e potenza ne fanno uno strumento difficilmente sostituibile. La produzione italiana di strumenti più specifici o localizzati è tuttavia abbondante ed in genere di ottima qualità,

---

[16] Sono a conoscenza di qualcosa di comparabile solo in area tedesca.

[17] Questo, almeno, è lo scioglimento storico dell'acronimo, quello con cui è nato. Attualmente, però, con la ristrutturazione dell'Ateneo fiorentino, il Dipartimento di Italinistica propriamente non esiste più, essendo stato assorbito in quello di Lettere e Filosofia, il DILEF); sicché lo scioglimento andrebbe ora aggiornato in *LABoratorio Linguistico ITAliano*: nel primo caso, cioè, si avrebbe un *acronimo* e nel secondo un *retronimo*, se così si accetta di tradurre l'inglese *backronym*. Od ancora, come suggerisce Alessandro Panunzi, si potrebbe anche fare semplicemente a meno di considerarlo una abbreviazione da sciogliere, in quanto *LABLITA* è diventato, nel nuovo ordinamento, il nome di una "Unità di ricerca" del DILEF.

[18] In quanto è ricavato da RIDIRE è scaricato dal web, ma contiene in realtà anche molti testi propriamente di generi diversi, ad esempio "burocratici" e di "scrittura creativa".

ma prevalentemente commerciale o proprietaria[19]: anzi, il software proprietario vanta una tradizione eccellente che va da Eugenio Picchi, autore del famoso DBT (*Data Base Testuale*; propriamente un gestore di banche dati testuali, cfr. la definizione di corpus, *supra*) a Fabio Tamburini, autore del CORISTagger (cfr. TAMBURINI 2007 e BERNARDI *et alii* 2006).

Con poche eccezioni importanti, i *free softwares* più notevoli sono tutti legati ai gruppi di lavoro che già avevamo evidenziato.

Al gruppo torinese di b.manuel.org sono da ricondurre, per citare solo i risultati principali, i CT Tools, una suite di strumenti (prevalentemente in GAWK[20]) approntati da Marco Tomatis e Manuel Barbera per il Corpus Taurinense; l'analizzatore morfologico SMORFIA (*Stuttgart MORphology Finite states Italian Analyzer*) ed il gestore di clitici ClitRec, entrambi di Marco Tomatis; nonché il motore di ricerche testuali E$_N$T$_E$R (*ENgine for TExtual Researches*), di Adriano Allora.

Il gruppo di Marco Baroni, poi, è una vera fucina di applicazioni libere: sono almeno da ricordare il lessico di forme flesse Morph-it (cfr. BARONI - ZANCHETTA 2005), validamente utilizzabile come ausilio per il tagging (cfr. *supra*,§ 2.3) dei corpora; gli strumenti prodotti nel progetto WaCky (cfr. *supra*, § 3.2), tra cui va menzionato soprattutto il BootCat (*BOOTstrap Corpora And Terms from the web*; cfr. BARONI - BERNARDINI 2006) per dragare corpora dal Web; il Regexp_tokenizer, un semplice tokenizzatore basato su espressioni regolari e scritto in Perl (*Practical Extraction and Report Language*, che propriamente è solo un "backronym").

Al gruppo fiorentino del LABLITA, infine, è da ricondurre RIDIRE-CPI, il software, disponibile online ed open-source, con cui sono stati gestiti scaricamento, pre-processing, pulizia, annotazione, indicizzazione ed interrogazione del corpus RIDIRE (cfr. *supra*; anche integrando vari tool liberi pre-esistenti, tipo Heritrix e TreeTagger). Presentato in PANUNZI *et alii* 2012, può essere utilmente utilizzato per creare altri corpora a partire dalla rete.

Oltre ai prodotti dei centri riferiti esiste, comunque, anche un ridotto numero di sofware di origine "eccentrica", tra i quali (limitandosi alle risorse più pertinenti alla linguistica dei corpora che genericamente al NLP) vanno annoverati almeno i seguenti due: (1) collaterale al progetto del TUT (cfr. § 3.4) è il TULE (*Turin University Linguistic Environment*), che è una suite consistente in un «Morphological analyzer, a Tokenizer and a Chunk-rule based dependency Parser in Allegro Common Lisp[21]», secondo recita la homepage, sviluppata da Leonardo Lesmo e dal suo gruppo; (2) il DeSR (*Dependency Shift-Reduce parser*) costruito da Giorgio Attardi è un parser a dipendenza che «builds dependency structures greedily by scanning input sentences in a single left-to-right or right-to-left pass and choosing at each step whether to perform a shift or to create a dependency between two adjacent tokens», come si spiega nella homepage.

A questi va doverosamente aggiunto il sistema GATTO (*Gestione degli Archivi Testuali del Tesoro delle Origini*) di Domenico Iorio-Fili, che è alla base della banca dati testuale di italiano antico dell'OVI (cfr. *supra*, § 3.4).

5.   LA MANUALISTICA. È certo questo il campo in cui la tradizione italiana era più scarsa, non avendo a tutto il 2012 ancora sviluppato trattazioni localizzate del livello e della ampiezza, ad esempio, di LEMNITZER - ZINSMEISTER 2006 per il tedesco.

Una volta scartata, come fuori dai limiti di questa rassegna, la manualistica pubblicata in Italia da italiani ma in lingua inglese (ad es. DAMASCELLI - MARTELLI 2002, che si limitano peraltro a riprodurre gli schemi britannici divulgati da MCENERY - WILSON 2001; o FACCHINETTI 2007, più originale) o comunque di orizzonti inglesi (ad es. CALABRESE 2004: inglese come lingua straniera; MARRONI VERZELLA 2008: inglese per odontoiatri; ecc.), i saggi dedicati ad argomenti relati ma altrimenti specifici (ad es. ROVERE 2005: linguistica giuridica), o la maggior parte della dozzina di volumi miscellanei (come ad es. MONEGLIA - PANUNZI 2010; ma cfr. *infra*), non restava che SPINA

---

[19] La sproporzione percentuale tra software libero e proprietario è per ora in Italia ancora assai netta, cfr. ad esempio le risorse elencate in PARLI (*Portale per l'Accesso alle Risorse Linguistiche per l'Italiano*).

[20] Cioè in GNU AWK, la versione della Free Software Foundation di AWK (dai nomi degli autori: Alfred Aho, Peter Weinberger, and Brian Kernighan), un linguaggio interpretato di programmazione.

[21] Una implementazione commerciale del linguaggio di programmazione Common LISP (*LISt Processor*).

2002, senz'altro il manuale italiano più diffuso anche perché fino a poco fa praticamente l'unico, di buon livello divulgativo ma ampiamente sorpassato[22], tanto più che il volume già è un rifacimento di una precedente versione del 1997. Tra l'altro non dà ancora molto conto della specifica declinazione italiana della disciplina, anche se già non era privo di spunti in questa direzione, come ad esempio l'attenzione "storica" agli albori della nostra disciplina, e la menzione dell'importanza fondante del padre Busa, di solito taciuta nei manuali britannici. Di veri manuali più recenti c'erano solo, assai utili ma per noi un poco fuori obiettivo, LENCI -MONTEMAGNI - PIRRELLI 2005, che è allargato alla linguistica computazionale in genere[23], obbiettivo specifico anche di CHIARI 2007, e BENDAZZOLI 2010, che è invece ristretto ai corpora di interpretazione ed ai *Corpus-based interpreting studies* in genere. A parte ciò, per supplire all'assente manualistica, si potevano consigliare solo alcune raccolte di saggi di ampio respiro come BARBERA - CORINO - ONESTI 2007 e HÉDIARD 2007, od al più ANDORNO - RASTELLI 2009, che però è limitato al solo *coté* apprendologico, oggi in gran voga.

Scarso è anche il panorama delle guide web alle risorse online, di cui praticamente nel 2012 vi erano da segnalare solo la pagina di Isabella Chiari, invero non sempre aggiornata[24], e quella anche più stringata del pavese LARL (*Laboratorio di Analisi di Risorse Linguistiche*); entrambe meritorie anche se assai scarne, ma che comunque nel giugno 2014 risultavano scomparse. Di ben altra dimensione e copertura era la *CLR* (*Corpora and Corpus-based Computational Linguistics Resources*) *Web Guide* che ho mantenuto dal 2000 fino al 2004, ma che ormai ha solo valore di documento storico, ed in quanto tale è stata lasciata online anche se i suoi links sono quasi tutti inutilizzabili.

Un ultimo cenno va fatto alla recente voce di enciclopedia, necessariamente molto stringata, ma affatto efficace, di BARONI 2010.

Ho usato di solito in questo paragrafo l'imperfetto, perché nel giro di un anno, dalla versione di questa panoramica per la rassegna SLI a quella per la presente silloge, la situazione è drasticamente mutata. Non tanto per quello che riguarda le guide online (dove il quadro già non roseo è anzi ulteriormente peggiorato[25]), quanto per la manualistica vera e propria: nel 2013 già all'inizio dell'estate è uscito un sintetico manuale "free", BARBERA 2013a, e nell'autunno un meno sintetico e più tradizionale manuale cartaceo, CRESTI - PANUNZI 2013; entrambi sono similmente centrati sulla linguistica dei corpora italiana e, sia pure diversi per taglio[26] e per logica editoriale[27], sono caldamente raccomandabili. In realtà, l'industria editoriale sembra avere improvvisamente fiutato la lacuna, e le sue potenzialità di utenza, perché nel febbraio 1914 si è affrettata a pubblicare il modesto FREDDI 2014, che invece è di natura completamente diversa, ignorando del tutto la situazione italiana a favore di quella inglese, per cui già esistono ben altri manuali.

Un'ulteriore riprova di questo mutamento è anche la apparizione di una rivista, *CHIMERA - Romance Corpora and Linguistic Studies*, di àmbito propriamente romanzo, ma in cui la linguistica dei corpora italiana gioca un ruolo rilevante.

6.   CONCLUSIONI. Il quadro storiografico che emerge per la linguistica dei corpora italiana è quello di una completa maturazione e di una piena riappropriazione del ruolo che le spetta nella storia della linguistica tutta.

---

[22] Il titolo più recente in bibliografia è del 2000, ed una dozzina d'anni in questo settore rendono "fossile" qualsiasi cosa.

[23] E che, quindi, riceverà la giusta attenzione in altra sezione della rassegna della SLI che ha occasionato il presente contributo.

[24] "Reato" peraltro comprensibilissimo: avendo mantenuto per lungo tempo (ma avendovi ormai, non a caso, rinunciato) una *Web Resources Reference Guide*, ben sappiamo cosa voglia dire.

[25] In questo avrà certo parte l'impegno costante, che ho già lamentato, necessario per mantenerle: impegno che, in tempi sempre più bui come i presenti, in cui improvvidamente cultura ed istruzione sono ormai considerati rami secchi semplicemente da amputare, costringendoci a fare il boia e l'impiccato anche solo per sopravvivere, diventa affatto impossibile da gestire.

[26] L'uno è piuttosto un sintetico breviario, mentre l'altro è più diffuso e ricco di approfondimenti; uno, inoltre, è più focalizzato sullo scritto e l'altro sul parlato.

[27] In un caso improntato al più moderno e-book in *copyleft*, nell'altro al libro stampato di editoria tradizionale.

Certo, alcune risorse indispensabili mancano ancora (penso soprattutto all'assenza di un grande corpus nazionale[28]), ma pure siamo in tempi difficili e di pieno attentato istituzionale (per usare un eufemismo) alla cultura italiana. E che in questi frangenti, nonostante questi frangenti, vi sia stata la nascita di una adeguata manualistica, è una notevole (ed insperata) manifestazione di resistenza e vitalità.

7. RIFERIMENTI BIBLIOGRAFICI

AA. VV.

1999   *Il ruolo del modello nella scienza e nel sapere. Roma, 27-28 ottobre 1998*, Roma, Accademia Nazionale dei Lincei, 1999 "Contributi del Centro Linceo Interdisciplinare 'Beniamino Segre'" 100.

2002   *Proceedings of the International Conference on Natural Language Processing (ICON 2002)*, Mumbay, India, 2002.

2004   *Proceedings of the IVth International Conference on Language Resources and Evaluation (LREC 2004)*, Lisbon, ELDA, 2004.

2006   *Proceedings of the 5th International Conference on Language Resources and Evaluation - LREC 2006*, Genova, LREC, 2006.

ABEL - VETTORI - RALLI

2014   *Proceedings of the XVI EURALEX International Congress: The user in focus. 15-19 July 2014, Bolzano/Bozen*, edited by Andrea Abel, Chiara Vettori and Natascia Ralli Bolzano, EURAC research, 2014. Disponibile a: `http://euralex2014.eurac.edu/en/callfor papers/Documents/EURALEX%202014_gesamt.pdf`.

AIJMER - ALTENBERG

1991   *English Corpus Linguistics. Studies in Honor of Jan Svartvik*, edited by Karin Aijmer, Bengt Altenberg, London - New York, Longman, 1991.

ALLORA - BARBERA

2007   Adriano Allora - Manuel Barbera, *Il problema legale dei corpora. Prime approssimazioni*, in BARBERA - CORINO - ONESTI 2007 a, ¶ 5 pp. 109-118.

ALLORA - COLOMBO - MARELLO

2011   Adriano Allora - Simona Colombo - Carla Marello, *I corpora VALICO e VINCA: stranieri e italiani alle prese con le stesse attività scritte*, in MARASCHIO - DE MARTINO - STANCHINA 2011, pp. 49-61.

ANDOR

2004   Andor József, *The Master and his Performance: An Interview with Noam Chomsky*, in «Intercultural Pragmatics» 1 (2004)₁ 93–111.

ANDORNO - RASTELLI

2009   *Corpora di Italiano L2: Tecnologie, metodi, spunti teorici*, a cura di Cecilia Andorno, Stefano Rastelli, Perugia, Guerra Edizioni, 2009.

ANTONELLI - CHIUMMO - PALERMO

2004   *La cultura epistolare nell'Ottocento. Sondaggi sulle lettere del CEOD*, a cura di Giuseppe Antonelli, Carla Chiummo e Massimo Palermo, Roma, Bulzoni, 2004.

---

[28] Qualcosa, anche in questo, si sta però forse muovendo: vengo a conoscenza fuori tempo massimo (la relazione è del dicembre 2014) del progetto del Perugia Corpus (PEC) di Stefania Spina, che pare muoverà in questa direzione: cfr. Stefania Spina, *Il* Perugia Corpus: *una risorsa di riferimento per l'italiano. Composizione, annotazione e valutazione*, in *Proceedings of the First Italian Conference on Computational Linguistics CLiC-it 2014 (Pisa, 9-10 december 2014)*, a cura di Roberto Basili, Alessandro Lenci e Bernardo Magnini, Pisa, Pisa University Press, vol. 1, p. 197-202.

BARBERA

2007a   Manuel Barbera, *Un tagset per il Corpus Taurinense. Italiano antico e linguistica dei corpora*, in BARBERA - CORINO - ONESTI 2007a, ¶ 8 pp. 135-68.

2007b   Manuel Barbera, *Mapping dei tagset in bmanuel.org / corpora.unito.it. Tra* guidelines *e prolegomeni*, in BARBERA - CORINO - ONESTI 2007a, ¶ 23, pp. 373-88.

2007c   Manuel Barbera, *La resa dei forestierismi in italiano. Breve nota ortografica*, in BARBERA - CORINO - ONESTI 2007a, ¶ iiij pp. xv-xvj.

2009   Manuel Barbera, *Schema e storia del "Corpus Taurinense". Linguistica dei corpora dell'italiano antico*, Alessandria, dell'Orso, 2009.

2011a   Manuel Barbera, *Intorno a "Schema e storia del Corpus Taurinense"*, comunicazione al *III Incontro di filologia digitale, Verona, 3-5 marzo 2010*, poi in COTTICELLI KURRAS 2011, pp. 27-48.

2011b   Manuel Barbera, *"Partes Orationis", "Parts of Speech", "Tagset" e dintorni. Un prospetto storico-linguistico*, in BORGHI - RIZZA, tomo I, pp. 113-45.

2011c   *Une introduction au NUNC: histoire de la création d'un corpus*, in FERRARI - LALA 2011, pp. 9-36.

2012/11   *Il neo-Corpus Taurinense e l'arte della query*, comunicazione al *Seminario: sintassi dell'italiano antico e sintassi di Dante. Pisa 14-15 ottobre 2011*, ora in *Sintassi dell'Italiano antico e sintassi di Dante*, a cura di Mirko Tavoni, Pisa, Felici Editore, 2012, pp. 19-31

2013/12   *Per una soluzione teorica e storica dei rapporti tra grammatica generativa e linguistica dei corpora*, in *7es Journées suisses de Linguistique. L'empirie en linguistique: variété et complexité des approches. Lugano, Università della Svizzera italiana, 13-14 settembre 2012*, Société Suisse de Linguistique = "Schweizerische Sprachwissenschaftliche Gesellschaft / Société Suisse de Linguistique (SSG/SSL) – Archive", `http://www.sagw.ch/fr/ssg/taetigkeiten/7e-Giornate-svizzere-della-Linguistica.html`. Edito poi in BARBERA 2013b, pp. 27-45.

2013a   Manuel Barbera, *Linguistica dei corpora e linguistica dei corpora italiana. Un'introduzione*, Milano, Qu.A.S.A.R., 2013; liberamente diasponibile online in PDF alla pagina `http://www.bmanuel.org/man/cl-HOME.htm`.

2013b   *Molti occhi sono meglio di uno: saggi di linguistica generale 2008-12*, [Milano], Qu.A.-S.A.R., 2013.

2013c   *Una introduzione ai NUNC: storia della creazione di un corpus*, in Manuel Barbera, *Molti occhi sono meglio di uno: saggi di linguistica generale 2008-12*, [Milano], Qu.A.-S.A.R., 2013, pp. 97-114. Versione italiana di BARBERA 2011c.

BARBERA - CARMELLO - ONESTI

2014   Manuel Barbera - Marco Carmello - Cristina Onesti, *Traiettorie sulla linguistica giuridica*, Torino - Tricase (LE), bmanuel.org - Youcanprint Self-Publishing, 2014.

BARBERA - CORINO - ONESTI

2007a   *Corpora e linguistica in rete*, a cura di Manuel Barbera, Elisa Corino, Cristina Onesti, Perugia, Guerra Edizioni, 2007 "L'officina della lingua. Strumenti" 1.

2007b   Manuel Barbera, Elisa Corino, Cristina Onesti, *Cosa è un corpus? Per una definizione più rigorosa di corpus, token, markup*, in BARBERA - CORINO - ONESTI 2007a, ¶ 3 pp. 25-88.

BARBERA - MARELLO

2008   Manuel Barbera - Carla Marello, *Tra scritto-parlato*, Umgangssprache *e comunicazione in rete: i corpora NUNC*, in «Studi di Grammatica Italiana» XXVII (2008, *recte* 2011) = *Per Giovanni Nencioni. Convegno Internazionale di Studi*. Pisa - Firenze, 4-5 Maggio 2009, a cura di Anna Antonini e Stefania Stefanelli, Firenze, Le Lettere, 2011, pp. 157-85. (Rifuso nel settimo capitolo della presente silloge).

2012/03   Manuel Barbera - Carla Marello, *Corpo a corpo con l'inglese della corpus linguistics, anzi, della linguistica dei corpora*, in NESI - DE MARTINO 2012, pp. 357-70.

BARBERA - ONESTI
2010   Manuel Barbera - Cristina Onesti, *Dalla Valsusa in avanti: i corpora di stampa periodica locale*, in «Rivista Internazionale di Tecnica della Traduzione | International Journal of Translation» XII (2010), Special issue *Traduzioni nella stampa periodica*, a cura di Stefano Ondelli, pp. 103-16.

BARONI
2010   Baroni Marco, *Corpora di lingua italiana*, in *Enciclopedia dell'italiano* a cura di Raffaele Simone, Roma, Istituto dell'Enciclopedia italiana fondata da Giovanni Treccani), vol. I, 2010 "Vocabolario Treccani", *sub vocem* (pp. 300b-03a).

BARONI - BERNARDINI
2006   *WaCky! Working Papers on the Web as Corpus*, edited by Marco Baroni and Silvia Bernardini, Bologna, GEDIT edizioni, 2006, disponibile online alla pagina `http://wackybook.sslmit.unibo.it/`.

BARONI *et alii*
2004   Marco Baroni - Silvia Bernardini - Federica Comastri - Lorenzo Piccioni - Alessandra Volpi - Guy Aston - Marco Mazzoleni, *Introducing the* La Repubblica *Corpus: A Large, Annotated, TEI(XML)-Compliant Corpus of Newspaper Italian*, in AA. VV. 2004, pp. 1771-74, online alla pagina `http://www.form.unitn.it/~baroni/publications/lrec2004/rep_lrec_2004.pdf`.
2009   Marco Baroni - Silvia Bernardini - Adriano Ferraresi - Eros Zanchetta, *The WaCky Wide Web: A Collection of Very Large Linguistically Processed Web-crawled Corpora*, in «Journal of Language Resources and Evaluation» XLIII (2009)[3] 209-26.

BARONI - EVERT
2009   Marco Baroni - Stefan Evert, *Statistical Methods for Corpus Exploitation*, in LÜDELING - KYTÖ 2008-9, vol. 2, pp. 777-802.

BARONI - ZANCHETTA
2005   Marco Baroni - Eros Zanchetta (2005), *Morph-it! A free corpus-based morphological resource for the Italian language*, in «Proceedings from the Corpus Linguistics Conference» I (2005)[1] = *Proceedings of Corpus Linguistics 2005, University of Birmingham, Birmingham, UK*; online alla pagina `http://home.sslmit.unibo.it/~eros/downloads/Morph-it.pdf`.

BERNARDI *et alii*
2006   Raffaella Bernardi - Andrea Bolognesi - Corrado Seidenari - Fabio Tamburini, *POS Tagset Design for Italian*, in AA. VV. 2006, pp. 1396-401.

BIBER
1992   Douglas Biber, *Using Computer-based Text Corpora to Analize the Referential Strategies of Spoken and Written Texts*, in SVARTVIK 1992, pp. 213-52.

BIBER - FINEGAN
1991   Douglas Biber - Edward Finegan, *On the Exploitation of Computerized Corpora in Variation Studies*, in AIJMER - ALTENBERG 1991, pp. 204-20.

BORGHETTI - CASTAGNOLI - BRUNELLO
2011   Claudia Borghetti - Sara Castagnoli - Marco Brunello, *I testi del web: una proposta di classificazione sulla base del corpus PAISÀ*, in CERRUTI - CORINO - ONESTI 2011, pp. 147-70

BORGHI - RIZZA
2011   *Anatolistica Indoeuropeistica e Oltre – nelle Memorie dei Seminarî offerti da Onofrio Carruba (Anni 1997-2002), al Medesimo presentate,* a cura di Guido Borghi ed Alfredo Rizza, Milano, Qu.A.S.A.R., 2011 "Antiqui Aevi grammaticae artis studiorum consensus. Series maior" 1.

BURNARD - BAUMAN
2011   *TEI P5:Guidelines for Electronic Text Encoding and Interchange,* edited by Lou Burnard and Syd Bauman, Charlottesville (Virginia), Text Encoding Initiative Consortium, 2011; online alla pagina `http://www.tei-c.org/release/doc/tei-p5-doc/en/html/TitlePageVerso.html`.

BENDAZZOLI
2010   Bendazzoli Claudio, *Corpora e interpretazione simultanea,* Bologna, Asterisco, 2010.

BURR
2004   Elisabeth Burr, *Das Korpus romanischer Zeitungssprachen in Forschung und Lehre,* in DAHMEN *et alii* 2004, pp. 133-62.
2005/00   *Tradizione & Innovazione. Il parlato: teoria - corpora - linguistica dei corpora. Atti del VI Convegno SILFI (Gerhard Mercator Universität Duisburg 28 giugno - 2 luglio 2000),* a cura di Elisabeth Burr, Firenze, Franco Cesati Editore, 2005.

BUZZETTI
1999   Dino Buzzetti, *Rappresentazione digitale e modello del testo,* in AA. VV. 1999, pp. 127-161.

CALABRESE
2004   Rita Calabrese, *La linguistica dei corpora e l'inglese come lingua straniera,* Napoli, Massa, 2004.

CALZOLARI *et alii*
2012   *LREC 2012. Proceedings of the Eigth International Conference on Language Resources and Evaluation; Istanbul May 21-27 2012,* edited by Nicoletta Calzolari, Khalid Choukri, Thierry Declerck, Mehmet Uğur Doğan, Bente Maegaard, Joseph Mariani, Asuncion Moreno, Jan Odijk and Stelios Piperidis, [Paris], European Language Resources Association, 2012; online a `http://www.lrec-conf.org/proceedings/lrec2012/LREC2012_Proceedings.zip`.

CARPENTER
1992   Bob Carpenter, *The Logic of Typed Feature Structures. With Application to Unification Grammars, Logic Programs, and Constraint Resolution,* Cambridge (UK), Cambridge University Press, 1992 "Cambridge Tracts in Theoretical Computer Science" 32.

CERBO - DI FIORE
2011   *Lectura Dantis in onore di Vincenzo Placella,* a cura di Anna Cerbo e Ciro di Fiore, Napoli, Liguori, 2011.

CERRUTI - CORINO - ONESTI
2011   *Formale e informale. La variazione di registro nella comunicazione elettronica,* a cura di Massimo Cerruti, Elisa Corino, Cristina Onesti, Roma, Carocci Editore, 2011 "Biblioteca di testi e studi" 683.

CHIARI
2007   Isabella Chiari, *Introduzione alla linguistica computazionale,* prefazione di Tullio De Mauro, Bari, Laterza, 2007 "Percorsi" 99.

CINI - REGIS
2002   *Che cosa ne pensa oggi Chiaffredo Roux? Percorsi di dialettologia percezionale all'alba del nuovo millennio. Atti del Convegno internazionale (Bardonecchia, 25-27 maggio 2000)*, a cura di Monica Cini e Riccardo Regis, Alessandria, Edizioni dell'Orso, 2002.

CIURCINA - RICOLFI
2007   Marco Ciurcina - Marco Ricolfi, *Le Creative Commons Public Licences per i corpora. Una suite di modelli per la linguistica dei corpora*, in BARBERA - CORINO - ONESTI 2007 a, ¶ 7, pp. 127-132.

CORINO - MARELLO
2009   *VALICO. Studi di linguistica e didattica*, a cura di Elisa Corino e Carla Marello, Perugia, Guerra, 2009.

CORINO - MARELLO - ONESTI
2006   *Atti del XII Congresso Internazionale di Lessicografia, Torino, 6-9 settembre 2006 | Proceedings of the XII EURALEX International Congress. Torino, Italia, 6th-9th September 2006*, a cura di Elisa Corino, Carla Marello e Cristina Onesti, 2 voll., Alessandria, Edizioni dell'Orso, 2006.

COTTICELLI KURRAS
2011   *Linguistica e filologia digitale: aspetti e progetti*, a cura di Paola Cotticelli Kurras, Alessandria, Edizioni dell'Orso, 2011.

CRESTI - MONEGLIA
2005   *C-ORAL-ROM. Integrated Reference Corpora for Spoken Romance Languages*, edited by Emanuela Cresti and Massimo Moneglia, Amsterdam - Philadelphia, John Benjamins Publishing Company, 2005 "Studies in Corpus Linguistics" 15.

CRESTI - PANUNZI
2013   Emanuela Cresti - Alessandro Panunzi, *Introduzione ai corpora dell'italiano*, Bologna, il Mulino, 2013 "Itinerari. Linguistica".

DAHMEN *et alii*
2004   *Romanistik und neue Medien. Romanistisches Kolloquim XVI*, herausgegeben von Wolfgang Dahmen, Günter Holtus, Johannes Kramer, Michael Metzeltin, Wolfgang Schweickard und Otto Winkelmann, Tübingen, Günther Narr, 2004 "TBL" 4555.

DAMASCELLI -MARTELLI
2002   Adriana Teresa Damascelli, Aurelia Martelli, *Corpus Linguistics and Computational Linguistics: an Overview with Special Reference to English*, Torino, Celid, 2002.

DOVETTO - GEMELLI
2013   *Il parlar matto. Schizofrenia tra fenomenologia e linguistica. Il corpus CIPPS, con DVD*, a cura di Francesca M. Dovetto e Monica Gemelli, con prefazione di Federico Albano Leoni, Roma, Aracne, 2013$_2$ (2012$_1$) "A10" 840.

FACCHINETTI
2007   Roberta Facchinetti, *Theoretical Description and Practical Applications of Linguistic Corpora*, Verona, QuiEdit, 2007.

FERRARI - LALA
2011   *Variétés syntaxiques dans la variété des textes online en italien: aspects micro- et macrostructuraux*, édité par Angela Ferrari e Letizia Lala, Nancy, Université de Nancy II, 2011 = «Verbum» XXXIII (2011)$^{1-2}$.

Fillmore
1992   Charles J. Fillmore, *"Corpus Linguistics" or "Computer-aided Armchair Linguistics"*, in Svartvik 1992, pp. 35-60.

Freddi
2014   Maria Freddi, *Linguistica dei corpora*, Roma, Carocci editore, 2014 "Bussole" 490.

Gaeta *et alii*
2013 *i.s.*   Livio Gaeta - Claudio Iacobini - Davide Ricca - Marco Angster - Aurelio De Rosa - Giovanna Schirato, *MIDIA: a Balanced Diachronic Corpus of Italian*, comunicazione presentata alla *21st International Conference on Historical Linguistics (Oslo, 5-9 agosto 2013)*, in corso di stampa. L'abstract è già consultabile alla pagina http://www.hf.uio.no/ifikk/english/research/news-and-events/events/conferences/2013/ichl2013/program-and-abstracts/booklet.pdf.

Hédiard
2007   *Linguistica dei corpora. Strumenti e applicazioni*, a cura di Marie Hédiard, Cassino, Edizioni dell'Università degli studi di Cassino, 2007 "Collana Scientifica" 20.

Iannaccaro
2013   *La linguistica italiana all'alba del terzo millennio (1997-2010)*, a cura di Gabriele Iannaccaro, Roma, Bulzoni, 2013 "Pubblicazioni della Società di linguistica italiana [SLI]" 58.

ItalAnt vedi Renzi - Salvi 2010.

Jafrancesco
2011   *L'acquisizione del lessico nell'apprendimento dell'italiano L2. Atti del XIX convegno nazionale ILSA, Firenze, 27 novembre 2010*, a cura di Elisabetta Jafrancesco, Firenze, Le Monnier, 2011

Kilgarriff - Grefenstette
2003   Adam Kilgarriff - Gregory Grefenstette, *Introduction to the Special Issue on the Web as Corpus*, in «Computational Linguistics» XXIX (2003)[3] 333-347, disponibile anche online alla pagina http://www.kilgarriff.co.uk/publications.htm.

Lenci
2013   Alessandro Lenci, *Linguistica computazionale*, in Iannaccaro 2013, tomo 2, pp. 917-40.

Lenci -Montemagni - Pirrelli
2005   Alessandro Lenci - Simonetta Montemagni - Vito Pirrelli, *Testo e computer. Elementi di linguistica computazionale*, Roma, Carocci, 2005 "Università" 664.

Lemnitzer - Zinsmeister
2006   Lothar Lemnitzer - Heike Zinsmeister, *Korpuslinguistik: eine Einführung*, Tübingen, Gunter Narr Verlag, 2006 "Narr Studienbücher".

Lesmo - Lombardo - Bosco
2002   Leonardo Lesmo - Vincenzo Lombardo - Cristina Bosco, *Treebank Development: the TUT Approach*, in Aa. Vv. 2002; online a http://www.di.unito.it/ ~tutreeb/.

Lüdeling - Kytö
2008-9   *Corpus Linguistics, An International Handbook*, edited by Anke Lüdeling and Merja Kytö, Berlin Mouton de Gruyter, vol. I 2008, vol. II 2009 "Handbücher zur Sprach- und Kommunikationswissenschaft / Handbooks of Linguistics and Communication Science" 29.1-2.

MACWHINNEY

2000   Brian MacWhinney, *The CHILDES Project: Tools for Analyzing Talk*. Volume 1: *Transcription Format and Programs*. Volume 2: *The Database*, Mahwah (NJ), Lawrence Erlbaum Associates, 2000.

MANNING - SCHÜTZE

1999   Christopher D. Manning - Hinrich Schütze, *Foundations of Statistical Natural Language Processing*, Cambridge (Massachusetts) - London (England), The MIT Press, 2000^3 [1999_1].

MARASCHIO - DE MARTINO - STANCHINA

2011   *L'italiano degli altri. Atti (Firenze, 27-31 maggio 2010)*, a cura di Nicoletta Maraschio, Domenico De Martino e Giulia Stanchina, Firenze, Accademia della Crusca, 2011, "La Piazza delle lingue" 2.

MARELLO

1996   Carla Marello, *Le parole dell'italiano. Lessico e dizionari*, Bologna, Zanichelli, 1996.
2013   Carla Marello, *Lessico*, in IANNACCARO 2013, tomo 2, pp. 557-80.

MARRONI - VERZELLA

2008   Michela Marroni - Massimo Verzella, *Linguistica dei corpora. Inglese specialistico e odontoiatria*, Roma, Aracne, 2008 "Studi di anglistica".

MCENERY - HARDIE

2011   Tony McEnery - Andrew Hardie, *Corpus Linguistics. Method, Theory and Practice*, Cambridge, Cambridge University Press, 2011 "Cambridge Textbooks in Linguistics".

MCENERY - WILSON

2001/1996 Tony McEnery - Andrew Wilson, *Corpus Linguistics. An Introduction*, Edinburgh, Edinburgh University Press, 2001_2 [1996_1, 2005^r] "Edinburgh Textbooks in Empirical Linguistics".

MELLO - PANUNZI - RASO

2012   *Pragmatics and Prosody. Illocution, Modality, Attitude, Information Patterning and Speech Annotation*, edited by Heliana Mello, Alessandro Panunzi, Tommaso Raso, Firenze, Firenze University Press, 2012 "Strumenti per la didattica e la ricerca" 120. Disponibile alla pagina: http://www.fupress.com/Archivio/pdf%5C5030.pdf.

MITKOV

2003   *The Oxford Handbook of Computational Linguistics*, edited by Ruslan Mitkov, Oxford - New York - ecc., Oxford University Press, 2003.

MONEGLIA - PANUNZI

2010   *Bootstrapping Information from Corpora in a Cross-Linguistic Perspective*, edited by Massimo Moneglia and Alessandro Panunzi, Firenze, Firenze University Press, 2010.

MONACHINI

1996   Monica Monachini, *ELM-IT: EAGLES Specifications for Italian Morphosyntax - Lexicon Specifications and Classification Guidelines*, Pisa, EAGLES Document EAG-CLWG-ELM-IT/F, May 1996.

NESI - DE MARTINO

2012   *Lingua italiana e scienze. Atti del convegno internazionale, Firenze, Villa Medicea di Castello, 6-8 febbraio 2003*, a cura di Annalisa Nesi e Domenico De Martino, Firenze, Accademia della Crusca, 2012.

ONESTI
2011   Cristina Onesti, *Methodology for Building a Text-Structure Oriented Legal Corpus*, in
            "Comparative Legilinguistics" VIII (2011) 37-50.

PANDOLFI
2006   Elena Maria Pandolfi, *Misurare la regionalità. Uno studio quantitativo su regionalismi e
            forestierismi nell'italiano parlato nel Canton Ticino*, Locarno, Osservatorio linguistico
            della Svizzera italiana - Armando Dadò, 2006.

PANUNZI - CRESTI - GREGORI
2014   Alessandro Panunzi - Emanuela Cresti - Lorenzo Gregori, *RIDIRE. Corpus and Tools
            for the Acquisition of Italian L2*, in ABEL - VETTORI - RALLI 2014, pp. 447-462. Disponibile a:
            `http://euralex2014.eurac.edu/en/callforpapers/Documents/EURALEX_Part_2 .pdf`.

PANUNZI *et alii*
2012   Alessandro Panunzi - Marco Fabbri - Massimo Moneglia - Lorenzo Gregori - Samuele
            Paladini, *RIDIRE-CPI: an Open Source Crawling and Processing Infrastructure for
            Web Corpora Building*, in CALZOLARI *et alii* 2012, pp. 2274-2279. Disponibile a:
            `http://www.lrec-conf.org/proceedings/lrec2012/pdf/548_Paper.pdf`.

PANUNZI - GREGORI
2012   Alessandro Panunzi - Lorenzo Gregori, *DB-IPIC. An XML Database for the Represen-
            tation of Information Structure in Spoken Language*, in MELLO - PANUNZI - RASO 2012,
            pp. 133-150.

PEIRCE
1906/2006   Charles Sanders Peirce, *Prolegomena to an Apology for Pragmaticism*, in «The Mo-
            nist» XVI (1906)[4] 492-546; poi in *Collected Papers of Charles Sanders Peirce*, 8 vol-
            umes (vols. 1-6, eds. Charles Hartshorne and Paul Weiss, vols. 7-8, ed. Arthur W.
            Burks), Cambridge (Mass.), Harvard University Press, 1931-1958, vol. IV. Traduzione
            italiana prima in PEIRCE 1980, pp. 211-271 e poi in PEIRCE 2011, pp. 205-250.
1980   Charles Sanders Peirce, *Semiotica*, testi scelti e introdotti da Massimo A. Bonfantini, Le-
            tizia Grassi, Roberto Grazia, Torino, Einaudi , 1980 "Einaudi Paperbacks e Readers".
2011   Charles Sanders Peirce, *Opere*, a cura di Massimo A. Bonfantini, con la collaborazione
            di Giampaolo Proni, Milano, Bompiani, 2011 [2003$_1$] "Il pensiero occidentale".

PEREIRA
1993   Fernando Pereira, Review of *The Logic of Typed Feature Structures* by Bob Carpenter,
            Cambridge UniversityPress 1992, in «Computational Linguistics» XIX (1993)[3] 544-52.

QUINE
1987   Willard van Orman Quine, *Quiddities: an Intermittently Philosophical Dictionary*, Cam-
            bridge (Mass.), the Belknap Press of Harvard University Press, 1987.

RAMSAY
2003   Allan Ramsay, *Discourse*, in MITKOV 2003, pp. 112-135.

RENZI
2002   Lorenzo Renzi, *Il progetto ItalAnt e la "grammatica del corpus"*, in *Lingue romanze nel
            Medioevo. Atti del convegno, Piliscsaba, 22-23 marzo 2002*, a cura di Domokos Györgyi
            e Giampaolo Salvi, in «Verbum. Analecta Neolatina» IV (2002)[2] 267-526, pp. 271-94.
2008/02   Lorenzo Renzi, *L'autobiografia linguistica in generale, e quella dell'autore in partico-
            lare, con un saggio di quest'ultima*, in CINI - REGIS 2002, pp. 329-339, poi in RENZI
            2008, pp. 3-16.

2008   Lorenzo Renzi, *Le piccole strutture. Linguistica, poetica, letteratura*, a cura di Alvise Andreose, Alvaro Barbieri, Dan Octavian Cepraga, con la collaborazione di Marina Doni, Bologna, Società editrice il Mulino, 2008.

RENZI - SALVI
2010   *Grammatica dell'italiano antico*, a cura di Giampaolo Salvi e Lorenzo Renzi, 2 voll., Bologna, il Mulino, 2010   (*ItalAnt*)

ROVERE
2005   Giovanni Rovere, *Capitoli di linguistica giuridica. Ricerche su corpora elettronici*, Alessandria, Edizioni dell'Orso, 2005 "Gli strumenti umani".

SABATINI
2006   Francesco Sabatini, *La storia dell'italiano nella prospettiva della* corpus linguistics, in CORINO - MARELLO - ONESTI 2006, pp. 31-37.

SALVI - RENZI vedi RENZI - SALVI

SAMPSON
2001   Geoffrey Sampson, *Empirical Linguistics*, London - New York, Continuum, 2001.

SINCLAIR
1991   John [McHardy] Sinclair, *Corpus, Concordance, Collocation*, Oxford, Oxford University Press, 1991.

SPINA
2001   Stefania Spina, *Fare i conti con le parole. Introduzione alla linguistica dei corpora*, Perugia, Guerra Edizioni, 2001.
2005/00 Stefania Spina, *Il Corpus di italiano televisivo (CiT): struttura e annotazione*, in BURR 2005/00, pp. 413-426.

SVARTVIK
1992   *Directions in Corpus Linguistics. Proceedings of the Nobel Symposium 82. Stockholm, 4-8 August 1991*, edited by Jan Svartvik, Berlin, Mouton de Gruyter, 1992 "Trends in Linguistics. Studies and Monographs" 65.

TAMBURINI
2007   Fabio Tamburini, *CORISTagger: a High Performance PoS Tagger for Italian*, in «Intelligenza artificiale» IV (2007)[2] 14-15.

TAVONI
2011   Mirko Tavoni, *DanteSearch: il corpus delle opere volgari e latine di Dante lemmatizzate con marcatura grammaticale e sintattica*, in CERBO - DI FIORE 2011, pp. 567-591.
2012   *Sintassi dell'Italiano antico e sintassi di Dante*, a cura di Mirko Tavoni, Pisa, Felici Editore, 2012.

VILLARINI
2011   Andrea Villarini, *La competenza lessicale: un viaggio tra libri di testo e parlato del docente*, in JAFRANCESCO 2011 pp. 53-80.

ZANNI
2007   Samantha Zanni, *Corpora elettronici e copyright. Lo stato legale della questione*, in BARBERA - CORINO - ONESTI 2007a, ¶ 6, pp. 119-126.

7.2 SITI WEB DI RIFERIMENTO.

Allora Homepage `http://www.e-allora.net/`

Aranea Corpora   `http://ucts.uniba.sk/aranea_about/` (data)

	`http://ucts.uniba.sk/` (home & access)
Araneum Italicum	`http://ucts.uniba.sk/aranea_about/_italicum.html`
Athenaeum Corpus	`http://www.bmanuel.org/projects/at-HOME.html`
BADIP	`http://badip.uni-graz.at/`
Barbera Homepage	`http://www.bmanuel.org/personal/barbera/barbera.html`
Baroni Homepage	`http://clic.cimec.unitn.it/marco/research.html`
Baroni Tagset	`http://sslmit.unibo.it/~baroni/collocazioni/itwac.tagset.txt`
bmanuel.org	`http://www.bmanuel.org/`
BoLC	`http://corpora.dslo.unibo.it/bolc_eng.html`
BootCat	`http://bootcat.sslmit.unibo.it/`
Chiari Web Guide	`http://www.alphabit.net/Corsi/IUlinks/CorporaList.htm` (*out* 10/06/2014)
CHILDES	`http://childes.psy.cmu.edu/`
CHILDES -IT	`http://childes.psy.cmu.edu/data/Romance/Italian/`
CHIMERA	`http://www.chimeracorpus.com/`
CEOD	`http://ceod.unistrasi.it/`
CIRASS	`http://www.cirass.unina.it/`
CiT	`http://www.sspina.it/cit/` (*out* 2013)
CLAN	`http://childes.psy.cmu.edu/clan/`
CLIPS	`http://www.clips.unina.it/it/`
ClitRec	`http://www.bmanuel.org/tools/ClitRec/ClitRec.html`
CLR Guide	`http://www.bmanuel.org/clr/index.html`
Common LISP	`http://www.common-lisp.net/`
C-ORAL ROM	`http://lablita.dit.unifi.it/coralrom/intro.html`
CorDIC	`http://corporadidattici.lablita.it/`
CORIS	`http://corpora.dslo.unibo.it/TCORIS/`
Corpora list	`http://mailman.uib.no/listinfo/corpora`
corpora.unito	`http://www.corpora.unito.it`
Corpus Segusinum	`http://www.bmanuel.org/projects/vs-HOME.html`
Creative Commons	`http://creativecommons.org/` `http://www.creativecommons.it/`
CT	`http://www.bmanuel.org/projects/ct-HOME.html`
Ct Tools	`http://www.bmanuel.org/tools/CTtools/CTtools.html`
CWB	`http://cwb.sourceforge.net/`
DanteSearch	`http://dante.di.unipi.it:8080/DanteWeb/`
DB-IPIC	`http://lablita.dit.unifi.it/app/dbipic/`
DBT	`http://www.ilc.cnr.it/pisystem/`
DeSR	`https://sites.google.com/site/desrparser/`
Dia-LIT	`http://193.205.158.203/dialit/`
ELDA	`http://www.elda.org/`
ELRA	`http://www.elra.info/`
E$_N$T$_E$R	`http://www.corpora.unito.it/cgi-bin/lingue/enter/enter_index.pl`
EPIC	`http://dev.sslmit.unibo.it/corpora/corporaproject.php?path=E.P.I.C.`

Evert Homepage	`http://www.stefan-evert.de/Stefan.html`
GATTO	`http://www.ovi.cnr.it/index.php?page=scaricare-gatto`
GAWK	`http://www.gnu.org/software/gawk/`
GNU	`http://www.gnu.org/home.html`
GPL	`http://www.gnu.org/copyleft/gpl.html`
Heritrix	`https://webarchive.jira.com/wiki/display/Heritrix/Heritrix`
IMS Stuttgart	`http://www.ims.uni-stuttgart.de`
Index Thomisticus	`http://www.corpusthomisticum.org/it/`
Jus Jurium	`http://www.bmanuel.org/projects/ju-HOME.html`
LABLITA	`http://lablita.dit.unifi.it/`
LAICO	`https://sites.google.com/site/corpuslaico/`
LARL	`http://192.167.77.47/Mambo/index.php?option=com_weblinks&Itemid=23` (*out* 10/06/2014)
LIP	**cfr. BADIP**
LISP (common)	`http://common-lisp.net/`
LIT	`http://www.italianotelevisivo.org/contenuti/36/banche_dati`
MIDIA	`http://www.corpusmidia.unito.it/`
Morph-it	`http://dev.sslmit.unibo.it/linguistics/morph-it.php`
neoCT	`http://www.bmanuel.org/projects/ct-HOME.html`
NoSketch Engine	`http://nlp.fi.muni.cz/trac/noske`
NUNC	`http://www.bmanuel.org/projects/ng-HOME.html`
OVI	`http://www.vocabolario.org/`
OVI database	`http://tlioweb.ovi.cnr.it`
PAISÀ	`http://www.corpusitaliano.it/it/`
PARLI tools	`http://parli.di.unito.it/tools_it.html`
Perl	`http://www.perl.org/`
Regexp_tokenizer	`http://sslmit.unibo.it/~baroni/regexp_tokenizer.html`
RIDIRE	`http://www.ridire.it/it.drwolf.ridire/home.seam`
RIDIRE-CPI	`https://github.com/lablita/ridire-cpi`
Schmid Homepage	`http://www.cis.uni-muenchen.de/~schmid/`
Sketch Engine	`http://www.sketchengine.co.uk/`
SLI	`http://www.societadilinguisticaitaliana.net/`
SMORFIA	`http://www.bmanuel.org/tools/SMorFIA/SMorFIA.html`
SMS MS	`http://www.e-allora.net/SMS/ms_index.php`
SpiderLing	`http://nlp.fi.muni.cz/trac/spiderling`
Tamburini Homepage	`http://corpora.dslo.unibo.it/People/Tamburini/`
Tomatis Homepage	`http://www.bmanuel.org/personal/tomatis/tomatis.html`
TreeTagger	`http://www.cis.uni-muenchen.de/~schmid/tools/TreeTagger/`
TULE	`http://www.tule.di.unito.it/`
TUT	`http://www.di.unito.it/~tutreeb/`
Valico	`http://www.valico.org/`
WaCky	`http://wacky.sslmit.unibo.it/doku.php`

Anglicismi e lingua italiana: teoria e prassi[*].

*Nobis parienda sunt imponendaque nova rebus novis nomina.
Quod quidem nemo mediocriter doctus mirabitur, cogitans in
omni arte cuius usus vulgaris communisque non sit multam
novitatem nominum esse cum constituantur earum rerum vo-
cabula quae in quaque arte versentur.*
Marci Tullii Ciceronis *De finibus*, III.3.

*Il Puoti, dunque, svegliato nel cuore della notte da un amico
che gli disse: 'vorrei che ti alzi', dalla finestra assonnato ri-
spose: 'Che tu ti alzassi, che tu ti alzassi, si deve dire, sciagu-
rato!'.*
Basilio Puoti, in BOLELLI 1979, pp. 131-2 (donde in SGROI 2013, p. 7).

Caput perfidae gentis Britonum
Anonimo, *Chronicon Estense*, ad annum 1377, ed. Muratori, 1729, XV.1 p. 500a.

0.   INTRODUZIONE. Il terreno è insidioso e scivoloso quant'altri mai[1]: i puristi (ed ancor più i neopuristi[2]) sono per definizione intransigenti e quando si tocca la (pretesa) "purezza" della lingua sono anche piuttosto belligeranti[3], ed in questa palude sguazzano invero numerosi; come tali, sono da maneggiare con la dovuta accortezza o (più prudentemente) da tenere a debita distanza.

---

[*] Questo lavoro è senz'altro il più anomalo tra quelli presentati nella presente silloge, ma anche in qualche misura il più inedito, risultando dalla fusione ampliata (e talora ridotta) di quattro testi precedenti (i cui riferimenti completi sono riportati nella *Storia bibliografica* posta in testa al volume), che comunque, muovevano in larga misura da condizioni analoghe, anzi erano perlopiù diverse sustanziazioni dello stesso grumo di partenza.

Trattandosi, alla fin fine, di cinque occasioni distinte, tutto assommando, sono molte, e per ragioni anche assai diverse tra loro, le persone da ringraziare: ricordo almeno, in ordine alfabetico, Guido Borghi, Pinuccia Caracchi, Elisa Corino, Anthony Paul Cowie, Mauro Giorgieri, Carla Marello, Cristina Onesti, Virginia Pulcini, Francesco Sabatini, Salvatore Claudio Sgroi. Naturalmente l'azione di *ringraziare* non gode della proprietà transitiva: che io li debba ringraziare non comporta anche che mi debbano ringraziare loro della menzione, anzi, e le mie colpe son mie e restano solo mie.

[1] Non ho qui alcuna intenzione fornire una bibliografia anche solo passabilmente completa sull'argomento, su cui fiumi di inchiostro sono scorsi: ci vorrebbe un volume apposito (ed è, appunto, ad un volume, di àmbito europeo, che si può per questo scopo rimandare: GÖRLACH 2002a). E non intendo neppure fornire un disegno storico di come il problema sia stato affrontato, perché per fortuna ci si può riferire per quello (e non solo, come vedremo) all'ottimo SABATINI 2011/08 e, prima, a LEPSCHY - LEPSCHY 1999/95. Mi limiterò a riferire solo quello che mi serve. Una analisi ben diversamente approfondita offre il validissimo SGROI 2010b, da cui anche si può attingere molta bibliografia recente: le mie finalità, d'altra parte, non sono propriamente analitiche ma volano assai più raso terra, ed al mio scopo è espediente anche una griglia meno raffinata.

[2] «(Neo)purista è chi in genere denuncia (per lo più condannandolo) il mutamento della lingua, mostrando nel contempo una 'fedeltà' assoluta a essa.[...] Tutti i (neo)puristi mostrano una grande certezza nel sapere cosa sia l'«errore», solitamente motivato con criteri soggettivistici di tipo estetico o logicistici, o di ordine storico-etimologico» (SGROI 2013, p. 4). Due considerazioni aggiuntive, *en passant*: (1) Cicerone, che si può considerare il più classico dei classici (ma che non ci si dovrebbe mai stancare di rileggere, scoprendo, se mai ve ne fosse bisogno, che scrostata l'ingessatura che la tradizione gli ha voluto regalare, si cela una delle menti più lucide del mondo passato e non solo) certo non si può considerare di questo partito (vedi ad esempio l'epigrafe, e quanto diceva «de' latini *classici*» Leopardi, cfr. *infra*); (2) la certezza del purista su cosa sia l'*errore*, «il torto e 'l diritto» (per dirla col buon vecchio padre Daniello Bartoli) della lingua, sembra preconfigurare (in modo caricaturale, forse) le nozioni di *agrammaticalità* e di *competenza* di Chomsky: a volte la tradizione muove per insospettate vie e si scoprono inattesi antenati ...

[3] E poco conta che «le vicende di ogni storia linguistica hanno sempre dimostrato che ogni posizione puristica è linguisticamente e culturalmente improduttiva» (BECCARIA 2010, p. 36); anzi, «a ben guardare, tutto il patrimonio di cui si

Pure, nonostante saggiamente ne diffidassi, ragioni pratiche[4] mi costrinsero a poggiare, cautamente, i piedi su questo motoso suolo, ed a muovervi timidi ma necessari passi. Questo perché era inevitabile stabilire in pratica una strategia da adottare per i forestierismi in volumi come BARBERA - CORINO - ONESTI 2007 e BARBERA 2009, dove (secondo scrivevo in BARBERA 2009, p. 3) «opposte istanze, pragmaticamente anglicizzanti nella linguistica dei corpora e puristicamente anglofobe nella linguistica italiana» si scontrano per la stessa natura degli argomenti trattati.

Se il *primum* furono delle considerazioni pratiche, a queste non tardarono ad allearsi ragioni teoriche, concernenti (a) il radicamento della linguistica dei corpora[5] nella tradizione grammaticografica italiana e della sua intrinseca maturazione (donde lo studio ed il trattamento dei numerosi anglicismi tecnici che vi sono invalsi, per cui cfr. BARBERA - MARELLO 2012/03 e qui § 2.3), (b) istanze normo-lessicografiche (cfr. § 2.1-2 e 3), e (c) la questione dell'internazionalizzazione (sollevata soprattutto da SABATINI 2011/08 e da me raccolta in BARBERA 2013 e qui § 1.3).

1 LO SFONDO TEORICO. La tradizione cui bisogna in questo caso secondo me rifarsi è soprattutto quella dell'antipurismo pragmatico e moderato (ma già il purismo italiano della Crusca ha caratteristiche speciali: cfr. oltre) che ha il suo più alto corifeo in Leopardi.

1.1 LEOPARDI. V'è un passo dello *Zibaldone*[6] che detta chiaramente la via e che giova rileggere, idealmente sostituendo al francese l'inglese (la perfida Albione[7]...), ed alla lingua filosofica perlopiù quella scientifica o semplicemente tecnologica (e le altre lingue "di costume" che di quella vanno al traino):

> Per li nostri pedanti il prendere noi dal francese o dallo spagnuolo voci o frasi utili e necessarie, non è giustificato dall'esempio de' latini *classici* che altrettanto faceano dal greco, come Cicerone massimamente e Lucrezio, né dall'autorità di questi due e di Orazio nella Poetica, che espressamente difendono e lodano il farlo. [...] Ben è vero che la greca letteratura e [3193] filosofia fu, non sorella, ma propria madre della letteratura e filosofia latina. Altrettanto però deve accadere alla filosofia italiana, e a quelle parti dell'italiana letteratura che dalla filosofia devono dipendere e da essa attingere, per rispetto alla letteratura e filosofia francese. La quale dev'esser madre della nostra, perocché noi non l'abbiamo del proprio, stante la singolare inerzia d'Italia nel secolo in che le altre nazioni d'Europa sono state e sono più attive che in alcun'altra. E voler creare di nuovo e di pianta la filosofia, e quella parte di letteratura che affatto ci manca (ch'è la letteratura propriamente moderna) [...] sarebbe cosa, non solo inutile, ma stolta e dannosa, mettersi a bella posta lunghissimo tratto addietro degli [3194] altri in una medesima carriera, volersi collocare sul luogo delle mosse quando gli altri sono già corsi tanto spazio verso la meta, ricominciare quello che gli altri stanno perfezionando; e sarebbe anche possibile, perché né i nazionali né i forestieri c'intenderebbono se volessimo trattare in modo affatto nuovo le cose a tutte già note e familiari, e noi non ci cureremmo di noi stessi, e lasceremmo l'opera, vedendo nelle nostre mani bambina e schizzata, quella che nelle altrui è univer-

---

compone una lingua individuale è dovuto a prestito, in quanto è stato appreso tramite l'imitazione di un'altra lingua individuale (quella dei genitori, dei compagni di giochi ecc.)», come osservava paradossalmente ma efficacemente GUSMANI 1973, p. 7 (poi 1986, p. 9), sulla (sempre buona) scorta dello Schuchardt.

[4] E che sia la pratica ad essere investita della questione ben al di là della grammatica, è comprovato pure dal fatto che il nodo sia venuto talvolta al pettine (perlopiù declinato dal punto di vista terminologico e/o traduzionale) anche in ambienti lontani dalla linguistica accademica ed "insospettabili" come il Ministero della Difesa: cfr. ad esempio CAPPELLI 2005, che reca inoltre osservazioni spesso interessanti.

[5] BARBERA - MARELLO 2012/03 hanno impostato in un importante convegno dell'Accademia della Crusca del 2003 (i cui *Atti* furono però pubblicati solo nel 2012) la questione della terminologia della linguistica dei corpora; Barbera, in particolare, è più volte tornato sulla questione degli anglicismi, cfr. BARBERA 2003 e BARBERA 2007a fino a pervenire alla proposta globale di BARBERA 2009, § 1.4, pp. 7-13: interventi tutti qui compendiati.

[6] La riflessione di Leopardi, implicitamente ma inevitabilmente, prende le mosse anche dal passo del *De finibus* che ho posto in epigrafe.

[7] Sul cliché della "perfida Albione" cfr. il classico SCHMIDT 1953.

salmente matura e colorita; e questo vano rinnovamento piuttosto ritarderebbe e impaccerebbe di quel che accelerasse e favorisse gli avanzamenti della filosofia, e letteratura moderna filosofica. [...] se vuol dunque l'Italia avere una filosofia ed una letteratura moderna filosofica, le quali finora non ebbe mai, le conviene di fuori pigliarle, non crearle da se
[*sic*]; e di fuori pigliandole, le verranno principalmente dalla Francia (ond'elle si sono
sparse anche nelle altre nazioni [...]), e vestite di modi, forme, frasi e parole francesi (da
tutta l'Europa universalmente accettate, e da buon tempo usate): dalla Francia, dico, le
verrà la filosofia e la moderna letteratura, come altrove ho ragionato; e volendole ricevere,
nol potrà altrimenti che ricevendo altresì assai parole e frasi di là, ad esse intimamente e
indivisibilmente spettanti e fatte proprie; [3196] siccome appunto convenne fare ai latini
delle voci e frasi greche ricevendo la greca letteratura e filosofia; e il fecero senza esitare.
(Giacomo Leopardi, *Zibaldone*, pp. 3193-6 = PACELLA 1991, pp. 1675-7)

1.2   LA TRADIZIONE ITALIANA. D'altronde, va pur detto che la versione italiana del purismo è,
almeno nella sua fondamentale emanazione cruscante, ben lungi dall'essere gaglioffamente ottusa
(come il purismo caricaturale spesso suole), ed anzi rispetto alle versioni francese o spagnola è da
sempre più "realista", attenta all'uso effettivo prima che a quello teorico, e lontana da asprezze integralistiche. Riprova ne è, non a caso, il contributo fondante dell'Accademia della Crusca alla tradizione della "linguistica empirica" ed alla preistoria della linguistica dei corpora, secondo una linea
italiana che giustamente ha messo in rilievo uno dei suoi ultimi e più grandi presidenti, Francesco
Sabatini (SABATINI 2006/11 e 2007)[8].

Sabatini ha ripetutamente argomentato che il procedimento *corpus based* sta alla base della storia
linguistica italiana stessa, visto che il *Dizionario* della Crusca, che di quella tradizione rappresenta
un momento fondante, è proprio stato costruito su testi (l'idea che la norma si ricavi dall'uso non è
di solito associata a posizioni "puristiche" e determina la forma assai peculiare che ha assunto il purismo "cruscante" nostrano). Ma non solo, come dice Sabatini, «il fare preciso ricorso ad un *corpus
di testi*[9] è una costante nell'intera nostra tradizione grammaticografica e lessicografica e, in termini
ancora più ampi, nella storia delle dispute linguistiche fin dall'epoca di Dante. Una costante che

---

[8] Naturalmente questo non vuol dire che il purismo italiano non esista, anzi «l'italiano, come si sa, conta una ricca tradizione di testi puristici e neopuristici («neocrusc»), di autori, cioè preoccupati dallo stato di 'salute' della lingua italiana,
e impegnati a indicare ricette, a dare consigli o fornire prescrizioni agli italiani insicuri o in difficoltà» (SGROI 2013, p.
4); inoltre abbiamo anche avuto un periodo storico «particolarmente significativo [...] costituito, com'è noto, dalla politica linguistica del fascismo contro l'uso delle parole straniere (specialmente francesi)» (SGROI 2010b, p. 284). Lessicograficamente esiste anche una «consuetudine della vocabolaristica nazionale a relegare in appendice le parole straniere
(così il glorioso Palazzi [PALAZZI 1969] ancora negli anni Sessanta, non più nel Palazzi - Folena [PALAZZI - FOLENA
1974]). Per non dire della loro censura *tout court*: per es. nel pur *Grande dizionario della lingua italiana* (GDLI); alla
cui lacuna hanno posto ora fine i due volumi di *Supplemento* diretti da Edoardo Sanguineti, ricchi di migliaia di voci
straniere per lo più esemplificate con citazioni d'autore» (SGROI 2010b, p. 284).
Ma è solo nella nostra situazione particolare, quella di una lingua che fino al 1866 (ma in realtà fino ad assai più tardi) riposava solo su un prestigio letterario e non su un reale "uso", che il purismo classico può avere una sua giustificazione, e che una Crusca possa essere avvertita come *tout court* puristica (vedi il diffuso *cruscante* nell'accezione di 'pedante') e che nel Sette-ottocento le possano essere opposte ragioni diverse (ed intelligenti) come quelle della *Proposta*
montiana; ma oggi (con buona pace di chi ancora ve lo trova) tutto ciò non ha più molto senso: se centrale nel purismo è
la demonizzazione del mutamento, «i cambiamenti, lungi dall'essere segno di decadenza, corruzione o degenerazione
della lingua sono invece indizio della sua vitalità» (SGROI 1913, p. 4): «la permeabilità alle altre lingue e culture è peraltro indizio di buona "salute semiotica". Il chiudersi in sé – autarchicamente – comporterebbe invece da parte di una comunità di parlanti un inevitabile impoverimento e isolamento, oggi più che mai esiziale» (SGROI 2010b, p. 285). «Solo
le lingue morte, prive cioè di una comunità di parlanti viventi, non cambiano» (SGROI 2013, p. 4); l'italiano nel passato
era assai vicino a questa condizione (e questa penso possa essere la ragione principale del passo rallentato del suo mutamento rispetto ad altre grandi lingue europee come il francese, l'inglese od il tedesco: un italiano di media cultura *può*
leggere Dante, ma un francese senza specifiche competenze filologico-linguistiche non potrebbe mai leggere Chrétien,
né un inglese Chaucer od un tedesco Walther), ma non lo è più. Inoltre, la Crusca stessa annovera, infatti, tra i suoi ultimi presidenti linguisti eccellenti come Nencioni che certo non si possono qualificare come *tout court* "puristi".
[9] E per la differenza "formale" con i corpora propri della moderna linguistica dei corpora, nella loro accezione più tecnica, cfr. BARBERA - CORINO - ONESTI 2007b.

trova la sua ragion d'essere in una condizione particolare, solitamente considerata penalizzante, della nostra lingua: la sua nascita attraverso l'opera di scrittori e la sua lunga permanenza in vita attraverso l'uso scritto, e quindi grazie al continuo sostegno dato da un canone di autori» (Sabatini 2007, p. xiij.

Ma, ciononostante, come il programma leopardiano per la Crusca sua contemporanea, così (fatta la debita "sproporzione") il nostro per la Crusca odierna, sembrerà certo un po' *outré*: però ancora nei limiti, crediamo, del ragionevole, tant'è che, come si diceva, lo avevamo potuto pacatamente proporre, per la prima volta, limitatamente alla terminologia della linguistica dei corpora, nel 2003 proprio ad un convegno della Crusca (cfr. Barbera - Marello 2012/03).

1.3   L'internazionalizzazione. L'altro corno di questo tipo di programma, accanto a quello volto al recupero del passato (cfr. § 1.2 precedente) è quello volto alla definizione del presente ed alla preparazione del futuro. Nel dettato di Leopardi non è difficile vedere la preoccupazione per la partecipazione dell'italiano ad un lessico culturale internazionale: questa prospettiva fu raccolta da Nencioni (cfr. Nencioni 1987/89, p. 298), non a caso un insigne leopardiano[10], ma in una prospettiva che si potrebbe dire "panromanza"[11], dove la matrice del lessico culturale europeo poggiava sulla base grecolatina[12].

Ed ora è un altro presidente della Crusca, il successivo, Francesco Sabatini ad avere rimesso la questione nei termini attuali, pur mantenendola nello stesso solco: «va individuato – dice infatti Sabatini 2011/08, p. 339 – quello che sembra il principale elemento di debolezza nelle difese nazionali: la differenziazione di tanta terminologia tradotta nelle diverse lingue, sia quella propriamente tecnico-scientifica (a cominciare da *computer, e-mail, internet* e tanti altri termini connessi), sia quella attinente alla vita sociale e politica, se non proprio di costume (del tipo *mobbing, bipartisan, privacy, spoils system, exit-poll, free press, day hospital, e-commerce, governance, performance, moral suasion, welfare, authority, no-global, road map, spin-off, leasing,* ...). Si tratta di pochi esempi di quel lessico intellettuale di base irradiato dappertutto dalla lingua inglese, un lessico a metà altezza tra quello veramente domestico e "materno" e quello specialistico, un lessico di notevole frequenza anche nella nostra comunicazione internazionale, del quale mal si giustifica la diffrazione in cinque o dieci o più traduzioni nazionali, talora profondamente diverse, che annullerebbero il vantaggio di una facile comprensione almeno continentale su questi concetti».

1.4   Quindi. Riappropriarci della tradizione che ci è propria (come si è fatto ad esempio in Barbera 2013) non significa sbarazzarsi di quello che altri hanno già elaborato, e poi doverlo "reinventare", dicevo pensando alla linguistica dei corpora, da cui le mie riflessioni hanno preso le mosse; anche perché ogni "reinvenzione" pregiudicherebbe poi la circolazione internazionale[13]; e questo è affatto generalizzabile.

2   La proposta in pratica. Se questi sono i presupposti, in pratica come ci si potrebbe comportare? La strategia che Barbera e Marello avevano abbozzato fin dal 2003[14] si basava su una certa generosità ad ammettere l'uso di termini di origine straniera ritenuti tecnicamente "indispen-

---

[10] E sempre non a caso il citato lavoro di Nencioni si conclude con un altro riferimento leopardiano, cfr. Nencioni 1987/89, p. 299.

[11] Cfr. quanto riporta Sabatini 2011/08, p. 336.

[12] La prospettiva è ora (ma solo in parte) superata dai fatti: già Nencioni poneva in questa quota di grecolatinismi «anche quelli che ci giungono attraverso l'inglese» (Nencioni 1987/89, p. 298); la matrice classica è rimasta, ma il ruolo assunto dall'inglese è diventato nevralgico.

[13] In ogni angolo del globo, per quanto aliena all'(incauto?) avventore sia la lingua locale ivi parlata, andando in un bar e limitandosi a chiedere «whisky», si verrebbe serviti della desiderata e corretta bevanda: tali sono anche i benefici dell'internazionalismo. Simili risultati non sarebbero certo ottenibili sussurrando, come avrebbe voluto Castellani, «guisco» al barista, che tutt'al più subodorerebbe qualche criptico ma sicuramente sanguinoso insulto, cui eventualmente reagire in modo manesco.

[14] E che, ribadisco, non aveva alcun intento puristico-prescrittivo, ma rispondeva solo all'esigenza di crearsi una linea razionale di comportamento il più possibile adeguandosi all'esistente, alla realtà dell'uso.

sabili" (per specificità e/o diffusione internazionale), e sulla accettazione del loro ingresso, almeno iniziale, nella lingua come prestiti non adattati.

2.1   IL RICONOSCIMENTO DEI PRESTITI. Questo orientamento, fattualmente, si traduce nella considerazione di alcuni fattori da tenere in conto per decidere quello che sia da considerarsi "prestito" e non voce *tout court* straniera:

<table>
<tr><td>(1)</td><td colspan="2">la presenza de facto di una voce di origine straniera in un lessico specialistico;</td></tr>
<tr><td>(2)</td><td colspan="2">il suo uso e frequenza anche fuori dal singolo dominio specialistico di partenza</td></tr>
<tr><td></td><td>(a)</td><td>nella lingua parlata usuale,</td></tr>
<tr><td></td><td>(b)</td><td>in più domini specialistici;</td></tr>
<tr><td>(3)</td><td colspan="2">la presenza di derivati a morfologia italiana[15] e la loro diffusione</td></tr>
<tr><td></td><td>(a)</td><td>in condizioni del tipo (2),</td></tr>
<tr><td></td><td>(b)</td><td>in condizioni del tipo (1);</td></tr>
<tr><td>(4)</td><td colspan="2">la diffusione internazionale del prestito.</td></tr>
</table>

Tav. 1. Le regole da applicare a cascata per il riconoscimento dei prestiti.

La condizione (1) non basta da sola a far "accettare" un prestito (che pertanto resta termine straniero, in *corsivo* e con genere e pluralizzazione della lingua d'origine), anche se si potrebbe restare più possibilisti in casi in cui fosse (α) di alta frequenza, (β) inevitabile a pena di perdita di esattezza tecnica o concisione espositiva, e (γ) proprio del dominio specialistico che uno sta monograficamente utilizzando.

La soddisfazione della condizione (2) da sola rende il prestito automaticamente accettato nel caso (a) e perlomeno possibile se non probabile nel caso (b); nella cui eventualità i fattori (α) e (β) *supra* possono essere dirimenti.

Anche la soddisfazione contemporanea delle condizioni (2) e (3), cioè la situazione che per brevità chiamiamo (3a), rende l'accettazione del prestito automatica, mentre la simultanea soddisfazione di (1) e (3), cioè (3b), rende l'accettazione del prestito perlomeno possibile, e la sua accettabilità è tanto più alta quanto più alta è la frequenza della base e dei suoi derivati e la potenziale diffusione dei derivati fuori del dominio specialistico di partenza. Ciò perché considererei già la creazione di una "famiglia lessicale" prova in sé dell'acclimatamento della base allotria nel lessico ospite.

Nei casi più incerti, infine, sarà il fattore (4) a far pendere l'ago della bilancia da una parte o dall'altra.

Come si vede, questi criteri, pur definendo nettamente un orientamento linguistico, poi non decidono sempre automaticamente ed univocamente quale debba essere la prassi ed accordano un certo spazio al *iudicium* ed alla discrezionalità dell'operatore del caso.

2.2   IL TRATTAMENTO DEI PRESTITI. Le conseguenze normo-tipografiche di ciò, per evitare ad un testo stampato vuoi il ridicolo di plurali[16] come *films*, vuoi la eccessiva pesantezza dei troppi corsivi [17]) sono condensabili al modo seguente:

---

[15] Quello dell'adattamento anche fonologico del prestito e delle sue modalità sarebbe un altro capitolo degno di approfondimento, ma che nell'economia del presente discorso dobbiamo lasciare come dato ed implicito (il che in realtà non è); per una trattazione ormai classica cfr. tuttavia REPETTI 1993 e per un inquadramento più generale LEPSCHY - LEPSCHY 1999/95, pp. 176-7.

[16] Le conseguenze morfologiche qui considerate (al di là della accettazione o meno del prestito) rilevano principalmente nella formazione del plurale, che praticamente (tutto nacque da una istanza pratica, ricordo) fu il principale problema sistemico con cui ci dovemmo confrontare; elusa è, invece, la assegnazione del genere (accennata in LEPSCHY - LEPSCHY 1999/95, p. 178), che pure può creare non pochi grattacapi. I casi, però, limitatamente all'inglese, non sono poi così numerosi, anche se comprendono esempi notevoli come *e-mail*, illustrato da par suo da SGROI 2010c, dove, probabilmente, è la polisemia del "dono" (come direbbe Sgroi) ad innescare la diffrazione sul genere, e di fatto non si potrebbe astrarre dall'uso (frammentato caso per caso) un comportamento generale (se non forse per i casi in cui non è in gioco la polisemia): il fenomeno non è sistematizzabile ma legato alle condizioni semantiche delle singole parole.

143

(a)   i prestiti accettati[18] vanno in tondo e non in corsivo in quanto parole non più straniere
        (*quindi*: "file","corpus" e "tag", e non "*file*", "*corpus*" e "*tag*");
(b)   quanto alla formazione del plurale,
        (1)   i prestiti da lingue moderne rimangono invariati
                (*quindi*: "i file" e non "i *files*")
        (2)   i prestiti da lingue classiche (mediati o meno dall'inglese; e lo stesso vale per il te-
                desco, tra le lingue moderne forse la più "classica": tanto sono da amare *i Lieder*
                quanto da aborrire *i lied*) sono pluralizzati come da grammatica
                (*quindi*: "i corpora" e non "i corpus"[19])
(c)   la derivazione avviene secondo le normali regole italiane: prestiti non adattati[20] in deriva-
        zione producono prestiti adattati
        (*quindi*: *tag* > "taggare" > "taggato").
(d)   la ortografia originale viene tendenzialmente mantenuta in quanto distintiva anche delle
        famiglie derivazionali
        (*quindi*: *token* > "tokenizzato")
(e)   le forme con trattino o spazio nell'originale se possibile sono univerbate con caduta del
        trattino o dello spazio
        (*quindi*: *mark-up* e *home page* > "markup" e "homepage"; caso diverso però è quello
        di POS-taggato ecc., in quanto POS è una sigla mantenuta come tale in maiuscolo).

Tav. 2. Le regole da applicare a cascata per il trattamento dei prestiti.

Lo scopo, naturalmente, di queste "norme" è sì quello di fornire un criterio, in primo luogo normo-tipografico, ma anche quello di preservare una prospettiva "internazionalistica" in cui inserire il fenomeno.

L'*email*, per inciso, nell'economia del nostro discorso, sarebbe comunque un prestito accettato, con buona famiglia derivazionale, da mantenere in tondo con plurale invariabile, probabilmente da univerbare (ma qui potrebbero sorgere dei dubbi per via dell'utilità di mantenere la analogia con la serie *e-book*, *e-commerce*, ecc. che paiono postulare autonomia e riconoscibilità al formante *e-*); ma quanto al genere nulla si può ancora dire: alla lunga l'uso reclamerà il suo pegdaggio ed istituirà una "norma", ma per ora sarà la personale abitudine dell'autore (solo sistematizzata: la cura editoriale ammette l'idiosincrasia, ma non l'incoerenza!) a dettar legge.

Per i casi in cui non è in gioco la polisemia (come invece in *e-mail*), invero non poi così rari (cfr. una lista in SGROI 2010d, § 27.2.11 p. 325), un trattamento sistemico potrebbe essere contemplabile in base al genere della lingua di partenza (ma in inglese è scarsamente accessibile: una nota croce della lessicografia inglese è proprio la mancanza della indicazione di genere, pur essendo questa una categoria coperta — un bieco anglicismo, giusto per restare in tema — ma necessaria nelle riprese anaforiche, ad es. *He owns a ship; she is moored at Plymouth*; ciò vorrà ben dire qualcosa...) o del traducente nella lingua di arrivo. Se la seconda soluzione sembrerebbe forse preferibile (non fosse che perché più accessibile al parlante), non sempre è la discrepanza tra i generi delle due lingue a provocare l'oscillazione, ma proprio quella tra più possibili traducenti (come ad es. in *la pop art* vs. *il pop art*, segnalato in SGROI cit.), sicché ci si troverebbe di nuovo in un vicolo cieco. Visto che il condizionamento è comunque semantico i risultati non possono essere che caleidoscopici, ed a questo temo che ci si debba, realisticamente, rassegnare.

[17] Una volta assegnata la loro, inevitabile, parte agli usi *de dicto*, se troppo ispessiti dai termini forestieri, i corsivi tendono a diventare molesti per l'occhio.

[18] E, nel giudicare dell'adattamento o meno, non può inoltre entrare in gioco la realtà del parlato, perché l'esattezza fonetica sarebbe comunque fuori gioco: «le corrette pronunce inglesi, usate nel contesto di un discorso italiano, suonerebbero non solo affettate, ma addirittura difficilmente comprensibili» (LEPSCHY - LEPSCHY 1999/95, p. 177) e, di fatto, non sono mai usate.

[19] Sono ormai abbastanza diffusi anche i plurali invariati, e spesso tale comportamento è stato accettato anche dai lessicografi (come ad es. il De Mauro che nel *GraDIt*, II.346b, dà *corpus* come invariabile); noi, in ciò probabilmente da conservatori, continuiamo però a volere accordare un diverso status al lascito culturale della tradizione grecoromana, seguendo una lunga tradizione, non solo italiana, che non ci pare vada trascurata. In parte il problema si è posto anche in inglese, dove accanto a *corpora* è apparso anche *corpuses*, al cui proposito molto britannicamente commenta SAM-PSON 2004, p. 1: «it is quite permissible to Anglicize the plural and write *corpuses* – some corpus linguists use that form: we prefer *corpora* because *corpuses* sounds like 'corpses'»: *it smells funny*, commenterei, sulla falsariga; o, come certo avrebbe preferito Castellani, ma più semplicemente e prosaicamente, *puzza*. Naturalmente, si tratta solo di una scelta personale, fatta quando i giochi sono ancora aperti: poi la lingua comunque andrà dove vorrà.

[20] Che «gli anglo-americanismi [ed in genere i prestiti] non adattati minaccino le strutture della lingua», come voleva CASTELLANI 1987, p. 140 (poi 2009, I.169), non è ovviamente vero: cfr. almeno LEPSCHY - LEPSCHY 1999/95, p. 175-6.

2.3 UN ESEMPIO. Per dare un esempio campione, o, visto che siamo in tema, per fare un *case study*, potremmo considerare il settore lessicale, da cui abbiamo preso le mosse, della linguistica dei corpora, riportando la lista delle scelte che avevamo fatto per BARBERA 2009.

«Indicheremo – come pertanto dicevamo in BARBERA 2009, p. 10 – almeno per il settore specialistico di informatica, linguistica dei corpora ecc., che più è risultato problematico nella preparazione di questo volume, quali sono le forme normalizzate che abbiamo fissato e seguito»:

applet
and, or
array
attribute (ma "attributo")
batch
beta
bit
bottom-up
blank lines (ma "righe vuote")
branching (ma "ramificare" e "ramificato", *cross-branching*)
cartella (ma *directory*)
charset (ma *character set*)
chunk, chunking, chunker, chunkare, chunkato
codepage
collocazione, collocazionale, collocato (ma *collocation*, ecc.)
computer
concordanza (ma *concordance, concordancer*)
Constraint Grammar (ma "CG").
corpus (ma *training corpus, corpus-driven, corpus manager*, ecc.), linguistica dei corpora (ma *corpus linguistics*), macrocorpus, subcorpus
Courier e nomi dei font in genere.
default
dump, dumped, dumping
editor, editor di testo (ma *word editor*), editing
to embed, embedding (ma "incassare", "incassatura", ecc.), *strongly embedded mark-up*, ecc.
encode, encoder, encoding (ma "codifica", ecc.)
feature, hierarchy-defining features (ma "HDF"), ecc.
file
finiteness, finite state (ma "stato finito")
flag, flaggare, flaggato
font (ma *font character, font editor*, ecc.)
frame
gestore di corpora (ma *corpus manager*)
ghostline
grouping
hardware
Hidden Markov Models (ma "HMM" e "modelli markoviani nascosti")
homepage
input (ma "entrata")
kernel
label
layout
label
link, linkare, linkato
-like, ad es. *Unix-like*, ecc.
loop, reloop
mappare, mappaggio (ma *mapping*), rimappare, ...
markup, markuppare, markuppato

match (ma *matching, pattern matching, first match strategy*, ecc.), matchare, matchato
merging
multiword, MW (ma *multiword entry, multiword expression tagging*, ecc.)
newsgroup
NLP (ma *Natural Language Processing*)
nomi tipografici internazionali: *divide, logicalnot, asciicircum, hyphen*, ecc.
notation (ma "notazione")
online
-oriented, language-oriented, user-oriented, ecc.
OS (ma *Operating System*)
output (ma "uscita")
parser, parsing, parsato (ma *shallow parsing*)
pattern
pointer (ma "puntatore")
post
prompt
query
quoting, quotare, quotato
record
RegExp, Regular Expression (ma "espressione regolare")
release
routine, routinario
run rime
scoop
screenshot
script (ma *scripting*)
-sensitive, case-sensitive, content-sensitive, ecc.
set, settaggio (ma *setting*), settato, settare, reset, resettare, resettato
shell → terminale
slash e *backslash* (nomi tipografici internazionali)
software
split, splitting, splittare, splittato
standard, standardizzazione, standardizzaro
stand-off
stripping
suite
synset
tag, tagging, POS-tagging (ma *part-of-speech tagging*), tagger, taggare, taggato, POS-tag, POS-taggare, POS-taggato, POS-tagger, post-tagging, post-taggare (ma *label* 'nome di un tag'), tagset, subtag
terminale (ma *shell*)
test (ma *testing*), tester, testare, testato
thread
Times e nomi dei font in genere.
token, tokenizzazione (ma *tokenization*), tokenizzare
top-down
tool
training (ma "allenamento")

Tav. 3. Un esempio: il dominio lessicale della linguistica dei corpora in BARBERA 2009.

Che all'operatore resti un certo qual margine decisionale è chiaro, e così che non si tratti di scelte "definitive"[21]; ma le ragioni di tali scelte spero saranno autoevidenti se solo si tengano in mente i principi enunciati sopra.

Cui forse se ne potrebbe aggiungere solo uno ulteriore, il "principio della refrattarietà della sigla": le sigle (NLP, OS, ecc.) sono considerate alla stregua di nomi propri e quindi non suscettibili di corsivo, ma non così le espressioni straniere che abbreviano (*Natural Language Processing, Operating System*, ecc.), a meno che non subentrino altre considerazioni.

Una piccola nota, che da questo settore lessicale parte per condurci però altrove, merita forse il termine, anch'esso presente nell'area specialistica informatica, di "avatar", che spesso è presupposto inglese, e come tale pluralizzato in -*s*. Ciò è invero abbastanza assurdo, trattandosi di voce di chiara origine sanscrita[22], mediata dall'originario valore religioso a quello informatico dall'inglese. Ora, la parola era peraltro già entrata in italiano[23] anche senza l'aiuto della perfida Albione: nella lessicografia italiana probabilmente (la segnalazione è del *Supplemento* del *GDLI*, p. 118b) *avatar* fa il suo primo ingresso col PANZINI 1905, p. 32, mentre *avatara* è segnalato, sempre dal *GDLI* (I.872b) in un peraltro irrintracciabile passo del Gioberti; l'inglese può quindi, tutt'al più, avere compiuto un effetto di mediazione per i valori più propriamente informatici (come, forse meno, che nel caso di "corpus") . Si potrebbe al massimo lasciare la forma cataletttica all'accezione informatica (in cui è la norma, con buona pace del *DOLI*) e la piena alla religiosa, non fosse che il confine può essere talora assai labile (penso al contesto dei giochi di ruolo, ad esempio); comunque: si avrà "avatar" in tondo, plurale invariabile, come gli altri più o meno ordinari prestiti sanscriti quale "sandhi" o "nirvana" tradizionalmente sogliono.

3   GÖRLACH E GLI ANGLICISMI IN EUROPA. In area italiana, europea ed ormai mondiale il problema della cernita dei forestierismi da proporre all'assimilazione, soprattutto nell'area degli anglicismi, è ovviamente, scottante, e non stupirà che sia il più temuto e studiato[24]; nonostante mi fossi riproposto di non perseguire alcuna copertura bibliografica, pure vi sono stati alcuni contributi recenti, di respiro europeo[25], che non possono essere passati sotto silenzio: GÖRLACH 2001 e 2002ab.

Il *Dictionary of European Anglicisms* (*DEA*) a cura di Manfred Görlach è un lavoro molto importante che colma, anche se purtroppo imperfettamente (cfr. *infra*) una spesso lamentata lacuna (nonostante la inflazione bibliografica: cfr GÖRLACH 2002a) nella lessicografia europea; e se l'ampiezza e la serietà dell'impresa sono già dimostrati dalla sola struttura editoriale (al dizionario principale, GÖRLACH 2001, sono stati abbinati due volumi compagni, *An Annotated Bibliography*

---

[21] Anzi, si tratta di decisioni giocoforza contingenti, visto che non dipendono dall'applicazione di una regola astratta e calata dall'alto, ma da una semplice razionalizzazione della realtà. Non è solo la consueta rivendicazione che sia lecito cambiare parere (diritto peraltro sacrosanto), né che la specificità di ogni volume reclami il suo pedaggio (una parola frequentissima sarà "pesante" averla in corsivo, anche se magari così andrebbe), ma la riaffermazione che la scelta dipende dai fatti, ed i fatti mutano nel tempo. Si pensi ad esempio a come soli 5 anni dopo, probabilmente, "applet" andrebbe in tondo e non più in corsivo, e così via.

[22] Sanscrito अवतार *avatāra* generalmente 'la manifestazione di una divinità discesa dal cielo sulla terra' e specificamente 'l'incarnazione di Viṣṇu, in una delle sue consuete dieci forme', è, ovviamente, un derivato della radice अव-*ava-* 'scendere', cfr. MONIER-WILLIAMS 1995/1899, p. 99a.

[23] In inglese, è vero, precedentemente: l'*OED* I, p. 814b, ne data la prima attestazione al 1784, con sir William Jones; e così sembrerebbe anche in francese (il *DHLF* I, p. 148b lo data al 1800), cfr. *FEW* XX, p. 91a; secondo Wartburg la prima attestazione in Occidente sarebbe del 1672 in olandese.

[24] Etimologicamente per francese e dintorni, invece, il punto di partenza moderno si può porre nel volume XVIII del *FEW*.

[25] Perché è almeno a questo livello che ormai la partita va giocata: si vedano i citati suggerimenti di Francesco Sabatini.

146

GÖRLACH 2002a ed uno studio di riferimento su *English in Europe* GÖRLACH 2002b), e se l'idea che il problema dell'anglicismo vada affrontato a livello europeo e non solo locale è ottima e condivisibile, pure i problemi, come vedremo, non mancano. La copertura del *DEA*, frutto degli sforzi congiunti di un gruppo di specialisti delle singole lingue coordinati dal Görlach, ammonta tra l'altro a sole 16 lingue nazionali europee[26].

3.1 IL *DEA* E GLI INTERNAZIONALISMI. Limitandoci a quello che fa problemi alla nostra impostazione (tralasciando quindi la questione delle lingue rappresentate[27], per cui cfr. la nota precedente), il primo nodo riguarda la (perlopiù) mancata inclusione degli internazionalismi e dei prestiti mediati dall'inglese in genere; su questo Görlach è chiaro ed esplicito: «A word is included in the dictionary if it is recognizably English in form (spelling, pronunciation, morphology) in at least one of the languages tested» (*DEA*, p. xviii).

Porre un criterio rigido e "formale" è certo comprensibile, gettando le fondamenta di un così vasto cantiere, dove porre paletti è davvero indispensabile; ma il settore degli internazionalismi è centrale nella formazione di un lessico comune europeo (cfr. § 1.3), ed escluderlo *d'amblée* suona autolesionistico. Le conseguenze, infatti, sono pesantissime anche al di là di ciò, e dubito sia stata una scelta saggia: anzi, temo proprio che il paletto non fosse decisamente quello giusto.

Ne consegue, infatti, che non solo i calchi (la cui specificità risiede soprattutto nella semantica) sono radicalmente esclusi – e fin qui, pace: l'esclusione è molto dolorosa, ma forse inevitabile in un'opera di tale ampiezza[28] –, ma anche, e questo è ben peggio, che i prestiti decidibili in base ad elementi più "formali" sono spesso rappresentati in modo incostante e casuale[29], non consentendo così di farsi delle idee realistiche sulla effettiva diffusione (e quindi internazionalizzazione) di un lessema. I tipi di casi più toccati dalla questione sono soprattutto quattro:
(1) Le parole che l'inglese ha preso in prestito da lingue esotiche (prevalentemente indiane o del Nordamerica) e della cui diffusione nelle lingue europee si è fatto tramite. Questo tipo di *Wortschatz* subisce, in pratica, due tipi di trattamento diversi, quale che sia l'importanza del prestito: da

---

[26] La cui selezione, certo dettata anche da comprensibili ragioni pratiche, è peraltro la prima delle caratteristiche discutibili di una impresa altrimenti meritoria (ma per il difetto più grave, cfr. *infra*); in BARBERA 2003, p. 214, infatti commentavamo: «Another general feature of the DEA that should, in due time, be improved is the choice of languages represented. These, as Görlach states, were taken up from four «different language families, but excluding those in close contact with English (e.g. Irish, Welsh and Maltese)» and «were selected partly because competent collaborators were willing to join the project and partly to allow the analysis of a maximal number of contrasts» (DEA, p. xv). The result was the grid [...] where the four main squares represent the four language groups: «the North West (Germanic), the South West (Romance), the North East (Slavic), the South East (others, mainly Balkanic)» (DEA, p. xvi). I am afraid that this mixture of areal and genealogical considerations is not perhaps the ideal one. It seems that the genealogical criterion was the strongest (otherwise why are there more languages from the Balkan area than from any other area of Europe if not to have a representative sampling of Romance and Slavic families and to cover also some language isolated like Albanian and Greek?), but then one has to regret the exclusion of Celtic and Semitic languages for reasons that are allegedly areal, and of the Baltic languages and of Turkish for other unstated reasons. From the areal point of view, the picture is unbalanced in favour of the Balkans, whereas areas like the Baltics (with Estonia, Latvia and Lithuania), the Caucasus (with Georgia, Armenia etc.) and the European Russian confederate states (like the Komi, Mari, Tatar, Chuvash or Kalmyk Federate Republics) utterly disappear from the map of Europe. The omission of the languages of the Russian political area seems to be quite justified: the DEA cut-off date is in the early 1990s, and these states have still not fully emerged from Soviet isolation. So, at the present time, languages from the Baltic area are the most unaccountable omission. The lexicography of the "genealogically Baltic" languages is in general, especially in Latvia, quite advanced. But it is Estonian (areally Baltic but genealogically Uralic) that has, perhaps, the most striking tradition in the study of *võõrsõnad* 'foreign words' in the area. Moreover, the recent *Database of Structurally Alien Words* at the Eesti Keele Instituut (cf. MÄGEDI 2002) is also methodologically outstanding».

[27] Ed altre questioni, importanti, ma che non interessano l'italiano, come la rappresentazione della morfologia flessiva, dell'armonia vocalica o della gradazione consonantica, per cui rimando alla mia originaria recensione, BARBERA 2003, p. 215 § 3.6.

[28] In verità, ciò falsa molto la valutazione dell'incidenza dell'inglese sull'italiano e le altre lingue: non a caso DE MAURO - MANCINI 2001 segnala i calchi in una lista a parte.

[29] «Words which [...] have nothing English in their form or pronunciation in any of the 16 languages are not included. Sometimes, however, an English pronunciation was attested in at least one language, making the word an Anglicism and forcing its inclusion» (*DEA*, p. xix).

una parte alcuni termini sono drasticamente persi perché non hanno più alcuna marca esplicita della loro "inglesità", come ad es. *tandoori*[30], *kayak*[31] e *totem*[32]; dall'altra alcuni sono invece stati ammessi, perché in qualche lingua del campione le condizioni formali richieste, sia pure verificatesi per puro caso, sono state ritenute soddisfatte, ad es. *pemmican*[33], *moccassin*[34] e *chutney*[35]. La categoria, pure culturalmente ed etimologicamente assai interessante, in realtà non incide comunque molto nella valutazione del lessico culturale europeo.

(2) Il lessico cosiddetto "neoclassico" costituito da *Kulturwörter* di origine greco-latina, ma coniate o perlomeno diffuse dall'inglese. Nonostante questo sia un settore importantissimo per l'identità

---

[30] *Tandoori* (attestato in inglese dal 1840 come *tendour*, cfr. *OED* I, p. 606bc) viene dalla hindi तंदूरी *tandūrī*; in sanscrito si ha invece कल्ह *kandu* 'boiler; oven' (cfr. MONIER-WILLIAMS 1995/1899, p. 250), che rappresenta una diversa base, cfr. TURNER 1962-6, p. 136 n° 2726 «*kándu-* f. 'iron pot'», con altri continuatori indoari, in cui forse – devo l'ipotesi a Guido Borghi – è da ravvisare la radice indoeuropea **kend-* 'leuchen, glühen, hell' di *IEW*, p. 526, da cui anche il sanscrito *candati* 'leuchtet'; il Pokorny ha **kand-* per via del latino *candĕo*, dove tuttavia la *a* del latino si spiega con la legge di Schrijver per cui **e* > lat. *a* dopo velari, cfr. SCHRIJVER 1991, pp. 425-35. Si è di solito pensato che la fonte sia direttamente il persiano تندور *tandūr* con il suo gemello arabo تنّور *tannūr* (come per il turco *tandır*, l'armeno Թոնիր *t'onir*, ecc., tutti di analogo significato; per i riflessi romanzi cfr. *FEW* XIX, p. 181ab), sempre denotanti quel tipo di forno, che è ubiquo nell'area iranica ed indiana, e che è archeologicamente attestato già a Harappa; tradizionalmente vi si è talvolta visto un derivato dell'arabo *nūr* نور 'fuoco, luce' (base peraltro ben nota anche ai non specialisti per via della sura 24 del Corano, appunto la سورة النور *sūrat al-nūr*), ma si tratterà piuttosto un antico *Kulturwanderwort* di incerta origine, dato che in quel significato è ben attestato fin dalla fase antico babilonese l'akkadico *tinūru* 'oven, kiln' (*CAD* XVIII, p. 420-21), «u[nbekannte] H[erkunft]», come glossava il von Soden (*AhW* III, p. 1360b) che comunque lo considerava alla base delle forme arabe, persiane, ebraiche ed aramaiche.

[31] *Kayak* (attestato in inglese dal 1662 come *kajakka*, cfr. *OED* VIII, p. 362bc) viene indubitabilmente dall'eskimo, o da quello canadese (cfr. kangiryuarmiut *qayaq* 'canoe; kayak', LOWE 1983, p. 67b) o da quello groenlandese (cfr. kalaallit oquasii, o groenlandese CW, *qajaq* 'kayak', FORTESCUE 1984, p. 367); non è del tutto da escludere, comunque, un coivolgimento anche dell'alaskano centrale (cfr. yup'ik *qayaq* 'kayak', JACOBSON 1995, p. 43); la prima attestazione riferita dall'*OED* cit. è comunque riferita al groenlandese. Cfr. anche *FEW* XX, p. 54b.

[32] *Totem* viene senz'altro da una lingua algonchina centrale, ma in modo complesso: in un primo tempo probabilmente la fonte è l'ojibway *{nind}oodem* '{my} family mark' (cfr. BARAGA 1878, I. p. 96a: «Family-mark, *odem*. I have him (her, it) for my family mark, *nind ododeminan*. (N.B. *odem*, or, *otem* means only his parents, relations. In Cree *ototema*, his relation.)»), donde l'inglese sette-ottocentesco *otem*; contemporaneamente ed in séguito la base di partenza è invece una forma linguisticamente diversa, e differentemente analizzata, quale il cree *{ni}tooteem*, donde l'inglese moderno e quindi tutte le altre lingue europee; in cree odierno, peraltro, la parola ordinaria per 'parenti' è tuttavia un'altra, cioè «*wâhkomâkan* N[oun]I[nanimate] relative, kinsperson», CASTEL - WESTFALL 2001, p. 927. Per le varie forme attestate in inglese cfr. *OED* XVIII, pp. 288c-289ab; cfr. anche *FEW* XX, p. 82ab.

[33] *Pemmican* (attestato in inglese dal 1801 come *pemican*, cfr. *OED* XI, pp. 457c-458a) viene nuovamente da una lingua algonchina, ma la trafila è più lineare. La fonte è il cree *pimihkaam* (cfr. *pimihkân* 'NI pemmican', CASTEL - WESTFALL 2001, p. 873), un composto di *pimiy* 'grasso' (cfr. «*pimiy* NI/N[oun]A[nimate] grease, lard (NI); oil (NI), gasoline (NA or NI)», CASTEL - WESTFALL 2001 p. 874) più *kaahkewak* 'carne secca' (cfr. «*kâhkîwakwa* NI pieces of dried meat or fish; stem *kâhkîwakw-*», CASTEL - WESTFALL 2001, p. 705).

[34] *Moccasin* (attestato in inglese dal 1612 come *mockasins*, cfr. *OED* IX, p. 932bc) viene pure da una lingua algonchina, ma questa volta di tipo orientale e non centrale, forse da una lingua estinta della Virginia (cfr. *FEW* XX, p. 73a); l'*OED* cit. adduce non a caso il powhatam della Virginia *'mockasin* (con accento ritratto), e fra gli altri il narragansett *mo'kussin*. Cfr. comunque il meglio attestato cree *maskisine·ya·piy* 'moccasin string' e *maskisinihke·w* 'he makes moccasin' ed anche «*maskisin* NI shoe, boot, slipper or moccasin, footwear (sg)» (CASTEL - WESTFALL 2001, p. 752) < proto-algonchino rispettivamente *maxesene·{ya·piy}* 'moccasin NI + **-wi*' e *maxesene{hke·wa}* 'moccasin [verb] A[nimate]I[ntransitive] + **-ehke·*' (HEWSON 1993, p. 99-100 §1654-5, ecc.).

[35] *Chutney* (attestato in inglese dal 1813 come *chatna*, cfr. *OED* III, p. 209b) viene dalla hindi चटनी *caṭnī* 'idem', che è formato dalla radice चट- con l'aggiunta del suffisso primario hindi - नी che forma «sostantivi femminili indicanti azione» (CARACCHI 1992, p. 267), cioè propriamente 'una leccornia' < proto indoario **caṭṭ-* 'lick, taste' (TURNER 1962-6, p. 248 n° 4573); il preteso e spesso riferito sanscrito *caṭnī* in realtà non sarebbe attestato; l'origine ultima potrebbe essere indoeuropea, ed il lemma andrebbe (devo, nuovamente, il suggerimento a Guido Borghi) forse posto sotto *IEW*, p. 548.5, **kel-* 'treiben', con semantica un poco lasca (cfr. però sanscrito *kằlayati* anche 'nimmt wahr' in *IEW, ibidem*), ma con perfetta applicazione della legge di Fortunatov (IE **-lt-* > IA **-ṭ-*), cfr. l'etnonimo *Caṭṭabhaṭṭa-* < **Keltobholto-* segnalato in CHATTERJI 1967.

148

lessicale europea, la maggior parte di queste forme sono escluse d'ufficio dal *DEA*[36]: è questo il caso di *corpus*, *campus*, *telephone* e molte altre.

(3) Gli "pseudo-anglicismi", cioè quelle formazioni la cui fonte non è intuitivamente riconoscibile, ma che sono spesso considerate "inglesi" per via di somiglianze formali o di trasmissione. Paradossalmente, questa categoria è di norma accettata nel *DEA* e così si sono intrufolati molti prestiti interessanti, tipo *picnic* (< francese), *lemming* (< norvegese), *krill* (< norvegese), *leghorn* ('una razza di galline', le cosiddette, appunto, *galline livornesi*, dal nome della città di Livorno).

(4) «Words which, although clearly derived from English, are not themselves English words [...], or which are used in a non-English way» (*DEA*, p. xviii). Per fortuna queste parole sono di regola ammesse, e per di più marcate in modo speciale; e questa, almeno, è ottima cosa perché gli ipercorretismi sono utilissimi per tracciare i confini della mappa della dilagante anglomania: si possono così trovare termini come *top model*, *minimarket*, *restyling*, e così via.

Quindi, di questi quattro tipi (1) e (3) sono più interessanti dal punto di vista storico-etimologico, e (2) e (4) da quello sincronico, "europeo" e diffusionale; (3) e (4) sono i soli sistematicamente rappresentati nel *DEA*, (1) lo è spesso e (2) raramente. E, nella prospettiva che qui si propone (e che dovrebbe essere anche quella di opere come il *DEA*) sembra molto improvvido e gravemente limitante avere il tipo (2), che è il vero nocciolo del lessico culturale europeo, così ridotto e comunque rappresentato in modo desultorio e casuale[37].

3.2   IL *DEA* ED I CORPORA. Per quanto ciò sia assai rilevante, dal mio punto di vista, comunque, il principale difetto, e quello che qui più ci concerne, del lemmario del *DEA* è che non è *corpus-based*: la decisione di evitare il ricorso ai corpora, talora scusata dalla mancanza di corpora di riferimento per qualche lingua (cosa che dieci anni dopo non è più molto vera), ha infatti serie conseguenze.

Il problema, per di più, è anche teorico oltre che pratico: non è solo la pretesa mancanza di buoni corpora, infatti, ad entrare in gioco, ma l'esplicita posizione del Görlach che i corpora non servano alla ricerca lessicografica; certo, che i corpora vadano naturalmente usati dal lessicografo con perspicacia e circospezione, e non presi per una sorta di Vangelo o di magica pietra filosofale, è indubbio, nondimeno solo i corpora possono conferire effettiva oggettività alla ricerca lessicografica. Così, nato con queste limitazioni, il lemmario del *DEA* è, sfortunatamente ma inevitabilmente, largamente soggettivo (lo si è già visto in molte occasioni, ed ora se ne capisce bene il perché), ed è spesso salvato solo dall'alacrità e dall'ingegno dei molti collaboratori; comunque non si può prestare al tipo di impostazione (e sperabilmente soluzione) che abbiamo proposto qui sopra per il problema.

In particolare, dato che ogni lessico specialistico è raccolto soggettivamente con quantità variabili, le verifiche (cfr. Tav 1) di cui ai punti (1) e (2) sono impossibili, ed il controllo di (4) aleatorio.

Inoltre, il settore lessicale che per noi è stato fondante, cioè quello della tecnologia informatica, della comunicazione web e della linguistica dei corpora e computazionale in genere, è dichiaratamente assente. E non per (esplicitate) ragioni ideologiche, ma solo occasionali: la data limite che è stata presa, il 1995, da sola basta ad escludere la maggior parte di quei termini, *web* in testa, che è di fatto assente; in realtà, peraltro, sono stati esclusi anche termini che a quell'altezza cronologica erano già diffusi, come *BBS* (oggi, invece, pressoché scomparso, insieme alle vecchie e gloriose BBS medesime), *OT*, *spam* ecc.

4   UN ESEMPIO: LA POMOLOGIA. Per ilustrare i risultati delle mie "regole" anche al di là della linguistica dei corpora (esemplificata dalla Tav. 3), ed al contempo anche i limiti che crea al DEA l'assenza del ricorso come fonte ai corpora, propongo di prendere un microdominio lessicale assai specifico: la *pomologia*. Per fare i necessari controlli mi sono frettolosamente costruito un piccolo

---

[36] Ma non proprio tutte: si diceva della discrezionalità capricciosa della selezione del lemmario; sono così passate parole come *airport*, *computer* and *space lab*.

[37] E per di più il tipo (1) è già largamente coperto dal volume 20 del *FEW*; che è vecchio (1969), ma continua a fare buon brodo.

corpus informale (ma sufficiente per l'*experimentum crucis*) di manuali botanici e vivaistici, di articoli tecnici, di cataloghi di vivai, di riviste popolari di giardinaggio, di ispezioni personali delle etichette usate nei principali mercati di Torino e poche altre località[38], e di conversazioni personali in campagna o nei mercati; le fonti dei testi scritti rimontano fino agli anni Ottanta; i testi orali sono, naturalmente, contemporanei (cioè dell'inizio del Duemila). E questo è cosa ho trovato.

Nel DEA sono prese in considerazione quattro principali varietà di mele: *Granny Smith* (**A**), *Golden delicious* (**B**), *Jonathan* (**C**) e *Stark delicious* (**D**). In questo gruppo, forme italiane sono difettivamente registrate solo per **B** (mancano: *Golden* e *Delizia gialla*, entrambe comuni nei mercati, nei cataloghi di vivai, nei manuali di botanica e nella conversazione di tutti i giorni) e **D** (manca *Stark*, che pure è diffusa nei mercati e nei vivai). In italiano, in realtà, ci sono anche forme comuni per **A** (*Granny Smith*, o talvolta nei mercati semplicemente *Granny*) e per **C** (*Jonathan* e persino *Jonagold* – uno schema che si trova anche in altre lingue, come il croato *Jonagored*). Altri nomi di mela italiani "*circum*-inglese" conosciuti alle mie fonti[39] ma sconosciuti al *DEA* (persino nel lemmario extra-italiano), sono *Red delicious* (**E**) o *Delizia rossa* (italianizzazione di *Red Delicious*) e *Boston* (**F**) o *Bella di Boston* (che è una falsa ricostruzione popolare di *Bella di Boskoop*[40] una vecchia varietà conosciuta anche altrove: cfr. spagnolo *Bella de Boskop*, francese *Boskoop rouge*, tedesco *(roter) Boskop* > croato *Roter Boskop*, sloveno *Rdeči boskop*, ecc.). Mancano, inoltre, al *DEA* parole chiave della pomologia come *spur* (**G**) 'un particolare clone a crescita limitata (molto popolare nei vivai italiani negli anni Ottanta)', *spindle* (**H**)'la forma data all'albero con la potatura'[41]. Ora, perfino con il mio piccolo corpus fai-da-te da *bricoleur*, posso rendermi facilmente conto che **B** *Golden* e *Delizia gialla*, **C** *Jonathan* e **A** *Granny (Smith)* sono sufficientemente frequenti, diffuse in differenti tipi di testi, e conosciuti anche al di fuori dell'uso specialistico più tecnico: pertanto sono buoni candidati per la qualifica di "prestito" *tout court*, e quindi per il tondo e per il lemmario di un *DEA-to-be*; questo è forse il caso anche per **B** *Jonagold*, **D** *Stark*, **E** *Red delicious* e *Delizia rossa*, e **G** *spur*; invece **H** *spindle* e **F** *Boston* sono senz'altro troppo ristretti in frequenza e disponibilità per poter essere seriamente presi in considerazione.

E visto che siamo nell'area lessicale dela botanica e della vivaistica, va anche notata nel *DEA* l'assenza di *cultivar* 'culti[vated] var[iety]', che è perlomeno strana. Il termine, naturalmente, è tecnico, ma a diffusione molto vasta e largamente usato in molti generi testuali[42]; il che, secondo i miei criteri, ne farebbe un sicuro candidato per la derubricazione da corsivo (termine straniero) a tondo (prestito italiano). Inoltre, pur limitandomi al materiale testuale che ho a disposizione, il termine *cultivar*[43] è ben frequente anche in altre lingue europee e non solo italiano: cfr. spagnolo, portoghese, francese ed olandese *cultivar*[44]; tedesco *Kultivar* e norvegese, svedese, danese, estone, ceco, slovacco, sloveno, serbo e croato *kultivar*; ungherese *kultivár*; russo *культивар*; ecc. Probabilmente quello che lo ha tenuto fuori dal lemmario del *DEA* è il criterio della " non inglesità" patente, che abbiamo già sfavorevolmente commentato nel § 3.1.

---

[38] Certo, idealmente la cosa andrebbe replicata almeno in un campione rappresentativo delle altre regioni di Italia: ma quello che per ora ci si proponeva era solo un assaggio esplorativo, giusto sufficiente per provare quello che si dubitava andasse provatro, e nulla più.

[39] Tralascio le voci presenti solo nella letteratura vivaistica o pomologica, appartenenti in genere a varietà antiche e poco diffuse; inoltre, avendo battuto solo i mercati del Piemonte (cfr. la nota precedente) , trascuro forse anche varietà regionali potenzialmente interessanti; in genere però tali varietà, essendo locali, hanno di solito nomi di origine autoctona (si pensi ad es. all'*annurca* diffusa nel Meridione) e non dovrebbero presentare interesse per la questione degli anglismi.

[40] «Si tratta di una vecchia varietà di origine olandese. Per alcuni autori del passato deriverebbe da un semenzale individuato a Boskoop, vicino a Gouda (Olanda) nel 1856 da K.J.W. Ottoländer. Mentre Hasselmann e Sthall hanno identificato la Bella di Boskoop con la Renetta di Montfort originaria di Montfort, presso Utrecht (Olanda). Appartiene al gruppo delle Renette grigie o ruggini» (AA. Vv. 2008).

[41] Il termine è diffuso principalmente nel gergo tecnico dell'agricoltura.

[42] Il che certo non è vero di molti termini del gergo sportivo come *gotcha* od *overfishing*, pur registrati dal *DEA*.

[43] L'adattamento *coltivar* è più raro e, a quel che posso giudicare, solo informale; comunque è indice di un incipiente transizione da prestito non adattato ad adattato, il che non è irrilevante.

[44] L'afrikaans ha però la variante ortografica *kultivar*.

5.   CONCLUSIONI. Per concludere, ci pare che dopo l'intervento di Sabatini l'orizzonte culturale in cui l'anglicismo vada inserito sia ben chiaro, al di là di ogni (perlomeno intempestiva) manifestazione di purismo. In questa direzione, crediamo di avere dimostrato fattivamente la strada di come si possa fare. Purtroppo l'opera che di questa prospettiva europea avrebbe dovuto essere la pietra angolare, il *DEA*, temo abbia fallito il suo scopo: ma speriamo sia solo l'inizio.

6.   BIBLIOGRAFIA.

AA. VV.
1967   *To Honour Roman Jakobson. Essays on the Occasion of his Seventieth Birthday 11 October 1966. Volumes I-III*, Den Haag - Paris, Mouton, 1967 "Janua Linguarum, series maior" 31-3.
1995   *Scritti di linguistica e dialettologia in onore di Giuseppe Francescato*, Trieste, Edizioni Ricerche, 1995 "Università degli Studi di Trieste. Facoltà di Lettere e Filosofia.".
2008   *Bella di Boskoop*, scheda anonima in *Pomologia italiana*, 10/04/2008, online alla pagina `http://www.pomologia.it/PDF/SchedeMelo/Bella%20di%20Boskoop.pdf`.

AhW vedi SODEN 1965-81

BARAGA
1878   Bishop [Frederic] Baraga, *A Dictionary of the Otchipwe Language, explained in English*, Part I. *English-Otchipwe*, Montreal, Beauchemin & Valois Publishers, 1878.
1880   Bishop [Frederic] Baraga, *A Dictionary of the Otchipwe Language, explained in English*, Part II. *Otchipwe-English*, Montreal, Beauchemin & Valois Publishers, 1880.
1992   Frederic Baraga, *A Dictionary of the Ojibway Language*, with a new *Foreword* by John D. Nichols, St. Paul, Minnesota Historical Society Press, 1992. Ristampa in un unico volume di BARAGA 1878 e 1880.

BARBERA
2003   Manuel Barbera, *Review* to Manfred Görlach, *A Dictionary of European Anglicisms. A Usage Dictionary of Anglicisms in Sixteen European Languages*, in «International Journal of Lexicography» XVI (2003)[2], pp. 208-216.
2007   Manuel Barbera, *La resa dei forestierismi in italiano. Breve nota ortografica*, in BARBERA - CORINO - ONESTI 2007a, ¶ iiij pp. xv-xvj.
2009   Manuel Barbera, *Schema e storia del "Corpus Taurinense". Linguistica dei corpora dell'italiano antico*, Alessandria, Edizioni dell'Orso, 2009.
2013a   Manuel Barbera, *Per una soluzione teorica e storica dei rapporti tra grammatica generativa e linguistica dei corpora*, relazione *7es Journées suisses de Linguistique. L'empirie en linguistique: variété et complexité des approches. Lugano, Università della Svizzera italiana, 13-14 settembre 2012*, poi revisionato in BARBERA 2013b, pp. 27-45; la versione vecchia è online nel "Schweizerische Sprachwissenschaftliche Gesellschaft / Société Suisse de Linguistique (SSG/SSL) − Archive": `http://www.sagw.ch/fr/ssg/taetigkeiten/7e-Giornate-svizzere-della-Linguistica.html`.
2013b   Manuel Barbera, *Molti occhi sono meglio di uno: saggi di linguistica generale 2008-12*, [Milano], Qu.A.S.A.R., 2013.

BARBERA - CORINO - ONESTI
2007a   *Corpora e linguistica in Rete,* a cura di Manuel Barbera, Elisa Corino e Cristina Onesti, Perugia, Guerra Edizioni, 2007.
2007b   Manuel Barbera - Elisa Corino - Cristina Onesti, *Cosa è un corpus? Per una definizione più rigorosa di corpus, token, markup*, in BARBERA - CORINO - ONESTI 2007a, pp. 25-88 ¶ 3.

BARBERA - MARELLO
2012/03   Manuel Barbera - Carla Marello, *Corpo a corpo con l'inglese della corpus linguistics, anzi, della linguistica dei corpora*, in NESI - DE MARTINO 2012, pp. 357-370.

BATTAGLIA *et alii*
1971-2009 Salvatore Battaglia [† 1971 - Giorgio Bàrberi Squarotti dal vol. IV], *Grande dizionario della lingua italiana*, Torino, U.T.E.T., 1961-.... ¶ **I.** *A-Balb*, 1961; **II.** *Balc-Cerr*, 1962; **III.** *Cert-Dag*, 1964; **IV.** *Dah-Duu*, 1966; **V.** *E-Fin*, 1968; **VI.** *Fio-Grau*, 1970; **VII.** *Grav-Ing*, 1972; **VIII.** *Ini-Libb*, 1975; **IX.** *Libe-Med*, 1975; **X.** *Mee-Moti*, 1978; **XI.** *Mo-to-Orac*, 1981; **XII.** *Orad-Pere*, 1984; **XIII.** *Perf-Po*, 1986; **XIV.** *Pra-Py*, 1988; **XV.** *Q-Ria*, 1990; **XVI.** *Rib-Roba*, 1992; **XVII.** *Robb-Schi*, 1994; **XVIII.** *Scho-Sik*, 1996; **XIX.** *Sil-Sque*, 1998; **XX.** *Squi-Tog*, 2000; **XXI.** *Toi-Z*, 2002; *Supplemento* a cura di Edoardo Sanguineti, 2004; *Supplemento* a cura di Edoardo Sanguineti, 2009; *Indice degli autori citati* a cura di Giovanni Ronco, 2004.   (*GDLI*)

BECCARIA
2010   Gianluigi Beccaria, *Il mare in un imbuto. Dove va la lingua italiana*, Torino, Einaudi, 2010 "Saggi" 912.

BOLELLI
1979   Tristano Bolelli, *Qualche parola al giorno. Conversazioni alla radio sulla lingua*, Pisa, Giardini, 1979 "Orientamenti linguistici" 9.

BRAASCH - POVLSEN
2002   *Proceedings of the Tenth EURALEX International Congress. Copenhagen, Denmark, August 13-17 2000*, edited by Anna Braasch and Claus Povlsen, Copenhagen, Center for Sprogteknologi, 2002.

CAD XVIII vedi REINER *et alii* 2006

CAPPELLI
2005   Cap. Paolo Cappelli, *Morbus Anglicus*, in «Informazioni della Difesa» 5 (2005) 52-9.

CARACCHI
1992   Pinuccia Caracchi, *Grammatica hindī*, Torino, Promolibri, 1992₁ "Biblioteca universitaria orientale" 3. Ora anche Torino, Magnanelli, 2013₇ "Biblioteca universitaria orientale" 3.

CASTEL - WESTFALL
2001   *Castel's English-Cree Dictionary and Memoirs of the Elders*, based on the Woods Cree of Pukatawagan (Manitoba), translated by Robert J. Castel, compiled, edited and with a *Cree-English Glossary* by David Westfall, Brandon (Manitoba), Brandon University Northern Teacher Education Program, 2001.

CASTELLANI
1988   Arrigo Castellani, Morbus Anglicus, in «Studi linguistici italiani» XIII (1988) 137-53. Poi in CASTELLANI 2009, vol. I., pp. 166-81.

2009   Arrigo Castellani, *Nuovi Saggi di linguistica e filologia italiana e romanza (1976-2004)*, a cura di Valeria della Valle, Giovanna Frosini, Paola Manni, Luca Serianni, Roma, Salerno Editrice, 2009, 2 volumi.

CHATTERJI
1967   Suniti Kumar Chatterji [*bengali* সুনীতিকুমার চট্টোপাধ্যায় Shunitikumar Chôṭṭopaddhae], *Some Indo-European Tribal Names: Loans and Inheritances*, in AA. VV. 1967, vol. I, pp. 452-61.

DE MAURO *et alii*
2000   *Grande dizionario italiano dell'uso*, ideato e diretto da Tullio De Mauro, con la collaborazione di Giulio C. Lepschy e Edoardo Sanguineti, Torino, UTET, 2000. ¶ **I**. *A-Cg*; **II**. *Ch-Fl*; **III**. *Fm-Man*; **IV**. *Mao-Pol*; **V**. *Pom-Se*; **VI**. *Sf-Z*.   (*GraDIt*)

DE MAURO - MANCINI
2001   Tullio De Mauro - Marco Mancini, *Dizionario moderno delle parole straniere nella lingua italiana*, Milano, Garzanti Linguistica, 2001 "Dizionari moderni".

DEVOTO - OLI
2004   Giacomo Devoto - Gian Carlo Oli, *Dizionario della lingua italiana. Edizione 2004-2005*, con incluso CD-Rom, a cura di Luca Serianni e Maurizio Trifone, Firenze, Le Monnier, 2004.   (*DOLI*)

DEA vedi GÖRLACH 2001

DHLF vedi REY 1992

DOLI vedi DEVOTO - OLI 2004

FEW XVIII vedi WARTBURG 1967

FEW XIX vedi WARTBURG 1967b

FEW XX vedi WARTBURG 1968

FORTESCUE
1984   Michael Fortescue, *West Greenlandic*, London - Sydney - Dover, Croom Helm, 1984 "Croom Helm Descriptive Grammars".

GDLI vedi BATTAGLIA *et alii* 1961-2009

GÖRLACH
2001   *A Dictionary of European Anglicisms. A Usage Dictionary of Anglicisms in Sixteen European Languages*, edited by MANFRED GÖRLACH, Oxford - New York, Oxford University Press, 2001.   (*DEA*)
2002a   *An Annotated Bibliography of European Anglicism*, edited by MANFRED GÖRLACH, Oxford - New York, Oxford University Press, 2002.
2002b   *English in Europe*, edited by MANFRED GÖRLACH, Oxford - New York, Oxford University Press, 2002.

GraDIt vedi DE MAURO *et alii* 2000

GUSMANI
1973   Roberto Gusmani, *Aspetti del prestito linguistico*, Napoli, Libreria Scientifica Editrice, 1973 "Collana di studi classici" 15. Poi come Aspetti del prestito lessicale, in GUSMANI 1896, pp. 9-136.
1986   Roberto Gusmani, *Saggi sull'interferenza linguistica*, Firenze, Le Lettere, 1986$_2$ [1993^r] "Le Lettere – Università". Seconda edizione accresciuta di Idem, *ibidem*, 1981$_1$, due volumi.

HEWSON
1993   John Hewson, *A Computer Generated Dictionary of Proto-Algonquian*, Hull (Quebec), Canadian Museum of Civilization, 1993 "Canadian Ethnology Series - Mercury Series Paper" 125.

IEW vedi POKORNY 1959-69

JACOBSON
1995   Steven A. Jacobson, *A Practical Grammar of the Central Alaskan Yup'ik Eskimo Language*, with Yup'ik readings written by Anna W. Jacobson, Fairbanks, Alaska Native Language Center and Program - University of Alaska Fairbanks, 1995.

LEPSCHY - LEPSCHY
1999/95 Anna Laura Lepschy - Giulio Lepschy, *Anglismi e italianismi*, in LEPSCHY - LEPSCHY 1999, pp. 169-182, § 9. Già in LEPSCHY - LEPSCHY 1995, 187-96.
1999   Anna Laura Lepschy - Giulio Lepschy, *L'amanuense anafalbeta e altri saggi*, Firenze, Leo S. Olschki, 1999 "Saggi di «Lettere Italiane»" 65.

LOWE
1983   Ronald Lowe, *Kangiryuarmiut Uqauhingita Numiktittitdjutingit | Basic Kangiryuarmiut Eskimo Dictionary*, Inuvik (NW Territories, CA), Committee for Original Peoples Entitlement - Université Laval (Fonds Gustave Guillaume). 1983.

MÄGEDI
2002   Merike Mägedi, *Alien Words in Our Everyday Life (On the need for an Estonian Database of Structurally Alien Words)*, in BRAASCH - POVLSEN 2002, pp. 723-728.

MONIER-WILLIAMS
1995/1899- Sir Monier Monier-Williams, *A Sanskrit - English Dictionary, etymologically and philologically arranged, with special reference to cognate Indo-european languages*; new edition, greatly enlarged and improved with the collaboration of E[rnst] Leumann and C[arl] Cappeller, Dehli, Motilal Banarsidass Publishers, 1995 [1899_1, Oxford University Press].

MORALDO
2008   *Sprachkontakt und Mehrsprachigkeit. Zur Anglizismendiskussion in Deutschland, Österreich, der Schweitz und Italien. Convegno Iternazionale, Forlì, 21-22 marzo 2007*, herausgegeben von Sandro M. Moraldo, Heidelberg, Universitätsverlag Winter, 2008.

NENCIONI
1987/89 Giovanni Nencioni, *Lessico tecnico e difesa della lingua*, in «Studi di lessicografia italiana» IX (1987) 5-20; poi in NENCIONI 1989, pp. 265-80.
1989   Giovanni Nencioni, *Saggi di lingua antica e moderna*, Torino, Rosenberg & Sellier, 1989, pp. 265-280.

NESI - DE MARTINO
2012   *Lingua italiana e scienze. Atti del convegno internazionale, Firenze, Villa Medicea di Castello, 6-8 febbraio 2003*, a cura di Annalisa Nesi e Domenico De Martino, Firenze, Accademia della Crusca, 2012.

OED vedi SIMPSON -WEINER 1989

PACELLA
1991   Giacomo Leopardi, *Zibaldone di pensieri*, edizione critica e annotata a cura di Giuseppe Pacella, Milano, Garzanti, 1991 "I libri della spiga".

PALAZZI
1969   Fernando Palazzi, *Novissimo dizionario della lingua italiana: etimologico, fraseologico, grammaticale, ideologico, nomenclatore e dei sinonimi, con 74 paradigmi di nomenclatura*, Milano, Ceschina, 1969 [1939_1].

PALAZZI - FOLENA
1974   Fernando Palazzi - Gianfranco Folena, *Novissimo dizionario della lingua italiana*, Milano, Fratelli Fabbri Editori, 1974.

PANZINI

1905   Alfredo Panzini, *Dizionario moderno: supplemento ai dizionari italiani*, Milano, Hoepli, 1905.

POKORNY

1959-69   Julius Pokorny, *Indogermanisches etymologisches Wörterbuch*, Bern und München, Francke Verlag, I. Band 1959, II. Band 1969.   (*IEW*)

REINER *et alii*

2006   *The Assyrian Dictionary of the Oriental Institute of the University of Chicago*. Volume **18** *T*, edited by Erica Reiner †, with the assistance of Richard I. Caplice, Dietz Otto Edzard †, Brigitte Groneberg, Hermann Hunger, Burkhart Kienast, Marie-Christine Ludwig, Simo Parpola, Johannes M. Renger, Martha T. Roth, Wilfred van Sold, Matthew W. Stolper and Frans Wiggermann, Chicago (IL), The Oriental Institute, 2006.   (*CAD* XVIII)

REY

1992   *Dictionnaire historique de la langue française*, sous la direction de Alain Rey, Paris, Dictionnaire Le Robert, 1992, 2 vol.   (*DHLF*)

REPETTI

1993   Lori Repetti, *The Integration of Foreign Loans in the Phonology of Italian*, in «Italica» LXX (1993)^2 182-96.

SABATINI

2007   Francesco Sabatini, *Storia della lingua italiana e grandi corpora. Un capitolo di storia della linguistica*, in BARBERA - CORINO - ONESTI 2007a, pp. xiij - xvj ¶ ij.

2011/08   Francesco Sabatini, *L'italiano lingua permissiva? Proposta per una strategia comune delle lingue europee verso l'anglicismo*, in SABATINI 2011, vol. III, pp. 333-341; già in MORALDO 2008, pp. 267-275.

2011/06   Francesco Sabatini, *La storia dell'italiano nella prospettiva della* corpus linguistics, in CORINO - MARELLO - ONESTI 2006, pp. 31-37. Ora in SABATINI 2011, tomo I, pp. 223-32.

2011   Francesco Sabatini, *L'italiano nel mondo moderno. Saggi scelti dal 1968 al 2009*, a cura di Vittorio Coletti, Rosario Coluccia, Paolo d'Achille, Nicola de Blasi e Domenico Proietti, con *Bibliografia degli scritti*, a cura di Riccardo Cimaglia, Napoli, Liguori editore, 2011, tomi I-III.

SAMPSON

2004   Geoffrey Sampson, *Introduction* to SAMPSON - MCCARTHY 2004, pp. 1-8.

SAMPSON - MCCARTHY

2004   *Corpus Linguistics. Readings in a Widening Discipline*, edited by Geoffrey Sampson and Diana McCarthy, London - New York, Continuum, 2004.

SCHMIDT

1953   H[elmut] D[an] Schmidt, *The Idea and Slogan of "Perfidious Albion"*, in «Journal of the History of Ideas» XIV (1953)^4 604-16.

SCHRIJVER

1991   Peter Schrijver, *The Reflexes of the Proto-Indo-European Laryngeals in Latin*, Amsterdam (NE) - Atlanta (Georgia), Editions Rodopi B.V., 1991 "Leiden Studies in Indo-European" 2.

SGROI

2010a   Salvatore Claudio Sgroi, *Per una grammastica "laica". Esercizi di analisi linguistica dalla parte del parlante*, Novara, de Agostini Scuola, 2010 "UTET Università".

2010b   Salvatore Claudio Sgroi, *I "doni stranieri": tradurre o non tradurre gli anglicismi?*, in «Studi linguistici italiani» XXXVI (2010)² 284-93. Anche in SGROI 2010a, ¶ 8 pp. 94-103.

2010c   Salvatore Claudio Sgroi, *E-mail: un anglicismo polisemico oscillante*, in SGROI 2010a, ¶ 19 pp. 233-40.

2010d   Salvatore Claudio Sgroi, *Il Battaglia-Bàrberi Squarotti-Sanguineti (1961-2009): un'eredità per il terzo millennio*, in SGROI 2010a, ¶ 27 pp. 320-25.

2013   Salvatore Claudio Sgroi, *Dove va il congiuntivo? Ovvero il congiuntivo da nove punti di vista*, Novara, de Agostini, 2013 "UTET Università".

SIMPSON - WEINER

1989   T*he Oxford English Dictionary. Second edition*, Prepared by J[ohn] A[ndrew] Simpson and E[dmund] S. C. Weiner, Oxford, Clarendon Press, 1989. First edited by James A. H. Murray, Henry Bradley, W. A. Craigie and C. T. Onions, combined with *A Supplement to the Oxford English Dictionary* edited by R. W. Burchfield. ¶ Vol. **I.** *A-Ba*; **II.** *Bb-Ch*; **III.** *Ch-Cr*; **IV.** *Cr-Du*; **V.** *Dv-Fo*; **VI.** *Fo-Ha*; **VII.** *Ha-In*; **VIII.** *In-Lo*; **IX.** *Lo-Mo*; **X.** *Mo-Ov*; **XI.** *Ow-Po*; **XII.** *Po-Qu*; **XIII.** *Qu-Ro*; **XIV.** *Ro-Se*; **XV.** *Se-So*; **XVI.** *So-St*; **XVII.** *Su-Th*; **XVIII.** *Th-Un*; **XIX.** *Ub-Wa*; **XX.** *Wa-Zy*.   (*OED*)

SODEN

1965-81   *Akkadisches Handwörterbuch.* Unter Benutzung des Lexikalischen Nachlasses von Bruno Meissner (1868-1947), bearbeitet von Wolfram von Soden, Wiesbaden, Otto Harrassowitz, 1965-1981. ¶ Band **I.** *A-L*, ibidem, 1965, pp. xvj + 1-568; Band **II.** *M-S*, ibidem, 1972, pp. 569-1064; Band **III.** *S-Z*, ibidem, 1981, pp. xvj + 1065-1592.   (*AhW*)

TURNER

1962-6   Ralph L. Turner, *A comparative dictionary of the Indo-Aryan languages*, London, Oxford University Press, 1962-66. Con tre volumi supplementari: *Indexes*, compiled by Dorothy Rivers Turner, 1969; *Phonetic analysis*, 1971; *Addenda et corrigenda*, 1985.

WARTBURG

1967   *Französisches etymologisches Wörterbuch. Eine Darstellung des französisches Sprachschatz*, von Walter von Wartburg, 18. Band *Anglizismen*, Basel, Zbinden Druck und Verlag AG, 1967 (*Lieferung* 121).   (*FEW* XVIII)

1967b   *Französisches etymologisches Wörterbuch. Eine Darstellung des französisches Sprachschatz*, von Walter von Wartburg, 19. Band *Orientalia*, Basel, Zbinden Druck und Verlag AG, 1967 (*Lieferungen*: 109. *aba-qub*, 1966; 122. *qub-Register*, 1968).   (*FEW* XIX)

1968   *Französisches etymologisches Wörterbuch. Eine Darstellung des französisches Sprachschatz*, von Walter von Wartburg, 20. Band *Entlehnungen aus den übrigen Sprachen*, Basel, Zbinden Druck und Verlag AG, 1968 (*Lieferung* 125).   (*FEW* XX)

Tra scritto-parlato, **Umgangssprache** *e comunicazione in rete:*
i corpora NUNC[*].

(Manuel BARBERA - Carla MARELLO)

> *Die Sprache ist ein Labyrinth von Wegen. Du kommst von ei-*
ner *Seite und kennst dich aus; du kommst von einer andern zur*
selben Stelle, und kennst dich nicht mehr aus.
Ludwig Wittgenstein, *Philosophische Untersuchungen*, § I.203.

0.   PROLOGO. «S'io dovessi quanto alle future condizioni della lingua fare un pronostico, direi senz'altro: la lingua in Italia sarà quello che sapranno essere gli Italiani» (CAPPONI 1869, p. 682), conchiudeva Gino Capponi ormai quasi un secolo e mezzo fa un suo importante saggio sulla lingua italiana nella *Nuova Antologia*, che il Nencioni valorizzò più volte, raccogliendone il pronostico[1] all'inizio di un suo famoso studio (NENCIONI 2000/93, p. 299) e perentoriamente rispondendogli in chiusa (*ibidem*, p. 304): «tutti [...] gl'italiani, variamente motivati e sospinti, hanno concorso e concorrono a tessere giorno giorno, sul telaio del tempo, la gran tela dell'italiano comune. [...] Il vago pronostico di Capponi si è avverato positivamente».

Detto (bene) e fatto. Ma *come* e *cosa* realmente sia questo oggetto *italiano comune*, inteso (affatto wittgensteinianamente e saussurianamente) quale il suo uso medesimo[2], ancora ben non si sa, nonostante analisti non ne siano invero mancati, talora eccellenti, ognuno con i suoi obiettivi, talora i più moderni ed *à la page*: ci troviamo, cartograficamente, ancora in larga parte in *terra incondita*, od almeno da descrivere esaustivamente.

1.   INTRODUZIONE. Che a tentare di farlo tocchi in primo luogo alla linguistica dei corpora non abbiamo molti dubbi, almeno per due ragioni.

(1) Tutta la pur vastissima e non sempre univoca letteratura esistente concorda che i corpora allestiti per scopi linguistici debbano assolvere i requisiti dell'autenticità e della rappresentatività dei loro materiali rispetto alla lingua oggetto (cfr. BARBERA - CORINO - ONESTI 2007a, rispettivamente § 2.2, pp. 47-8, e § 2.3, pp. 49-51, con ricca bibliografia), ossia attenersi a documentare l'esistente di fatto; nel nostro caso: l'italiano che gli italiani (dai risorgimentali di Capponi ai moderni di Nencioni) hanno modellato usandolo, non quello delle aspirazioni dei grammatici o dei letterati.

(2) Nonostante la "anglicità" della disciplina, resteremmo forse ben più nell'alveo di quella *nazionalità* da cui abbiamo preso le mosse di quanto comunemente si crederebbe, visto che Sabatini ha ormai autorevolmente attribuito alla tradizione grammaticografica e lessicografica specificamen-

---

[*] Questo lavoro fu scritto per le commemorazioni nencioniane del maggio 2009, e poi rielaborato per gli Atti, che non uscirono se non nel 2011, bizzarramente datati 2008, a sfida di ogni bibliografo. Nell'originaria publicazione, secondo le prescrizioni di legge, si dichiarava, e qui lo si ripete, che vadano attribuiti «a Barbera i §§ [0], 2 e 3, a Marello i §§ 5 e 6, e ad entrambi i §§ 1, 4 e 7». Allora come adesso entrambi gli autori desiderano «ringraziare Marco Carmello, Eva Cappellini, Ludwig Fesenmeier, Francesco Sabatini e Salvatore Claudio Sgroi; che naturalmente non hanno responsabilità alcuna dei gerbidi e sterpaglie in cui gli autori hanno liberamente eletto di imprunarsi, anzi li trattennero da più accidentati e perigliosi dirupi».

[1] Argomento su cui più diffusamente ritornò in NENCIONI 2000/94.

[2] Ché in questa direzione ci sembra muovesse, al di là del pur fondamentale ethos risorgimentale che lo infervorava, anche il Capponi.

157

te italiana proprio il caratteristico procedimento che in linguistica dei corpora si direbbe *corpus based* (cfr. SABATINI 2006 e SABATINI 2007)[3].

2.	PERCHÉ I NUNC. Il problema, a questo punto, diventa però quello di quali testi considerare come base per i nostri corpora. La letteratura sull'argomento presenta infatti uno sfrangiamento diamesico imponente, che parte dalle articolate categorie nencioniane di scritto e parlato.

La nostra scelta è caduta su dei corpora innovativi e di recente ideazione, pubblicamente consultabili (cfr. l'URL in bibliografia): i NUNC, cioè corpora che raccolgono newsgroup[4] e li rendono consultabili come testi annotati. Cosa questi NUNC siano davvero e come possano rispondere nencioniamente allo scopo, sarà l'oggetto (e la sfida) delle pagine seguenti.

Sommariamente presentato in BARBERA 2007, § 2.2.5, pp. 7-9 (cfr. anche CORINO 2007 ed ora BARBERA 2011), il progetto dei NUNC (acronimo di *Newsgroup UseNet Corpora*) è nato nel 2002 per iniziativa di M. Barbera, che ne indovinò l'utilità ed iniziò i primi download sperimentali di testi nell'inverno 2001, per poi proporlo come principale fonte testuale di vari progetti[5].

I NUNC sono appunto una innovativa[6] suite multilingue (in cui l'italiano è solo il cuore) di corpora costituiti con i testi dei newsgroup:

> Un newsgroup è un forum telematico a libero accesso, gratuito, disponibile su Internet, che si manifesta nella forma di testi scritti, ed il cui funzionamento è assai semplice: ogni utente scrive un messaggio, il post, e lo invia ad una specie di "bacheca elettronica" mantenuta presso una rete di server (i newsserver che costituiscono UseNet), dai quali gli altri utenti del gruppo possono scaricarlo, leggerlo e rispondervi, costruendo anche articolate catene (thread) di botte e risposte. La facilità d'uso garantisce la grande diffusione dello strumento tra le categorie più diverse di utenti e giustifica la grande quantità di traffico esistente su UseNet. Queste "bacheche elettroniche" che sono i newsgroup sono poi articolate in una tassonomia precisa, ossia in un sistema di cornici argomentative che si chiamano "gerarchie", a base geografico-nazionale e/o tematica; anche queste gerarchie, peraltro, nascono dal basso in base alla iniziativa degli utenti.
>
> I vantaggi di questa base testuale per la *corpus linguistics* sono numerosi: (a) la grande abbondanza testuale; (b) il presentare una *Umgangssprache* assolutamente contemporanea e reale molto variata per registri e temi; (c) la presenza di gerarchie classificate tematicamente dal basso; (d) l'organizzazione in gerarchie nazionali che è garanzia di uniformità diacorica; (e) la verosimile disponibilità legale del materiale; (f) l'interesse testuale del fenomeno del quoting; (g) l'interesse lessicografico, antropologico e socio-

---

[3] E si vedano ora anche BARBERA 2013/12 e 2013a, pp. 10-18 §1.

[4] Tondo (invariabile) o corsivo (con plurale in *-s*)? Prestito non adattato (ma comunque accettato, fosse anche *faute de mieux*) o fastidioso termine straniero se non da puristicamente evitare almeno da porre nella quarantena del corsivo? Su questo argomento abbiamo largamente argomentato in BARBERA 2009, pp. 7-13 (§ 1.4 *La resa dei forestierismi in italiano*; cfr. anche BARBERA 2003), e non giova qui ripeterci, se non per dire che ci conformiamo in tutto alle decisioni allora prese; che sono anche ricapitolate ed espanse nel sesto capitolo di questa silloge. Quel che, invece, sarà il caso di ricordare in questa sede è che la nostra riflessione muoveva dal medesimo passo leopardiano (*Zibaldone*, pp. 3193-6 = PACELLA 1991, pp. 1675-7) da cui anche il Nostro, leopardiano di ferro quant'altri mai, traeva conclusioni e riflessioni in larga misura convergenti: «dobbiamo soprattutto, e sempre, distinguere la forma dalla sostanza: la vitalità della lingua scientifica e tecnologica italiana nei diversi rami dell'esperienza dipenderà non da ingiunzioni o comportamenti di boria nazionale, ma dalla operatività degli scienziati e dei tecnologi italiani; così come ha ben visto il nostro Leopardi» (NENCIONI 2000/91, p. 325).

[5] *In primis* il FIRB RBAU014XCF "L'italiano nella varietà dei testi. L'incidenza della variazione diacronica, testuale e diafasica nell'annotazione e interrogazione di corpora generali e settoriali", coordinatore nazionale Carla Marello. Essendo i NUNC rilasciati dalla bmanuel.org (che ne è la proprietaria) sotto licenza *Creative Commons Share Alike* (cfr. CIURCINA - RICOLFI 2007), hanno potuto essere liberamente usati anche da altri progetti, come recentemente ad esempio il progetto VALERE (*Varietà Alte di Lingue Europee in REte)*, Regione Piemonte Bando Scienze umane e sociali 2008.

[6] Vi sono solo due precedenti: (1) il tedesco ELWIS, cfr. HINRICHS *et alii* 1995 e FELDWEG - KIBIGER - THIELEN 1995; (2) il *CMU Text Learning Group Data Archive* di Tom Mitchell del 1993, comunemente noto come *20 Newsgroups*, che non è però un vero precedente poiché, a norma della definizione sopra fornita, non è realmente un corpus, ma bensì una collezione di testi predisposta per *machine learning*.

logico dell'essere UseNet una sorta di "enciclopedia popolare", organizzata secondo una "folk taxonomy". (BARBERA 2007, p. 8)

I NUNC sono liberamente consultabili online e sono composti di materiali linguistici tratti da newsgroup che erano in rete negli anni 2002-2004[7], ma sono corpora nel senso proprio del termine:

> Raccolta di testi (scritti, orali o multimediali) o parti di essi in numero finito in formato elettronico trattati in modo uniforme (ossia tokenizzati ed addizionati di markup adeguato) così da essere gestibili ed interrogabili informaticamente; se (come spesso) le finalità sono linguistiche (descrizione di lingue naturali o loro varietà), i testi sono perlopiù scelti in modo da essere autentici e rappresentativi. (BARBERA - CORINO - ONESTI 2007b, p. 70; BARBERA 2009, p. 126)

Sono quindi chiusi, fissati, rielaborati e variamente annotati, non fluttuanti come la rete su cui si fanno ricerche estemporanee, ad esempio con Google, o come i cosiddetti *Web Corpora*, spesso presentati come l'ultima frontiera della linguistica dei corpora (cfr. BARBERA - CORINO - ONESTI 2007b, § 1.5 *I corpora futuribili: Web as a corpus?*, pp. 44-45, con bibliografia). I corpora di newsgroup italiani ammontano, fra corpora generalisti e corpora specialistici di cucina, motori e fotografia digitale, a 280.587.779 token[8] (cfr. BARBERA 2007, p. 6, Tav. 2).

Allorché in BARBERA 2004 (sostanzialmente ripreso in BARBERA 2007, p. 8) si presentava il progetto, l'insistenza era, naturalmente, più sugli aspetti di "enciclopedia popolare" e *folk taxonomy*, giusta i contingenti orizzonti lessicografico-terminologici; qui, invece, è soprattutto sulla *rappresentatività usuale* di tali materiali, concetto la cui natura diamesica può essere inscritta nelle auree coordinate nencioniane di "parlato-scritto", e che ci piace qualificare come *Umgangssprache*.

3.   LA NOZIONE DI *UMGANGSSPRACHE*. La nozione "tecnica"[9] di *Umgangssprache*, che è ormai tradizionale nella romanistica (è stata riproposta anche recentemente, ad esempio da KIESLER 2006), è stata elaborata intorno alle problematiche sorte intorno al cosiddetto *Vulgärlatein*, o "latino volgare", la cui disparità dal latino classico poneva un problema (allora) inedito: già il Pott, infatti, dalla autorevole *Kuhns Zeitschrift* reclamava nel 1852: «ueberdem hat die philologie[10], geblendet vom glanze der – ohnedies öfters mehr traditionell, als rationell begründeten – classicität und nicht selten im belachenswerthen glauben, als ob eine schreibart, so die sich natürlich nicht einmal selbst (z. b. in den reden und briefen) gleichbleibende ciceronianische, schablonenartig für all' und jedes passe und gerecht sei, nur zu oberflächlich und geringschätzig die sprache der meisten schriftsteller behandelt, welche zeitlich und stilistisch, oder auch, wie z. b. die scriptores rei rusticae, die agrimensoren, ihrem gegenstande nach aus der classicität herausfallen» (POTT 1852, p. 312).

3.1   HOFMANN. Pur non senza precedenti (merita di essere ricordato soprattutto REBLING 1883/73) in àmbito latino-romanistico la sua compiuta caratterizzazione di specialissimo (diremmo oggi, nencionianamente) "parlato-scritto" è dovuta soprattutto al grande Johann Baptist Hofmann, che ne ha dipanato le complesse trame psicologiche, diamesiche e diafasiche nella sua fondamentale *Lateinische Umgangssprache* del 1926, e nel successivo, teorico, articolo del 1929; impostazione sulla cui ricchezza bene informa RICCOTTILLI 1983.

---

[7] Un aggiornamento a tutto il 2013 è attualmente in corso.

[8] Per il concetto peirceano di *token* cfr. BARBERA - CORINO - ONESTI 2007b, § 1.3 *La tokenizzazione: token e type*, p. 35-43, con bibliografia. Non usiamo qui *parole*, oltre che per le ragioni teoriche esposte in BARBERA - CORINO - ONESTI 2007b cit. e spesso ribadite altrove, anche per elementare prudenza, in quanto ci sono anche segni iconici nei NUNC, c'è molto che non è parola grafica e che ha reso e rende molto complesso il lavoro necessario a consentirne l'interrogazione, come illustrano BARBERA - COLOMBO 2010 (e si confronti ciò con i problemi legati alla disambiguazione, sia pure in testi ben diversi, fiorentini duecenteschi, affrontato da TOMATIS 2007).

[9] Al di fuori della quale il termine è di uso corrente, ad esempio, nella pratica lessicografica per 'lingua colloquiale', con accezione, dunque, più diafasica che diamesica.

[10] Conservo l'ortografia originale, senza normalizzare all'uso moderno.

3.2   La tradizione otto-novecentesca. Al di fuori della più stretta cerchia dei latinisti il richiamo esplicito ad una *Umgangssprache* è in Wunderlich (Wunderlich 1894), notevole anche per l'uso di testi scritti, in ispecie teatrali; ma di una *italienische Umgangssprache* era già questione in un'opera oggi dimenticata (Hecker 1901/1897), ma che Spitzer doveva verosimilmente conoscere (Hecker era lettore di italiano nell'Università di Berlino a cavallo del secolo), e che presenta, sia pure in una prospettiva prevalentemente apprendologica, aspetti interessanti, quali le appendici sul «*Briefstil* | Stile epistolare» e sui «*Gespräche* | Dialoghi» (peraltro assai diffuse nelle grammatiche pratiche dell'epoca, ma ugualmente notevoli sia per la implicita forbice diamesica, sia per la futura attenzione al *Gespräch* da parte di Spitzer); o la massiccia presenza di una «*Rhetorische Abteilung* | Parte Rettorica», di contenuti assai vari e talora imprevedibili.

E Wunderlich e Hecker non sono isolati, non nascono dal nulla: anche fuori dalle problematiche del *Vulgärlatein*, infatti, l'humus è assai ricco. In primo luogo va ricordata la pratica, tanto diffusa quanto oggi poco indagata, di quelli che ora chiamiamo *manuali di conversazione* (il catalogo del Julius Oors Verlag di Heidelberg, una delle case editrici più attive in questo settore tra Ottocento e primo Novecento, usava i seguenti traducenti: tedesco *Conversations-Grammatik*, inglese *Conversation-Grammar*, francese *Conversations*, italiano *Conversazioni*, romeno *Conversaţiunĭ*). Al di là di ciò, non mancano anche *specimina* più cogenti, sia pur diversamente e variamente impostati, in molti àmbiti linguistici: da quello francesistico (*oitanico*: cfr. Diepenbeck 1900, dove è interessante il ricorso prevalente a testi teatrali, come sarà nel Wunderlich e nello Spitzer[11]; *francese moderno*: Kron 1899/95, più che altro una *Conversations-Grammatik*, ma notevole per l'interesse all'*argot* parigino), al germanistico (*olandese*: cfr. van der Aa 1840, anche questo, in realtà, un manuale di conversazione, ma interessante e precoce; *inglese*: cfr. Ahn 1865/34, ancora una *Conversation-Grammar*, ma notevole per influenza[12] e per la corposa presenza [pp. 75-147] di *Vertraute Gespräche*; *tedesco*: cfr. Wunderlich 1894, il riconosciuto modello di Spitzer [cfr. *infra*]; Kretschmer 1918, assai interessante sia per le sue definizioni teoriche [cfr. p. 10], sia per i suoi sviluppi diacorici e financo diacronici; ecc.), al greco (*neogreco*: cfr. Mitsotakis 1891; qui in gioco era soprattutto la drastica diglossia del neogreco, esemplificabile nell'opposizione tra καθαρεύουσα e δημοτική, che innescò una vera questione della lingua, γλωσσικό ζήτημα, oggi solo più o meno "risolta"), all'ottomano (*osmanlı*: cfr. Piqueré 1870; qui i problemi sono tanto la distanza tra scrittura ed *Aussprache*, quanto la complessa stratificazione diafasica ed il cospicuo sfrangiamento diacorico; si veda anche la difficoltà del recupero diacronico odierno, come nelle esemplari ricerche di Luciano Rocchi), fino a quello cinese (cfr. Arendt 1891-94 e Lessing - Othmer 1912: terreno ancora più fertile, dàndosi la fortissima pluriglossia, l'ancor più forte peso dello scritto anche nell'orale, e la ricerca di quello che diventerà la *pŭtōnghuà*, 普通话); ed il quadro potrebbe ulteriormente essere ampliato, ma qui può forse bastare.

3.3   Spitzer. Tornando al noto, invece, si può dire che il maestro della *Stilkritik*, Leo Spitzer, partendo dalla stilistica del Bally, aveva elaborato una nozione di *Umgangssprache* simile ma non identica a quella di Hofmann e, in diversa ma confrontabile ottica, la aveva applicata all'italiano ("*italienische Umgangssprache*") in un'opera ormai classica (Spitzer 1922), una cui recente traduzione (Spitzer 2007/1922) ne ha assicurato la attuale fortuna. In realtà, l'operazione di Spitzer è forse strutturalmente meno "originale" di quella di Hofmann, e necessita più contestualizzazione di quel che di solito non si creda. L'acutezza e la genialità delle sue osservazioni puntuali, infatti, oscurano la più stretta dipendenza architettonica e generale non solo da Wunderlich (la cui impostazione è seguita passo passo, anche se con ben maggiore colpo d'ala), ma da tutta quella tradizione "pratica" otto-novecentesca che abbiamo sommariamente tratteggiato nel § 3.2: spia ne è, ad esempio, l'affastellamento (che gli è stato infatti spesso rimproverato) di esempi, caratteristico della esposizione spitzeriana, erede (inconsapevole?) delle lunghe liste fraseologiche, spesso raggruppate situazio-

---

[11] Il problema, che ben sarebbe stato pertinente, della alloglossia delle lingue letterarie medievali è però evitato.

[12] Vedansi le molte edizioni e ristampe che si sono succedute.

nalmente, dei manuali di conversazione; lo stesso ricorso massiccio a testi dialogici e teatrali[13], oltre che discendere direttamente da Wunderlich, non è senza precedenti in quella tradizione.

Se il telaio è tutto sommato abbastanza convenzionale, naturalmente non lo è l'ordito che vi è sopra intessuto[14], in cui la matrice ballyana è evidente ed esplicita; ed è questa la più importante differenza dall'operazione attuata da Hoffmann, che, in sé anche globalmente forse più nuova[15], è fondata soprattutto su categorie psicologiche ed espressive, per cui si può solo molto latamente invocare la *Völkerpsychologie* wundtiana. Categorie sulla cui funzionalità per il "parlato" si è ancora recentemente tornati (cfr. RADTKE 2001), e che si dimostrano assai utili anche per l'analisi dei gruppi di discussione in rete proposti dai NUNC (si pensi ad esempio agli *emoticons* ed al ruolo dell'iconicità in genere[16]).

La recente (e tardiva[17]) traduzione italiana di SPITZER 2007/1922 ha riportato, dicevamo, in auge ed all'attenzione dei linguisti la *Umgangssprach*e spitzeriana (cfr. almeno DE ROBERTO 2008, FERRARI 2009a, ed il convegno "Leo Spitzer: lo stile e il metodo" organizzato a Bressanone ed Innsbruck nel luglio 2008). Va però avvertito che la valente traduttrice Livia Tonelli, e soprattutto i suoi ispiratori Cesare Segre e Claudia Caffi, non ci hanno dato tanto una traduzione di servizio, quanto una vera rilettura e riadibizione critica, come già solo la ricchezza degli apparati e la scelta del titolo[18] denunciano. Comunque, Nencioni non ne aveva certo bisogno: già nel più volte citato NENCIO-

---

[13] Spitzer non potendo all'epoca (l'opera era finita nel 1914 ma fu pubblicata a Bonn solo dopo la guerra nel 1922) registrare i parlanti italiani, si basò su opere letterarie «la cui esemplificazione era tratta non dai grandi ma dai medî», come ebbe a dire CONTINI 1985, p. 9, a proposito della sintassi dei simbolisti francesi (soggiungendo sùbito dopo che «ciò valeva anche per le cavie dei cui prelievi era fabbricata l'*Italienische Umgangssprache*», *ibidem*). Opere teatrali oggi del tutto dimenticate e altre che invece ci dicono ancora qualcosa (ad esempio il Bersezio del *Travet*, De Amicis de *L'idioma gentile*, le opere teatrali di Salvatore Di Giacomo, il Fogazzaro di *Malombra*, il Giacosa delle commedie *Diritti dell'anima* e *Tristi Amori*, le poesie di Renato Fucini e quelle di Carlo Porta, *Le storie* di Trilussa). Drammi, per usare le parole di Nencioni, «del teatro veristico e "borghese"»; opere, anche quelle narrative o poetiche, largamente dialogate e perciò portatrici di parlato riferito o recitando» (NENCIONI 1983/76, p. 129).

[14] E rendersene conto, credo, lungi dal ridimensionare la prospettiva spitzeriana, giova solo a meglio porne in prospettiva la statura.

[15] Anche se pure essa non senza precedenti puntuali ed occasionali nella storia della grammaticografia del *Vulgärlatein* per cui posso rimandare a RICOTTILLI 1983.

[16] Non tratteremo nel prosieguo esempi specifici di espressività nei NUNC solo per brevità, potendo altrimenti rimandare per campioni di uso espressivo del dialetto in contesto italiano a COSTANTINO - MARELLO - ONESTI 2009 e, per esempi di iconicità che creano problemi anche di trattamento informatico, a BARBERA - COLOMBO 2010.

[17] NENCIONI 1983/76, p. 129, non a caso considerava la *Italienische Umgangssprache* ancora «troppo poco conosciuta e apprezzata».

[18] Su quest'ultimo punto, forse, vale la pena di spendere qualche parola. Si è voluto tradurre *Umgangssprache* 'lingua del dialogo' anziché (più comprensibilmente) 'lingua colloquiale' (per lo stesso termine nel titolo gemello di Hofmann la Ricottilli tradusse 'lingua d'uso') probabilmente per varie ragioni: la più ovvia (ed addotta anche dalla traduttrice stessa: cfr. TONELLI 2007, pp. 45-6) è che l'*uso* descritto è soprattutto quello dialogico (per cui già abbiamo portato motivazioni tanto di praticità quanto di tradizione); ma la più cogente è la volontà di presentare Spitzer come anticipatore della teoria degli *Speech Acts* (del *dialogo*, quindi, nel senso griceano di *conversazionale*), quale, in effetti, in certo modo, almeno superficialmente è: si pensi, infatti, già solo alla vicinanza – ed importanza – del concetto spitzeriano di *Höflichkeit* 'cortesia' con quello pragmatico di *cooperazione*, che tanto sottolineava nel volume CAFFI 2007, p. 27 (e come giustamente rilevava anche DE ROBERTO 2008, nota 21); ma per la «differenza o meno tra una linguistica del discorso e una linguistica del testo» (VENIER 2007, nota 36), cfr. BORREGUERO ZULOAGA 2004, pp. 796-97. La tesi, però, forse non aveva bisogno di ulteriori *mises en relief*, e con questa decisione traduzionale non è più facile, ad esempio, ricostruire con sicurezza cosa nel testo spitzeriano fosse davvero 'dialogo-dialogo' (propriamente *Gespräch*, spesso tradotto con *discorso* indistintamente da *Rede* e *Konversation*), distinguendolo da quello che è semplicemente 'parlato', realmente "fonetico" (propriamente *Aussprache*) o da quello che è 'colloquiale' o già 'conversazionale' (*Umgangssprache*); usi tutti che alternano nel dettato spitzeriano, sempre poliedrico, sfaccettato ed imprevedibile. Inoltre la versione italiana rende a volte *Umgangssprache* con traduzioni diverse, tra cui *parlato, parlato colloquial*e, ecc. La vicinanza della prospettiva spitzeriana con quella griceana non va, per di più, spinta dall'analogia alla sovraposizione: Spitzer, infatti, ha presupposti affatto idealisti, per cui si ha *solo* il dialogo, ossia non si ammette mai l'esistenza di una struttura semantica interna della lingua indipendente dalla "creatività del dialogo"; Grice si muove invece in un'ottica austiniana, in una linea che dal secondo Wittgenstein giunge all'ultimo Dummett, in cui il problema principale è l'insufficienza di un'analisi internalista della semantica linguistica, ma che non mette mai in dubbio l'esistenza di un sistema linguistico auto-

NI 1983/76, pp. 129-132 vi sono su SPITZER 1922 osservazioni illuminanti. In tale saggio Nencioni proseguiva infatti menzionando l'opera spagnola del discepolo di Spitzer, Werner Beinhauer (cfr. BEINHAUER 1958/29), che pure, sull'impostazione del maestro, si serviva di dizionari, novelle, drammi, e quelle francesi di Henri Bauche (BAUCHE 1920) e di Henri Frei (FREI 1929), che invece si incentravano l'uno sul parlato e l'*argot*[19] e l'altro sulla tipologia degli errori; per concludere che «nello stesso giro di tempo studiosi di luoghi diversi ma uniti dal magistero ballyano della *parole* (intesa come enunciazione attualizzante la *langue*) convergono nel grammaticalizzare il parlato sulla base di fonti scritte, quali il dramma, la novella, la lettera», mentre trenta-quaranta anni dopo «battono invece la via della registrazione e trascrizione da vive situazioni colloquiali l'allievo di Harald Weinrich, Harro Stammerjohann, nel suo saggio sull'uso del tempo verbale nel fiorentino (STAMMERJOHANN 1970) parlato e Heinz Zimmermann» nei suoi studi sintattici sulla *Umgangssprache* nel tedesco di Basilea (ZIMMERMANN 1965).

Ci pare importante far notare gli sviluppi delineati da Nencioni perché reclamiamo, in un certo senso, con la lingua dei NUNC proprio la possibilità di riportare la *Umgangssprache* anche allo scritto, ad uno scritto in rete, e non a un trascritto dall'orale, giusta i precedenti tutti che l'Otto-Novecento ci presentava.

4. PARLATO-PARLATO, PARLATO-SCRITTO, PARLATO-RECITATO E … SCRITTO-PARLATO. Torniamo infatti a Nencioni, il cui *Parlato-parlato, parlato-scritto, parlato-recitato* (NENCIONI 1983/76) segnò un vero punto nodale poiché ad un tempo relativizzava il parlato («la categoria del parlato, come quella dello scritto, si suddistingue dunque in una varietà di tipi che non può essere obliterata. […] se a definire la struttura di una lingua è utilissimo il suo confronto con un'altra […] e a ben cogliere i caratteri del parlato è utilissimo il suo confronto con lo scritto; così, e a più forte ragione, a determinare i fenomeni salienti e costanti del parlato è indispensabile il confronto intraspecifico tra vari tipi di parlato», p. 178) e lanciava sul mercato della terminologia linguistica il modello delle parole composte da "parlato-X", che era destinato ad avere molto successo[20] sia nelle tre forme da lui introdotte, sia in molte variazioni, non ultima il *parlato-trasmesso*.

Nella prima pagina del saggio citato di Nencioni (NENCIONI 1983/76, p. 126) troviamo anzi la coppia del nostro titolo *scritto-parlato,* ma in un contesto che fa interpretare altrimenti la lineetta: «risalire alla tradizionale e riduttiva opposizione "scritto-parlato"». Nell'usare la locuzione composta *scritto-parlato* noi pure intendiamo schivare la riduttiva opposizione, e proprio nel solco di come Nencioni usa i suoi *parlato-parlato, parlato-scritto, parlato-recitato,* cioè come parole composte, la usiamo per ribadire che la comunicazione in rete su cui intendiamo soffermarci, e cioè quella dei newsgroup, è uno scritto (e come vedremo è uno scritto a tutti gli effetti), ma è uno scritto non scolastico, non da pubblicazione. È uno scritto per comunicare su argomenti concreti *come se* si stesse discutendo faccia a faccia fra persone appassionate, ma di solito civili e tutto sommato mediamente colte, con l'acuta consapevolezza di star scrivendo. La comunicazione "scritta" dei newsgroup è una lingua scritta d'uso, o, come ci piace considerarla, appunto una *Umgangssprache*: «l'analogia – scrivevamo in BARBERA 2007a, p. 7, nota 12 – sembra abbastanza buona, in quanto si tratta, molto in soldoni, di una lingua comune, usuale e media, non tematicamente o sociologicamente delimitabile, più vicina al parlato ma di fatto scritta, e per la quale, in realtà la dicotomia scritto-parlato non è veramente pertinente».

---

nomo rispetto alla comunicazione. Se non si presta adeguata attenzione a ciò si rischia di (ri)appiattire la pragmatica sulla semantica, con pericolose conseguenze.

[19] Ma cfr. su ciò anche il precedente, cui abbiamo accennato, di KRON 1899/95.

[20] Ma segna anche la consapevole e controllata esplosione della diamesia pura, che procederà tanto nella direzione del sabatiniano "uso medio" (cfr. SABATINI 1985), quanto nell'allestimento di nuovi modelli variazionali, alternativi e strutturati diversamente, non attorno al semplicistico asse diamesico *parlato : scritto*. Da quello assato su *rigidità : esplicitezza* (SABATINI 1999) a quello su *prossimità : distanza* (KOCH - OESTERREICHER 1994), che ad esempio si è potuto usare con frutto tanto nella caratterizzazione dei newsgroup (cfr. CORINO 2007), quanto per i libri di conti dei banchieri fiorentini del Duecento (cfr. BARBERA 2009a, anche qui come § 3, 2009b, pp. 217-234, e BARBERA - FESENMEIER 2010).

E l'uso dell'etichetta *Umgangssprache* ci pare quanto mai appropriato, perché ci permette di recuperare, oltre alla specifica psicologica ("emozionale") nonché filologica della linea-Hofmann ed a quella quasi-pragmatica ("conversazionale" e "dialogica") nonché testuale della linea-Spitzer, la ricchezza plurilinguistica e variazionale che abbiamo evidenziato nella bibliografia che precede. Il nostro uso affianca e segue quello di questi due giganti, sottolineandone al contempo le caratteristiche (extra)diamesiche e diafasiche evidenziate da Nencioni (cui non è estraneo il concetto sabatiniano di *medietà*), ritornando a dimostrarne l'utilità per descrivere l'assunto da cui eravamo partiti: quello dell'esistenza di una *lingua nazionale* (nel senso di NENCIONI 2000/94) creata dall'*uso concreto* che ne fanno i suoi parlanti.

Come abbiamo già ricordato, NENCIONI 1983/76, p.133, si diceva convinto, con Bally, che lo studio del parlato aiuti a meglio fissare i caratteri della lingua scritta in quanto tale, aggiungendo però (NENCIONI 1983/76, p.134) che «il linguista deve, secondo noi, guardarsi tanto dal polarizzare la propria attenzione sui testi scritti [...], quanto dall'esaltare [...] i parlati attribuendo loro un valore documentario più pieno di quello che generalmente hanno e possono avere. [...] Comporre un ampio testo scritto equivale infatti [...] ad autonomizzare l'espressione linguistica dai valori paralinguistici e situazionali, e dai limiti della sintesi memoriale, [...] conferendole una trascendenza culturale e sociale, [...], una infinita ripetibilità interdette all'*hic et nunc* di un atto vitale. Al centro di tale operazione è la rimozione o idealizzazione dell'interlocutore e il riassorbimento del contesto nel testo, quindi un senso nuovo della comunicazione e dell'informazione che procura allo strumento linguistico dimensioni prima ignorate».

Gli "autori" dei NUNC, cioè coloro che hanno inviato i post nei gruppi di discussione, non vogliono "autonomizzare l'espressione linguistica dai valori paralinguistici e situazionali", anzi cercano vari mezzi per coinvolgere l'interlocutore, ma nel contempo sanno che l'interlocutore darà (potrà dare) ai loro interventi scritti "un valore più pieno" di quello che potrebbe avere la chiacchierata al telefono od al bar, sia pure su richiesta di un parere relativo a un argomento preciso. Se la principale differenza fra parlato e scritto è la presenza/assenza dell'interlocutore che può subito interagire[21] il corpus dei NUNC da questo punto di vista è certamente un esempio di lingua scritta (messaggio percepito visivamente), i cui destinatari possono interagire: si ha quindi comunicazione bi-direzionale, scritta, ma orientata sul parlato per quanto concerne questa bi-direzionalità, sia pure in modo peculiare, come CORINO 2007 ed ALLORA 2005 e 2009 hanno illustrato.

5.1   LA LINGUA DEI NEWSGROUP STRUMENTO PER UNA NORMA DELL'USO SCRITTA ? La lingua dei newsgroup italiani ha caratteristiche tali per cui potrebbe essere presa come base per stabilire una norma di lingua italiana dell'uso scritta?

Si noti che l'aggettivo *scritta* si riferisce al gruppo *lingua italiana dell'uso* e il tutto *norma di lingua italiana dell'uso scritta* non va equiparato a "norma dell'uso scritto" perché la locuzione *uso scritto* per un italiano richiama la scuola, l'uso formale, la lingua alta della saggistica, quando non della letteratura. Qui invece si vuol parlare di *Umgangssprache* scritta[22], di una lingua scritta che gli italiani usano veramente, spontaneamente e con soddisfazione, non perché devono fare una pratica burocratica, un compito scolastico o un verbale di assemblea condominiale.

Oggi abbiamo la possibilità di vedere una lingua dell'uso scritta grazie a certe forme di comunicazione mediate dalla rete e attraverso corpora elettronici l'abbiamo fermata, etichettata per parte del discorso, resa fruibile ai linguisti per ricerche che vanno oltre il lessicale e abbordano il sintatti-

---

[21] Secondo quanto già aveva anticipato nel primo quarto del secolo scorso Выготский 2008/34; questo comunque, come ha ben mostrato CORINO 2007, può, forse con maggiore precisione, essere messo in evidenza dal modello di KOCH - OESTERREICHER 1994, riformulando la questione in termini di *distanza*.

[22] Almeno nei limiti, evidenziati nei paragrafi precedenti, con cui è lecito usare la dicotomia diamesica scritto/orale quando si usi il concetto di *Umgangssprache*, che è stato introdotto proprio per evitare, ricomporre, o comunque "neutralizzare" la dicotomia diamesica stessa, che rischiava di rendere impossibile, in sede di linguistica storica e romanistica, un'accurata indagine di alcune linee portanti del processo di evoluzione linguistica; d'altra parte, anche i più recenti sviluppi di Koch - Oesterreicher e Sabatini non solo si muovono in questa direzione, ma addirittura radicalizzano l'indipendenza della *Umgangssprache* dalla dicotomia diamesica.

co. Insistiamo sul fatto che i NUNC, essendo corpora fissi, possono essere presi come base per un discorso sulla *Umgangssprache* italiana scritta, anzi su più di una, visto che nei newsgroup specialistici il discorso è spesso molto settoriale. Data la loro conformazione, si sa quando un messaggio è stato inviato con la precisione del minuto: potrebbero perciò tranquillamente prestarsi a divenire fonti di prima attestazione scritta, qualora gli storici della lingua italiana addetti a queste ricerche decidessero di allargare il loro canone a corpora non solo giornalistici. Poiché, inoltre, per la stessa finestra temporale sono stati raccolti anche newsgroup francesi, inglesi, tedeschi e spagnoli, i NUNC italiani permettono di farsi un'idea di questo italiano scritto-parlato comparandolo agli scritti-parlati di tali altre lingue, sempre in relazione allo stesso tipo di newsgroup.

Ci piace pensare che Nencioni, curioso e aperto al nuovo com'era, si sarebbe volentieri soffermato a guardare il video di un computer tenuto in mano da uno dei giovani del gruppo di ricerca che ha implementato i corpora NUNC per esaminare l'italiano in essi usato. Ci fa anche piacere presentare le riflessioni di Nencioni su scritto e parlato e discuterne con chi si occupa di italiano in rete, perché 33 anni dopo offrono ancora le coordinate per *suddistinguere* (verbo di Nencioni) diverse forme di CMR (Comunicazione Mediata dalla Rete).

La *lingua d'uso scritta* dei NUNC ha caratteristiche di parlato, ma è scritta. È una forma di comunicazione mediata dalla rete, ma non tutte le forme di CMR sono uguali. Già nel 2007 si parlava di *Umgangssprache* al computer a proposito della lingua dei newsgroup, ma da allora è più matura e sviluppata, all'interno del gruppo di ricerca che ha implementato i corpora NUNC, la consapevolezza dell'utilità che tali corpora possono avere non soltanto per fini di descrizione della lingua.

La loro importanza per studi conversazionali è patente. La netiquette e le istruzioni da seguire per far parte di un newsgroup spiegano che fare e che non fare, ed i più esperti del newsgroup, o chi lo amministra, ogni tanto rispiegano direttamente ai *niubbi* o *niubboni* (cioè chi frequenta un dato newsgroup per la prima volta) la filosofia del newsgroup a cui si sono affacciati o la spiegano indirettamente sia sgridando i cosiddetti *troll* ('intrusi' che fanno *flames,* cioè 'sparate, provocazioni'), sia prendendo in giro la figura del guardone, detto *lurcone* (si veda in proposito VALLE 2007) o *lurkatore*, o *voyeur*, o (in spagnolo) *mirón*, ovvero colui che legge senza intervenire. Non starò a riprendere le riflessioni sulla cosiddetta *netiquette* che è un aspetto fra i più ampiamente trattati dagli studi linguistici di CMR, ma non è fondamentale per l'assunto che vogliamo discutere qui.

5.2.   NEWSGROUP, VARIAZIONE DIAMESICA E COMUNICAZIONI MEDIATE DALLA RETE.   Siamo grati ad Allora che con il suo studio *Variazione diamesica generale nelle CMR* (ALLORA 2009), dopo una prima stesura presentata alla *Corpus Linguistics Conference* di Birmingham (ALLORA 2005), è ora giunto a una categorizzazione in base a parametri numerici che possono apparire perentori ed aridi, ma che hanno il gran merito di permettere di uscire dal vago. I parametri proposti sono fondati sull'idea di testo come massa di materia verbale, atto comunicativo reificato e analizzabile per le sue caratteristiche fisiche; descrivere l'aspetto di questa massa è quindi un primo ed indispensabile passo verso modi e strumenti di analisi più aderenti alla lezione linguistica.

Per definire le CMR il modello di Allora non parte dalla dicotomia oralità-scrittura, che rappresenta una polarizzazione, come direbbe Nencioni (cfr. *supra* § 4), della quale ci si sta finalmente liberando e che, nell'ottica dell'aumento della comunicazione orale in rete, delle trascrizioni computerizzate e immediate dell'orale fatte dai sistemi di riconoscimento vocale, non sarebbe un buon punto di partenza; i parametri presi in considerazione rappresentano tre aspetti della forma testuale ordinati in una scala di progressivo allargamento: aspetti temporali (una dimensione, direzione prima-dopo), aspetti spaziali (tre dimensioni), aspetti relazionali di accessibilità del testo (più di tre dimensioni). In qualche misura richiamano i parametri massimi per una tipologia dei testi secondo Sabatini (SABATINI 1999), la *rigidità : esplicitezza* vs. *elasticità : implicitezza*, anche se i parametri di Allora sono applicati alla massa di materia verbale ed alla verbalità nascosta dei programmi XML, prima ancora di arrivare alle caratteristiche linguistiche.

Fra gli aspetti che caratterizzano fisicamente i newsgroup vi sono la memoria del canale, l'attualità e la serialità del messaggio.

La MEMORIA del canale si distingue in tre situazioni: il messaggio rimane sul supporto cliente alla fine dell'interazione; il messaggio può essere salvato dopo la fine dell'interazione e altrimenti non è più accessibile; il messaggio tende a scomparire durante l'interazione.

L'ATTUALITÀ del messaggio classifica il rapporto tra il momento della produzione ed enunciazione del messaggio, tra il momento in cui il messaggio è formulato e quello in cui è reso pubblico o sottoposto all'attenzione di un destinatario.

La SERIALITÀ del messaggio lo qualifica come tendenziale atto autonomo anche privo di un membro adiacente, come dotato di autonomia ma ascritto ad un contesto di scambi, che è il caso dei newsgroup, oppure come frammento all'interno di un contesto che implica reciprocità. Dunque il messaggio può essere pubblico, pubblico e privato, o privato.

Un altro aspetto importante della CMR è la competizione per l'attenzione: è, in un certo senso, una riformulazione dei vincoli di tempo (una rappresentazione di come il tempo viene vissuto dai locutori), modificata però in modo che il suo valore sia più grande quanto più grande è il grado di accessibilità che contraddistingue il canale.

Ad esempio, l'autore di un blog è un enunciatore speciale: i suoi atti comunicativi, i *post*, sono marcati con "verbalità invisibile", tipograficamente contrapposti ai commenti, gli atti degli altri utenti. I commentatori dei blog sono in competizione sia per l'attenzione del blogger che per quella degli altri utenti e sono in posizione di subordine; nei newsgroup idealmente non ci sono posizioni dominanti: nei fatti un novellino non ha lo stesso séguito di un *habitué*, ma non è possibile imbavagliare qualcuno se non impedendogli del tutto l'accesso tramite l'esclusione operata dall'amministratore.

La connessità nella CMR può essere definita come la misura della quantità di materia verbale destinata a garantire la coerenza e coesione del singolo messaggio con il resto del cotesto[23]. Forum ed e-mail hanno un grado superiore di connessità rispetto ai newsgroup, dove la pratica corrente del *quoting*, in un certo senso esime il partecipante al newsgroup dallo scrivere lui stesso materiale verbale e la connessità è più affidata, ad esempio, a visualizzazioni di lettura garantite da programmi come *Agent Forté*:

---

[23] Il termine *connessità* è usato da ALLORA 2009 in àmbito di CMR sulla scorta del tedesco *Konnexität*, inglese *connexity,* francese *connexité*, per indicare il rapporto di continuità fra enunciati in un testo, meno linguisticamente precisato di *coesione* e meno semanticamente impegnato di *coerenza*. Il termine, già in PETŐFI - SÖZER 1983, è usato in HATAKEYAMA - PETŐFI - SÖZER 1985/84 e ripreso negli scritti curati da CONTE 1988 e CONTE - PETŐFI - SÖZER 1989.

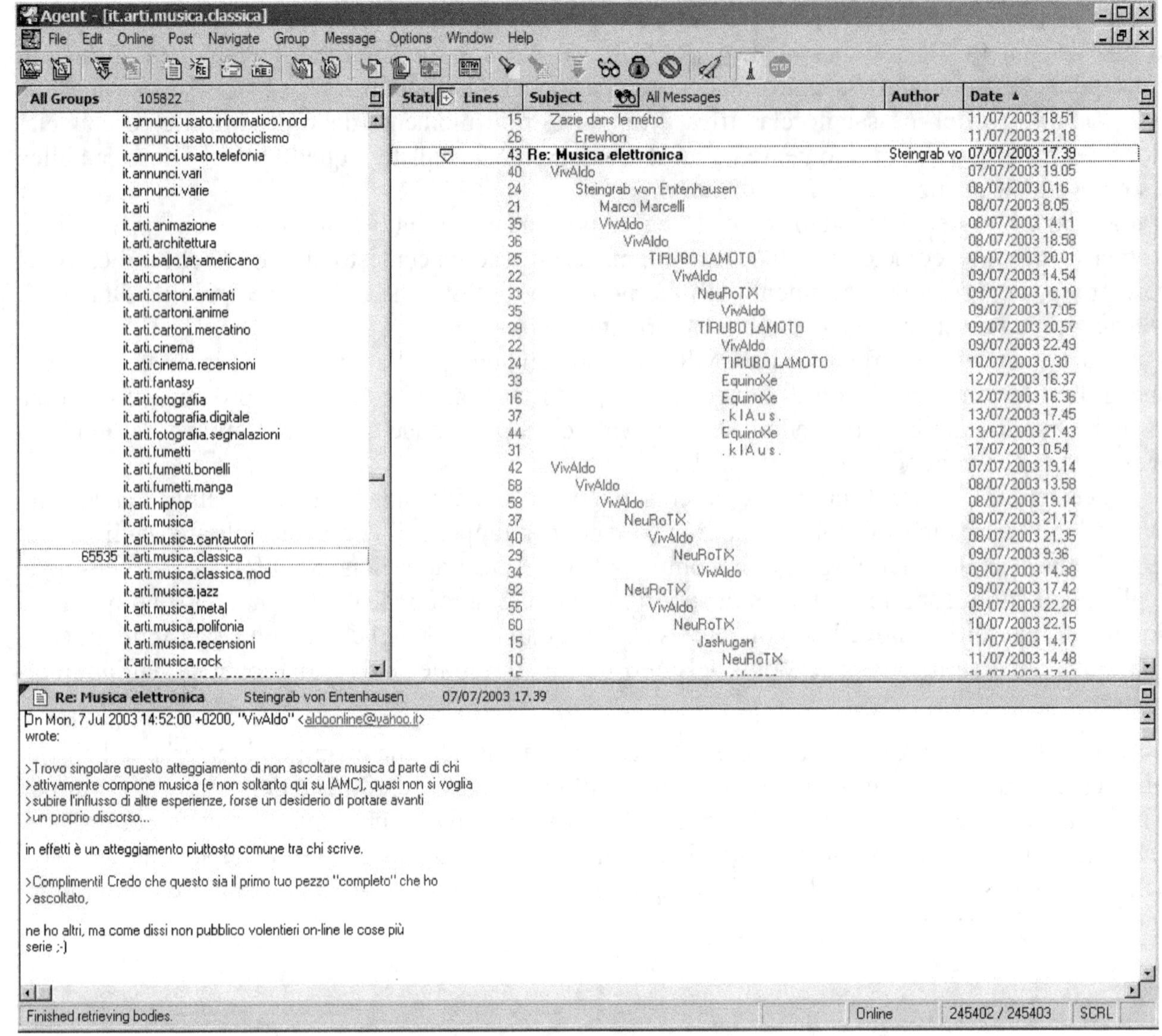

Tav. 1. Thread con disposizione visiva (indentatura) del post a cui si risponde.

Ciò non toglie che la connessità sia alta. L'andamento di testo argomentativo a più voci che assumono spesso i thread è esattamente ciò che più fa riflettere sul potenziale dei NUNC come modello di norma di lingua italiana dell'uso scritta. Si suol dire che il testo argomentativo è il più complesso da dominare, eppure soprattutto nei newsgroup specializzati si incontrano argomentazioni degne di avvocati. Del resto l'utente medio dei newsgroup ha un titolo di scuola secondaria superiore ed è anche benestante (anche se avere una linea ADSL è diventato meno costoso rispetto al 2002, anno in cui abbiamo cominciato a raccogliere testi).

6.1   NEWSGROUP: SCRITTI PER ESSER LETTI. I partecipanti ai newsgroup sanno benissimo che stanno scrivendo e leggendo quello che scrivono gli altri; e sanno che la memoria del server che ospita la gerarchia può durare anche anni e che quindi i loro post ('messaggi') possono restare in rete ed essere letti per parecchio tempo[24].

Ci sono, infatti, interventi con post che scherzano sulla forma della scrittura di un altro partecipante: si vedano i due esempi sotto riportati, (1) e (2), tratti da un newsgroup attivo nel 2002 chiamato *it.hobby.hi-fi car,* ed i molti esempi sugli errori nello scrivere parole straniere, e relative correzioni di altri, riportati in ONESTI 2007, cfr. (3).

---

[24] Abbiamo però notato che i thread che proseguono anche dopo tre o quattro giorni dal post iniziale sono rari e, se lo fanno, cambiano gradualmente l'argomento centrale della discussione, pur rimanendo invariato il subject, cioè il titolo del thread.

[1] $>^{25}$ non si può minimamente paragonare alle Nackamichi.

Nakamichi forse......

> Magari nelle Nacka non ci sono i disegnini...

E ridaje.......con Nacka

[2]   > Ringrazio tutti per i conigli sul sintocd

Ecco non bastavano i delfini!

[3]   > Ha commentato ironicamente la notizia del FT con medioman j. scotti

> (ma qual'è il suo vero nome?)

Si scrive *qual e'*.

Nell'es. (1) si corregge il nome sbagliato di una casa produttrice giapponese una prima volta più educatamente, poi usando un romanesco *ridaje* quando anche l'abbreviazione è sbagliata. In (2) chi scrive dimentica la *s* di *consigli* ed un altro partecipante, che poi darà una risposta seria alla domanda che segue il ringraziamento, scherza sul fatto che si legge *conigli*. Quanto ai delfini, erano presenti sul frontale dell'autoradio "Kenwood 8080 R"[26].

Il *sintocd* è una di quelle abbreviazioni comuni nei newsgroup su cui ci si è soffermati altrove (cfr. ALLORA - MARELLO 2008) e che riproducono nello scritto abbreviazioni di parole lunghe da scrivere, appunto, e che magari nell'orale verrebbero pronunciate per intero, ma soprattutto riprendono il linguaggio dei cataloghi online che abbreviano in tal modo *sintonizzatore* e *compact-disk*.

Nell'esempio (3) è riportato il post di un partecipante che si inserisce nel thread unicamente per fare quest'osservazione puristica sulla grafia,[27] salvo poi adottare lui stesso senza problemi quella che potremmo definire una "norma ortografica diversa", da scrittura al computer, come appunto il segnaccento dopo la vocale anziché soprasegmentale, <e'>, e gli asterischi come sostituto del corsivo.

Ci sono, inoltre, partecipanti che scrivono una specie di flusso di coscienza senza nessuna virgola, usando solo, e con parsimonia, la punteggiatura forte, come nell'esempio (4), o che scrivono frasi come quelle evidenziate in neretto negli esempi (4) e (5).

[4]   *GianC. 03/03/2003 15.29*

Ciao a tutti,

ringrazio coloro che **mi potranno aiutarmi** a trovare un

manuale in ITALIANO[28] della fotocamera digitale Fuji M603.

Ho acquistato tale fotocamera a Tenerife e dell'acquisto sono contenta,

ma ho un problema i manuali inclusi sono in tutte le linque

ESCLUSA L'ITALIANO.

Cerco quindi materiale pratico di tale fotocamera (in italiano)

per poterla utilizzare nella sua completezza di funzioni.

Ringrazio ancora e Ciao GianC.

[5]   *Re: consigliatemi un amplificatore arbaite 28/09/2002 9.36*

Ringrazio tutti per i conigli sul sintocd ma ora ho un altro dubbio.

Ho acquistato con enorme spesa un alpine cda-7998r e ora devo prendere anche

un amplificatore. Onde evitare che la spesa sostenuta per il sintocd sia

inutile che amplificatore mi consigliate tenendo conto che ora ho un budget

---

[25] È convenzione pressoché universalmente diffusa nei post che il segno del maggiore contraddistingua le righe *quotate* (cioè 'riportate dal messaggio cui si replica'). Negli esempi che riportiamo aiutiamo ulteriormente il lettore, che non dispone delle differenze di carattere o colore che molti *newsreader* (i programmi normalmente usati per leggere i newsgroup) offrono, assegnando una diversa indentatura alle varie "voci" del post.

[26] Cercando nella rete le parole *sintocd* e *delfino* si trova l'opinione di un cliente entusiasta che aveva acquistato nel 2001 un'autoradio Kenwood KDC 8080 R con lettore CD e scriveva: «...L'aspetto grafico: spettacolare, praticamente un computer, i delfini che nuotano nel frontale ne sono una dimostrazione».

[27] E per questo partecipante così attento abbiamo chi invece scrive «mettiti una mano sulla coscenza», «specificare | il funzuionamento di ogniuna» (che quest'ultimo sia un caso di parodia? Non mancano casi di questo tipo nei newsgroup).

[28] Abbiamo mantenuto le parole scritte tutte in maiuscolo all'interno del post così come erano.

di circa 150-200 euro e un impianto di serie (che per ora non voglio
assolutamente toccare). L'auto e' una land rover freelander.
Ringrazio **chi sara' gentile d'aiutarmi**.ciao –

Notiamo, tra l'altro, che il *grazie di + infinito* sta prendendo piede e non solo fra i francesisti per frasi sul modello francese *Merci de répondre*; in (5) si va oltre, proponendo *essere gentile ?di/ da+ infinito*[29] al posto del tradizionale *così gentile da aiutarmi*. Interessanti, anche, gli accordi basati sul senso e sul genere di quanto precede in (4); c'è da chiedersi se nell'orale non sarebbe prevalsa l'automaticità di dire *escluso l'italiano*, laddove la natura scritta del post ha portato invece la scrivente all'accordo con il genere del precedente *lingue*, anzi *linque*. E questo errore di grafia, così come la ripetizione del clitico in *mi potranno aiutarmi*, dimostrano pienamente che nel newsgroup, così come nella posta elettronica, può prevalere una situazione comunicativa che non stimola la rilettura attenta di ciò che si scrive: la tensione della comunicazione facilita l'apparire di errori-lapsus, di ripetizioni, che peraltro non incidono affatto sulla comprensione.

Chi risponde alle richieste d'aiuto presenti in un post è già issofatto su un altro piano in quanto a costruzione del testo.

Ad esempio, i brani (6) e (7) sono risposte a (5): (6) ha una discreta punteggiatura e un presente *compri* al posto dell'atteso imperativo *compra*, anche se poi resta il dubbio di un cambio di pianificazione, per cui il presente sarebbe giustificato da un'interpretazione come 'e poi compri'; escluderemmo, comunque, il *lapsus calami* della tastiera di computer, stante la distanza fra il tasto per la *i* e quello per la *a* nella tastiera italiana. Sul piano del lessico notiamo lo scorciamento *ampli* per *amplificatore*, analogo al *sinto* di (2), il logogramma «+» al posto di *più*, il figurato *bolidi da Ipercoop*, e modi di dire che vanno dal moderno anglicizzante *(sfruttare) al top*, al colloquiale *evitare come la peste*.

Quanto a (7), inizia con IMHO (*in my humble opinion*) e prosegue con altrettanto gentili condizionali *acquisterei, potrebbero fare veramente al caso tuo*, come principio di cooperazione (o, spitzerianamente, *Höflichkeit?*) vorrebbe.

[6]   Guarda a dire il vero ritengo che sia tutto legato, quindi radio buona +
        ampli buono + casse pessime danno un risultato pessimo. Se le casse sono
        ottime e l'insonorizzazione inesistente è come non avere le casse ottime, e
        via così. Quindi anche se non intendi modificare le predisposizioni cerca di
        sfruttarle al top, insonorizza bene e **compri** un buon 2 vie serio. Questo
        puoi farlo andare con un ampli anche non potentissimo, puoi cercare tra
        l'usato, oppure ci sono ampli validi a prezzi assolutamente buoni, vedi
        Macrom, Steg, Audiosystem ecc. Ovviamente evita come la peste i bolidi da
        Ipercoop . Ciao
[7]   IMHO acquisterei gli adattatori della Coral montandoli appena dietro
        l'autoradio e poi userei i normali RCA per collegarli all'ampli.
        Comunque tra le marche che puoi considerare ci sono anche Audiosystem e Steg
        che potrebbero fare veramente al caso tuo
        Mauro

Si osservi, infine, la complessità e correttezza del post (8a), in cui l'informalità del newsgroup è manifestata con qualche espressione colorita tipo *"bovinamente"*, per altro tra virgolette, e commenti, su un piano interazionale diverso da quello argomentativo, e quindi spesso in incisi "a parte", fra parentesi o virgole, che addolciscono la tecnicità della spiegazione (i neretti sono nostri, le paro-

---

[29] L'apostrofo in *d'aiutarmi* non permette di sapere se lo scrivente ha in mente *di* o *da aiutarmi*, e anzi potrebbe essere sia la spia di un uso molto parlato, informale, sia una strategia di evitamento, un modo di ovviare a un'incertezza sulla preposizione da usare (il problema di come etichettare in corpora italiani i *d* con l'apostrofo è di quelli apparentemente minuscoli ma in realtà terrificanti: a BARBERA 2009b sono occorse duecento pagine per abbozzare una strategia di trattamento per l'italiano antico).

le in maiuscolo sono nell'originale). Quanto al *ma bensì*, sembrerebbe un semplice rafforzativo parlato trasportato in uno scritto in cui *ma* da solo non pare sufficiente e *bensì* da solo è sentito come
troppo formale.

[8a]　*22/02/03 9.20*

Allora, l'interpolazione è una operazione (in generale), per cui da una
certa gamma di valori discreti (ossia NON continui), si ricavano valori
intermedi, non presenti nella rilevazione originale.
Per quel che riguarda la grafica, interpolare un'immagine significa
aumentarne il numero di pixel (per aumentarne la risoluzione e le
dimensioni), "ricavando" pixel intermedi e inframmezzandoli a quelli della
foto originale. Una interpolazione **"brutale"** (ad esempio), potrebbe essere
il raddoppiare un singolo pixel sia verticalmente che orizzontalmente, per
cui se prima un pixel era un quadratino di 1x1, poi da ogni pixel ottieni un
quadratino di misura 2x2 **(ok, avremo una foto orrenda, lo so...).**
Le tecniche di interpolazione, in realtà, sono algoritmi molto più fini (es.
bicubic di PhotoShop, o altri...), che non raddoppiano o moltiplicano
"bovinamente" i pixel, ma li aumentano cercando di ottimizzare la qualità
(con algoritmi come l'aliasing **o roba simile**).
Detto questo, il sensore delle Fuji, o Super-CCD, ha FISICAMENTE un certo
numero di MPixels. Nel caso della S2 sono 6 MPixel abbondanti. **Come sai,**
però, a differenza di altri sensori che ordinano i pixel in righe e colonne,
Fuji ha scelto di ordinarli per diagonali. Questo però non consente a questo
sensore di raccogliere 12 MPixel effettivi, **ma bensì** di produrre un output a
12 Mpixel interpolati, contando sul fatto **(vedi schemini che con un po' di
pazienza trovi sul sito Fuji)**, che la particolare collocazione dei pixel
(griglia diagonale), consente una interpolazione migliore di quella che un
software potrebbe fare "a posteriori".
La verità, dunque, è che in effetti sia a 6 MPixel che a 12 Mpixel, il
sensore della S2 cattura qualche dettaglio in più di una 6 Mpixel "normale",
grazie alla disposizione diagonale dei pixel, ma di lì a dire che i 12
Mpixel sono reali, **beh, ce ne passa** (in un certo senso - **per spiegarti
meglio** - l'interpolazione "avanzata" di Fuji è simile al processo di
encoding di un mp3. Lì si sfruttano le caratteristiche dell'orecchio umano
per "mascherare" certe frequenze tagliate, qui si sfrutta la particolare
conformazione del sensore per ottenere una risoluzione fittizia ma
credibile...).
Ciao Il Mando

[8b]　*23.39 Giuppy*

Grazie sei stato molto chiaro io pensavo che nel discorso esagonale ci
stesero più pixel reali e non "inventati"
Ciao e grazie

Il post riprodotto in coda (8b), in cui si ringrazia l'autore del messaggio, *Il Mando* (per usare il
nick, cioè il *nom de plume* usato nel newsgroup, con cui si firma), per questa dettagliata spiegazione, non ha punteggiatura, contiene distrazioni come *stesero* per *stessero*, e formule di concisione da
parlato come *nel discorso esagonale,* al posto di "a proposito di quanto detto circa l'ordinamento
esagonale (*recte*: diagonale) dei pixel"; in compenso, lo scrivente adotta le virgolette distanzianti intorno a *inventati*, imitando così Il Mando, che ne fa grande uso. E, a questo proposito, avendo studiato gli stessi scriventi in thread diversi, possiamo dire che, poiché lo scrivente di partenza (Il
Mando, appunto) è uno di quelli considerati importanti nel gruppo di discussione, il suo stile scrittorio con virgolettatura distanziante o "tutto maiuscolo" evidenziante (di solito disapprovato dalla ne-

tiquette quando usato troppo) viene spesso ripreso dai suoi interlocutori o dagli scriventi occasionali.

6.2.   *UMGANGSSPRACHE* E VARIETÀ DELLA NORMA SCRITTA. Un collega[30] ci mostrava lo scritto di un apprendente polacco di italiano,

[9]   Per ora l' impiego massiccio di animali geneticamente modificati nella produzione industriale di carne è ancora *al di là da venire* .

e spiegava il solecismo argomentando che l'apprendente avrebbe fuso la locuzione preposizionale *al di là di* (ad esempio in *Si trova al di là del fiume*) con la locuzione *di là da venire* (*La tua laurea è di là da venire*). Perché se il collega straniero non l'avesse fatto notare molti non avrebbero avuto nulla da ridire sullo scritto dell'allievo? Perché, come dimostrano gli esempi dei NUNC riportati in (10abc), molti nativi praticano la stessa fusione:

[10a]   l' effetto di una causa al di là da venire (l'effetto precede la causa)
[10b]   le consultazioni che sono al di là da venire.
[10c]   i tedeschi avevano già i Leopard , il Leclerc era al di là da venire ed i Britannici potevano già contare sul Challenger.

Un'altra caratteristica dei NUNC, per quanto concerne l'uso delle preposizioni, è il ben noto prediligere *per* al posto di *a,* sentito come meno significativo:

[11]   idoneo per, dare il consenso per

Aggirandosi ancora in àmbiti limitrofi, una caratteristica meno notata, se non negli studi sulla traduzione dall'inglese, è l'affermarsi della non ripetizione della seconda preposizione in sintagmi preposizionali coordinati, per cui al posto dei corretti (12b) o (12c) rispettivamente con una sola preposizione e senza articolo determinativo, o con preposizione e articolo determinativo in entrambi i membri della coordinazione, si trovano casi come (12a) che dà luogo ad ambiguità e sarebbe, al limite, interpretabile come 'consultati da persone che sono tanto traduttori quanto revisori':

[12a] $^?$consultati dai traduttori e revisori
[12b]   consultati da traduttori e revisori
[12c]   consultati dai traduttori e dai revisori

Infine, è noto come in un certo tipo di italiano scritto dopo determinati verbi ricorra la formula *il fatto che*, e non il semplice *che*, come rilevato esaustivamente da appositi studi di ispirazione grossiana (cfr. D'AGOSTINO - ELIA - MARTINELLI 1981, ELIA 1984); necessità questa che gli scriventi dei NUNC non sempre sentono, anzi; si vedano gli esempi (13ab) e (14abc), mentre è differente il caso di (14d), in cui il *che* non introduce una completiva, ma una causale:

[13a]   Posso essere d' accordo con chi **contesta che** sarebbe difficile stabilire esattamente colpe ed entità delle stesse;
[13b]   ad una mia amica hanno tolto 3 multe per questo motivo (**ha contestato che non fosse stata disposta una seconda pattuglia quando le condizioni** della strada e del traffico lo permettevano eccome)
[14a]   Ho sentito **parlare che** è possibile gonfiare i pneumatici con azoto anzichè con l' aria .
[14b]   mesi fa **si parlò che** una possibile guarnizione della testata costava sui circa 700 800 euro .
[14c]   Grazie per i consigli ma **ho sentito parlare che le Bridge** hanno problemi di durata
[14d]   In casa Audi **non parliamone che le auto** le fanno con il pantografo .

Questi pochi esempi vogliono suggerire l'utilità della consultazione dei NUNC per farsi un'idea concreta di lingua italiana dell'uso scritta, anzi di più d'una, considerando che i NUNC specialistici di motori e fotografia digitale costituiscono appunto esempi di italiano per scopi specifici. Ci siamo

---

[30] Siamo grati a Roman Sosnowski, Uniwersytet Jagielloński, Cracovia, della segnalazione del brano contenuto in GranVALICO, www.valico.org.

soffermati su aspetti, quali l'uso delle preposizioni e di *il fatto che,* riguardanti la struttura della lingua stessa, trasversali alle varietà diafasiche, ma anche su qualche aspetto di tipo pragmatico-interazionale che caratterizza i newsgroup come tipo di testo CMR. I primi carotaggi effettuati ci permettono anzi di dire che i newsgroup italiani hanno molto in comune dal punto di vista pragmatico con i newsgroup di altre lingue europee, ma anche qualche peculiarità che sarebbe interessante verificare a distanza di tempo. Nel 2002-2004 i partecipanti ai newsgroup italiani erano molto più manierati e complimentosi degli inglesi e dei tedeschi e sulla stessa linea di spagnoli e francesi. L'ipotesi è che si siano raccolti i newsgroup in un momento in cui gli usi scrittorii dei partecipanti italiani (e neolatini in genere) erano ancora molto legati alla lettera tradizionale, con saluto iniziale e richiesta gentile di aiuto, chiusa con saluto, mentre gli interventi brevi, secchi spesso limitati alla sola domanda o alla sola risposta, senza convenevoli, degli inglesi fanno pensare ad una raggiunta maggior consapevolezza della diversità della CMR.

7.　　　Conclusione. Se parlanti tutto sommato còlti quando scrivono per ragioni non scolastiche hanno i comportamenti che abbiamo sommariamente passato in rassegna, non sarebbe forse il caso di accogliere tali usi quali cambiamenti in atto? Specie se non dànno luogo a fraintendimenti e se, come ormai accade, non fanno parte del *sentimento della norma linguistica* nell'Italia di oggi, o perché non ci sono più entrati o perché non ci sono mai entrati, in quanto non considerati degni di attenzione sanzionatrice da parte dei grammatici e degli insegnanti, e specie se, per converso, sono invece cambiamenti adottati da comunicatori televisivi.

Ma le istanze normative sono un altro discorso, e non è questa la sede per dare risposte a tali domande; quel che si voleva era rispondere affermativamente, come già Nencioni faceva, alla domanda del Capponi, argomentando che i NUNC forniscono la più compiuta risposta a tale affermazione. E per fare ciò, naturalmente, non è bisogna di scendere sul piano normativo: in una lingua, che wittgensteinianamente equivale a dire *nel suo uso,* «tutto è lì in mostra, non c'è nulla da spiegare» (Wittgenstein 1967/1941-47/53, § I.126, p. 70), dato che «alle Sätze unserer Umgangsprache[31] sind tatsächlich, so wie sind, logisch volkommen geordnet» (Wittgenstein 1992/22, § 5.5563, pp. 130-132); epperò una lingua che possa qualificarsi come *nazionale,* nel senso che era di Nencioni, deve disporre, appunto, di una *Umgangssprache* comune a tutta la penisola quale si rivela nei newsgroup: nei corpora NUNC abbiamo infatti testimoniata, forse per la prima volta dopo, se vogliamo, l'epistolografia dell'Otto-Novecento (pure non così generalizzata), una latitudine d'uso dell'italiano veramente e finalmente da lingua nazionale.

D'altra parte, Sgroi 2007, p. 326, assai perspicuamente caratterizza due tipi opposti di grammatica, la *Grammatica 1,* che corrisponde alla *langue* ed alle sue regole, e la *Grammatica 3,* che è «intesa come "teoria" elaborata da grammatici e/o linguisti, allo scopo di dar conto del funzionamento e del cambiamento della Grammatica 1» o di determinarlo. Al centro, la *Grammatica 2* costituisce invece quella parte delle regole della Grammatica 1 che un singolo parlante padroneggia: cioè, interpreteremmo, la Grammatica 1 corrisponde al concetto saussuriano di *langue* laddove la, anzi *le,* Grammatiche 2 corrisponderebbero al concetto chomskyano di *competence.* I NUNC, essendo basati sui normali e concreti usi[32], scritto-parlati ed espressivi[33], delle Grammatiche 2[34], documentano,

---

[31] Che il sempre impeccabile Amedeo Conte traduce opportunamente con 'linguaggio comune': *Tutte le proposizioni del nostro linguaggio comune sono di fatto, così come esse sono, in perfetto ordine logico.*

[32] E che l'insorgere di *convenzioni* sia possibile anche in un quadro *naturalistico* come potrebbe essere quello chomskyano ha validamente dimostrato Ruth Millikan in alcuni recenti ed importanti contributi (cfr. Millikan 1998/05 e 2003/05).

[33] La categoria "espressione" (robustamente presente nella tradizione hofmanniana cui massimamente ci siamo richiamati) è dirimente in questo *décalage,* essendo da un lato una delle armi principali della linguistica idealistica nella condanna delle norme in nome della "creatività", ma dall'altra anche il preciso aggancio proprio all'uso che sapeva trarne un Terracini, ancorandolo alle più costitutive caratteristiche saussuriane della *langue*: «opposizione significa norma, anzi [...] significa norma sociale, prevalsa in seno a una comunità storicamente determinata. Soffermiamoci un attimo su questo benedetto concetto di norma che par chiudere in prigione il povero individuo; in realtà, egli di prigione esce quando gli talenti, ma col patto di seguire altra norma, cioè di sottoporsi ad altro uso. [...] Ma si dirà: anche nel caso di scelta di un mezzo espressivo, si lascia un uso a condizione di seguirne un altro: *trarsi d'impaccio, cavarsela, arran-*

di fatto, l'esistenza di una Grammatica 1 *lingua italiana*, e la sua latitudine e magnitudine di carattere nazionale.

Che a questi materiali si possa poi ancorare la elaborazione normativa di Grammatiche 3, è cosa non solo possibile ma diremmo auspicabile[35] (anzi, dagli esempi di cui sopra si intravede la possibilità di individuare una ulteriore varietà della norma scritta); evade però dall'assunto che qui ci premeva dimostrare. Possiamo, peraltro, solo notare la convergenza della *Umgangssprache* dei NUNC con quella *norma* come "media statistica" la cui resurrezione segnala MARAZZINI 2006[36]: «la norma esiste ancora, meno afferrabile, essa stessa caratterizzata da variabilità e da coesistenza di usi diversi, come una sorta di banda di oscillazione ammessa» (*ibidem*, p. 88).

Comunque, inserendoci *à la* Sabatini[37] in una tradizione affatto italica[38], si spera almeno di aver mostrato come i corpora NUNC possano essere una fonte di riscontro per riflettere sull'*Umgangssprache* italiana scritta senza polarizzarsi, come appunto Nencioni invitava a fare, su una norma scritta costituita a partire da un uso scritto formale e scolastico-artificiale da un lato o su una nuova norma scritta che accolga indiscriminatamente tutto del parlato-parlato dall'altro.

Che poi ciò sia anche fonte di norme è cosa sulla quale, sia pur con le cautele che già esprimeva (cfr. *infra*), e da par suo, tre secoli fa il padre Daniello Bartoli[39], ci riproponiamo di tornare in altra sede.

---

giarsi sono sinonimi che appartengono ad ambienti linguistici differenti. Certo, ma qui il momento espressivo determina la scelta in modo talmente prepotente che il momento dell'aderenza ad un uso determinato passa in secondo piano, diventa quasi una connotazione implicita» (TERRACINI 1970/63, § II.9, pp. 92-93).

[34] D'altra parte il paradosso per cui delle collezioni di *paroles* siano non solo un buon surrogato della intangibile *competence,* ma un suo sicuro *Wegweiser,* è proprio uno dei portati teoricamente più interessanti della linguistica dei corpora.

[35] Ritorneremmo così alla *Umgangssprache* ed alla realtà dell'uso tanto più necessario in un'epoca come la presente di "didatticofilia" diffusa, troppo dimentica che «l'insegnamento del linguaggio non è spiegazione, ma addestramento» (WITTGENSTEIN 1967/1941-47/53, § I.5, p. 11: *Das Lehren der Sprache ist hier kein Erklären, sondern ein Abrichten*).

[36] In una recente ed accurata indagine del concetto di *norma* nella tradizione linguistica italiana, sdoganandolo dalle burrasche idealistiche (crociane e oltre).

[37] Ché sua, ribadiamo ancora, è la più recente ed efficace rivendicazione della "linea empirica" come caratteristica originaria e fondante della tradizione linguistica italiana (cfr. SABATINI 2006 e SABATINI 2007).

[38] E sarà inoltre il caso di ricordare che anche nella prima nostra grammatica, quella *Grammatichetta* vaticana che probabilmente è solo una delle minori (!) scintille dalla forgia del genio dell'Alberti, «le norme non sono da inventare: ci sono già, nella lingua medesima» (MARAZZINI 2006, p. 89); lingua che perdipiù è, non a caso, ma assai originalmente, *in primis* quella parlata ed usuale.

[39] In un passo peraltro già valorizzato da molti, fra cui il cit. MARAZZINI 2006 (cfr. p. 92). Si attinge dalla riedizione primo-ottocentesca delle opere del Bartoli per sintonia col clima risorgimentale che sarà del Capponi: l'impresa bartoliana di Moro e Falsina, pressoché coeva ai moti del '21, è stata, infatti, non solo una mossa affatto risorgimentale, ma anche un momento importante nella storia della nostra cultura linguistica.

Solo mi par da

avvertire ciò che la sperienza mostra esser vero,
che quanto altri più sa della lingua ben appre-
sa nelle sue radici, tanto va più ritenuto in con-
dannare: e a sì fatti uomini non udirete uscir
di bocca, se non se il fallo sia inescusabile, un
di que' NON SI PUÒ, che in altri val quanto: NON
MI PIACE; un Non è secondo le regole del tal
Grammatico, che solo ho studiato; un Non si
confà co' principj che m'ho fitti in capo, e coi
quali ognun si de' regolare: un Non così scrivono, o parlano, questi, o quegli Accademici, e
simili. Perocchè, e tutto può essere, e che nondimeno il NON SI PUÒ, sia condannazione piuttosto del mio troppo ardimento, che dell'altrui
poco sapere.

Tav. 2.Le norme secondo BARTOLI 1822/1655, pp. xvij-xviij.

8.   BIBLIOGRAFIA. Data l'esiguità degli autori "classici" citati, le indicazioni di questi sono state fuse con l'altra bibliografia, e quindi compaiono nella medesima lista di *Bibliografia generale*. La *Webgrafia* è stata invece separata in un paragrafo distinto.

8.1   BIBLIOGRAFIA GENERALE.

AHN
1865/34   Johann Franz Ahn, *Handbuch der englischen Umgangssprache, mit deutscher und französischer Uebersetzung*, Achte Auflage, Mainz, Druck und Verlag von Florian Kupferberg, 1865 [1834_1].

ALBERTI, *Grammatichetta* = Leon Battista Alberti, Grammatichetta *e altri scritti sul volgare*, a cura di Giuseppe Patota, Roma, Salerno Editrice, 1996 "Testi e documenti di letterarura e lingua" 18.

ALLORA
2005   Adriano Allora, *A Tentative Typology of Net Mediated Communication*, comunicazione presentata alla *Corpus Linguistics 2005 Conference, Birmingham July 14-17 2005*, disponibile online alla pagina http://www.corpus.bham.ac.uk/PCLC/
2009   Adriano Allora, *Variazione diamesica generale nelle Comunicazioni Mediate dalla Rete*, in «Rassegna italiana di linguistica applicata» III (2009) 147-170.

ALLORA - MARELLO
2008   Adriano Allora - Carla Marello, *"Ricarica clima". Accorciamenti nella lingua dei newsgroup*, in CRESTI 2008, vol. 2, pp. 533-538.

ANTONY - HORNSTEIN
2003   *Chomsky and his Critics*, edited by Louise M. Antony and Norbert Hornstein, Malden (MA) - Oxford (UK), Blackwell Pub., 2003 "Philosophers and their critics" 10.

ARENDT
1891-94   Carl Arendt, *Einführung in die nordchinesische Umgangssprache, mit Einschluss der Anfangsgründe des neuchinesischen Officiellen und Briefstils*, Stuttgart & Berlin, W.

Spemann, *Erster Theil* 1891, *Zweiter Theil* 1994, "Lehrbücher des Seminars für Orientalische Sprachen zu Berlin" 7.

BALLY

1935/26   Charles Bally, *Le langage et la vie*, Paris, Payot, 1923₁; poi Zürich, Niehans, 1935₂.

1937/09   Charles Bally, *Traité de stylistique française*, Heidelberg, Carl Winter, 1909₁; poi Heidelberg - Paris, Carl Winter - C. Klincksieck, 1937₂ [1951₃, Genève, Georg & cie].

1944/32   Charles Bally, *Linguistique générale et linguistique française*, Paris, Ernest Leroux, 1932₁; poi Bern, Francke, 1944₂. Traduzione italiana: *Linguistica generale e linguistica francese*, introduzione e appendice di Cesare Segre, traduzione di Giovanni Caravaggi, Milano, Il Saggiatore, 1963.

BARBERA

2003   Manuel Barbera, Review to Manfred Görlach, *A Dictionary of European Anglicisms. A Usage Dictionary of Anglicisms in Sixteen European Languages*, in «International Journal of Lexicography», XVI (2003)² 208-16.

2004   Manuel Barbera, *Il progetto FIRB. Stato dei lavori*, documento interno inedito, Ver. 7 aggiornata al febbraio 2004.

2007   Manuel Barbera, *Per la storia di un gruppo di ricerca. Tra bmanuel.org e corpora.unito.it*, in BARBERA - CORINO - ONESTI 2007a, pp. 3-20.

2009a   Manuel Barbera, *Per una grammatica testuale del Libro di conti: il clitico* ne *nel* Libro Riccomanni, in FERRARI 2009b, volume 2, pp. 205-25.

2009b   Manuel Barbera, *Schema e storia del "Corpus Taurinense". Linguistica dei corpora dell'italiano antico*, Alessandria, Edizioni dell'Orso, 2009.

2011   *Une introduction au NUNC: histoire de la création d'un corpus*, in FERRARI - LALA 2011, pp. 9-36.

2013/2   *Per una soluzione teorica e storica dei rapporti tra grammatica generativa e linguistica dei corpora*, in *7es Journées suisses de Linguistique. L'empirie en linguistique: variété et complexité des approches. Lugano, Università della Svizzera italiana, 13-14 settembre 2012*, Société Suisse de Linguistique = "Schweizerische Sprachwissenschaftliche Gesellschaft / Société Suisse de Linguistique (SSG/SSL) – Archive", http://www.sagw.ch/fr/ssg/taetigkeiten/7e-Giornate-svizzere-della-Linguistica.html. Poi edito in BARBERA 2013a, pp. 27-45.

2013a   *Molti occhi sono meglio di uno: saggi di linguistica generale 2008-12*, [Milano], Qu.A.-S.A.R., 2013.

2013b   *Una introduzione ai NUNC: storia della creazione di un corpus*, in Manuel Barbera, *Molti occhi sono meglio di uno: saggi di linguistica generale 2008-12*, [Milano], Qu.A.S.A.R., 2013, pp. 97-114. Versione italiana di BARBERA 2011.

BARBERA - COLOMBO

2010   Manuel Barbera - Simona Colombo, *Pre-Processing Normalization Procedures for Newsgroup Corpora*, in MONEGLIA - PANUNZI 2010, pp.175-91.

BARBERA - CORINO - ONESTI

2007a   Manuel Barbera - Elisa Corino - Cristina Onesti (a cura di), *Corpora e linguistica in Rete*, Perugia, Guerra Edizioni, 2007.

2007b   Manuel Barbera - Elisa Corino - Cristina Onesti, *Cosa è un corpus? Per una definizione più rigorosa di corpus, token, markup*, in BARBERA - CORINO - ONESTI 2007a, pp. 25-88 ¶ 3.

BARBERA - FESENMEIER

2010   Manuel Barbera - Ludwig Fesenmeier, *'(Ri)fare i conti': Überlegungen zu einer (Neu)Edition altitalienischer Kontobücher*, in EUFE - HEINEMANN 2010, pp. 127-46.

BARTOLI

1822/1655 [Daniello Bartoli], *Il torto e 'l diritto del Non si può, dato in giudicio sopra molte regole della lingua italiana*, esaminato da Ferrante Longobardi, cioè dal P... D.... B...., colle osservazioni del sig. Nicolo [*sic*] Amenta e con altre osservazioni dell'ab. sig. D. Giuseppe Cito avvocato napoletano, vol. I, Brescia, presso Moro e Falsina, 1822 [1655$_1$] "Opere morali e scientifiche del padre Daniello Bartoli della Compagnia di Gesù" 10. Cfr. anche Idem, *Il torto e 'l diritto del non si può*, a cura di Sergio Bozzola, Parma, Fondazione Pietro Bembo - Ugo Guanda Editore, 2009 "Biblioteca di scrittori italiani".

BAUCHE

1920   Henri Bauche, *Le langage populaire. Grammaire, syntaxe et dictionnaire du français tel qu'on le parle dans le peuple avec tous les termes d'argot usuel*, Paris, Payot, 1920.

BEINHAUER.

1924   Werner Beinhauer, *Beiträge zur Kenntnis der spanischen Umgangssprache*, in «Jahrbuch der Philosophischen Fakultät der Rheinischen Friedrich-Wilhelms-Universität zu Bonn» I (1924)^2 47-9.

1958/29   Werner Beinhauer, *Spanische Umgangssparche*, zweite verbesserte und vermehrte Auflage, Bonn, Dümmler Verlag, 1958$_2$. Prima ed. Köln, 1929; terza ed. spagnola: *El español coloquial*, Gredos, 1978 "Biblioteca románica hispánica: 2: estudios y ensayos" 72.

BONOMI - MASINI - MORGANA

2003   Ilaria Bonomi - Andrea Masini - Silvia Morgana (a cura di), *La lingua italiana e i mass media*, Roma, Carocci 2003.

BORREGUERO ZULOAGA

2004   Margarita Borreguero Zuloaga, *De la gramática del texto a la textología semiótica: aproximaciones al proceso de interpretación textual*, Tesis doctoral inédita, Universidad Complutense de Madrid, 2004.

CAFFI

2007   Claudia Caffi, *La pragmatica a venire di Leo Spitzer*, in SPITZER 2007/1922, pp. 15-35.

CAPPONI

1869   Gino Capponi, *Fatti relativi alla storia della nostra lingua*, in «Nuova Antologia» XI (1869)^8 665-82.

CHOMSKY

2000/05   Noam Chomsky, *New Horizons in the Study of Language and Mind*, Cambridge, Cambridge University Press, 2000. Traduzione italiana: Idem, *Nuovi orizzonti nello studio del linguaggio e della mente. Linguistica, epistemologia e filosofia della scienza*, a cura di Denis Delfitto e Giorgio Graffi, Milano, Edizioni il Saggiatore, 2005.

CIURCINA - RICOLFI

2007   Marco Ciurcina - Marco Ricolfi, *Le Creative Commons Public Licences per i corpora. Una suite di modelli per la linguistica dei corpora*, in BARBERA - CORINO - ONESTI 2007a, pp. 127-32 ¶ 7.

CONTE

1988   *Kontinuität und Diskontinuität in Texten und Sachverhaltskonfigurationen. Diskussion über Konnexität, Kohäsion und Kohärenz*, herausgegeben von Maria-Elisabeth Conte, Hamburg, Helmut Buske, 1988 "Papiere zur Textlinguistik. Papers in Textlinguistics" 50.

1999/88   Maria-Elisabeth Conte, *Condizioni di coerenza*, nuova edizione, con l'aggiunta di due saggi a cura di Bice Mortara Garavelli, Alessandria, Edizioni dell'Orso, 1999 "Gli strumenti umani" 1. Edizione originale: *Condizioni di coerenza. Ricerche di linguistica te-*

stuale, Firenze, La Nuova Italia Editrice, 1988 "Pubblicazioni della Facoltà di Lettere e filosofia dell'Università di Pavia" 46.

CONTE - PETŐFI - SÖZER
1989   *Text and Discourse Connectedness*, edited by Maria-Elisabeth Conte, Petöfi[40] János Sandor, and Sözer Emel, Amsterdam, Benjamins B.V., 1989.

CONTINI
1985   Gianfranco Contini, *Giustificazione*, in SPITZER 1985, pp. 7-12.

CORINO
2007   Elisa Corino, *NUNC est disputandum. Questioni metodologiche ed aspetti della testualità*, in BARBERA - CORINO - ONESTI 2007a, pp. 225-52 ¶ 13.

COSTANTINO - MARELLO - ONESTI
2009   Mauro Costantino - Carla Marello - Cristina Onesti, *La cucina discussa in rete. Analisi di gruppi di discussione italiani relativi alla cucina*, in FROSINI - ROBUSTELLI 2009, pp. 717-27.

CRESTI
2008   *Prospettive nello studio del lessico italiano. Atti del IX Congresso SILFI (Firenze, 14-17 giugno 2006)*, a cura di Emanuela Cresti, Firenze, Firenze University Press, 2008, 2 volumi.

D'AGOSTINO - ELIA - MARTINELLI
1981   Emilio D'Agostino - Annibale Elia - Maurizio Martinelli, *Lessico e strutture sintattiche*, Napoli, Liguori, 1981.

DARDANO - PELO - STEFINLONGO
2001   *Scritto e parlato: metodi, testi e contesti. Atti del Colloquio internazionale di studi (Roma, 5-6 febbraio 1999)*, a cura di Maurizio Dardano, Adriana Pelo, ed Antonella Stefinlongo, Roma, Aracne, 2001.

DE CESARE - FERRARI
2007   *Lessico, grammatica, testualità*, a cura di Anna-Maria De Cesare ed Angela Ferrari, Basilea, Institut für Italianistik der Universität Basel, 2007 "Acta Romanica Basiliensia" 18.

DE ROBERTO
2009   Elisa De Roberto, *Agli albori dello studio dell'italiano parlato: note storiche e critiche a proposito della recente edizione italiana dell'*Italienische Umgangssprache *di Leo Spitzer*, in «Linguistica e Filologia», XXVIII, 2009, pp. 57-82.

DIEPENBECK
1900   Karl Rudolf Diepenbeck, *Beiträge zur Kenntnis der altfranzösischen Umgangssprache des späteren Mittelalters. Inaugural-Dissertation zur Erlangung der Doktorwürde der hohen philosophischen Fakultät der königl. Christian-Albrechts-Universität zu Kiel*, Kiel, Druck von P. Peters, 1900.

ELIA
1984   Annibale Elia, *Lessico-grammatica dei verbi italiani e completiva*, Napoli, Liguori, 1984.

EUFE - HEINEMANN
2010   *Romania urbana. Die Stadt des Mittelalters und der Renaissance und ihre Bedeutung für die romanischen Sprachen und Literaturen*, herausgegeben von Rembert Eufe und Sabine

---

[40] *Sic*: cfr. quanto riferivamo in nota al terzo saggio di questa raccolta.

Heinemann, München, Martin Meidenbauer, 2010 "Mittelalter und Renaissance in der Romania" 3.

FELDWEG - KIBIGER - THIELEN
1995   Helmut Feldweg - Ralf Kibiger - Christine Thielen, *Zum Sprachgebrauch in deutschen Newsgruppen*, in «Osnabrücker Beiträge zur Sprachtheorie» L (1995) 143-154, anche online http://www.sfs.uni-tuebingen.de/Elwis/news.ps.

FERRARI
2009a   Angela Ferrari, *L'analisi dei connettivi (logici) nella "Italienische Umgangssprache" di Leo Spitzer*, in «Lingua e Stile» XLIV (2009)[1] 111-56.
2009b   *Sintassi storica e sincronica dell'italiano: subordinazione, coordinazione, giustapposizione. Atti del X Congresso della Società internazionale di linguistica e filologia italiana (Basilea, 30 giugno - 3 luglio 2008)*, a cura di Angela Ferrari, Firenze, Franco Cesati Editore, 2009, 3 volumi.

FERRARI - LALA
2011   *Variétés syntaxiques dans la variété des textes online en italien: aspects micro- et macrostructuraux*, édité par Angela Ferrari et Letizia Lala, Nancy, Université de Nancy II, 2011 = «Verbum» XXXIII (2011)[1-2].

FREI
1929   Henri Frei, *La grammaire des fautes*, Paris - Genève - Leipzig, Geuthner, 1929.

FROSINI - ROBUSTELLI
2009   *Storia della lingua e storia della cucina. Parola e cibo: due linguaggi per la storia della società italiana. Atti del convegno ASLI 2007 (Modena 20-22 settembre 2007)*, a cura di Giovanna Frosini e Cecilia Robustelli, Firenze, Franco Cesati, 2009.

GÜNTHER - LUDWIG
1994   Hartmut Günther - Otto Ludwig (herausgegeben von | edited by), *Schrift und Schriftlichkeit | Writing and Its Use*, Berlin, de Gruyter, 1994.

HATAKEYAMA - PETŐFI - SÖZER
1985/84   Hatakeyama Katshuhiko - Petöfi [sic] János Sandor - Sözer Emel, *Texte, connexité, cohésion, coherence*, Università di Urbino, Centro Internazionale di semiotica e linguistica, 1984 "Documents de travail et prepublications" 132-34. Versione inglese: *Text, Connexity, Cohesion, Coherence*, in SÖZER 1985, pp. 36-105.

HECKER
1901/1897   Oskar Hecker, *Die italienische Umgangssprache in systematischer Anordnung und mit Aussprachehilfen dargestellt*, zweite durchgesehene Auflage, Braunschweig, George Westermann, 1901 [1897[1]].

HINRICHS *et alii*
1995   *Abschlußbericht [zu ELWIS Projekte]*, Projektleiter Prof Dr Erhard W. Hinrichs, Mitarbeiter Helmut Feldweg, Marie Boyle-Hinrichs und Ralf Hauser, PS file online http://www.sfs.uni-tuebingen.de/Elwis/abschlussbericht.ps.

HOFMANN
1926   Johann Baptist Hofmann, *Lateinische Umgangssprache*, Heidelberg, Carl Winter, 1929 "Indogermanische Bibliothek" I.I.17.
1929   Johann Baptist Hofmann, *Der Begriff Umgangssprache*, in «Indogermanische Forschungen» XLVII (1929) 209-13.
1951/85   Johann Baptist Hofmann, *La lingua d'uso latina*, introduzione, traduzione italiana e note a cura di Licinia Ricottilli, 2[a] edizione aggiornata, Bologna, Pàtron, 1985 [1980[1]] "Testi e manuali per l'insegnamento universitario del latino" 15.

HOLTUS - RADTKE
1985   Günter Holtus - Edgar Radtke (herausgegeben von), *Gesprochenes Italienisch in Ge-schichte und Gegenwart*, Tübingen, Gunter Narr Verlag, 1985 "Tübinger Beiträge zur Linguistik" Bd. 252

JENSEN
2003   Bente Lihn Jensen, *Il congiuntivo nel sistema verbale italiano*, in MARASCHIO - POGGI SALANI 2003, pp. 581-92.

KIESLER
2006   Reinhard Kiesler, *Einführung in die Problematik des Vulgärlateins*, Tübingen, Niemeyer, 2006 "Romanistische Arbeitshefte" 48.

KOCH - OESTERREICHER
1994   Peter Koch - Wulf Oesterreicher, *Funktionale Aspekte der Schriftkultur*, in GÜNTHER - LUDWIG 1994, pp. 587-604.

KORZEN - LUNDQUIST
2007   *Comparing Anaphors between Sentences, Texts and Languages. Proceedings of the international symposium held at the Copenhagen Business School, September 1st-3rd 2005*, edited by Iørn Korzen and Lita Lundquist, Frederiksberg, Samfundslitteratur Press, 2007 "Copenhagen Studies in Language" 34.

KRETSCHMER
1918   Paul Kretschmer, *Wortgeographie der hochdeutschen Umgangssprache*, Göttingen, Vandenhoeck & Ruprecht, 1918.

KRON
1899/95   Richard Kron, *Le petit parisien | Pariser Französisch. Ein Fortbildungsmittel für diejenigen, welche die lebendige Umgangssprache auf allen Gebieten des täglichen Verkehrs erlernen wollen. Nebst einer systematischen Frageschule als Anweisung zum Studium*, Sechste unveränderte Auflage, Karlsruhe, J. Bielefields Verlag, 1899 [1895$_1$].

LEOPARDI
1817-27/1991   Giacomo Leopardi, *Zibaldone di pensieri*, edizione critica e annotata a cura di Giuseppe Pacella, Milano, Garzanti, 1991 "I libri della spiga".

LESSING - OTHMER
1912   Ferdinand Lessing - Wilhelm Othmer, *Lehrgang der nordchinesischen Umgangssprache*, deutsch-chinesische Druckerei und Verlagsanstalt (W. Schmidt), Tsingtau, 1912.

MARASCHIO - POGGI SALANI
2003   *Italia linguistica anno Mille - Italia linguistica anno Duemila*. Atti del XXIV Congresso internazionale di studi della Società di linguistica italiana (SLI), a cura di Nicoletta Maraschio e Teresa Poggi Salani, Firenze 19-21 ottobre 2000, Roma Bulzoni, 2003.

MARAZZINI
2006   Claudio Marazzini, *Sulla norma dell'italiano moderno. Con una riflessione sull'origine e sulla legittimità delle "regole" secondo gli antichi grammatici*, in «Lingua italiana d'oggi (LId'O)» III (2006) 85-101.

MARELLO
2007   Carla Marello, *Does Newsgroups "Quoting" Kill or Enhance Other Types of Anaphors?*, in KORZEN - LUNDQUIST 2007, pp. 145-157.

MILLIKAN
1998/05   Ruth Garrett Millikan, *Language Conventions Made Simple*, in «Journal of Philosophy» XCV (1998)[4] 161-180, poi in MILLIKAN 2005, pp. 1-23.

2003/05   Ruth Garrett Millikan, *In defense of Public Language*, in ANTONY - HORNSTEIN 2003, 215-37, poi in MILLIKAN 2005, pp. 24-52.

2005   Ruth Garrett Millikan, *Language: A Biological Model*, Oxford, Clarendon Press, 2005.

MITCHELL

1993   Tom Mitchell, *CMU Text Learning Group Data Archive*: vedi "20 Newsgroups" nella *Webgrafia*.

MITSOTAKIS

1891   Johannis K. Mitsotakis, *Praktische Grammatik der neugriechischen Schrift- und Umgangssprache, mit Übungsstücken und Gesprächen*, Stuttgart - Berlin, W. Spemann, 1891.

MONEGLIA - PANUNZI

2010   *Bootstrapping. Information from Corpora in a Cross-Linguistic Perspective*, edited by Massimo Moneglia and Alessandro Panunzi, Firenze, Firenze University Press, 2010.

NENCIONI

1983/76   Giovanni Nencioni, *Parlato-parlato, parlato-scritto, parlato-recitato*, in «Strumenti critici» XXIX (1976) 1-56; poi in NENCIONI 1983, pp. 126-79.

1983   Giovanni Nencioni, *Di scritto e di parlato. Discorsi linguistici*, Bologna, Zanichelli, 1983 "La parola letteraria" 6.

2000/91   Giovanni Nencioni, *La "deriva" della lingua italiana*, in «La Crusca per voi» III (1991) 1-4; poi in NENCIONI 2000, pp. 319-25.

2000/93   Giovanni Nencioni, *Un pronostico per la lingua italiana*, in «Nuova Antologia» CXXVIII (1993)$_{2187}$ 7-13; poi in NENCIONI 2000, pp. 299-304.

2000/94   Giovanni Nencioni, *Identità linguistica e identità nazionale*, discorso tenuto all'adunanza ASLI in Firenze il 4 novembre 1994; poi in NENCIONI 2000, pp. 305-312.

2000   Giovanni Nencioni, *Saggi e memorie*, Pisa, Scuola Normale Superiore, 2000 "Centro di ricerche informatiche per i beni culturali - Accademia della Crusca - Strumenti e testi" 7.

ONESTI

2007   Cristina Onesti, *"Niusgrup"... Si scrive così?*, in BARBERA - CORINO - ONESTI 2007a, pp. 253-70 ¶ 14.

PETŐFI - SÖZER

1983   *Micro and Macro Connexity of Texts*, edited by Petöfi [*sic*] János Sandor and Sözer Emel, Hamburg, Helmut Buske Verlag, 1983,"Papiere zur Textlinguistik. Papers in textlinguistic" 45.

PIQUERÉ

1870   P. J. Piqueré, *Grammatik der Türkisch-osmanischen Umgangssprache: nebst einem Anhange von einer Auswahl verschiedener Gespräche, Sprichwörter und einer Wörtersammlung in alphabetischer Ordnung, mit genauer Bezeichnung der Aussprache*, Wien, Albert A. Wenedikt, 1870.

POTT

1852   August Friedriech Pott, *Plattlateinisch und romanisch*, in «Zeitschrift für vergleichende Sprachforschung auf dem Gebiete des Deutschen, Griechischen und Lateinischen (KZ)» I (1852) 309-350 e 385-412.

PRADA

2003   Massimo Prada, *Lingua e web*, in BONOMI - MASINI - MORGANA 2003, pp. 249-289.

RADTKE

2001   Edgar Radtke, *L'emotività come categoria nelle ricerche sul parlato*, in DARDANO - PELO - STEFINLONGO 2001, pp. 99-109.

R EBLING
1883/73   Oskar Rebling, *Versuch einer Charakteristik der römischen Umgangssprache*, 2er, mit einigen Veränderungen versehener Abdruck, Kiel, Verlag von Lipsius & Tischler, 1883 [1873₁].

R ICOTTILLI
1985   Licinia Ricottilli, *Hofmann e il concetto di lingua d'uso*, in H OFMANN 1951/85, pp. 9-69.

R OBUSTELLI -F ROSINI 2009 vedi F ROSINI - R OBUSTELLI 2009

R OCCHI
2007   Luciano Rocchi, *Ricerche sulla lingua osmanlı del XVI secolo. Il corpus lessicale turco del manoscritto fiorentino di Filippo Argenti (1533)*, Wiesbaden, Harrassowitz Verlag, 2007 "Near and Middle East Monographs" n.s. 5.
2009   Luciano Rocchi, *Il lessico turco nell'opera di Bernardino Pianzola. Materiali per la conoscenza del turco parlato di fine Settecento*, Trieste, Edizioni Università di Trieste, 2009.

S ABATINI
1985   Francesco Sabatini, *L' "italiano dell'uso medio": una realtà tra le varietà linguistiche italiane*, in H OLTUS - R ADTKE 1985, pp. 154-184. Ora in S ABATINI 2011, tomo II, pp. 3-36.
1999   Francesco Sabatini (1999), *"Rigidità-esplicitezza" vs "elasticità-implicitezza": possibili parametri massimi per una tipologia dei testi*, in S KYTTE - S ABATINI 1999, pp. 141-172. Ora in S ABATINI 2011, tomo II, pp. 183-216.
2006   Francesco Sabatini, *La storia dell'italiano nella prospettiva della* corpus linguistics, in C ORINO - M ARELLO - O NESTI 2006, pp. 31-37. Ora in S ABATINI 2011, tomo I, pp. 223-32.
2007   Francesco Sabatini, *Storia della lingua italiana e grandi corpora. Un capitolo di storia della linguistica*, in B ARBERA - C ORINO - O NESTI 2007a, pp. xiij - xvj ¶ ij.
2011   Francesco Sabatini, *L'italiano nel mondo moderno. Saggi scelti dal 1968 al 2009*, a cura di Vittorio Coletti, Rosario Coluccia, Paolo d'Achille, Nicola de Blasi e Domenico Proietti, con *Bibliografia degli scritti*, a cura di Riccardo Cimaglia, Napoli, Liguori editore, 2011, tomi I-III.

S AUSSURE
1916/67/95   Ferdinand de Saussure, *Cours de linguistique générale*, publié par Charles Bailly et Albert Séchehaye, avec la collaboration de Albert Riedlingler, édition critique préparée par Tullio de Mauro, postface de Louis-Jean Calvet, Paris, Payot, 2001ʳ [1995₃, 1972₁] "Grande bibliothèque Payot". Edizione originaria: *ibidem*, 1916. Edizione italiana: *Corso di linguistica generale*, introduzione traduzione e commento di Tullio De Mauro, Roma - Bari, Laterza, 1967₁.

S GROI
2005   Salvatore Claudio Sgroi, *Qualche riflessione sulla nozione di grammatica*, in «Studi di grammatica italiana», XXIV, 2005, pp. 323-357.

S KYTTE - S ABATINI
1998   *Linguistica testuale comparativa: in memoriam Maria-Elisabeth Conte*. Atti del Convegno interannuale della Societa di Linguistica Italiana (SLI), Copenhagen 5-7 febbraio 1998, a cura di Gunver Skytte e Francesco Sabatini, Kobenhavn, Museum Tusculanum Press, 1999.

S ÖZER
1985   *Text Connexity, Text Coherence. Aspects, Methods, Results*, edited by Sözer Emel, Hamburg, Helmut Buske,1985 "Papiere zur Textlinguistik. Papers in Textlinguistics" 49.

SPITZER

1922 Leo Spitzer, *Italienische Umgangssprache*, Bonn - Leipzig, Kurt Schroeder Verlag, 1922 "Veröffentlichungen des romanischen Auslandsinstituts der rheinischen Friedrich Wilhelms-Univärsität Bonn" 1.

2007/1922 Leo Spitzer, *Lingua italiana del dialogo*, a cura di Claudia Caffi e Cesare Segre, traduzione [di SPITZER 1922] di Livia Tonelli, Milano, il Saggiatore, 2007.

1985 *Saggi di critica stilistica. Maria di Francia – Racine – Saint-Simon*, con un prologo e un epilogo di Gianfranco Contini, Firenze, Sansoni Editore, 1985..

STAMMERJOHANN

1970 Harro Stammerjohann, *Strukturen der Rede. Beobachtungen an der Umgangssprache von Florenz*, in «Studi di filologia italiana» XXVII (1970) 295-397.

TERRACINI

1970/63 Benvenuto Aron Terracini, *Lingua libera e libertà linguistica. Introduzione alla linguistica storica*, con un'introduzione di Maria Corti, Giulio Einaudi editore, 1970 "Piccola biblioteca Einaudi" 147. Prima edizione, *ibidem*, 1963.

TOMATIS

2007 Marco Tomatis, *La disambiguazione del Corpus Taurinense. Problemi teorici e pratici*, in BARBERA - CORINO - ONESTI 2007a, pp. 169-181 ¶ 9.

TONELLI

2007 Livia Tonelli, *Nota alla traduzione*, in SPITZER 2007/1922, pp. 37-47.

VALLE

2007 Luca Valle, *Ricerche su anglismi nei NUNC francesi e italiani. Tra "lurker", "lurkeur" ed altri prestiti*, in BARBERA - CORINO - ONESTI 2007a, pp. 285-296 ¶ 16.

VAN DER AA

1840 Abraham Jacob van der Aa, *Handbuch der holländischen Umgangssprache | Zamenspraken in de neder- en hoogduitsche talen, voorafgegan van eene verzameling der meest gebruikelijke woorden*, Köln und Aachen, Verlag von Ludwig Rohnen, 1840.

VENIER

2007 Federica Venier, *Per un superamento della dicotomia langue/parole. Sentieri paralleli e intersezioni di retorica, linguistica testuale e pragmatica linguistica*, in DE CESARE - FERRARI 2007, pp. 9-52.

ВЫГОТСКИЙ

2008/34 Lev Semënovič Vygotskij, *Pensiero e linguaggio. Ricerche psicologiche*, a cura di Luciano Mecacci, Bari, Laterza, 2008$_{10}$ "Biblioteca Universale Laterza". Ed. originale: Лев Семёнович Выготский, *Мышление и речь. Психологичесне исследования*, Москва, Государственное Социально-экономическное Издательство, 1934.

WITTGENSTEIN

1992/22 Ludwig Wittgenstein, *Tractatus logico-philophicus*, London, Kegan Paul, Trench, Trubner and Co., 1922. Edizione italiana: Idem, *Tractatus logico-philophicus e altri scritti non postumi*, testi originali a fronte, introduzione di Bertrand Russel, a cura di Amedeo G. Conte, nuova edizione, Torino, Giulio Einaudi Editore, 1992 "Nuova Universale Einaudi" 166.

1967/1941-47/53b Ludwig Wittgenstein, *Philosophische Untersuchungen*, ds., 1941-47, poi Oxford, Basil Blackwell, 1953. Versione italiana: Idem, *Ricerche filosofiche*, edizione italiana a cura di Mario Trinchero, Torino, Einaudi, 1983^5 "Paperbacks" 148 [1967$_1$].

WUNDERLICH

1894		Hermann Wunderlich, *Unsere Umgangsprache in der Eigenart ihrer Satzfügung*, Weimar und Berlin, Verlag von Emil Felber, 1894.

ZIMMERMANN

1965		Heinz Zimmermann, *Zu einer Typologie des spontanen Gesprächs. Syntaktische Studien zur baseldeutschen Umgangssprache*, Bern, Francke, 1965.

## 8.2		SITI WEB DI RIFERIMENTO.

bmanuel.org	`http://www.bmanuel.org/`
20 Newsgroups	`http://www.cs.cmu.edu/afs/cs.cmu.edu/project/theo-20/www/data/news20.html` `http://kdd.ics.uci.edu/databases/20newsgroups/20newsgroups.data.html`
NUNC	`http://www.bmanuel.org/projects/ng-HOME.html`
Valico	`www.valico.org`

Indice.

Finito di stampare nel mese di Luglio 2015

per conto di Youcanprint *Self - Publishing*

www.ingramcontent.com/pod-product-compliance
Lightning Source LLC
LaVergne TN
LVHW080327210726
843507LV00022B/1035